广东历代方志研究丛书

明清民国时期西江地区宗教礼俗资料整理与研究

MINGQING MINGUO SHIQI XIJIANG DIQU
ZONGJIAO LISU ZILIAO ZHENGLI YU YANJIU

赵克生 周军 编

中山大学出版社
·广州·

版权所有　翻印必究

图书在版编目（CIP）数据

明清民国时期西江地区宗教礼俗史料整理与研究／周军，赵克生编．—广州：中山大学出版社，2019.10
（广东历代方志研究丛书）
ISBN 978-7-306-06667-1

Ⅰ.①明…　Ⅱ.①周…②赵…　Ⅲ.①礼仪—风俗习惯—研究—广东—明清时代②礼仪—风俗习惯—研究—广东—民国　Ⅳ.①K892.26

中国版本图书馆 CIP 数据核字（2019）第 160639 号

出版人：	王天琪
策划编辑：	金继伟
责任编辑：	王延红
封面设计：	曾　斌
责任校对：	叶　枫
责任技编：	何雅涛
出版发行：	中山大学出版社
电　　话：	编辑部 020-84110283，84111996，84111997，84113349
	发行部 020-84111998，84111981，84111160
地　　址：	广州市新港西路 135 号
邮　　编：	510275　传　真：020-84036565
网　　址：	http://www.zsup.com.cn　E-mail：zdcbs@mail.sysu.edu.cn
印 刷 者：	广州家联印刷有限公司
规　　格：	787mm×1092mm　1/16　22 印张　400 千字
版次印次：	2019 年 10 月第 1 版　2019 年 10 月第 1 次印刷
定　　价：	78.00 元

如发现本书因印装质量影响阅读，请与出版社发行部联系调换。

广东历代方志研究丛书
编审委员会

主　任：陈华康

副主任：丘洪松　陈泽泓

委　员（按姓氏笔画排序）：

　　　　马建和　方广生　田　亮　邱　捷

　　　　张晓辉　陈长琦　林子雄　徐颂军

整理说明

一、版本

本书所收录明清民国时期肇庆府及其属州县方志原文全部源自《广东历代方志集成》（岭南美术出版社2009年版）。

二、标点

1. 按现代汉语规则标点整理。
2. 正文中夹有小字注文者，以小五字编排，并标点。
3. 正文或夹注中的书名，均加书名号，如《礼》《书》等。

三、校勘

1. 繁体字一律改为简体字。
2. 错字以〈　〉标注正字。
3. 通假字保留原字。
4. 异体字径改。
5. 避讳字径改，如"崇正"改为"崇祯"，"宏治"改为"弘治"。
6. 字迹模糊处，用□代替，一个□即一个字。

四、编辑

在辑录的原文中，有对少数民族的污蔑称呼均加以改正，如"猺"改作"瑶"，"獞"改作"壮"，"狼"改作"俍"，等等。至于引文中侮辱性词句与反动观点，则一仍其旧，以便做研究和批评。

五、其他

本书为明清民国时期西江地区宗教礼俗的史料整理，其中，部分有关宗教的内容或与科学精神相悖，部分有关当地少数民族的内容或含贬义的字词用语，为保留历史文献原貌，本书均未予以改动。读者当能鉴察。

目 录

序
　　从地方志看广东西江地区仪礼宗教习俗……………… 周军　赵克生　1

一　正祀与官礼…………………………………………………………… 1
　　（一）正祀……………………………………………………………… 1
　　（二）官礼……………………………………………………………… 36
　　（三）著述……………………………………………………………… 64

二　四礼…………………………………………………………………… 71
　　（一）冠礼……………………………………………………………… 71
　　（二）婚礼……………………………………………………………… 73
　　（三）丧礼……………………………………………………………… 89
　　（四）祭礼……………………………………………………………… 97

三　佛教…………………………………………………………………… 102
　　（一）人物……………………………………………………………… 102
　　（二）寺庙……………………………………………………………… 113
　　（三）著述……………………………………………………………… 131

四　道教…………………………………………………………………… 158
　　（一）人物……………………………………………………………… 158
　　（二）宫观……………………………………………………………… 163
　　（三）著述……………………………………………………………… 170

五　其他宗教……………………………………………………………… 178
　　（一）基督教…………………………………………………………… 178
　　（二）天主教…………………………………………………………… 183

  （三）伊斯兰教 ……………………………………………… 185

六　地方神祇 …………………………………………………… 187
  （一）人物 ………………………………………………… 187
  （二）祠宇 ………………………………………………… 189
  （三）著述 ………………………………………………… 206

七　族群习性 …………………………………………………… 218
  （一）瑶 …………………………………………………… 218
  （二）壮 …………………………………………………… 237
  （三）疍 …………………………………………………… 239
  （四）俍 …………………………………………………… 244
  （五）獠 …………………………………………………… 245

八　节庆 ………………………………………………………… 246

九　土俗 ………………………………………………………… 281
  （一）通论 ………………………………………………… 281
  （二）习尚 ………………………………………………… 289

序
从地方志看广东西江地区仪礼宗教习俗

周军　赵克生

地方志中不仅记载了大量的地方历史，也体现了方志编纂者的纂修思想和政治倾向。科大卫教授在比较了广东第一、二种省志，即嘉靖十四年（1535）刊行的《广东通志初稿》（戴璟纂修）和嘉靖三十六年（1557）刊行的《广东通志》（黄佐主纂修）关于风俗的记载之后，指出广东官员为了让广东纳入王朝政权，在方志纂修上有两种途径，一种是戴璟的《广东通志初稿》，拟定了"正风俗条约"，试图"缩小广东地方风俗与风行全国的理学教条的差距"，包括反对用槟榔作为嫁妆。而黄佐的《广东通志》则删除了正风俗条约，通过增加人物传记部分，显示"广东已经真正成为普天之下的王土一隅"。黄佐对广东本地风俗的承认，成为后来广东方志编纂的范本①。科大卫教授的研究表明，方志的编纂是地方纳入王化秩序的一种重要方式。

广东"西江"既是地理概念，凡西江流经的区域，均可纳入其范围；同时又是政区概念，本书的"西江地区"是指明清以来肇庆府、罗定直隶州所辖各地。明朝初期，肇庆府领州一县十一，辖地有高要、高明、四会、新兴、开平、恩平、阳春、阳江、广宁、封川、开建、德庆州。其中高明、开平、恩平县等是从附近各县中析地而设②。嘉靖万历间，又析置三水、罗定③。明清两代以来，肇庆府所辖各县有所变化，但其管辖地域范围已大致定型。康熙十二年（1673），肇庆辖地为肇庆府（高要）、四会、新兴、阳

---

① 科大卫著：《皇帝和祖宗：华南的国家与宗族》，卜永坚译，江苏人民出版社2009年版，第130～133页。

② （道光）《肇庆府志》卷一"舆地一"，见广东省地方史志办公室《广东历代方志集成》，岭南美术出版社2009年版，第48～49页。（以下凡引该套丛书，只注篇名、方志名、卷名和页码，其他不再另注。）

③ 梁登印：《高要县志凡例》，（康熙十二年）《高要县志》"凡例"，第10页。

春、阳江、高明、恩平、广宁、德庆州、封川、开建、开平①。明洪武年间，罗定直隶州的泷水曾隶属肇庆府，万历年间，设罗定直隶州，下辖东安、西宁等县。康熙年间，罗定裁并入岭西巡道分巡肇高廉罗道，驻肇庆。雍正八年（1730），析为肇罗道。同治六年（1867），改分巡肇罗阳道，驻肇庆府城②。肇庆府与罗定直隶州之间虽不相隶属，但在行政上存在千丝万缕的联系，因此一并归入讨论。这种选择方法有一些弱点，宗教、地方信仰、习俗等并不因政区而划一，与周边地区存在互通共融的状态，即使在同一政区内，信仰和习俗也存在差异。考虑到这样的因素，本书将怀集纳入讨论范围，因怀集现今属于肇庆市管辖，但明清时属于梧州府③，民国属于广西，希望可以弥补这些不足。

"宗教"本来是外来词，自清末民初传入中国后，各方对其理解各有不同。民国初年，有人认为中国古代祭祀天神、人鬼、地祇之礼，虽无宗教之名，而有宗教之实④，所以将正祀视为"宗教"。1948 年刊行的《高要县志》单设"宗教"门，将佛教、天主教、耶稣教、回教、道教列入，意味着到民国后期，"宗教"的概念已类似于今日所理解的"宗教"⑤。宗教与礼俗的关系存在联系，礼与宗教相关，而习俗之良否，也以礼仪为评判标准。礼仪贯穿方志编纂的始终，是一条清晰可见的主线。

一、方志之编纂

古代的地方志大都是官修，即政府出版物。明清两代，朝廷皆下令修志，其中康熙、乾隆、道光朝修志最多。民国年间，政府分别于 1917 年、1929 年、1934 年、1941 年、1946 年通令全国各地纂修地方志，广东修有府志 3 种，县志 46 种⑥。古代广东西江地区官员重视方志的编纂，康熙十二年（1673），肇庆府知府史树骏曾说："会朝廷稽古右文，命郡邑有司皆得修其纪载，于是询之故老，考之令甲，残碑断简，靡不毕讲，竭一人之愚，

---

① （康熙十二年）《肇庆府志》卷一"图象"，第 16 页。
② （民国）《罗定州志》卷一"地理志"，第 143～144 页。
③ （乾隆）《怀集县志》卷一"舆地志"，第 13 页。
④ 姚明辉：《宗教与祭祀》，载《孔教会杂志》1913 年第一卷第一号，"丛录"。
⑤ （民国三十七年）《高要县志》卷十六"宗教"，第 770～778 页。
⑥ 李默编：《广东方志考略》，吉林省地方志编纂委员会、吉林省图书馆学会 1988 年版，第 6～12 页。

阅五月而书成。"① 有的编纂者担心因为时间紧迫，内容会出现错误，康熙十二年《高要县志》的纂辑人梁登印声明："郡志自元皇庆间至今凡四五辑，其为功亦各四五年。崇祯间，颇称明备，其志犹十阅月而成。今要志始末曾有上溯秦汉下迄昭代，为时既久，而又辑诸简帙残缺之余，功非浅鲜矣。而部期敦迫，操觚仅百余日，遽命脱稿，鲁鱼亥豕之讹，亦往往有之，况奥义大旨乎？博物君子尚思所以正之。"② 有个别官员声称是自己想修，道光年间署肇罗道兼摄肇庆府事夏修恕说，道光《高要县志》的修纂是他先向两广总督阮元提起的，"余奉简命，观察粤东有年。前岁檄权肇庆府事，履任翻阅郡志，颇多残略，乃请于大府倡修，分饬所属一律编刊。"③ 1929年出版的民国《恩平县志补遗》是个例外，纂修者聂崇一成书6卷，另附录1卷，聂崇一为将弁学堂第一期毕业生，在自序中，没有说明县志补遗是官方所委托，还是自行编修④。但这是极少数。明清民国时期，广东西江地区修纂了大量方志，"广东历代方志集成"丛书共影印出版74种肇庆府的地方志，包括雍正《罗定州部汇考》，该书辑自清光绪十年（1884）上海图书集成铅版印书局铅印本《古今图书集成》方舆汇编职方典⑤。这些方志记载了高要、高明、四会、新兴、开平、恩平、阳春、阳江、广宁、封川、开建、德庆、罗定、东安、西宁等西江地区各县的情况，包括明朝方志6部、清朝方志56部和民国方志12部，其中，清朝方志数量最多，康熙、乾隆、道光三朝以26部、10部和13部，占了方志中的大部分。从相关记载来看，这些方志只是历史上广东西江地区所修方志的一部分，比如明崇祯年间肇庆府知府陆鳌修崇祯志以前，肇庆已有正统、成化、嘉靖、万历间修纂府志⑥。但正统、成化方志没有见到。新兴县志有元代薛里吉思志，明代万历志、嘉靖志，清代康熙十二年、二十六年志⑦，而元代方志未见。

古代、民国广东西江地区的地方志大都是知府、知县主修，且延聘府学教授、县学教谕和地方士绅纂辑。官员认为方志的作用，一是记载地方历史，一是备理政之需要。道光年间阳春县知县陆向荣说："志者何，政事

---

① 史树骏：《重修肇庆府志序》，（康熙十二年）《肇庆府志》"序"，第2页。
② 梁登印：《高要县志凡例》，（康熙十二年）《高要县志》"凡例"，第11页。
③ 夏修恕：《序》，（道光）《高要县志》卷首"序"，第1页。
④ 《恩平县志补遗自序》，（民国）《恩平县志补遗》，第521～522页。
⑤ （雍正）《罗定州部汇考》扉页。
⑥ 陆鳌：《肇庆府志重辑序》，（崇祯）《肇庆府志》"序"，第5页。
⑦ 刘芳：《新兴县志序》，（乾隆）《新兴县志》"序"，第1页。

之书也。"① 中议大夫、盐运使衔知广东肇庆府事瑞昌说："志者，记也。在国为史，在郡县为志。盖方舆之广，苍黔之众，临政者不能躬自遍历也。因为图若书以统贯而条理之，于以知形势、察风俗，考沿革、征文献，以求治道之原，岂仅备观览已哉。"② 地方官员为了了解地方情况，也很重视地方志的记载。明朝崇祯年间肇庆知府陈烜奎到任后，"首以搜讨典坟为务，取郡志亟观之"③。方志的目标读者是地方官，编修方志的目的是希望"后之剖符于此者，藉以考镜得失，政之褊者，弗使室于行，俗之偷者，弗使狃于习。前事不忘后世之师，此邑之民其永有赖已。"④ 方志发行范围不广，流传不远，保存情况也不乐观，不少官员对此表示遗憾。乾隆年间新兴知县刘芳谈及前志时，就说前志"乙酉志毁于虫，庚寅板浸于水"，以致"展卷之余，汗漫不可识，不禁废书三叹也"⑤。民国修阳春县志时，"旧志唯陆志仅存"⑥。有官员说："端州本冲疲郡，师帅长下车问俗，必按旧章，由是规之矩之，以法以戒，其造福当未有涯矣。"⑦ 地方官在当地起着富民教民的重任，当地方官治理有方，则地方有福。这是官员们的逻辑，也是儒家文化的逻辑。地方官治理地方时的规则，按照清乾隆时肇庆府知府吴绳年的说法，就是"修其教不易其俗，齐其政不易其宜，然后民安其居"⑧。这里的"教""俗""政""宜"，既有对王朝统一意识形态和行政措施的坚持，也有对各地风俗人情习惯的妥协，展现了地方官在王权和地方之间的游刃有余的治理方术。道光年间高要县知县韩际飞赞扬高要前任官员，"我国朝政教休明，循良懋著，即如谭景〈竟〉陵之民请借摄，杨自西之荐擢谏垣，景东旸之扞患御灾，张希周之风流文采，皆后先相望，大异乎俗吏之为之也"，蕴含的标准都是传统社会对官员的期望⑨。

　　明清时期，负责纂修地方志的官员和学者不乏进士、举人，他们深受儒家文化影响。民国时期的方志编纂者有些具有前清功名，有的则是新式学堂的毕业生，担任新式官职，这些新式学生在思想上相当靠近儒家文化。明清时期主修方志的地方官员肇庆府知府和高要县知县姓名、功名、籍贯见下表。

---

① 陆向荣：《阳春县志序》，（道光）《阳春县志》"序"，第259页。
② 瑞昌：《序》，（道光）《肇庆府志》卷首"序文"，第2页。
③ 陈烜奎：《叙肇庆府志》，（崇祯）《肇庆府志》"序"，第7页。
④ 夏修恕：《序》，（道光）《高要县志》卷首"序"，第1页。
⑤ （乾隆）《新兴县志》"序"，第1页。
⑥ 《阳春县志例言》，（民国）《阳春县志》"例言"，第55页。
⑦ 冒起宗：《肇庆府新志序》，（崇祯）《肇庆府志》序，第3页。
⑧ （乾隆）《肇庆府志》卷四"疆域志上"，第1页。
⑨ 韩际飞：《序》，（道光）《高要县志》卷首"序"，第4页。

明清时期编纂方志的肇庆知府和高要知县的信息

方志名	编纂者	功名与官职	籍贯	资料来源
万历《肇庆府志》	郑一麟	进士，肇庆府知府前兵部尚书郎	山阴	该志"序"，第5页
崇祯《肇庆府志》	陆鏊	进士，广东布政使司分守岭南道副使兼参议	平湖	该志"序"，第5页。该志"秩官志二"，第135页
崇祯《肇庆府志》	陈烜奎	进士，知肇庆府事	福建南安	该志"秩官表二"，第135页
康熙十二年《肇庆府志》	史树骏	进士，肇庆府知府加一级前兵部职方清吏司督捕郎中	武进	该志"序"，第4页
康熙五十八年《肇庆府志》	宋志益	监生，肇庆知府	江南人	道光《广东通志》卷五一，第827页
乾隆《肇庆府志》	吴绳年	监生，肇庆府知府	浙江钱塘	该志卷七"秩官志上"，第122页
道光《肇庆府志》	屠英	进士，肇庆府知府	直隶和州	该志卷十三"职官志三"，第443页
康熙十二年《高要县志》	谭桓	举人，高要县知县兼摄德庆州事	湖广竟陵	该志卷六"秩官志"，第115页
道光《高要县志》	韩际飞	高要知县，道光元年任	山阴	该志卷首"职名"，第4页
道光《高要县志》	叶承基	监生，道光四年署理知县	安徽古歙	该志卷首"职名"，第3页
咸丰《高要县续志》	吴信臣	进士，知高要县事	不详	该志卷首"序"，第312页

由于地方官员承担治理地方的责任，而且地方官员又多为外省人，他们如何看待肇庆和高要的风俗和地理位置？明朝崇祯年间，地方官多赞颂肇庆为岭南名郡。钦差整饬兵备分巡岭西道广东按察司佥事冒起宗说："端州居东粤上游，襟喉八桂，百年来文武总师移镇驻节，封疆锡绣，称枢毂焉。迹其因革建置，实百粤理乱之所繫系。顷予奉简书饬兵于此，入其疆

而山川潆如也，土俗郁如也，人文蔚如也，所谓别有天地耶。"① 陆鏊也说："肇庆，岭海奥区，绾毂两粤，山川秀丽，贤哲挺生，称名郡焉。"② 道光年间高要知县韩际飞说："高要为邑，大邑也。控两粤之咽喉，当西南之冲要。自明嘉靖间，总督吴桂芳公开府于此，盖屹然一重镇矣。简斯缺者，冲繁疲难，与南海、番禺鼎足而三。然南、番地居会城，冠盖云集，室家殷富，犹易为治。高要则障西江之水，卑者易宠，高者易亢，岁登大有，犹仰给于西省，他可知矣。"韩际飞承认"高要地瘠民贫"，但赞颂高要风俗，"然士风淳朴，无奔竞之习，农工务本，多食力之家"③。在这些地方官员看来，肇庆（包括首邑高要）的地理位置相当重要，而且人文蔚起，风俗淳朴。在这些赞颂之外，也有官员认为肇庆地方偏远，风俗险诈。清朝康熙年间史树骏曾说："肇之为郡，介在南荒，实寇攘之渊薮，山峻水湍，民风应之诘曲而徂诈，荆棘之余，疮痍未起，其民皆有□焉。"④ 道光年间的知府屠英则从"高要"的"要"字读法入手，分析高要的地理位置由偏远到要隘的演变。"余以高要本以高峡山得名，要字读'要荒'之'要'，不若为'要道'之'要'……国朝定鼎，仍建两广总督府治于高要。岂不以连五岭控三江，形胜屹然，居高而扼要也哉……今府州县缺，恒有冲繁疲难之目，冲亦要也。高要绾两粤咽喉，尤为要隘。"⑤ 这些对于风俗良否的讨论，反映了地方官关注的重点，他们认为风俗良善说明地方官治理有方，风俗难治说明地方官勤政无懈，总之，都是地方官追求政绩的表现。1948 年，高要县志编纂者梁赞燊解"高要"，沿袭了屠英的看法，认为高要"本以高峡山得名，要谓要荒，盖五岭以南，古视为要服荒服之地也。或曰（道光志屠英序语），高要绾两粤咽喉，形势屹然居高而扼要。要字读'要荒'之'要'，不若为'要道'之'要'云。"⑥ 这种解释重新将肇庆首县定为偏远之地，意味深长。经过几百年的演化，高要不再忌讳谈地域的远近。

---

① 冒起宗：《肇庆府新志序》，（崇祯）《肇庆府志》"序"，第 2 页。
② 陆鏊：《肇庆府志重辑序》，（崇祯）《肇庆府志》"序"，第 5 页。
③ 韩际飞：《序》，（道光）《高要县志》卷首"序"，第 4 页。
④ 史树骏：《高明县志序》，（康熙八年）《高明县志》"序"，第 1 页。
⑤ 屠英：《序》，（民国二十七年）《高要县志》卷二六"旧闻篇二"，第 1645～1647 页。
⑥ （民国三十七年）《高要县志》卷二"地理"，第 36 页。

二、方志中的祭祀礼仪

方志有关正祀和官礼的仪注等多记载于祀典志、礼乐志、经政志，而祭祀地点则多列入建置志，在方志中往往单列纲目，体现了正祀与官礼的重要地位。

明朝天启《封川县志》记载："夫国之大事，以正祀典为先。凡法施于民、劳定国、死勤事、捍大灾、御大患者，因时举祭而不敢忽焉。社稷、风云雷雨，默养乎民者也，山川、城隍、土地，默庇乎民者也。与夫客亡之魂，无主之魄，恐其作祟于民也，故令甲具载春秋，以血祭祭矣。外此则非其鬼，非而祭之，谄且弗福。"① 这段话揭示了祭祀的对象、原则和种类。在祭祀对象上，有社稷、风云雷雨、山川，祭祀原则是"法施于民、劳定国、死勤事、捍大灾、御大患者"。祭祀种类是祭祀对象的体现。并且，强调"淫祀非福"的观点。

从其他方志对祀典和礼乐的记载看，明清时期的祭祀大多相同。崇祯《肇庆府志》中的"祀典志"记载了肇庆府及各县的祭祀场所：先师庙、启圣祠、社稷坛、风云雷雨山川坛、郡（县）厉坛、海坛、城隍庙、名宦祠、乡贤祠、包公祠、关帝祠、忠节祠、大中祠、朱文公祠、文昌祠、太傅祠、澹庵祠、状元祠、忠景祠、兴化祠、留相祠、忠穆祠、三忠祠、杨都御史祠、惠爱祠、惠德祠、陈大尹祠、吴公祠、总督凌公生祠、孚德祠、刘公祠、阳山庙、总督吴公生祠、王公生祠、怀德生祠、陈公祠、刘公生祠、思德祠、郑公生祠、五贤祠、德惠祠、陈司寇祠、忠勇祠、忠义祠、义士祠、王守祠、周公遗爱祠、永赖祠、忠迹祠、宣爱祠、戴公生祠、汪公生祠、林侯祠、陆公生祠②。康熙《高要县志》所记载的有先师庙、启圣祠、社稷坛、风云雷雨山川坛、厉坛、城隍庙、名宦祠、乡贤祠、包公祠、濂溪祠、关帝祠、忠节祠、文昌祠、惠爱祠、陈大尹祠、吴公祠、总督吴公生祠、总督凌公生祠、孚德祠、王公生祠、思德祠、郑公生祠、永赖祠、戴公生祠、刘公生祠、张公祠、熊公祠、督府三公祠、闵公祠③。

值得注意的是，乾隆《新兴县志》将典谟列入方志，为广东西江地区各志少见。在该志"凡例"中，编纂者说："诏谕旧志未载，各邑郡省志或

---

① （天启）《封川县志》卷六"建置志二"，第61页。
② （崇祯）《肇庆府志》卷一五"祀典志"，第440～446页。
③ （康熙十二年）《高要县志》卷十"祀典志"，第165～171页。

不敢录，或并艺文，均属不恭，今仿粤东省志，敬编世祖章皇帝、圣祖仁皇帝、世宗宪皇帝、今上皇帝诏词，冠诸志首，名曰'典谟志'。"① 体现了地方官员对皇帝及其诏令的尊崇。

从晚清戊戌维新康有为提倡变法开始，废"淫祀"的呼声渐渐高涨，清末新政期间由于经费欠缺，政府提倡"庙产兴学"，虽有佛教、道教等庙宇宫观受到影响，但其主要打击对象是不在祀典的"淫祀"②。民国以后，政体革新，思想与文化也发生了很大的变化，祭祀的对象随之而变，有的改换了新名称，有的则被废止。1912 年，南京临时政府颁布《陆军部通告各省都督将前清忠义各祠分别改建大汉忠烈祠电文》③，又颁布《陆军部通告各省迅将前清湘楚淮军昭忠各祠改建为大汉忠烈祠文》④，废止前清祭祀的对象，改为纪念为革命而牺牲的邹容、史坚如、吴樾、温生才等人。民国《开平县志》记载："民国十七年，内政部明令禁古神及淫祠之祀，城隍、文昌、天后、龙王、洪圣等庙，均在废止之列，兹仍照录者，以其庙尚存而已。"⑤ 以前视为正祀的祭祀对象由此退出历史舞台。

礼仪的制定与实行，主要是修身与维持社会秩序。天启《封川县志》称："礼之所系大矣，可持身亦可维世。古圣王整齐庶政，管摄群生，率由此也。"⑥ 这样的看法在方志中经常出现，康熙《阳春县志》称："礼也者，先王所制以适于治之具也。故礼者，理也。礼以理之，使民率履以定性，故有常经而不敢乱。""礼，所以辨上下、定民志者也。"⑦ "辨上下，定民志，莫善于礼。……故亲疏有杀，长幼有序，尊卑贵贱有等。惟曰礼在则然，然则移风易俗，其以礼教为首务哉。"⑧ 乾隆年间新兴知县刘芳在编纂"礼乐志"时也指出："礼乐不可斯须去身，况尊君亲上事神治民之大者乎？……矧圣天子在上，礼明乐备，准古酌今，钦定乐章，部颁仪制，超前轶后，咸五登三，凡我臣民，孰不范围于节文度数之中，以陶淑其身心而陨越是惧，则礼乐所当亟讲也。"⑨ 这种对礼乐的态度，从修身说到尊君，贯彻的是儒家的理念，但更为强调"维世"。乾隆年间所修的几部方志，十分

---

① （乾隆）《新兴县志》"凡例"，第 9 页。
② 参见徐跃《清末庙产兴学政策的缘起和演变》，载《社会科学研究》2007 年第 4 期。
③ 《临时政府公报》第 20 号，1912 年 2 月 23 日，第 4 页。
④ 《临时政府公报》第 22 号，1912 年 2 月 25 日，第 2～3 页。
⑤ （民国）《开平县志》卷九"建置略三"，第 137～139 页。
⑥ （天启）《封川县志》卷一五"秩礼志一"，第 116 页。
⑦ （康熙）《阳春县志》卷六"礼仪志"，第 373 页。
⑧ （雍正）《罗定州志》卷三"礼仪"，第 316 页。
⑨ （乾隆）《新兴县志》卷七"礼乐志"，第 51 页。

重视礼乐的记载，对礼乐与王朝秩序的关系有着清晰的认知。《恩平县志》即指出："礼乐者，政化之源也。"① 《鹤山县志》彰显官礼的作用："先王本天□地以制礼，故凡祷祠祭祀供给鬼神，班朝治军，莅官行法，一以礼为准，国朝礼明乐备，超轶前古，部颁仪制所当敬谨奉行，非独惧陨越于下，以贻冠裳羞，亦所以教训正俗，化亢戾之风归中和之域也。"② 是否遵守礼仪秩序，落实各种礼仪规定，也是一地是否融入王朝秩序的标志。东安较为偏僻，民情复杂，道光《东安县志》编纂者首先指出："安上治民，莫善于礼。随分定制，小大由之，不以方隅限也。"进而指出东安已经服膺礼教，成为王化之区。"东安久服正朔，礼教所敷，灿然具举……盖礼至，则不争，而仁让之化成。"③

官礼的种类繁多，有的方志将其分为国礼、郡邑礼、乡礼，有的则未分类，主要内容略有差异，但大致相同。康熙《开建县志》记载的官礼有上任、万寿、元旦、冬至、鞭春、诏赦、朝觐、释奠、社稷、山川、节孝、土地、救护、乡饮酒礼、新生送学、科举、送旗匾、朔望、开印、封印、厉祭礼仪、乡约等④。康熙《阳春县志》记载的有国礼（庆贺、开读、朝觐、上任、救护、鞭春、乡饮酒礼）、邑礼（新年礼、开印礼、封印礼、祭门礼、祭江河礼、祈雨祈晴礼、行香礼、参谒礼、送入学礼、本学祭魁礼、送科举礼、送贡礼、迎新举人礼、送会试礼、捷报礼）等⑤。雍正《罗定州志》记载七项国礼（开读、庆贺、进表、救护、迎春、上任、相见）、五项郡邑礼（祭先师礼、祭关帝礼、祭社稷风云雷雨山川礼、祭先农祠礼、耤田礼）、三项乡礼（讲乡约礼、乡饮酒礼、乡射礼）等⑥。道光《东安县志》记载有朝贺、立春、鞭土牛、宣讲圣谕律条、护日月食、祈晴祷雨、新官上任、开印、封印、宾兴、饯送、乡饮酒礼等⑦。这些礼仪涉及范围较为广泛，从朝廷到地方建立一整套的网络系统，体现了儒家的伦理秩序。其中，乡饮酒礼和乡射礼是控制基层社会的重要礼仪，但实际执行情况并不乐观。雍正《罗定州志》"凡例"记载："礼仪内乡饮、乡射，虽载在祀

---

① （乾隆）《恩平县志》卷六"礼乐志"，第135页。
② （乾隆）《鹤山县志》卷六"礼仪志"，第70页。
③ （道光）《东安县志》卷二"礼制"，第423页。
④ （康熙十二年）《开建县志》卷六"典礼志"，第31～40页。
⑤ （康熙）《阳春县志》卷六"礼仪志"，第373～377页。
⑥ （雍正）《罗定州志》卷三"礼仪"，第316～328页。
⑦ （道光）《东安县志》卷二"礼制"，第423～428页。

典，非仅一郡一邑之事，而举行寥寥。"① 乾隆《恩平县志》在记载了乡射礼的"旧例"之后，编纂者指出："明洪武初，诏天下儒学，就学辟射圃习射，朔望有试。乃学宫教士之法，非古乡射之本意，则古制之不明久矣。今国家型方训俗，礼教大备，挽强命中之技，又所在多有，况恩平燐燹之余，射圃久废，宜乎数十年来，未闻有举而行之者。"② 为了弥补基层社会礼仪的不足，明朝嘉靖、万历以后，依赖里甲组织形式，推行圣谕宣讲，主要方式是"乡约会讲"，政治教化方式在基层社会组织变迁之后，展示出创新的一面③。通过宣讲圣谕，重新凝聚基层社会，使其处于王朝秩序的网络之下，各种官礼在基层社会实际上起到了互相补充完善的作用。

三、方志中的宗教信仰

方志中有关宗教的纂修，首先要注意的是仙释内容的门类发生了变化。从"外志"到"仙释"再到"人物传"，仙释在地方官和文人心中地位发生了变化，这一变化过程正是佛教与道教逐步整合进王朝秩序的过程。

万历《肇庆府志》在编纂"外志"时，其序文中阐明了对释道列入外志的理由在于"仙释蔑弃人伦，而诡言出世"，但还要将其"外而内之"，"然则遂外之乎，固将内之也。外而曰内之，何？易□顾比，书曰：并生春秋大一统，归斯受之而已。是故志而外之，所以明有义也。外而志之，所以明有仁也。仁义立而王道备矣。嗟乎，释氏之害，可胜道哉，达磨东度震旦，自以为见性，□□无事也，其后泛滥中国，学孔氏者曰，彼即吾师之言也。又曰，吾五经即彼之言也。今则无彼无我，混而出之，立于□岳，以迷乱齐楚之人，是故门外之冠，犹可言也，室内之寇，不可言也。"④ 这段话表明方志修纂者对仙释的排斥态度，认为他们都外于王道和圣道，也就是外于儒教，故称为外，但又要"外而内之"，而"志而外之""外而志之"的目的在于"仁义立而王道备"。崇祯年间，陆鏊修府志时，对释道的看法有别于万历府志，"陆鏊曰，张融论儒佛谓如鸿飞天首，越人指甲，楚人指乙，鸿常一耳。言佛而老，亦如是。况肇庆一隅，曹溪紫衣，稚川丹灶，寓焉宜志……圣人神道设教，不妨假为外护者也。"⑤ 陆鏊虽仍将佛教

---

① （雍正）《罗定州志》卷首"凡例"，第224页。
② （乾隆）《恩平县志》卷六"礼乐志"，第158~160页。
③ 赵克生：《明代地方社会的圣谕宣讲》，载《史学月刊》2012年第1期。
④ （万历）《肇庆府志》卷二十一"外志"，第407页。
⑤ （崇祯）《肇庆府志》卷二四"外志"，第614页。

道教归入"外志",但对佛老的态度已经有所缓和,承认仙释符合"圣人神道设教"的古训,与儒教成为内外相维的关系。

康熙乾隆年间,有的方志将仙释列入"外志",有的则另列"仙释志"记载佛道人物,两种编纂思想互相交错。康熙八年(1669)的《高明县志》"外志"中,收入仙释瑶疍。"外志旧乘原无,其仙、释、瑶、疍缺而不纪,但福地洞天,半属缁黄,所据深山大泽,渔猎为多,兹仿郡志增人。"① 康熙十一年(1672)的《四会县志》将仙释单独列为志,认为佛、道中也有值得记述的地方:"闻之求仙东海,迎骨西番,人皆非之,谓:'其道足以乱儒也。'然其间用之真伪有辨。出于伪,仙不足传,释不足传,儒亦不足传。得其真,则儒固可书,仙亦可书,释亦可书也。"② 康熙十二年(1673)的《高要县志》对求仙访道不以为然,但仍将佛道人物列入仙释传。"古之谓仙释,若鲍靓、葛洪、嵩头陀、智药,往籍所称其人若行,盖亦有足多者。他如文女、达岸僧、石头俱端产,为端人皆能言之,则又何以称耶?夫谓仙释可求,一如耕之于食,织之于衣,可取携得焉,不可也。谓仙释必不可求,求之皆足以至祸败,如秦皇、汉武,则又不可谓其惩羹而吹齑也。言仙释者,言其诚能仙释而已。"③ 在有意提升佛教道教人物地位的同时,康熙十二年的《高要县志》仍将庙宇宫观列入"外志",记载佛道教的场所。康熙《高要县志》将佛教道教与王朝统治相辅相成的关系明确表达出来,延续了崇祯府志的态度,并有进一步发挥,即"圣人以神道设教,因缘之说亦佐政治之穷,而其徒又为国祝厘,则寺观之设亦不可废矣。独怪学士家希心顿误,亦以谈禅为上乘,则高明之士且阳附之矣,奈何责愚昧也。"④ 康熙十二年的《肇庆府志》也体现了糅合儒、佛、道的态度:"神仙者所以保性命之真,本清虚去健,羡同生死之域,而无怵惕于胸中,其所长也。若释氏教人以为善,即孟子性善之说,其书委屈精妙,亦多名人笔授,世儒不察,概目之为外道,是乌知夫阴阳天地神鬼事物之变化耶。肇庆山川盘郁,实居异人,晋康丹灶,新州甘露,遂开二氏津梁,不可无志。惟依附者流,背弃仁义,则儒者辟之。"⑤

但康熙二十六年(1688)的《新兴县志》将六祖禅师、休咎、达岸等佛教人物列入"外纪",方志编纂者一方面肯定了六祖禅师等人为佛教高

---

① (康熙八年)《高明县志》"志例",第16页。
② (康熙十一年)《四会县志》卷十八"仙释",第68页。
③ (康熙十二年)《高要县志》卷十八"仙释传",第235页。
④ (康熙十二年)《高要县志》卷十九"外志·寺庵志",第238页。
⑤ (康熙十二年)《肇庆府志》卷二十二"仙释志",第486页。

僧,又指出佛教僧尼扰乱社会的现象令人担忧,"近者有临邑女尼煽惑人家眷属,心许护持,私买南城外民房,谋为庵院,以倡邪教。幸早知觉,呈官究止。然其贪心未息,妄念犹存,愚蒙女子时刻不忘招留,娄佞姑尼时刻不忘驻锡"①。反映出排佛与融佛之间的冲突。乾隆《新兴县志》对佛教的态度又趋于承认,"儒者之学不谈释道,何必有所传述以自外名教哉。顾新兴自六祖传达磨衣钵,嗣后常显禅宗而飞升遐举,亦连类以及者,旧志列之外纪,转于吾儒未有分别,且历古考今,白马青牛由来尚矣。省郡志均另一书,何可不知而作自骋心胸"②。而乾隆《肇庆府志》中则将其纳入"杂记"中,编纂者在"杂记志"序中说:"齐东野人之语,齐谐志怪之书,通儒所弗废也。志有杂,其小说之流欤?《论语》神怪同称,二氏虚幻近神怪矣。《汉书》小说家有安成《未央术》一篇,应劭曰:道家也。"③ 而"杂记"所记的事情大多类于小说家,如此看来,仙释等类于餐前饭后之谈资。乾隆《阳春县志》将庙宇归入"建置志",也将庵寺归入"胜迹志"④。"建置志"所记的庙有关帝庙、泰山庙、天妃庙、东岳宫、文武庙、军牙六纛神庙等,都属于祀典类的祭祀⑤。"胜迹志"所记的庵寺有西华寺、崆峒岩寺、三元宫等⑥。对于这种分类,知县姜山指出其中的分别:"列坛祠庙于建置,而庵寺独析而入于胜迹,支离乖隔乎?曰:坛祠庙者为国家崇德酬庸,为百姓春祈秋报,固一方政□也,庵寺则佛老之宫而已矣。"⑦ 道光年间,方志记载希迁、智常、道邱等佛教人物时,已归入"列传",与其他乡贤等地方上值得学习的人物并列了⑧。

万历以后,方志对佛的态度转变,应该是受到此时广州佛教复兴的影响。憨山德清调和了佛教与理学之间的冲突。16世纪末,排佛活动稍缓⑨。康熙、乾隆年间,方志对佛教的态度较为矛盾,而其记载门类又多有变换,反映了佛教、道教与儒家的离合关系。民国年间,由于西方概念的进入,佛教等则以"宗教"的形象出现在方志中。

佛教被儒家容纳的年代,佛教人士与地方官员和士绅之间的交往,也

---

① (康熙二十六年)《新兴县志》卷十九"外纪",第457~467页。
② (乾隆)《新兴县志》卷二十五"仙释志"方伎附,第212页。
③ 吴绳年:《杂记志(仙释附)序》,(乾隆)《肇庆府志》卷二八"杂记志",第774页。
④ (乾隆)《阳春县志》"目录",第10页。
⑤ (乾隆)《阳春县志》卷二"建置志",第40页。
⑥ (乾隆)《阳春县志》卷三"胜迹志",第55~57页。
⑦ (乾隆)《阳春县志》卷三"胜迹志",第58页。
⑧ (道光)《高要县志》卷二一"列传二",第298~300页。
⑨ 科大卫著,曾宪冠译:《明清社会和礼仪》,北京师范大学出版社2016年版,第69页。

被方志所记载。康熙《高要县志》记载，僧人祖泰结庐为庵后，地方官绅"左丞王安中、右丞张徽、枢密路允迪、学士贾说、郡守窦仲涂皆从之游。庵中有会英堂、四相轩，为诸名公会集处"①。佛教进入王朝秩序还表现在佛教庙宇是朝廷礼仪进行的重要场所。封川县江口的昭灵庙是"朔望行乡约之所"②，国礼如庆贺、迎诏等国家所规定的仪制，举行时多选在近城寺庙。康熙年间，开平县举行万寿节、元旦、冬至等庆贺礼时，"前期一日，县官率僚属习仪于城隍庙。县无近城寺观，故习仪于庙"③。按照这种说法，如果有"近城寺观"，就不会选择城隍庙作为练习礼仪的场所。乾隆《新兴县志》记载，新兴县迎诏开读、庆贺万寿圣节、宣读圣谕的地址在龙兴寺，而且宣读诏书和圣谕后，还有粤音翻译④。道光《东安县志》记载，东安县的长春寺"万历十一年知县陈公大建，中座供奉龙亭，有司岁时朝贺，宣讲圣谕于此"⑤。

值得注意的是，方志中关于六祖惠能的记载，开始增加其先代的往事，康熙二十六年《新兴县志》记载六祖故居时提到其先代："六祖故居。在仁丰都下卢村，离城二十五里，在龙山国恩寺前一里，即唐索卢县地，为六祖生身之所，师祖父初来居此。"⑥而民国《新兴县志》中记载惠能先代时，又有新的变化，继承了前志惠能"本贯范阳"外，其父亲也是"谪官新州司马，因占籍为新州人"，但又依据《坛经》，保留了五祖弘忍和惠能关于"獦獠"能否成佛的对话⑦。在这些记载中，惠能究竟是岭南"獦獠"，还是"本贯范阳"，是一个可以讨论的问题，但更让人感兴趣的是，方志如此记载惠能的出身，造成了六祖来自中原的印象，曲折反映出岭南文化以中原文化为旨归的意图。

方志中关于西方宗教和回教的记载不多，西方宗教在广东西江地区的传播主要集中在阳江、开平、恩平、高要等县，且多在乡村。光绪三十三年（1907），阳江县19处耶稣教教堂中，城内只有1处，其余均建在乡村⑧。开平县基督教天主堂，光宣间建有13所，1916建有1所。基督教福

---

① （康熙十二年）《高要县志》卷十八"仙释传"，第234页。
② （天启）《封川县志》卷六"建置志二"，第62页。
③ （康熙五十四年）《开平县志》卷九"典礼"，第159～161页。
④ （乾隆）《新兴县志》卷七"礼乐志"，第51页。
⑤ （道光）《东安县志》卷二"坛庙"，第420页。
⑥ （康熙二十六年）《新兴县志》卷四"建置"，第302页。
⑦ （民国）《新兴县志》卷二十二"人物一·列传一"，第1131～1160页。
⑧ （民国）《阳江县志》卷一二"建置志五·宗教"，第393页。

音堂，光宣间建有16所，1918年、1922年各有1所①。方志编纂者认为基督教"传教亦志在劝人为善，是亦神道设教之类也"②，伊斯兰教（方志中称"回教"）"其旨则为清心寡欲、克己服〈复〉礼而导人于善者也"③。这些也是他们在方志中收录其他宗教的主要理由。

　　地方信仰与王权之间的关系，研究者多有揭示：一方面，政权通过赐封和废止淫祀两种手段，扶持和打击地方信仰④；另一方面，受到打压的地方信仰因为有深厚的民众基础，香火反而更为旺盛，比如金花神信仰、龙母信仰，政府只能寻求妥协，承认地方信仰的合法性⑤。广东西江地区的地方神祇中，陆贾是个有意思的例外。陆贾为汉大夫，南下说服赵佗归汉，德庆立太中祠（大中祠）祭祀。方志参考《史记》《汉书》记载了陆贾的事迹。陆贾的神性与其他地方神祇不同，不是当地居民"有祷则应"，而是通过托梦显灵的方式出现在方志上的。嘉靖《德庆州志》引《夷坚志》记载说："宋乾道间，梁竑入都，舣舟石下，夜梦一客，自称陆大夫，云：我抑郁于此千余岁矣，君幸见临，愿留一诗。竑遂题诗于壁而去。"⑥嘉靖年间，德庆知州陆舜臣申请祭典，得到批准，批文称陆贾"州人尊祀已久，实一方明神也"⑦。万历后的《肇庆府志》和《德庆州志》多将大中祠列入祀典，而其事迹则记载于"名宦传"。祭祀陆贾仍然符合"以劳定国则祀之"的祭祀原则，因为陆贾使粤地免于兵燹。万历《肇庆府志》对此评论说："或问陆大中使臣也，列名宦何，有功德斯土则名宦。当佗王南越，时贾设不行，佗不下，汉人耀兵，穷征越人，其荼毒矣。唐太宗谓魏徵一言胜兵十万，大中亦然。"⑧由此看出，陆大中祠的记载寓意非常明显，是汉以来岭南地区（包括西江地区）归属中央政权的分水岭。

四、方志中的少数民族记载

　　瑶、壮、疍等族群在方志中的地位，常与仙释并提，被编入"外志"。

---

① （民国）《开平县志》卷九"建置略三·教堂"，第139页。
② （民国）《西宁县志》卷六"营建志二·教堂"，第222页。
③ （民国三十七年）《高要县志》卷十六"宗教"，第777页。
④ 徐朝旭等：《儒家文化与民间信仰》，人民出版社2013年版，第41页。
⑤ 陈泽泓：《广东历代官方祀典及其对民间信仰的影响》，见广东省民族宗教研究院编《民族宗教研究》第1辑，广东人民出版社2011年版，第201页。
⑥ （嘉靖）《德庆州志》卷一一"秩祀"，第87页。
⑦ （嘉靖）《德庆州志》卷一一"秩祀"，第88页。
⑧ （万历）《肇庆府志》卷十七"名宦传一"，第328页。

从崇祯年间的"瑶、壮独非胞与乎"的呼声到最终将瑶、壮、疍纳入齐民，这些处于边缘位置的人群完成了王化的过程。

明代的嘉靖《德庆州志》将瑶、壮等视为"夷狄"，知州陆舜臣的《议地方事略》对如何征伐"夷狄"有较为明确的方略①，也可以看出明代对瑶、壮的认识，而瑶、壮在德庆地区也因王化程度被视为不同种类。万历《肇庆府志》在编纂"外志"时，称"瑶、壮傲狠王法而自异齐民，皆外于圣人之教、明王之治者也"②。崇祯年间地方官指出，瑶、壮已经"贡献科税，大约比编户之列"，由于生活方式的差异，瑶、壮对汉民的侵扰，以致方志编写者称其为"夷狄"，认为"非我族类其心必异"③。另一方面，肇庆知府陆鏊也发出了"瑶、壮独非胞与乎"的呼声④。康熙初，高要县知县谭桓认为民瑶之间的冲突已经结束了，"诸上宪抚绥安辑，举前此海疍山瑶之可虞者，而尽宁谧焉"⑤。所以在编纂《高要县志》时，梁登印定下编纂原则："从前外志所称瑶僚，若金盘、三马、官板、诸溪峒，昔诚有之。明纪书永乐十四年，高要瑶目周四哥来朝，籍其户八十有七，则十四年以前为瑶、僚可知矣。厥后隶尺籍为编民，散处市廛中，长子孙至读书取青衿。是不特被渐于化，其为瑶、僚，名谓形似，久将漫然，不复有存。而万历、崇祯各志，犹仍前说，于瑶、僚备极形容，非所以大和会一政教也，兹并正之。"⑥ 批评了明朝方志对瑶、僚等少数民族的歧视，并以政教一统为依归，混一汉民与少数民族之间的差距。这一原则的订立，是编纂者主观意志的体现，也是民瑶杂居，渐趋融合的客观形势使然。康熙《阳春县志》就记载了这种民瑶融合的趋势。"瑶、壮在肇属各邑，所在都有，然春邑之瑶、壮久已衰微，其瑶田瑶山皆化为民居，无复昔年悍暴凶性矣。"⑦ 康熙十二年《高要县志》对教化瑶、壮充满信心，提出不要对瑶、壮再采取以前的剿灭和威吓手段。"瑶、壮者，民之未隶乎籍，而僚又蛮之别种，随代异名，不可以民网羁，不可以礼教律……苟能鉴已往之覆辙，为未雨之先图，将必清心寡欲，塞诛求之路，杜恐吓之门，则彼之衣食足而礼义兴，贪者去而乱者息矣。况今圣天子在上，群百执在下，山陬海噬尽入版章。

---

① （嘉靖）《德庆州志》卷十六"夷情外传"，第 121～125 页。
② （万历）《肇庆府志》卷二十一"外志"，第 407 页。
③ （崇祯）《肇庆府志》"凡例"，第 28 页。
④ （崇祯）《肇庆府志》卷二十四"外志"，第 614 页。
⑤ 谭桓：《高要县志序》，（康熙十二年）《高要县志》"序"，第 1 页。
⑥ 梁登印：《高要县志凡例》，（康熙十二年）《高要县志》"凡例"，第 11 页。
⑦ （康熙）《阳春县志》"凡例"，第 321 页。

赫声濯灵，宣昭义问，蠢尔黔蛮，安在其不革面革心，脱椎结之陋，修鱼雅之容也。"① 康熙二十六年《新兴县志》将瑶、疍等归入赋役类，这种归类再次强调了瑶、疍与编户齐民一样，方志指出"瑶亦人类也，皆依其族"，平瑶与罗旁诸瑶有差异，对待平瑶，"有司抚之若齐民，则瑶民即我民也。对于疍户，方志编纂者寄予了深切的同情，认为疍户列名县籍，"差遣频仍"，生活辛苦，而"一二狡疍背众私勾，专享其利，遂令无依。余疍颠连如故、失业如故，含凄而望复又如故，是彼奸滑者，终以此辈为寄居之鹦，而失业疍民犹未免为惟巢之鹊鸰"。方志编纂者呼吁地方官员关心疍户的生活状况："念民瘼者，尚其问诸水滨？"② 乾隆《阳春县志》以典谟为卷首，将瑶、疍等归入卷终③。按照知县姜山的说法，都有深意。"首以典谟，终以瑶、壮者，见王化之大成也。圣天子德洋恩溥，航浮索引之国，雕题凿齿之乡，无不袭冠带奉春秋，而况食毛践土之犹在内地者哉。阳春瑶、壮向多为患，今且效输将勤奔走，盖自我朝定鼎而还，圣子神孙继继绳绳，至于涵濡百年之久，而革面革心，又何瑶、壮与土著之区别为也。"④ 乾隆《新兴县志》直称"瑶人欣欣向化，衣食动作，俱与齐民无异"⑤。道光《高要县志》将瑶疍列入"列传二"⑥，列传本来是记载人物事迹的，仙释类多记载僧道人物，还可理解，但瑶、疍无人物，只有生活方式和习俗的记载，将其归入列传，显然牵强，但也由此可以看出道光年间方志编纂者对瑶、疍态度发生根本性变化。道光《西宁县志》记载了官府曾设社学，劝勉壮、傜儿童就学，"恳学道恕取，以寓鼓劝，后亦有一二进庠者"⑦。

方志的记载描绘出一条瑶、壮、疍等种群逐步纳入政教秩序之中的线索，这种由外而内、由夷狄而齐民的过程，也正是以儒家礼仪和王朝秩序为标准来判断的，反映出随着军事征服和劝学教育，各族群融合的趋势和方志编纂者观点的改变。

伴随这种观点改变的，是方志中对盘瓠是狗种的质疑。方志多记载瑶

---

① （康熙十二年）《高要县志》卷十九"外志·瑶壮僚"，第243～244页。
② （康熙二十六年）《新兴县志》卷八"赋役"，第363～367页。
③ （乾隆）《阳春县志》"目录"，第11页。
④ （乾隆）《阳春县志》卷终"瑶疍志"，第252页。
⑤ （乾隆）《新兴县志》卷二十六"瑶人志·疍户附"，第215页。
⑥ （道光）《高要县志》卷二十一"列传二"，第297～298页。
⑦ （道光）《西宁县志》卷一十二"杂志"，第610页。

族为盘瓠之后裔,有的记载是瑶族"自言"①,有的则直接称瑶族"本盘瓠种"②。陈泽泓认为盘瓠是南方苗族、瑶族等少数民族的先祖③。顾书娟认为盘瓠在各族的传说中都被视为狗种④。康熙年间,罗定州的罗旁瑶民"自信为狗王后,家有画像,犬首人眼,岁时祝祭"⑤。可见,狗为瑶民早期的图腾信仰,在明清时期瑶民仍然十分崇拜。根据瑶族学者朱雄全的研究,由于东汉应劭《风俗通》和《后汉书·南蛮西南夷列传》中,将盘瓠称为"高辛之犬""帝之畜狗",导致后世认为盘瓠是狗种⑥。方志对盘瓠是狗种的说法显然不认同。道光《东安县志》称:"世传盘瓠氏为狗种,妻高辛氏之女,生男女各六,转相配偶,实繁育瑶种。不知帝女下偶非类,此理所必无,而世多言之,即其种亦以自疑。存而勿论可也。"⑦ 而道光《西宁县志》则进一步辩诬:"古今匪远,今岂有人而匹异类者乎?此不唯诬盘瓠并诬高辛矣。度盘瓠不过帝高辛之不才子婿,屏若南荒,渐远声教,后遂身猩秽,而口侏离耳。今既世窟山峒,距人稍近,若被以礼乐,诱以诗书,瑶人亦吾人也,岂与夫教马以舞、被猴以冠首者同日语哉?"⑧ 洗刷加于瑶族的污蔑性传说,分析盘瓠夷化的原因,指出用礼乐教化瑶民的具体手段。这些质疑的重要性就在于,瑶族与汉民一样,均为人类而非畜类,从而纠正对瑶民的歧视,回应瑶民已经王化的事实。

与此相关的是瑶族的盘古信仰和盘瓠信仰问题。盘古信仰在广东西江地区较为普遍,广东西江地区方志中记载的盘古庙数量较多。比如光绪《四会县志》记载了县境内多处盘古庙和盘古坛,其中涌桥塔冈的盘古庙和三登铺盘古巷的盘古庙记载最为详细,四会知县董文驹于乾隆五十年、四会举人李家馨于嘉庆十二年分别有记传世。据李家馨记载,三登铺的盘古庙"中祀盘古帝王之神,旁以八老十老配享",但李家馨认为,盘古事迹

---

① （康熙）《德庆州志》卷八"外志",第281页。
② （道光）《东安县志》卷四"外纪",第651页。
③ 陈泽泓:《广东的宗教与民间信仰》,见《民族宗教研究》（第2辑）,广东人民出版社2012年版,第116页。
④ 顾书娟:《明清广东民间信仰研究——以地方志为中心》,南方日报出版社2015年版,第161～164页。
⑤ （康熙）《罗定州志》卷一〇"古迹志·附外志",第213页。
⑥ 朱雄全:《盘古盘瓠新解》,见广西瑶学学会编《瑶学研究》第3辑,广西民族出版社1993年版,第72页。
⑦ （道光）《东安县志》卷四"外纪",第651～652页。
⑧ （道光）《西宁县志》卷一十二"杂志",第610页。

"荒远难稽"，八老十老"文献无征"①，据董文驹记载，塔冈的盘古庙中只有"欹斜神像"，董文驹也认为盘古"阔远无稽"，不相信"盘古"为"盘瓠"之讹的传说。所以，盘古庙祭祀何神，仍然模糊不清，但塔冈的盘古庙与县内的文塔、三元祠"同为邑之门户"，为近乡绅士耆老所重，董文驹只能将其归因于"古昔帝王神道设教之深意"②。不过，道光《西宁县志》记载县城南盘古庙时，引证了《述异记》和阮元的《广东通志》，"任昉《述异记》载，南海有盘古氏墓，亘三百余里，俗云后人追葬盘古之魂也。又阮《通志》引旧志称，两广洞蛮多相传为盘瓠之后，或讹为盘古云。考任氏所称南海犹南粤也，非专指今之南海县，故云亘三百余里。然则此方有盘古庙由来久矣，其或讹盘瓠为盘古，说颇近是"。③ 对"盘古"为"盘瓠"之讹，倾向于承认。目前，学界对"盘古"和"盘瓠"的关系也存在着不同意见。朱雄安通过解读瑶族"盘古"和"盘瓠"的发音，分析了瑶族盘古、盘瓠之间的关系，认为盘古和盘瓠都是瑶族的神④。顾书娟则认为盘古是汉族文化的神，盘瓠是苗、瑶、畲等少数民族的祖先。"在岭南地区，这几种文化交流整合，最终形成盘古与盘瓠异源同流、相互融合的局面。"⑤ 由此可以得出一个基本认识，不论是否承认"盘古"为"盘瓠"之讹，不论"盘古"为汉族或者瑶族的神，这些记载和研究都反映出"盘古"和"盘瓠"在民间信仰中是可以互相转化的，而这种转化反映的是岭南地区汉族和瑶族在信仰上的趋同化。

五、方志中的风俗习尚

风俗习尚和岁时节庆，各地情况不一。在方志记载中，广东西江地区节庆俗尚的独特性是在遵循中原礼仪文化的基础上呈现出来的，所以既能看到广东西江地区不同的生活方式和行为习惯，又能看到中原礼仪文化对广东西江地区的影响，而且中原礼仪文化始终是检验西江文化程度的标准。

冠、婚、丧、祭既是家礼，也是风俗习尚的表现。家礼的推行，是进一步控制基层社会的教化手段。康熙十二年《肇庆府志》解释岁时风俗时

---

① （光绪）《四会县志》编二"建置志"，第184页。
② （光绪）《四会县志》编二"建置志"，第188页。
③ （道光）《西宁县志》卷五"建置下"，第511页。
④ 朱雄全：《盘古盘瓠新解》，见广西瑶学学会编《瑶学研究》第3辑，第74页。
⑤ 顾书娟：《明清广东民间信仰研究——以地方志为中心》，南方日报出版社2015年版，第164页。

说:"因时施教,圣人之所重也。至风气所感,习俗以成,不出岁时节物,而国家之政,生民之业,皆取则焉。田夫野老耕桑树艺,婚姻酒醴之说,其可遗哉?肇地寒燠无常,民瑶杂处,风俗是以不醇,故连类及之。"① 判断风俗淳良与否的标准仍是圣人之教。冠礼、婚礼、丧礼和祭礼的制定都以《朱子家礼》作为标准。道光《高要县志》记载高要祭礼:"有识者亦为之祭礼,设主于正寝。今多立祠堂,置祭田。春秋二分及冬至,庙祭遵《朱子家礼》。小村落亦有祖厅,岁时荐新。"② 乾隆《鹤山县志》也记载:"丧葬多仿古礼,然亦有惑于僧道斋醮及风水之说。"③ 对不合古礼的"僧道斋醮及风水之说",方志往往持批评态度。1948年刊行的《高要县志》对丧礼中的择地而葬和延请僧道有大段议论,基本反映了方志编纂者的立场。

> 古者令国民族葬,以昭穆定位次而授之兆,无所容其择也。后世生齿益蕃,族葬之法废,而堪舆家之说兴,论者或辞而辟之,然人子欲安亲体,以求免地下之患,则择地而葬,敬慎不苟,亦仁人孝子之用心,而非与迷信祸福者同也。盖自《孝经》有卜宅安厝之文,虽程朱大儒,亦以为地不可不择。程子以土色光润、草木茂盛者为吉地之验,又言五患当避。五患谓他日不为道路,不为城郭,不为沟池,不为贵势所夺,不为耕犁所及。推之于今,如铁路、矿穴,皆当避者也。今人不此之察,而信诞妄虚无之说,藉先人之骸骨,为子孙邀福之谋,此财罪之大者。又伊川家治丧不用浮□□□必延释道,名曰忏祷。忏祷者何,以释死者生平之罪愆也。夫亲果有罪愆,岂若辈之所能释,无罪而释之何为乎,且人子虚誉其亲犹不可,而况厚诬其亲以有罪哉!此陋俗之宜革者。④

同时,在"礼俗"门记载各类民间风俗,一些以前不见于方志记载的风俗也出现了,比如肇庆的"抢婚"习俗,"古有抢婚之风,中西所同,后虽不行,其迹尚存于礼俗。欧俗嫁娶,为夫婿傧相者称良士,此古助人夺妇者也。为新妇保介者称扶□,此古助人扞贼者也"⑤。这一习俗不再被视为蛮族习俗,而是在中西对垒的语境之下,作为"中国"特色的习俗被

---

① (康熙十二年)《肇庆府志》卷二十一"岁时风俗附",第463页。
② (道光)《高要县志》卷四"舆地略·风俗",第41页。
③ (乾隆)《鹤山县志》卷一"舆地志·风俗",第38页。
④ (民国三十七年)《高要县志》卷十三"礼俗",第684~685页。
⑤ (民国三十七年)《高要县志》卷十三"礼俗",第683页。

记载。

这样的观念体现在方志书写上,就是符合传统理念的行为、职业等受到赞颂,否则受到批评。能够得到赞颂的行为主要有:

第一,勤奋治生。东安县,"有山林土田之饶,男务耕稼,女事织作,或以伐山为业,或以渔猎为利,大抵俱勤奋治生"①。

第二,鼓励读书。阳江县,"习俗素尚读书,童子七岁始就外傅,贫而年长不能从师请教,多以训蒙代耕,自资习读。稍知行文,便可望进,或年逾四十而志未馁,犹应童子试者"②。

第三,崇尚简朴。高要县,"《通志》称,端俗简朴,不事华侈,……今琉璃金碧之宫满道路,斋供不绝,甚有纠数十乡之众为一赛,称千万缘会头会而箕敛之,输金粟如急公赋,动辄巨费,而所在闾阎萧然,室十九空,贫不任赋役,至筮榜走死,而偷安竞靡之习,终以不变。如此而谓其俗之陋,可乎"③。

不提倡的行为主要有:

第一,轻生兴讼。西宁县,"西北诸乡近苍梧,其人性淳而能忍,不喜斗殴。然颇轻生,间有小忿辄服胡蔓毒草,近宣明图赖之,禁亦渐止。东南诸乡近罗定,其人性骛而喜事,多不驯谨。近且有外县棍徒包唆词讼,辄诱赴上宪诬控者,风气较西北诸乡迥然各异"④。

第二,好勇斗狠。阳江县,"更其愚者好勇轻生,与富豪斗,不能胜则服胡蔓草以诬之,禁之不绝"⑤。德庆州,"风俗稍称近古,然喜胜尚武"⑥。

第三,信巫事鬼。恩平县,"俗信堪舆,农隙度冈越岭以求吉襄。尚巫祝,夜间铙角喧嚣,名曰设鬼。尤好赛会,演戏观剧虽浩费不辞"⑦。

民国以后,提倡风俗改良,政府公布的《风俗改良统一办法案》中,要求改良迷信和陋习,其中包括禁止巫鬼、迎神,提倡节俭,调解争执等⑧。可以看到,这些标准不因政权转移而改变。其间所蕴含的意义,如同康熙年间《开建县志》的编纂者所说:"民风之淳漓验于俗,王道之难易观

---

① (康熙二十六年)《东安县志》卷二"舆地志",第 130~131 页。
② (康熙)《阳江县志》卷一"风俗",第 33 页。
③ (康熙)《高要县志》卷四"地理志一",第 61~62 页。
④ (康熙五十七年)《西宁县志》卷一"舆地志",第 22 页。
⑤ (康熙)《阳江县志》卷一"风俗",第 33 页。
⑥ (康熙)《德庆州志》卷二"风俗",第 163 页。
⑦ (道光)《恩平县志》卷十五"风俗",第 465 页。
⑧ (民国三十七年)《高要县志》卷十三"礼俗",第 725 页。

诸乡。"①

广东西江地区的岁时节庆主要有元旦（春节）、清明、端午、中秋、冬至、除夕等，而且各地的节日内容也都大致相同。比如元旦（春节）祭祖、清明扫墓、端午赛龙舟、中秋赏月、冬至祀祖、除夕祀祖守岁。祭祖的时间一般在元旦、清明、中元节、冬至和除夕。罗定一带，民瑶杂居，怀集地邻广西，其岁时节庆与其他地方也大致一致，但也有一些小的差异，比如广宁重阳节"无菊，亦无登高者"②。在方志记载中，广东西江地区也有一些较为独特的习俗，高要沿袭了原始时代巫术演化而来的里傩，"每岁冬月盛为法事，谓之禳灾，又谓之保境。坐一小船鼓吹，沿门经过，送之江。率三岁一举"③。方志也记载了西宁、恩平、四会、高明、开平、罗定等地夏至有吃狗肉的风俗，"夏至烹狗，以扶阳气"④。

最有地域特色的是跳禾楼，这是广东西江地区的广宁、东安、阳江、罗定等地庆祝丰收的娱乐活动，广宁、阳江在六月举行，东安、罗定则在十月或冬月举行。民国《罗定志》记载得最为详细："十月，田功既毕，架木为棚，上叠禾稿，中高而四垂，牛息其下，仰首啮稿，以代刍养。村落报赛田租，各建小棚坛，击社鼓，延巫者饰为女装，名曰禾花夫人，置之高座，手舞足蹈，唱丰年歌，观者互相赠答以为乐。唱毕，以禾穗分赠，俗谓之跳禾楼。此风近城市间已不复见。"⑤

方志编纂者既记录与全国一致的习俗，也记录独具特色的习俗，反映了地方文化的强大活力，也反映了国家和政权因俗而制的治理思路。

民国建立后，改用阳历。1930年，民国政府下令，除中秋外，将旧历节日一律改用国历月日计算。政府公布的《审查替代节日之意见》，对元宵、上巳、端阳、七夕、中元、中秋、重阳、腊八八大节日进行源流考核。民国三十七年《高要县志》称："惟民间除元旦、中秋外，其余亦鲜有行之者。"该县志记载了11个节日，即阴历元旦、元宵、上巳、清明、四月八日"浴佛节"、端午、七夕、中元、中秋、重阳、冬至⑥，这些节日应该是高要地区人民节庆情况的真实反映。《高要县志》又在政府公文基础上再次考订，突出高要节日其来有自，强调和加深了广东西江地区风俗与中原文

---

① （康熙十二年）《开建县志》卷六"典礼志"，第31页。
② （康熙）《广宁县志》卷四"典礼志"，第70页。
③ （康熙）《高要县志》卷四"地理志一"，第60页。
④ （民国）《罗定志》"地理志第一"，第294页。
⑤ （民国）《罗定志》"地理志第一"，第294页。
⑥ （民国三十七年）《高要县志》卷十三"礼俗"，第693～696页。

化同出一脉的印象。同时，增加了新节日，如农民节、植树节、国际妇女节、美术节、革命先烈纪念日、青年节、儿童节、音乐节、民族扫墓节、国际劳动节、五四运动纪念日、革命政府纪念日、诗人节、禁烟纪念日、抗战建国纪念双七节、空军节、先师孔子诞辰纪念日、教师节、体育节、国庆双十节、"国父"诞辰纪念日、防空节、云南起义纪念日及民族复兴节、抗战胜利纪念日①。这些新节日中，有的是传统节日的转化，如民族扫墓节即为清明节；有的与政权建设相关，如国庆双十节；有的则来自欧美，如妇女节、劳动节。众多的新节日既体现了纪念新政权的特点，又具有国际化的特色，是民国以来中西政治、文化交流的结果。

六、结语

由于方志编纂者多为官绅，他们的观点和立场决定了方志以何种面目传世。中国是以儒家文化为主体的礼仪社会，礼仪在维系社会秩序中有着相当重要的作用。朝廷规定了一整套的礼仪和祭祀规则，规范社会及个人行为，凡是在礼仪规定之外的人群，均被视为"夷狄"，在礼仪规定之外的祭祀，均被视为"淫祀"。贯穿方志记载的就是"夷狄"之所以成为"夷狄"，以及"夷狄"向化的过程，同时也是正祀与各种礼仪被重视和多次强调的过程。各类宗教，包括佛教、道教、天主教、基督教、伊斯兰教、地方信仰的存在和发达，都要与儒家和政权合作，他们与儒家文化的离合关系，决定了他们在"国家"中的位置。

地方信仰和地方文化具有强大的活力，一些具有强烈地域色彩的民间宗教和民间文化得以保存，这种现象体现的是儒家文化的排他性和兼容性、政权力量"因俗而制"的刚性与柔性。

民国以后，社会转型，儒家学说不再是官方意识形态，各种祭祀也慢慢废止，各项礼仪规定也发生了改变，有的因为移风易俗而简化，有的则完全取消，但其中蕴含的礼仪精神却始终存在。

---

① （民国三十七年）《高要县志》卷十三"礼俗"，第696～701页。

一 正祀与官礼

国之大事,唯祀与戎。祀典在古代政治生活中占有重要地位。官方正祀分为大祀、中祀、群祀,由各地官员担任主祭官和陪祭官,民众不能参与,比如文庙祀典和关帝庙、先农坛、社稷坛、厉坛、府县城隍庙的祭祀等,其祭祀时间、仪式等都由全国统一规定,各地一体实行。除此之外,官方规定的各种礼仪和制度,主要分为国礼、郡邑礼和乡礼,共同反映出"国家"对地方社会的控制和教化。本节分正祀、官礼和著述三类。其中,正祀之中非民间通祀不收,其他带有地方色彩的如名宦、乡贤祠、节孝祠等不收,由此演变而来的民国年间的忠烈祠等也不收录。各种礼仪制度在方志记载中也存在分类的区别:比如,康熙六年所修的《西宁县志》将启圣祠、先师庙、社稷坛、山川坛等列为国礼,而同为正祀的厉坛列为邑礼;雍正年间的《罗定州志》则将祭先师礼、关帝、社稷风云雷雨山川、先农(含耤田)、厉坛等列入郡邑礼。这反映出正祀与官礼之间的联系是非常紧密的,为了避免重复,官礼内涉及正祀的礼仪均不收录,只收录圣节、朝觐、上任、救护、开印、封印、祈祷、祭江、乡饮酒、乡射礼等礼节。正祀侧重收录其地理分布,官礼侧重于仪注、祝文等内容。著述类选录有关祭祀场所修缮等方面的文章,以备参考。

(一) 正祀

德庆

社稷坛。在西厢,去城四里。洪武二年,通判孙文显创。十年,知州介寿遵制营之。成化十六年,知州管淳以山川社稷二坛并设,非制,乃迁于香山门外百步许。正德八年,知州杨纯复移今址。

风云雷雨山川坛。在西厢,去城四里。洪武二年,通判孙文显创。成化十六年,知州管淳修。

城隍庙。旧在州治东五十步。洪武三年，通判孙文显移建千户所之左，去州治二百步。永乐九年知州黄广、正统间知州周冕、天顺六年知州周刚、成化六年知州李瑛俱重修。庙左空地六丈，后空地四丈，被民侵占。判官庄楷究而归之。重建中堂，东西序拜亭、重门、后寝、阶垣，悉甃以砖。嘉靖六年，周文焜重□。

郡厉坛。旧在州北香山门外一百步。洪武七年，知府赵鼎创。成化十六年，知州管淳修。正德七年，知州杨纯徙于西厢孝通坊。

泷水

风云雷雨山川坛。在城外东南，先为瑶贼所圮。成化壬寅，知县林昆如制重修。

社稷坛。在城外西南，久坏。林昆重修。

城隍庙。在县西。洪武二十年，知县晋善建，有前堂、有后堂、有东西廊、有大门。正德二年，府同知瞿观重修。旧有铜鼓，高二尺五十、径二尺，制作极精巧，不知始于何代。在本庙座隅，邑人争竞不平及被诬，欲直者必鼓之，则祸有归焉。无事而击，则祸击者，鼓能警世如此。

邑厉坛。在城北二里许，久圮，林昆重修。

关公庙。在县西，中为堂，前为大门。弘治十六年，千户胡升建。

封川

城隍庙。在县治东三十步。洪武元年，知州薛明理建，庙宇四楹，后寝、义门、廊庑皆备。洪武三十五年，知县李养才重修，弘治九年，知县莫扦率耆民吕天寿、蒙致亮等，募缘重建。

社稷坛。在县治北一里。

风云雷雨山川坛。在社稷坛之西北。

邑厉坛。在社稷之西，各缭以周垣，俱洪武十年知县安兴创建。

开建

城隍庙。旧在县治东五百余步。洪武初，主簿罗名广创建。洪武三年，知县裴琛重修。成化五年，守备指挥聂聪、知县陈琳因创城池，遂移于城中县治之东十五步，鼎建庙宇，正殿三间，两廊外门各三间。

社稷坛。在北门外一里许。洪武二十年，主簿罗名广创建。

风云雷雨山川坛。在北门外一里。

邑厉坛。在北门外一里。

【嘉靖《德庆州志》卷一一"秩祀"】

夫国之大事，以正祀典为先。凡法施于民、劳定国、死勤事、捍大灾、御大患者，因时举祭而不敢忽焉。社稷、风云雷雨，默养乎民者也，山川、城隍、土地，默庇乎民者也。与夫客亡之魂，无主之魄，恐其作祟于民也，故令甲具载春秋，以血祭祭矣。外此则非其鬼，非而祭之，谄且弗福。

社稷坛。在城北一里。洪武十年，知县安玗建。高三尺，方各二丈五尺。四出陛，各三级，一壝缭以墙垣，上立石，主埋于坛南正中。

风云雷雨山川坛。在社稷坛南，规制同前。两坛牌位木为之，俱藏城隍庙，临祭迎之。

厉坛。在社稷坛之西北。

城隍庙。在县治东。洪武元年，知州薛明理建正堂，后寝、仪门、廊庑俱备。三十五年，知县季养材修。弘治九年，知县莫扞率耆民吕天寿募缘重建。教谕孙渊记。万历四年，知县林一鹄率坊民募缘重修。

关帝庙。在文德锣鼓冈旧巡检寨城内，哨官行香。

【天启《封川县志》卷六"建置志二"】

城隍庙。详祀典。康熙六年，知州秦世科同城守方弘纲重修。十二年，城守刘□□重修。

关帝庙。在州治北三百步。明洪武九年，千户邵成建。天顺五年，知州周刚、守备徐升重建。有正堂，有拜亭，有大门，有左右廊，周围以墙。国朝康熙六年，知州秦世科同城守方弘纲重修。

【康熙《德庆州志》卷六"建置"】

国之大事在祀，所从来矣，即一邑不废，敬而无黩，则神降之福。会自文庙三坛，恪遵时制，其名流硕彦，功及民而行楷世者，凡在祀典罔不毖饬。至如民间里社、岁时田赛，虽不领于有司，皆经祠，非是则淫。夫淫祀，固王政之（下缺）兵燹频仍，祭器零落。春秋二丁，牵牲荐胖，亦骏骏乎无其实，而虚存其名。至于城隍坛壝，以及勤事定国、御大灾捍大患者，咸在祀典。然旧章残缺俎豆无光，惟好义之士乐为更新，于以荐馨香而重明禋，非渺小也。

古天子郊祀天，诸侯祭其国山川，士大夫祭山川，非礼矣，况风伯、雨师、雷电之属，皆天合于郊者乎，而不然也。社稷者，邑之所以立，山川雷雨所以兴，云气时燠，湿生百谷，以惠民也。士大夫绾半通为天子牧小民，因为民荐明信，或者礼乎。至于乡先正之贤者，与官其地之良者，则尝有功德于民，民之所以欲祀也。《记》曰："法施于民则祀之，以死勤事则祀之,以劳定国则祀之。"非谓是与？然持报赛之典然耳。若先圣贤则功在万世,家学而户诵之,亦人得而尸祝之,达于上下者也,祀典之志其能已耶。邑廪生钟颖明识。

先师庙。规模见《学校志》,州县同,祀式如制。明嘉靖九年,辅臣张璁作《正孔子祀典说》,改大成至圣文宣王为至圣先师,孔子四配为复圣颜子、宗圣曾子、述圣子思子、亚圣孟子,从祀及门弟子称先贤,左丘明以下称先儒,去塑像,从木主,罢公侯伯诸封爵,申党、申枨二人存枨去党,寮、冉、何、况、圣、向、逵、融、休、肃、弼、预、澄十三人罢祀,放瑗、佽、众、植、虔、宁七人祀于其乡,进后苍王通、胡瑗、欧阳修从祀,以行人薛侃议,进陆九渊从祀,改称大成殿为先师庙,大成门为庙门,祝文、乐章凡称王者并易为师,乐舞用六佾,岁以春秋二仲丁日至祭如仪。隆庆五年,以薛瑄从祀。万历十二年,又以王守仁、陈献章、胡居仁从祀。

按：文清薛子之祀,始于明弘治八年,余三子,至隆庆间始定,嗣是言人人殊。陈王夫子相继罢,万历十二年复祀之。

启圣祠。规模并见"学校志",州县同。先是,宋濂、程敏政皆言："子虽齐圣,不先父食。回、参、伋坐飨堂上,其父列食于庙,非礼。"明嘉靖九年,璁引其说,朝议别立祠祀叔梁纥,称启圣公,孔氏以无由、点、鲤、孟孙氏配,称先贤。每春秋上丁日致祭。

社稷坛。明初,知府步从信奉制立坛于府城西门外三里,郡邑同。东西二丈五尺,南北亦二丈五尺,高三尺,四出陛各三级。坛下前十二丈,东西南各五丈,缭以周垣,左社右稷,木主皆北向。春秋二仲上戊日祭之,祭品、礼仪如制。

风云雷雨山川坛。坛位社稷西,规制弘敞,三时并列,中为风云雷雨,左山川,右城隍,木主皆南向。每岁以春秋上旬十日祭之,今以祭社之明日,相沿之讹也。

厉坛。明洪武初,奉制立。坛在府治北里许,筑垣环之。岁凡三祭：春清明、秋七月望及冬至日。神主右向,城隍居中,监其祭,祭品亦如制。后迁城西门外社稷前。

城隍庙。在府署西二百步。元至正间,总管潘文郁建,与府同庙,而神位设东廊下西面。明洪武间知县刘宗贵修葺之。天顺八年,县丞李均复修,岁祭于春秋二仲月。新县升任之先一夕宿庙,以示斋洁。有任官自誓文,月朔望率僚属拜谒。碑记,府县同纪。明翰林检讨新会县陈献章作。康熙十二年,知县楚竟陵谭桓捐俸重修神像,庙貌一新。

关帝祠。在府治东门内。明崇祯三年,巡道李栻捐俸增高之,郡守陆鏊新其像。国朝顺治十六年，督府李栖凤重修，有记。

【康熙《高要县志》卷十"祀典志一"】

本州

风云雷电山川坛。在州城东南。

社稷坛。在城西南里许。明洪武间知县晋善建，成化间林昆修。

厉坛。在城南二里，知县林昆重修。

城隍庙。在泷水所后，明洪武间知县晋善建，正德初瞿观修，有记。万历间知州胡相重修，有前堂后寝，左右廊庑，大门、照墙。

关帝庙。在城内西北。明弘治十六年，千户胡升建；嘉靖十一年千户谢一寄修；万历十三年，薛潮修，日久将倾。皇清康熙四年，协府郭大恩捐俸拆卸，换料重创如制。今栋宇墙垣，俱极华丽。门外创有戏台。

东安县

风云雷雨山川坛。在县南关外二里许。

社稷坛。在县西门外二里许。

邑厉坛。在县城北二里许。

城隍庙。在县治西，左右有廊，有大门。建庙之初，祭告有文。明崇祯四年，知县周维时重修，有记。有香灯田一十三亩三分九厘。

关帝庙。在县治东，明万历十二年知县陈公大建，有香灯田一十三亩八分。

西宁县

山川坛。在城东。

社稷坛。在城西。

邑厉坛。在城北。

城隍庙。在西门内。

关帝庙。二，一在东门内，一在教场左，康熙六年重建。

【雍正《罗定州志部汇考》"祠庙考"】

社稷坛。在城北一里。吴府志。今在城西二里。草志。

风云雷雨山川坛。在社稷坛南，俱雍正十年建。道光十年，知县温恭并修。县册。

先农坛。在城东。郝《通志》。雍正十年建。嘉庆五年，知县陈国柱修。《府志》。道光十年，知县温恭修。县册。耤田亩九分。雍正五年，奉行买置在坛之前同上。耤田岁八谷，额一十七石七斗四升。阮《通志》。

厉坛。在社稷坛北。吴府志。

城隍庙。在县治东。明洪武元年,知州薛明理建。三十一年,知县孝养材修。弘治九年,知县莫扦修。教谕孙渊有记。万历四年,知县林一鹄修。方志。国朝嘉庆十三年,署知县潘恩绂修。《府志》。道光十三年,知县温恭修。县册。

关帝庙。在县治前之东。雍正三年,追封三代公爵,神位供奉后殿,春秋致祭。《府志》。

【道光《封川县志》卷二"建置"】

闻之筑土为坛,覆宇曰庙,凡以祀有功德于民者也。天子行乎畿甸,诸侯行之国中,而郡县亦得举焉。向使坛庙不立,其何以妥神灵而大祈报哉。若夫动垂竹帛,绩著循良,棠阴俎豆,固舆情所永矢勿谖也。志坛庙而以遗爱附焉。

坛壝

社稷坛。在城西二里许。坛制:石坛一座,土坛左右二座,神厨,库房,宰牲房,斋宿房各三间,四面皆旷地,日月久倾圮。雍正十年,知县陈洪范重筑,坛高二尺,缭以围墙,中为大门。

风云雷雨山川坛。在城东二里许。坛制与社稷同,日久倾圮。雍正十年,知县陈洪范重筑,坛高二尺,缭以围墙,中为大门。

先农坛。在东北郊,离城二里许。坛制:正房三间,东西配房各一间,坛台一座,公所三间,缭以围墙牌坊。雍正五年,知县乔振先奉建。因风雨摧坏。七年,知县陈洪范重建,藉田四亩九分,在东郊牧羊塘。

厉坛。在城北二里许。坛制:石坛一座,土坛二座,神厨,库房,宰牲房各三间,门房一座,宰牲池一口,在坛左,日久倾圮。雍正十年,知县陈洪范重筑,坛高二尺。

城隍庙。在县治西。万历六年建,祭告有文,见艺文志。岁无特祀,春秋二仲,附祭于风云雷雨山川坛,每厉祭则主之。崇祯四年,知县周维时重修,康熙二十六年,知县袁承秦置香油田一十三亩八方,土名新埠查峒新城乾歌等处。四十八年,知县何洪先重修,乾隆五十六年知县董藻捐修,嘉庆二十二年,知县杨景泰捐修。

关帝庙。在县治东,万历十二年知县陈公大建,置田一十三亩八分,土名横岭脚等处。雍正三年奉文增设后殿,致祭三代。乾隆三十二年,绅衿罗冠英、陈士宗等修葺。嘉庆十二年,绅衿叶荆、廖馨云等请于知县尹佩绅率众修葺。

【道光《东安县志》卷二"坛庙"】

关帝庙。在城东门内。张志。明代建,泰昌元年修,国朝道光七年重修。香火田七亩余。采访册。知县诸豫宗人糠塘思可埔嘴田一亩九分,邑人何圣昌、何圣长施入狡狮坑田一亩五分,余世球等捐垦狡狮枫木坪田三亩余,罗亚火施入内埔村心佛子自掘埔田八分。一在南门外教场左,明代建,国朝康熙六年守备缴应善重修,今圮。一在西门外,明万历初年建,国朝嘉庆十二年重修。采访册。

【道光《西宁县志》卷五"建置下"】

社稷坛。在庙边铺凤山堂内设坛致祭,旧志谓旧在西门内。明太祖洪武八年乙卯,迁仁受都;武宗正德二年丁卯,知县张思齐迁东门外社山坊,去县三里。又载旧社稷坛原在西门外,被水冲颓,迁社山,都凤翔山下。案旧志,此坛即东门外,原凤山堂右之三坛云云,盖自凤山堂迁建接龙桥下,社稷坛亦久毁,遂于堂内致祭,而坛未及筑,今仍之也。又载,高宗乾隆二年丁巳,敕修社稷坛。坛制:累石为之,东西三丈二尺,南北二丈四尺,高四尺二寸。前为拜坛,凡为阶三,各三级。

按:此疑有误。盖阶每级一尺四寸,不能便登降也。谨案《大清通礼》社稷坛制:高二尺一寸,方二丈五尺。《通礼》成于高宗乾隆二十一年丙子,如后能修筑坛制,当以《通礼》尺寸为定式也。

先农坛。在庙边铺凤山堂内设坛致祭。旧志载山川坛、风云雷雨坛后而总加案语云,以上坛壝皆在东门外社山都。又载,世宗雍正五年丁未,敕建先农坛,坛制在耤田后,累石为之,高二丈一尺,阔二丈五尺,正北中一室供先农神位云云。

按:此条亦有误。《通礼》:先农坛制与社稷坛制同。如后能修筑,亦当以《通礼》为据者也。

神祇坛,即风云雷雨山川城隍坛,在文明门外沙堤铺。东岳庙设坛致祭。旧志载山川坛旧在县河南,明太祖洪武八年乙卯,县丞王廷玉迁贞山都,去县三里。风云雷雨坛在县河南贞山都,与山川坛并祭,风云雷雨神位居中,山川神位居左,城隍神位居右。又载,高宗乾隆二年丁巳,敕修风云雷雨,境内山川城隍神坛,坛制:累石为之,东西三丈六尺,南北三丈七尺,高四尺二寸,东西南北各有阶,皆三级。

按:此条亦在未定《通礼》之前。《通礼》云:神祇坛无定制,多附先农坛行礼。

厉坛。在北门外三登铺北较场设坛致祭。旧志在县北漏泽园旁,今并无之。

圣庙即学宫,在相魁铺,已详前"建置四学校"篇。

按：以上非民间通祀，故恭载篇首，以下据旧志及采访册分铺备载，一改旧观。

【光绪《四会县志》编二"建置志"】

社稷坛，大祀。社右稷左，异位同坛。坛高二尺一寸，方二尺五寸。每岁春秋仲月上戊日致祭，设主于坛，朱漆书曰县社神、县稷神，以长官一人主之。先期，主祭暨陪祭执事官各于公廨致斋三日，扫除坛壝。祭前夕，掌馔，洁备品物，置案神，厨设香烛，视割牲，官公服，诣案前上香，行三叩首礼毕。宰人牵牲告腯，遂割牲，以豆取毛血，瘗于坎。祭日，鸡初鸣，执事人设案坛上，正中北向，陈铏二、簠二、簋二、笾四、豆四，案前设俎，陈羊一、豕一。又前设香案，陈祝文、香盘、炉镫。左设一案，东西陈筐一、实帛二、尊一、爵六，又设福胙于尊爵之次。司祝一人、司香帛二人、司爵二人位案西，东面阶下之东设洗。当阶，主祭官拜位，其后，陪祭官拜位。文东武西，通赞二人，位阶下左右，纠仪官二人，分位陪祭左右，均东西面。漏未尽，主祭及陪祭官朝服毕，集坛外。引赞二人，引省斋官入坛，遍视牲、器、酒、斋，馔者告洁，退。左右引班二人，引陪祭人东西序立，东班西面，西班东面。引赞引主祭人至阶下盥手，通赞赞：司事者，各司其事。赞：就位。引赞引主祭，引班引陪祭，咸就拜位，立。赞：迎神。引主祭升诣香案前跪，主香跪奉香，主祭三上香，兴。赞：复位。引主祭复位，立。赞：跪，叩，兴。主祭暨陪祭行三跪九叩礼。赞初献，引主祭升诣神位前跪，司帛跪，奉筐，主祭受筐恭献，仍授司帛，兴，奠于案。司爵奉爵，主祭受爵恭献，授司爵，兴，分诣社稷位前，各奠正中，皆退。赞：读祝。引主祭诣香案前跪，陪祭皆跪。司祝三叩，兴，奉祝文，跪于右。读毕，三叩，兴，以祝文复于案，退。赞：叩，兴，主祭暨陪祭三叩，兴。赞：复位。引主祭复位，立。赞：亚献。引主祭官诣神位前，献爵于左。赞：终献。献爵于右，均如初献仪。赞：赐福胙。引主祭升诣香案前跪，司爵跪，进福酒于右，主祭受爵拱举，司爵接爵，兴。司馔跪，进豆肉于左，主祭受豆，拱举，司馔接豆，兴，各退。赞：叩，兴。主祭三叩，兴。赞：复位。引主祭复位，立。赞：送神。赞：跪，叩，兴。主祭暨陪祭行三跪九叩礼。赞：彻馔。执事彻馔。赞：瘗祝帛。执事奉〈奉〉祝，次香，次帛，次馔，诣瘗所，礼毕，各退。《通礼》。

祝文：惟神奠安九土，粒食万邦，分五色以表封圻，育三农而蕃稼穑，恭承守土，肃展明禋。时届仲春／秋，敬修祀典。庶丸丸松柏，巩盘石于无疆，翼翼黍苗，佐神仓于不匮，尚飨。

先农坛，中祀。岁仲春亥日致祭。或春季。红牌金字填写先农神牌于坛，承祭官率所属俱于前期致斋二日。祭日，鸡初鸣，执事人设先农神案于坛正中，南向。一切礼仪、陈设供品，悉照社稷坛例。祭毕，率属行耕耤礼。别详耕耤。

祝文：惟神肇兴稼穑，立我烝民，颂思文之德，克配彼天，念率育之功，陈常时夏。兹当东作，咸服先畴。洪维九五之尊，岁举三推之典，恭膺守土，敢忘劳民，谨奉彝章，聿修祀事。惟愿五风十雨，嘉祥恒沐神庥。庶几九穗双岐，上瑞频书大有。尚飨。

神祇坛，中祀。祀云雨风雷、境内山川、城隍之神。坛无定制，多附先农坛行礼。岁春秋仲月诹吉致祭。祭日设案，坛正中南向，云雨风雷神位居中，帛四。境内山川神位居左，帛二。城隍神位居右，帛一、尊一、爵二十有一。余如社稷坛仪。

祝文：惟神赞襄天泽，福祐苍黎，佐灵化以流形，生民永赖，乘气机而鼓荡，温肃攸宜。磅礴高深，长保安贞之吉。凭依巩固，实依捍御之功。幸民俗之殷盈，仰神明之庇护。恭修岁祀，正值良辰，敬洁豆笾，祇陈牲币。尚飨。

雩祭，中祀。岁孟夏后诹吉，设祀于神祇坛。仪注同。

祝文：恭膺诏命，抚育群黎。仰体彤廷保赤之诚，勤农劝稼；俯维蔀屋资生之本，力穑服田。令甲爰颁，肃举祈年之典；寅恭将事，用申守土之忱。黍稷惟馨，尚翼昭明之受赐，来弁率育，庶俾丰裕于盖藏。尚飨。

厉祭，群祀。岁三月清明日、七月望日、十月朔日，祭厉坛于城北郊。前期守土官饬所司，具香烛，公服，诣神祇坛以祭厉，告本境城隍之位，上香，跪，三叩兴，退。至日，所司陈羊三、豕三、米饭三石、尊酒、楮帛于祭所，设燎炉于坛南。黎明，礼生奉城隍神位入坛，设于正中，香案一，炉镫，具赞礼生二人，引守土官公服，诣神位前。赞：跪。守土官跪。赞：上香。守土官三上香。赞：叩，兴。守土官三叩，兴，退。执事焚楮帛，守土官诣燎炉所，祭酒三爵，退。礼生仍奉城隍神位还庙，退。

告城隍文：钦奉皇帝圣旨，普天之下，率土之上，无不有人，无不有鬼。人鬼之道，幽明虽殊，其理则一。今国家治民，事神已有定例。尚念冥冥之中，无祀鬼神。昔为生民，未知何故而殁。其间有遭兵刃而横伤者，有死于水火盗贼者，有被人强夺妻妾而忿死者，有被人掠取财物而逼死者，有误遭刑罚而屈死者，有天灾流行而疫死者，有为猛虎毒虫所害者，有饥寒交迫而死者，有因战斗而殒身者，有因危急而自缢者，有因墙屋倾颓而压死者，有死后而无子孙者。此等鬼神或终于前代，或殁于近世，或兵戈扰攘流移于他乡，或人烟断绝久缺其祭祀，姓名泯灭于一时，祀典无关而不载。此等孤魂，死无所依，精魂未散，结为阴灵，或依草附木，或为妖作怪，悲号于星月之下，呻吟于风雨之中。凡遇人间令节，魂杳杳以无归，意悬悬而望祭。兴言及此，怜其惨凄，故敕天下有司依期致祭，命本处城隍以主此祭，镇案坛场，鉴察诸神等类。其中有为良善误遭刑祸死于无辜者，神当达于所司，使之还生中国，永享太平之福。如有素为凶顽身逃刑宪，虽获善终，亦出侥幸者，神当达于所司，屏诸四夷。善恶昭报，神必无私。除钦奉外，合就牒移城隍狱神，吊出狱幽，以享祭典，久远遵行。

文庙，先师以岁春秋仲月上丁，行释奠礼。主祭、视割牲、省斋盛、纠仪、司祝、司香、司帛、司爵、司馔、引赞、通赞、引班所用人等，与祭社稷坛同，在城文武与祭亦同，行礼位次复如之。致斋二日，用白纸黄绿墨书祝文送至，神库案上安设如仪。前一日，有司饬庙户洁扫殿庑，视割牲官公服，诣神厨，视割牲如仪。正献官率执事入学习仪，教官率乐舞诸生入学习舞习吹。祭日，陈设先师位前牛一、羊一、豕一、登一、铏二、簠二、簋二、笾十、豆十、炉一、镫二。四配位前各羊一、豕一；铏二、簠二、簋二、笾八、豆八、炉一、镫二。十二哲位前铏一、簠一、簋一、笾四、豆四，东西各羊一、豕一、炉一、镫二。殿中设一案，少西北向，供祝版。其南，东设一案，西向，陈礼神制帛九、色白。香盘四、尊三、爵二十有七。西设一案，东向，陈礼神制帛八、色白。香盘三、尊二、爵二十有四。凡牲陈于俎，凡帛正位。四配异篚，十二哲东西同篚。凡尊实酒，承以舟疏布幕、勺具。东庑二位同案，每位爵一，实酒，每案簠一、簋一、笾四、豆四。先贤案前羊二、豕二、香案一、炉一、镫二。先儒案前羊一、豕一、香案一、炉一、镫二，设案一于南，陈礼神制帛二、色白。香盘二、尊二、爵六，正殿设五十一爵，备先师四配、十二哲、三献之用，两庑位多，但各设一爵，实酒，别设虚爵六，备贤儒三献之用。俎、篚、幂、勺具。西庑陈设同。昧爽，承祭、分献、陪祀各官入两旁门外，立。赞引官引承祭官至盥水处，盥手毕，诣拜位前，立。陪祀官咸诣拜位，序立。典仪赞乐，舞生登歌，执事官各共乃职，文舞六佾进。赞引官赞：就位。引承祭官、分献官就位，立。典仪赞：迎神。赞：举迎神乐，奏《咸平之章》。新颁奏《昭平之章》。乐作。赞引官赞：就上香位。引承祭官升东阶，入殿左门。赞：诣先师位前。赞：跪。承祭官跪，行一叩礼，兴。赞：上香。司香跪，奉香。承祭官上炷香，三上瓣香，跪，行一叩礼，兴。不赞。以次诣四配位前跪，上香，仪同。赞：复位。引承祭官退，降阶，复位。初迎神时，赞引官分引东西序分献官升东西阶，入殿左右门，诣十二哲位前，跪，上香，退，降阶复位。引两庑分献官东西分诣先贤、先儒位前跪，上香，退，复位，均如前仪。赞引官赞：跪，叩，兴。承祭官、分献官暨陪祀官行三跪九叩礼，兴。乐止。仪赞：奠帛、爵，行初献礼，奏《宁平之章》，新颁奏《宣平之章》。舞《羽籥之舞》。乐作。赞引赞：引。官引承祭官升阶。赞：诣先师位前。赞：跪。承祭官跪，行一叩礼，兴。司帛跪，奉篚，承祭官受篚，拱举，奠于案。司爵奉爵，承祭官受爵，拱举，奠于垫中，跪，行一叩礼，兴。不赞。赞引官赞：就读祝位。引承祭官至殿中拜位，立。赞：跪。承祭官、分献官暨陪祀官皆跪。赞：读祝。司祝跪，读祝。读毕，兴，奉祝版，安先师位前篚内，三叩，兴，退。承祭、分献暨陪祀官均行三叩礼，兴。赞引官引承祭官以次诣四配位前，跪，奠帛、献爵，仪同，退，降阶复位。赞引官分引两序分献官升东西阶，入殿左右门，诣十二哲位前，跪，奠帛、献爵，兴，退，降阶复位，如仪。引两庑分献官，分诣先贤位、先儒位前，奠帛、献爵，复位，仪同。乐止。亚献奏《安平之章》，新颁奏《秩平之章》。舞同乐作，赞引官引承祭官升阶，赞：诣先师位前暨四配位前，奠爵于左，如初礼。两序、两庑随分献毕，均复位，乐止。终献奏《景平之章》，新颁奏《叙平之章》。舞同乐作，引承祭官升奠阶〈阶，奠〉爵于右，如仪。两序、两庑随分献毕，均复位，乐止。文舞退。仪赞：饮福受胙。赞引官赞：诣受福胙位。引承祭官至殿中拜位，立，奉福胙。二人自东案奉福胙至先师位前，拱举，退，立于承祭官右，接福胙。二人自西案进，立于左。赞引官赞：跪。承祭官跪。赞：饮福酒。右一人跪，奉福酒，承祭官受爵，拱举，以授于左，接以兴，次受胙，如饮福酒仪。赞：叩，兴。承祭官三叩兴。赞：复位。引承祭官退，降阶复位。赞：跪，叩，兴。承祭、分献暨陪祀官均行三跪九叩礼，兴。典礼赞：彻馔，奏《咸平之章》。新颁奏《懿平之章》。乐作。彻毕。乐止。赞：送神，奏《咸平之章》。新颁奏《懿平之章》。乐作。赞引官赞：跪，叩，兴。承祭、分献暨陪祀官行三跪九叩礼，兴。乐止。典仪赞：奉祝、帛、馔，送燎。有司各奉祝、帛、香馔，恭送燎所，如仪。承祭官避，立拜位西旁，俟过，复位。乐作，赞引官引承祭官诣燎所，视燎毕，乃引出门。乐止。陪祀各官皆退。

　　崇圣祠，同时致祭。赞引官引承祭官入祠垣左门，引分献官随入。承祭官诣阶下，盥手。典礼赞、执事官各司其事。赞引官赞：就位。引承祭官、分献官就位，立。典仪赞：迎神。司香奉香盘，就各香案前立。赞引官赞：就上香位。引承祭官升东阶，入殿左门。赞：诣肇圣王位前。赞：跪。承祭官跪，行一叩礼，兴。赞：上香。司香跪，奉香。承祭官上炷香三，上瓣香，跪，行一叩礼，兴。不赞。次诣左右正位前，跪，上香，仪

同。降阶复位。赞引官引分献官升东西阶，入殿左右门，分诣配位前跪，
上香如仪，降阶复位。引两庑分献官分诣两庑从位前跪，上香，复位，均
如前仪。赞引官赞：叩，兴。承祭、分献官行三跪九叩礼，兴。典仪赞：
奠帛、爵，行初献礼。赞引官引承祭官升阶。赞：诣中案前。赞：跪。承
祭官跪，行一叩礼，兴。司帛跪，奉篚，承祭官受篚，拱举，奠于案。司
爵跪，奉爵，承祭官受爵，拱举，奠于垫中，跪，行一叩礼，兴。不赞。以
次诣左右案前跪，奠帛、献爵，仪同。赞引官赞：就读祝位。引承祭官诣
拜位，立。司祝至祝案前，跪，三叩，奉祝版，跪案左。赞：跪。承祭、
分献官皆跪。赞：读祝。司祝读祝。读毕，兴。奉祝版，跪，安肇圣王位
前篚内，三叩，兴，退。赞引官赞：叩，兴。承祭、分献官三叩礼，兴。
赞：复位。引承祭官出，降阶复位。赞引官引正殿分献官升东西阶，入殿
左右门，诣配位前。引两庑分献官分诣两从位前，跪、奠帛、献爵、兴、
复位，均如前仪。亚献各献爵于左，终献各献爵于右，均如初仪。典仪赞：
彻馔。有司彻馔毕。赞：送神。赞引官赞：跪，叩，兴。承祭、分献官行
三跪九叩礼，兴。典仪赞：祝、帛、馔、送燎。司祝、帛、香、爵，各奉
送燎位，如仪。承祭避，立西旁，俟过，复位。赞引官引诣燎所，视燎。
赞：礼毕。仍引由祠垣左门出，各退。崇圣祠，陈设正位前各羊一、豕一、
铏二、簠簋各二、笾豆各八、炉一、镫二。配位前簠一、簋一、笾豆各四，
东西羊豕各一、炉一、镫二。中设一案，少西，供祝版。东设一案，陈礼
神制帛四、色白。香盘四、尊三、爵十有二。两庑东二案，西一案。每位爵
一，实酒，每位陈设簠、簋、笾、豆、羊、豕、炉、镫，如配位之数。各
南设一案，陈礼神制帛一、色白。香盘一、尊一、虚爵三、俎、篚、幂、勺
具。并《通礼》。

祭器

先师庙祭器。爵用铜，腹为雷纹，饕餮形。通高四寸六分，深二寸三
分，两柱高七分三，足相距各一寸五分，高二寸。镫用铜，口为回纹，中
为雷纹，柱为饕餮形，足为垂云纹，盖上为星纹，中为垂云纹，口为回纹。
通高六寸，深二寸，口径四寸九分，校围六寸九分，足径四寸七分，盖高
一寸六分，径四寸六分，顶高三分。铏用铜，两耳为牺形，口为藻纹，次
回纹，腹为贝纹，盖为藻纹，回纹，雷纹，上有三峰，为云纹，三足亦然。
高四寸一分，深四寸，口径五寸一分，底径三寸三分，三足高一寸三分，
盖高二寸二分，三峰高一寸。簠用铜，面为夔龙纹，束为回纹，足为云纹，
两耳附以夔龙，盖上有棱，四周旁亦附夔龙。耳通高四寸六分，深二寸一
分，口纵六寸四分，横八寸，底纵五寸一分，横六寸四分，盖高一寸四分，

上棱四周纵四寸一分，横六寸四分。簠用铜制，圆而椭，口为回纹，腹为云纹，束为黻纹，足为星云纹，两耳附以夔龙。盖面为云纹，口为回纹，上有棱四出，通高四寸二分，深二寸一分，口径七寸二分，底径六寸。盖高一寸八分，上棱四出，高一寸一分。笾，编竹为之，以绢饰里、顶及缘，皆髹以漆红色，通高五寸四分，深八分，口径四寸六分，足径四寸。盖高一寸九分，顶高四分。豆用铜，腹为垂云纹、回纹，校为波纹、金钣纹，足为黻纹，盖为波纹、回纹，顶用绚纽。通高四寸五分，深二寸，口径四寸九分，校围二寸，足径四寸七分。盖高二寸二分，顶高三分。篚，编竹为之。四周髹以漆红色，高五寸，纵五寸，横二尺二寸五分，高一寸，盖高一寸七分。俎用木，锡里外，髹以漆。先师正位红色，中区为三，纵六尺有奇，横三尺二寸，四周各铜环二八，足有趺，通高二尺六寸有奇。配位等红色，中区为二，加盖，纵三尺九寸，横二尺八寸，左右各铜环二六，足有趺，高二尺七寸有奇。尊用铜，纯素，两耳为牺首形，通高八寸六分，口径为五寸一分，腹围二尺四寸，底径四寸六分。毛血盘用陶色白。炉用铜，有盖，设靠以倚炷香，亦用铜。烛台用铜。奠爵以垫用木容奠三爵。馔盘用木。勺以挹酒，用锡。幂以幂尊，用疏帛。《会典》。

祭品

先师庙祭品。镫实太羹，铏实和羹，簠实稻粱，簋实黍稷，笾实形盐、槁、鱼、枣、栗、榛、菱、芡、鹿脯、白饼、黑饼，豆实韭菹、醓醢，菁菹、鹿醢、芹菹、兔醢、笋菹、鱼醢、脾析、豚拍。四配，崇圣祠正位，笾实无白、黑饼，豆实无脾析、豚拍。正殿、两序、两庑、崇圣祠、配位。两庑簠实黍，簋实稷，无稻粱，笾实形盐、枣、栗、鹿脯，豆实菁菹、鹿醢、芹菹、醓醢。《吾学录》案，直省祭品如不能备，各就土之所有以类充，不得以他祀品物通融借用。

乐器 舞器附

先师庙，设中和韶乐于两阶，金镈钟一，编钟十有六，在东。玉特磬一，编磬十有六，在西。皆县以虡业。东应鼓一、祝一、麾一，西敔一。东西分列琴六、瑟四、箫六、篴四、篪四、排箫二、埙二、笙六、搏拊二、旌二、羽籥三十有六。麾制黄帛为之，上镶蓝帛采绣，悬于朱杆，举以作乐，偃以止乐。编钟范铜十六，钟同虡，其制椭圆，高皆七寸四分四厘九毫。编磬用灵璧石十六，磬同虡，皆股长七寸二分九厘，鼓长一尺九分三厘五毫。琴面用桐，底用梓，髹以漆，七弦皆朱。通长三尺一寸五分九厘。瑟，斫桐为之，以漆二十五弦，中一弦黄，余朱。通长六尺五寸六分一厘。排箫，比竹为管，十六通，以朱。箫用竹，上开山口，迳五分，五孔前出，一孔后出，出音孔二，旁出相对。遂用竹，通长一尺八寸二分八厘六毫。篪用竹，通长一尺四寸。笙以木代匏，攒管十七，皆有簧。埙用土，椭圆如鹅子，上锐下平，顶为吹口，前面四孔，后面二孔。建鼓木匡冒革，面径二尺三寸四厘。搏拊如鼓而小，面径七寸二分九厘。作乐时以纲县于项，击以左右手。鼓一、拊二以为节。祝用木，形如方斗，上广下狭，三面中各隆以受击，一面中开圆孔，击具曰止。长四尺八分六厘，柄一尺二寸一分三厘六毫。敔，雕木为伏虎形。通长二尺一寸八分七厘，背上为龃龉二十七。籈以竹，长二尺四寸三分，折其半为二十四，茎于龃龉上横轹之。节结旄九重，各六寸四分八厘，杠长七尺二寸九分，东西各一，用以节舞。羽，木挥雉羽。籥，以竹为之，六孔。凡乐，以举麾鼓祝作，以偃麾戛敔止。《吾学录》案，直省惟无金镈钟、玉特磬，余与太学同。建鼓，即应鼓。节，即旌也。编磬条之鼓，谓磬受乐处。

祝文：惟先师德隆千古，道冠百王，揭日月以常行，自生民所未有。属文教昌明之会，正礼乐和节之时。辟雍钟鼓，咸恪荐于馨香，泮水胶庠，益致严于笾豆。兹当春／秋仲，祇率彝章，肃表微忱，聿陈祀典，以复圣颜子、宗圣曾子、述圣子思子、亚圣孟子配。尚飨。

崇圣祠祝文：惟王奕祀钟祚，光开圣绪，盛德之后，积久弥昌。凡圣教所覃敷，率循源而溯本，宜肃明禋之典，用申守土之忱。兹届仲春／秋，聿修祀事，配以先贤颜氏、先贤曾氏、先贤孔氏、先贤孟孙氏。尚飨。

祝文式：先师庙祝版高九寸，广一尺二寸，有架，白纸，黄绿墨书。崇圣祠同。并《会典》。

乐章
《咸平之章》。无舞。

大太四哉南工至林尺圣仲上，道太四德仲上尊上林崇仲上，维南上持林尺王仲上化太四，斯林尺民仲上是黄合宗太四，典黄合祀太四有仲上常林尺，精南工纯林尺并太四隆仲上，神黄六其南工来林工格仲尺，于林尺昭仲上圣黄合容太四。

《宁平之章》。有舞。

自太四生仲上民林尺来仲上，谁太四底黄合其仲上盛太四，惟南工师林尺神仲上明太四，度黄合越仲上前仲上圣太四，粢仲上帛太四具仲上成林尺，礼黄合容太四斯林尺称仲上，黍太四稷南工非黄六馨林尺，惟南宫神林尺之仲上听太四。

《安平之章》。有舞。

大太四哉仲上圣黄合师太四，实南工天林尺生仲上德太四，作仲上乐太四以仲上崇林尺，时仲上祀太四无林尺教仲上，清黄六酤南工惟仲上馨仲上，嘉林尺牲仲上孔黄合硕太四，荐太四羞南工神黄六明林尺，庶南工几林尺昭仲上格太四。

《景平之章》。有舞。

百仲上王南工宗林尺师仲上，生林尺民仲上物太四轨黄合，瞻黄六之南工洋林尺洋仲上，神林尺其仲上宁太四止黄合，酌太四彼黄合金林尺疊仲上，惟南工清林尺且太四旨仲上，登仲上献太上惟林尺三仲上，于黄六嘻南工成林尺礼仲上。

《咸平之章》。无舞。

牺仲上象太四在仲上前林尺，豆太四筥仲上在黄合列太四，以太四享南工以林尺荐仲上，既仲上芬林尺既太四洁仲上，礼黄合成太四乐仲上备太四，人南工和林尺神仲上悦太四，祭黄合则太四受仲上福林尺，率黄合遵南工无林尺越仲上。

《咸平之章》。无舞。

有太四严南工学林尺宫仲上，四黄合方太四来仲上崇太四，恪黄六恭南工祀林尺事仲上，威南工仪林尺雍仲上雍太四，歆仲上兹林尺惟南工馨林尺，神仲上驭太四还林尺复仲上，明黄六禋南工斯林尺毕仲上，咸南工膺林尺百仲上福太四。

新颁乐章。乾隆八年。

乐谱，分春秋两谱。

春夹钟清均，倍应钟起调。箫仸除。仜亿。笛仸除。伍仕。

迎神《昭平之章》

大变宫仸哉商仈孔角伩子徵伍，先宫仸觉羽仕先徵伩知角伩，与商仈天角伩地羽仕参徵伍，万宫仸世羽仕之徵伍师徵伍，祥徵伍征羽仕麟商仈绂角伩，韵商仈答羽仕金宫仸丝羽仕，日商仈月角伩既宫仸揭徵伍，乾商仈坤角伩清商仈夷宫仸。

奠帛初献《宣平之章》

予宫仸怀商仈明角伩德徵伍，玉羽仕振商仈金宫仸声羽仕，生角伩民商仈未羽仕有徵伍，展商仈也角伩大徵伍成角伩，俎徵伍豆羽仕千宫仸古徵伍，春角伩秋角伩上角伍丁徵伍，清宫仸酒羽仕既商仈载宫仸，其商仈香角伩始商仈升宫仸。

亚献《秩平之章》

式宫仸礼商仈莫角伩愆徵伍，升羽仕堂徵伍再商仈献宫仸，响羽仕协徵伍鼓商仈镛角伩，诚徵伍孚羽仕叠徵伍献宫仸，肃徵伍肃徵伍雍角伩雍角伩，誉商仈髦宫仸斯羽仕彦宫仸，礼羽仕陶徵伍乐商仈淑角伩，相徵伍观角伩而商仈善宫仸。

终献《叙平之章》

自宫仸古商仈在徵伍昔角伩，先羽仕民徵伍有商仈作角伩，皮徵伍弁羽仕祭商仈荣宫仸，于羽仕。论徵伍。思角伩。乐商仈，惟徵伍。天羽仕。牖宫仸。民徵伍，惟商仈。圣羽仕时商仈若角伩，彝徵伍伦徵伍攸羽仕叙宫仸，至羽仕今徵伍木商仈铎宫仸。

彻馔《懿平之章》

先宫仸师商仈有角伩言徵伍，祭宫仸则羽仕受宫仸福徵伍，四商仈海宫仸黄徵伍宫羽仕，畴商仉敢角伬不商仉肃宫伬。礼徵伍成羽仕告宫伬彻徵伍，毋商仉疏角伬毋商仉渎宫伬。乐徵伍所羽仕自商仉生宫伬，中徵伍原角伬有商仉菽宫伬。

送神《德之章》

凫宫伬绎商仉峨角伬峨徵伬，洙羽仕泗宫伬洋商仉洋角伬，景羽仕行徵伍行徵伍止羽仕，流商仉泽角伬无徵伍疆角伬，聿徵伍昭羽仕祀商仉事宫伬，祀宫伬事羽仕孔商仉明角伬，化宫伬我徵伍蒸宫伬民羽仕，育商仉我角伬胶商仉庠宫伬。

秋南吕清均，仲吕起调。箫伬除，伍仜。笛仕除。伍伬。

舞谱

初献

自稍前向外，开籥，舞。生蹈，向里，开籥，舞。民合手蹲朝上。来，起，辞身向外，高举籥，而朝。谁两两相对蹲，东西相向。底合手蹲，朝上。其正揖。盛，起，平身，出左手，立。惟两两相对，自下而上，东西相向。师稍前，舞，举籥，垂翟。神中班转身，东西向立，惟两中班十二人，俱东西相向。明，举翟，三合籥。度稍前，向外，垂手，舞。越蹈，向里，垂手，舞。前向前合手，谦进步，双手合籥。圣，回身再谦，退步侧身，向外高手，回面向上。粱正蹲朝上。帛稍舞，躬身挽手，侧身向外，呈籥耳边，面朝上。具正揖。成，起，辞身挽手，复举籥，正立。礼两两相对，交籥，两班俱东西，手执籥。容正揖。斯向外退，挽手举籥向外，面朝上。称，回身正立。黍稍前舞。稷正蹲朝上。非左右垂手，两班上下俱双垂手，东西相向。馨，起，合手，省〈相〉向立。惟左右侧身垂手，向外开籥，垂手舞。神右侧身垂手，向里垂手舞。之正揖。听。躬而受之，躬身朝上，拱籥而受之，三鼓毕起。

亚献

大左右进步，向外垂手，舞。哉右向里，垂手，舞。圣向外落籥，朝面〈面朝〉上。师，退，回身，正立。实正蹲。天起身向前，转身向外。生向里舞。德，合手谦进，步向前，相手合籥，存谦。作两两相对，自下而上，两班相对举，籥东西。乐上下俱垂手，惟两班中国上下十二人俱垂手转身，东西相向。以转身，东西相向。崇，相向立，两班上下，以翟相籥。时稍前，舞蹈，两班上下俱垂手向外。祀向里垂手舞。无合手谦，退步向前，垂手，合籥，存谦。歝，回手再谦，两班上下东西相向，合籥立。清稍前舞，向外开籥翟。酤向里舞。惟双手平执籥翟，开籥翟。馨，合籥翟，朝上正立。嘉侧身，垂左手，两班俱垂手，向外舞。牲躬身正揖。孔双手舞籥翟，躬身。硕，躬而受之，躬身朝上，拱籥受之，一鼓而起。荐一叩头，举左手，叩头。羞举左手叩头。神复举右手，叩头。明，拜，一鼓毕即起，躬身，三鼓平身。庶三舞，蹈，举籥向左，躬身举。几举籥向右，躬身舞。昭举籥复向左，躬身，舞。格。拱籥，躬身受之。

终献

百向外开籥舞。王向里开籥舞。宗侧身向外，面朝上。师，朝上正立。生两班上下，两两相对，籥籥。民合手朝上，正蹲。物侧身向里，落籥。轨，合籥朝上，正立。瞻向外开籥舞。之向里开籥舞。洋开籥朝上，正立。洋，合籥。神向外开籥舞。其向里开籥舞。宁进步，向前，双手合籥。止，回身，东西相向，手谦。酌向外开籥舞。被向里开籥舞。金开籥朝上，正立。曡，合籥朝上，正立。惟向外垂手舞。清向里垂手舞。且朝上正揖。旨，躬身而受之。登躬身向左，合籥舞。献躬身向右，合籥舞。惟躬身复向左右舞。三，合籥朝上拜，一鼓便起身。於侧身向外，垂手舞。嘻侧身向里，垂手舞。成朝上正揖。礼。躬身朝南受之，三鼓毕，起身。参《德庆州志》。

光绪三十二年升文庙为大祀，奉颁典礼二十三条。兹录邑学应奉行者如左：

一，庙制。旧覆绿瓦，今改通覆黄瓦。

一，神牌。旧例朱地金书，今改金地青书。

一，神幄及案衣。旧制销金红缎，今改用黄云缎。

一，祭品。旧制十笾十豆，今加二笾二豆，为十二笾十二豆。

一，乐舞。旧制六佾，今用八佾；旧制专用文舞，今添用武舞。

一，太学及直省祭文。既升大祀，由翰林院另行恭撰。

一，临文称引先师。旧制双抬，今改为三抬。

一，崇圣祠正位祭品。旧制羊一、豕一、笾八、豆八，今加牛一、笾二、豆二。

一，直省府厅州县文庙。旧制供奉礼器、乐器、舞器暨崇圣祠祭品，并同太学行礼仪节，仍遵旧制。惟承祭官出入向例由左侧门，今改由右侧门，不饮福受胙。据《礼部议奏先师升大祀典礼》缮本。

三十四年奉颁文庙祝文

圣由天纵，缅万世师表之尊；道协时中，继三代明伦之治。学校遍乎乡国，秩祀著在彝章。仰维先师孔子，教范古今，德弥宇宙。达天尽性，渊源集群圣之成；守道遵经，文轨洽大同之盛。稽儒宗之巨典，先朝久重明禋；扩兴学之鸿规，圣懿训特升上祀。风声所树，承矩矱于三雍；教泽无垠，广甄陶于百氏。大义炳如日月，馨香永以春秋。于戏！玉振金声，亿代犹存夫忾慕；麟祥凤德，八方莫外于尊亲。文治恢昭，苾芬歆格。以复圣颜子、宗圣曾子、述圣子思子、亚圣孟子配。尚飨。

大成殿正位。南向。

至圣先师孔子。名邱，无邑旁，字仲尼，鲁人。周灵王二十一年庚戌生，敬王四十一年壬戌卒，年七十三。今夏正八月二十七日为大成节，二月十八日为殷奠节。唐开元二十七年，追谥文宣王。宋大中祥符五年，谥为至圣文宣王。元大德十一年，加至圣号曰大成。明嘉靖九年，去王号及大成文宣之称。

东配。西向。

复圣颜子。名回，字子渊，鲁人，少孔子三十岁。汉明帝永平十五年祀。七十二弟子以颜子位第一。魏正始二年，祀孔子于辟雍，以颜子配。唐赠兖公。宋封兖国公。元至顺元年，加封兖国复圣公。

述圣子思子。名伋，至圣之孙，孟子之师。宋崇宁元年，封沂水侯。大观二年，绘像从祀。端平二年，升十哲。咸淳三年，封沂国公，与颜、曾、孟并祀配享。元至顺元年，加封沂国述圣公。

西配。东向。

宗圣曾子。名参，字子舆，南武城人，少孔子四十六岁。唐总章元年，赠太子少保，与颜子并配享。太极元年，加赠太子太保。开元二十七年，赠成〈郕〉伯。宋大中祥符二年，封瑕邱侯。咸淳三年，封郕国公。元至顺元年，加封郕国宗圣公。

亚圣孟子。名轲，厥字不传，邹人。宋元丰六年封邹国公。七年，独与颜子俱配享。元至顺元年，加封邹国亚圣公。

东序先贤。西向。

闵子损。字子骞，鲁人，少孔子十五岁。唐开元七年，以十哲为坐像，悉与祀。二十七年，赠费侯。宋大中祥符二年，封琅邪公。

冉子雍。字仲弓。据王充《论衡·自纪》篇：仲弓为伯牛之子。唐开元二十七年，赠薛侯。宋大中祥符二年，封下邳公。

端木子赐。字子贡，卫人，少孔子三十一岁。唐开元二十七年，赠黎侯。宋大中祥符二年，封黎阳公。

仲子由。字子路，卞人，少孔子九岁。唐开元二十七年，赠卫侯。宋大中祥符二年，封河内公。

卜子商。字子夏，温国人，少孔子四十四岁。唐开元二十七年，赠魏侯。宋大中祥符二年，封河东公。

有子若。鲁人，少孔子四十三岁。与曾子同为孔教之大宗。唐开元二十七年，赠卞伯。宋大中祥符二年，封平阴侯。清乾隆三年，升于东哲位。

西序先贤。东向。

冉子耕。字伯牛，鲁人。唐开元二十七年，赠郓侯。宋大中祥符二年，封东平公。

宰子予。字子我，鲁人。唐开元二十七年，赠齐侯。宋大中祥符二年，封临淄公。

冉子求。字子有，鲁人，少孔子二十九岁。唐开元二十七年，赠徐侯。宋大中祥符二年，封彭城侯。

言子偃。字子游，吴人，少孔子四十五岁。唐开元二十七年，赠吴侯。宋大中祥符二年，封丹阳公。

颛孙子师。字子张，陈人，少孔子四十八岁。唐开元二十七年，赠陈伯。宋大中祥符二年，封宛邱侯。咸淳三年，封陈公，升于十哲。

朱子喜〈熹〉。字元晦，徽州婺源人。晚卜筑于建阳之考亭。宋建炎四年生，庆元六年卒，年七十一，谥文公，为孔教中兴之巨子。淳祐元年从祀。明崇祯十五年，以周、程、张、朱、邵六子并称先贤，位汉唐诸儒上。清康熙五十一年，升哲位。

东庑先贤。西向。

公孙侨。字子产，郑大夫。《左传》鲁襄公八年始见，昭公八年卒，谥成子。清咸丰七年从祀。

林放。字子邱，鲁人。唐开元二十七年，赠清河伯，从祀。宋大中祥符二年，封长山侯。明嘉靖九年，改祀于乡。清雍正二年复祀。

原宪。字子思，鲁人，少孔子三十六岁。唐开元二十七年，赠原伯，从祀。宋大中祥符二年，封任城侯。

南宫适。字子容，又名韬，谥敬叔，居南宫，因谥焉。鲁孟僖子之子，仲孙阅也。唐开元二十七年，赠郯伯，从祀。宋大中祥符二年，封龚丘侯，政和元年，改汝阳侯。

商瞿。字子木，鲁人，少孔子二十九岁，传《易》。唐开元二十七年，赠蒙伯，从祀。宋大中祥符二年，封须昌侯。

漆雕开。名启，字子开，鲁人，少孔子十一岁，习《尚书》，有漆雕氏之儒。唐开元二十七年，赠滕伯，从祀。宋大中祥符二年，封平舆侯。

司马耕。字子牛，宋人。唐开元二十七年，赠向伯，从祀。宋大中祥符二年，封楚邱侯。政和元年，改睢阳侯。

梁鱣。字叔鱼，齐人，少孔子二十九岁。唐开元二十七年，赠梁伯，从祀。宋大中祥符二年，封千乘侯。

冉孺。字子鲁，鲁人，少孔子五十岁。唐开元二十七年，赠郜伯，从祀。宋大中祥符二年，封临沂侯。

伯虔。字子晰，鲁人，少孔子五十岁。唐开元二十七年，赠邹伯，从祀。宋大中祥符二年，封沭阳侯。

冉季。字子产，鲁人。唐开元二十七年，赠东平伯，从祀。宋大中祥符二年，封诸城侯。

漆雕徒父。字子文，鲁人。唐开元二十七年，赠须句伯，从祀。宋大中祥符二年，封高苑侯。

漆雕哆。字子敛，鲁人。唐开元二十七年，赠武城伯，从祀。宋大中祥符二年，封濮阳侯。

公西赤。字子华，鲁人，少孔子四十二岁。唐开元二十年，赠邵伯，从祀。宋大中祥符二年，封巨野侯。

任不齐。字选，楚人。唐开元二十七年，赠任城伯，从祀。宋大中祥符二年，封当阳侯。

公良儒〈孺〉。字子正，陈人。唐开元二十七年，赠东牟伯，从祀。宋大中祥符二年，封牟平侯。

公肩定。字子中，鲁人。唐开元二十七年，赠新田伯，从祀。宋崇宁四年，封梁父侯。

鄡单。字子家，鲁人。唐开元二十七年，赠铜鞮伯，从祀。宋崇宁四年，封聊城侯。

罕父黑。字子索，鲁人。唐开元二十七年，赠乘邱伯，从祀。宋崇宁四年，封祁乡侯。

荣旗。字子祺，鲁人。唐开元二十七年，赠雩娄伯，从祀。宋大中祥符二年，封厌次侯。

左人郢。字行，鲁人。唐开元二十七年，赠临淄伯，从祀。宋大中祥符二年，封南华侯。

郑国。字子徒，鲁人。唐开元二十七年，赠荥阳伯，从祀。宋大中祥符二年，封昀山侯。

原亢。字籍，鲁人。唐开元二十七年，赠莱芜伯，从祀。宋崇宁四年，封乐平侯。

廉洁。字庸，卫人。唐开元二十七年，赠莒父伯，从祀。宋崇宁四年，封胙城侯。

叔仲会。字子期，晋人，少孔子五十四岁。唐开元二十七年，赠瑕邱伯，从祀。宋大中祥符二年，封博平侯。

公西舆如。字子上，鲁人。唐开元二十七年，赠重邱伯，从祀。宋大中祥符二年，封临朐侯。

邽巽。字子饮，鲁人。唐开元二十七年，赠平陆伯，从祀。宋大中祥符二年，封高堂侯。

陈亢。字子禽，陈人，少孔子四十岁。唐开元二十七年，赠颖伯，从祀。宋大中祥符二年，封南顿侯。

琴张。名牢，字子张，卫人。唐开元二十七年，赠南陵伯，从祀。宋大中祥符二年，封顿邱侯。政和元年，改阳平侯。

步叔乘。字子车，齐人。唐开元二十七年，赠淳于伯，从祀。宋大中祥符二年，封博昌侯。

秦非。字子之，齐人。唐开元二十七年，赠汧阳伯，从祀。宋大中祥符二年，封华亭侯。

颜哙。字子声，鲁人。唐开元二十七年，赠朱虚伯，从祀。宋大中祥符二年，封济阴侯。

颜何。字冉，鲁人。唐开元二十七年，赠开阳伯，从祀。宋大中祥符二年，封堂邑侯。明嘉靖九年罢祀。清雍正二年复祀。

县亶。字子象，鲁人。清雍正二年从祀。

牧皮。鲁人。清雍正二年从祀。自原宪至牧皮皆孔子弟子。汉《文翁礼殿图》并以林放为孔子弟子。

乐正克。鲁臣，孟子弟子。宋政和五年，封利国侯，配享孟庙。清雍正二年从祀。

万章。齐人，孟子弟子。宋政和五年，封博兴伯，从祀孟庙。清雍正二年从祀。

周敦颐。字茂叔，道州营道人，称濂溪先生。宋天禧元年生，熙宁六年卒。嘉定十三年，谥元公。淳祐元年封汝南伯，从祀。元延祐六年，封道国公。

程颢。字伯淳，河南人，称明道先生。宋明道元年生，元丰八年卒。嘉定十三年，谥纯公。淳祐元年封河南伯，从祀。元至顺元年，封豫国公。

邵雍。字尧夫，河南人。宋大中祥符四年生，熙宁十年卒，赠秘书生著作郎。元祐中谥康节。咸淳三年，封新安伯，从祀。

西庑先贤。东向。

蘧瑗。字伯玉，卫人。《左传》鲁襄公十四年始见。唐开元二十七年，赠卫伯，从祀。宋大中祥符二年，封内黄侯。明嘉靖九年，改祀于乡。清雍正二年复祀。

澹台灭明。字子羽，鲁东武城人，少孔子三十九岁。唐开元二十七年赠江伯，从祀。宋大中祥符二年，封金乡侯。

宓不齐。字子贱，鲁人，少孔子四十九岁。唐开元二十七年，赠单伯，从祀。宋大中祥符二年，封单父侯。

公冶长。字子长，齐人。唐开元二十七年，赠莒伯，从祀。宋大中祥符二年，封高密侯。

公皙哀。字季次，齐人。唐开元二十七年，赠郳伯，从祀。宋大中祥符二年，封北海侯。

高柴。字子高，齐人，少孔子三十岁。唐开元二十七年，赠共伯，从祀。宋大中祥符二年，封共城侯。

樊须。字子迟，齐人，少孔子三十六岁。唐开元二十七年，赠樊伯，从祀。宋大中祥符二年，封益都侯。

商泽。字子秀，鲁人。唐开元二十七年，赠睢阳伯，从祀。宋大中祥符二年，封邹平侯。

巫马施。字子旗，鲁人，少孔子三十岁。唐开元二十七年，赠鄫伯，从祀。宋大中祥符二年，封东阿侯。

颜辛。字子柳，鲁人，少孔子四十六岁。唐开元二十七年，赠萧伯，从祀。宋大中祥符二年，封阳谷侯。

曹恤。字子循，蔡人，少孔子五十岁。唐开元二十七年，赠丰伯，从祀。宋大中祥符二年，封上蔡侯。

公孙龙。字子石，楚人，少孔子五十三岁。唐开元二十七年，赠黄伯，从祀。宋大中祥符二年，封枝江侯。

秦商。字子丕。郑玄曰楚人，少孔子四十岁。《家语》曰鲁人，少孔子四岁。唐开元二十七年，赠上洛伯，从祀。宋崇宁四年，封冯翊。

颜高。字子骄，鲁人，少孔子五十岁。唐开元二十七年赠，琅邪伯，从祀。宋大中祥符二年，封雷泽侯。

壤驷赤。字子徒，秦人。唐开元二十七年，赠北徵伯，从祀。宋大中祥符二年，封上邽侯。

石作蜀。字子明，秦人。唐唐开元二十七年，赠郈邑伯，从祀。宋大中祥符二年，封成纪侯。

公夏首。字乘，鲁人。唐开元二十七年，赠亢父伯，从祀。宋崇宁四年，封巨平侯。

后处。字子里，齐人。唐开元二十七年，赠营邱伯，从祀。宋崇宁四年，封胶东侯。

奚容箴。字子皙，鲁人。唐开元二十七年，赠下邳伯，从祀。宋大中祥符二年，封济阳侯。

颜祖。字襄，鲁人。唐开元二十七年，赠临沂伯，从祀。宋崇宁四年，封富阳侯。

句井疆。字子疆，卫人。唐太远二十七年，赠淇阳伯，从祀。宋大中祥符二年，封滏阳侯。

秦祖。字子南，秦人。唐开元二十七年，赠少梁伯，从祀。宋大中祥符二年，封鄄城侯。

县成。字子祺，鲁人。唐唐开元二十七年，赠巨野伯，从祀。宋大中祥符二年，封武城侯。

公祖句兹。字子之，鲁人。唐开元二十七年，赠期思伯，从祀。宋大中祥符二年，封即墨侯。

燕伋。字思，秦人。唐开元二十七年，赠渔阳伯，从祀。宋大中祥符二年，封汧源侯。

乐欬。字子声，鲁人。唐开元二十七年，赠昌平伯，从祀。宋崇宁四年，封建成侯。

狄黑。字皙，卫人。唐开元二十七年，赠临济伯，从祀。宋大中祥符二年，封林虑侯。

孔忠。《家语》作孔弗，字子蔑。注云：孔子兄子。唐开元二十七年，赠汶阳伯，从祀。宋大中祥符二年，封郓城侯。俞樾议改祀崇圣祠伯鱼下。

公西葴。字子上，鲁人。唐开元二十七年，赠祝阿伯，从祀。宋大中祥符二年，封徐城侯。

颜之仆。字叔，鲁人。唐开元二十七年，赠东武伯，从祀。宋大中祥符二年，封宛句侯。

施之常。字子恒，鲁人。唐开元二十七年，赠乘氏伯，从祀。宋大中祥符二年，封临濮侯。

申枨。《史记》作申棠，字周，鲁人。唐开元二十七年，赠鲁伯，从祀。宋大中祥符二年，封文登侯。

左邱明。鲁人。唐贞观二十一年，以经师配享。永徽中改从祀。宋大中祥符二年，封瑕邱伯。政和元年，改中都伯。

秦冉。字开。宋大中祥符二年，封新息侯，从祀。明嘉靖九年罢祀。清雍正二年复祀（除左丘明外，自澹台灭明至秦冉皆孔子弟子。）

公明仪。鲁南武城人。《祭义》邹注云：曾子弟子。清咸宁三年从祀。

公都子。孟子弟子。宋政和五年封平阴伯，从祀孟庙。清雍正二年从祀。

公孙丑。齐人，孟子弟子。宋政和五年封寿光伯，从祀孟庙。清雍正二年从祀。

张载。字子厚，以侨寓为凤翔郿县横渠镇人，称横渠先生。宋天禧四年生，熙宁十年卒。嘉定中，赐谥献公。淳祐元年封郿伯，从祀。

程颐。字正叔，颢之弟，称伊川先生。宋明道二年生，大观元年卒。嘉定十三年，谥正公。淳祐元年，封伊阳伯，从祀。

东庑先儒。西向。

公羊高。齐人，口受《春秋》于子夏。唐贞观二十一年配享。永徽中，改从祀。宋大中祥符二年，封临淄伯。

伏胜。字子贱，济南人，秦博士，传《尚书》。汉文帝时，年九十余。唐贞观二十一年配享。永徽中从祀。宋大中祥符二年，封乘氏伯。

毛亨。河间人，称大毛公。其名始见于陆玑疏《后汉书·儒林传》,《汉书·艺文志》云："又有毛公之学，自谓子夏所传，而河间献王好之，未得立。"谓毛诗也。清同治二年从祀。

毛苌。赵人，为河间献王博士，传毛诗。唐贞观二十一年，配享。永徽中，改从祀。宋大中祥瑞二年，封乐寿伯。

杜子春。河南缑氏人，后汉永平初，年且九十，传《周官》。唐贞观二十一年，配享。永徽中，改从祀。宋大中祥符二年，封缑氏伯。

郑玄。字康成，北海高密人。后汉永建二年生，建安五年卒。兼通古今而糅杂之，为古文学之大宗。唐贞观二十一年，配享。永徽中，改从祀。宋封高密伯。明嘉靖，改祀于乡。清雍正二年，复祀。

杨时。字中立，南剑将乐人。宋皇祐五年生，绍兴五年卒，年八十三，谥文靖。二程门人，称龟山先生。明弘治九年，从祀，封将乐伯。

谢良佐。字显道，上蔡人。宋元丰八年进士，洛学之魁，称上蔡先生。清道光二十九年，从祀。

黄干。字直卿，闽县人。宋绍兴二十三年生，嘉定十四年卒，年六十，谥文肃。朱子弟子，称勉斋先生。清雍正二年，从祀。

辅广。字汉卿，号潜庵，崇德人，朱子门人。嘉定初，奉祠归，筑传贻书院，教授学者，称传贻先生。清光绪五年，从祀。

何基。字子恭，婺州金华人。宋淳熙十五年生，咸淳四年卒，年八十一，谥文定。勉斋门人，称北山先生。清雍正二年，从祀。

文天祥。字履善，吉水人。宋端平三年生，元至元十九年殉节，年四十七。朱子三传弟子，欧阳巽斋门人，称文山先生。清道光二十三年，从祀。

刘因。字梦吉，雄州容城人。宋淳祐九年生，元至元三十年卒，年四十五。封容城郡公，谥号文靖，称静修先生。清宣统三年，从祀。

陈澔。字可大，都昌人。宋景定三年生，元至正元年卒，年八十二。勉斋再传。宋亡，隐居教授，称云庄先生，又称经师先生。清雍正二年，从祀。

方孝孺。字希直，宁海人。元至正十七年生，明建文四年殉节，年四十六。崇祯中追谥文正，称正学先生。清同治二年，从祀。

薛瑄。字德温，号敬轩，山西河津人。明洪武二十二年生，天顺八年卒，年七十六。成化初，谥文清，隆庆五年，从祀。

胡居仁。字叔心，饶之余干人。明宣德九年生，成化二十年卒，年五十一，称敬斋先生。万历十二年，从祀，十三年，追谥文敬。

罗钦顺。字允升，号整庵，江西泰和人。明成化元年生，嘉靖二十六年卒，年八十三，谥文庄。清雍正二年，从祀。

吕柟。字仲木，号经野，陕西高陵人。明成化十五年生，嘉靖二十一年卒，年六十，谥文简。清同治二年，从祀。

刘宗周。字起东，号念台，浙江山阴人。明万历六年生，清顺治二年殉节，年六十八，谥忠介，称蕺山先生。道光二年，从祀。

张伯行。字孝先，号敬庵，河南仪封人。清顺治八年生，雍正三年卒，年七十五，谥清恪。光绪三年，从祀。

汤斌。字孔伯，号潜庵，河南睢州人。明天启七年生，清康熙二十六年卒，年六十一，谥文正。道光三年，从祀。

李塨。字刚主，蠡县人。清顺治十六年生，雍正十一年卒，年七十五岁，称孝悫先生。民国八年，从祀。

董仲舒。广川人，传《春秋》，汉景帝时为博士。刘歆曰：今后学者有所统一，为群儒首。汉武帝表章六经，罢黜百家，立学校，举茂才、孝廉，皆自董子发之，为孔教一统之元勋。元至顺元年，从祀。明成化二年，封广川伯。

赵岐。字邠乡，京兆长陵人。后汉建安六年卒，年九十余。著《孟子章句》。清宣统三年，从祀。

范宁。字武子，南阳顺阳人。晋咸康五年生，隆安五年卒，年六十三。唐贞观二十一年，配享，永徽中，改从祀。宋大中祥符二年，封新野伯。明嘉靖九年，改祀于乡。清雍正二年，复祀。

陆贽。字敬舆，嘉兴人。天宝十三年生，永贞元年卒，年五十二，谥宣公。清道光六年，从祀。

范仲淹。字希文，苏州吴县人。宋端拱二年生，皇祐四年卒，年六十四，谥文正，实宋学之开山。清康熙五十四年，从祀。

欧阳修。字永叔，庐陵人。宋景德四年生，熙宁五年卒，年六十六，谥文忠。明嘉靖九年，从祀。

司马光。字君实，陕州夏县涑水乡人。天禧三年生，元丰元年卒，年六十八，赠温国公，谥文正。宋咸淳三年，从祀。

李纲。字伯纪，邵武人。宋元丰六年生，绍兴十年卒，年五十八，谥忠定。清咸丰元年，从祀。

张栻。字敬夫，绵州人，称南轩先生。宋绍兴三年生，淳熙七年卒，年四十八，谥号宣公。景定二年，封华阳伯，从祀。

张九渊。字子静，抚州金溪人。宋绍兴九年生，绍熙三年卒，年五十四，谥文安。梭山复斋之弟子，称象山先生。明嘉靖九年，从祀。

真德秀。字希元，浦城人。宋淳熙五年生，端平二年卒，年五十九，谥文忠，称西山先生。明正统二年，从祀。成化二年，封浦城伯。

赵复。字仁甫，德安人。宋端平二年，至北庭，称江溪先生。清雍正二年，从祀。

黄道周。字幼玄，号石斋，福建镇海卫人。明万历十三年生，清顺治三年殉节，年六十二，谥忠端。道光五年，从祀。

陆世仪。字道威，号桴亭，江苏太仓州人。明万历三十九年生，清康熙十一年卒，年六十二。光绪元年，从祀。

顾炎武。字宁人，号亭林，江苏昆山人。明万历四十七年生，清康熙二十一年卒，年六十四。光绪三十四年，从祀。

西庑先儒。东向。

孔安国。字子国，孔子十二代孙，为汉武帝博士，传《鲁诗》及《今文尚书》，而古文尚书家每假托焉。唐贞观二十一年，配享。永徽中，改从祀。宋大中祥符二年，封曲阜伯。

诸葛亮。字孔明，琅邪阳都人，汉光和四年生，建兴十二年卒。初封武乡侯，后谥忠武侯。清雍正二年，从祀。

王通。字仲淹，河东龙门人。隋开皇四年生，大业十三年卒，谥文中子。明嘉靖九年，从祀。

韩愈。字退之，河阳人。唐大历三年生，长庆四年卒，谥文公。立师道，经指授者，皆称韩门弟子。攘斥佛老，下开宋学，为孔教中兴之首功。宋元丰七年，封昌黎伯，从祀。

胡瑗。字翼之，泰州如皋人。宋淳化四年生，嘉祐四年卒，年六十七，谥文昭，称安定先生。伊川之师，宋学之先河。明嘉靖九年，从祀。

韩琦。字稚圭，安阳人。宋大中祥符元年生，熙宁八年卒，年六十八，谥忠献。徽宗赠魏郡王。清咸丰二年，从祀。

尹焞。字彦明，洛阳人。宋熙宁四年生，绍兴十二年卒，年七十二，伊川门人，称和靖先生。清雍正二年，从祀。

胡安国。字康侯，建宁崇安人。宋熙宁七年生，绍兴八年卒，年六十五，谥文定。泰山再传，二程私淑，称武夷先生。明正统二年，从祀。成化二年，封建宁伯。

李侗。字愿中，南剑州剑浦人。宋元祐八年生，隆兴元年卒，年七十一，豫章门人，称延平先生，朱子之师。明万历四十七年，从祀。

吕祖谦。字伯恭，婺州人。宋绍兴七年生，淳熙八年卒，年四十五，谥成公，称东莱先生，景定二年，封开封伯，从祀。

袁燮。字和叔，鄞县人。宋淳熙辛丑进士，东莱、复斋、象山门人，称絜斋先生，谥正献。清同治七年，从祀。

王柏。字会之，金华人。宋庆元三年生，咸淳十年卒，年七十八，谥文宪。北山门人，称鲁斋先生。清雍正二年，从祀。

孙奇逢。字启泰，号钟元，直隶容城人。明万历十二年生，清康熙十四年卒，年九十二，称夏峰先生，道光八年，从祀。

黄宗羲。字太冲，浙江余姚人。明万历二十八年生，清康熙三十四年卒，年九十六，称梨洲先生。光绪三十四年，从祀。

张履祥。字考夫，号杨园，浙江桐乡人。明万历三十九年生，清康熙十三年卒，年六十四，同治十年，从祀。

陆陇其。字稼书，浙江平湖人。明崇祯三年生，清康熙三十一年卒，年六十三，谥清献。雍正二年，从祀。

榖梁赤。颜师古曰名喜，阮孝绪曰名俶，字元始，鲁人。受《春秋》于子夏，康有为《伪经考》曰：公羊、穀梁本无名字，盖卜商之昔诒。唐贞观二十一年配享，永徽中改从祀。宋大中祥符二年，封龚邱伯。

高堂生。鲁人，传《礼》，今《仪礼》十七篇是也。唐贞观二十一年配享，永徽中改从祀。宋大中祥符二年，封莱芜伯。

刘德。汉景帝第三子，封河间，谥献王。光绪三年，从祀。

后苍。字近君，东海郯人。传《礼》，高堂生之□传弟子，而大、小戴之师。汉宫〈宣〉帝时为博士。明嘉靖九年，从祀。

许慎。字叔重，汝南人，贾逵弟子。后汉永元十二年，作《说文解字》，建光元年上书。清光绪元年，从祀。

游酢。字定夫，建州建阳人。宋皇祐五年生，宣和五年卒。年七十一，谥文肃。二程门人。清光绪十八年从祀。

吕大临。字与叔，蓝田人。元祐中卒，年四十七。横渠及二程门人。清光绪二十一年，从祀。

罗从彦。字仲素，南剑罗源人。宋熙宁五年生，绍兴五年卒，年六十四，谥文质。伊川及龟山弟子，称豫章先生。明万历四十七年，从祀。

陈淳。字安卿，龙溪人。宋绍兴二十三年生，嘉定十年卒，年六十五，谥文安。朱子弟子，称北溪先生。清雍正二年，从祀。

蔡沈。字仲默，建阳人，元定子。宋乾道三年生，绍定三年卒，年六十五。朱子弟子，称九峰先生。明正统二年，从祀，谥文正。成化二年，封崇安伯。

魏了翁。字华父，邛州蒲江人。宋淳熙五年生，嘉熙元年卒，年六十一，谥文靖，称鹤山先生。清雍正二年，从祀。

金履祥。字吉父，婺之兰溪人。宋绍定五年生，元大德七年卒，年七十一，谥文安，称仁山先生。清雍正二年，从祀。

陆秀夫。字君实，盐城人。宋端平二年生，祥兴二年殉节，年四十四。清咸丰九年，从祀。

许衡。字仲平，河内人。宋嘉定二年生，元奎元十八年卒，年七十三，谥文正，称鲁斋先生。皇庆二年，从祀。

吴澄。字幼清，抚州崇仁人。宋淳祐九年生，元元统元年卒，年八十五，谥文正，称草庐先生。明正统八年，封临川郡公，从祀。嘉靖九年罢，清乾隆二年复祀。

许谦。字益之，金华人。元世祖至元七年生，顺帝至元三年卒，年六十八，谥号文懿，称白云先生。清雍正二年，从祀。

曹瑞。字正夫，号月川，河南渑池人。明洪武九年生，宣德九年卒，年五十九。清咸丰十年，从祀。

陈献章。字公甫，新会人。明宣德三年生，弘治十三年卒，年七十三，谥文恭，称白沙先生。明万历十二年，从祀。

蔡清。字介夫，号虚斋，福建晋江人。明景泰四年生，正德三年卒，年五十六，谥文庄。清雍正二年，从祀。
　　王守仁。字伯安，浙江余姚人。明成化八年生，嘉靖七年卒，年五十七，谥文成，赠新建侯，称阳明先生。万历十二年，从祀。
　　吕坤。字叔简，号心吾，河南宁陵人。明嘉靖十五年生，万历四十六年卒，年八十三。清道光六年，从祀。
　　王夫之。字而农，号船山，湖南衡阳人。明万历四十七年生，清康熙三十一年卒，年七十四。光绪三十四年，从祀。
　　颜元。字习斋，博野人。明崇祯八年生，清康熙四十三年卒，年七十岁。民国八年，从祀。

　　崇圣祠殿内正位。南向。
　　肇圣王木金父居中。至圣五世祖，孔父嘉之子，宋人。自宋泯公嫡子弗父何至孔父嘉，五世亲尽，当别为公族，乃以字为孔氏。清雍正元年，追封五代王爵。
　　裕圣王祈父居右。至圣高祖。
　　诒圣王防叔居右。至圣曾祖。始迁鲁为鲁人，为鲁防邑大夫。
　　昌圣王伯夏次左。至圣之祖。
　　启圣王叔梁纥次右。至圣之父。仕鲁为陬邑大夫。宋大中祥符元年，封齐国公。元至顺元年，封启圣王，建祠于大成殿西。明嘉靖九年，建于大成殿后。清雍正元年，更名崇圣祠。

　　东序先贤。西向。
　　孔孟皮。至圣之兄。清咸丰七年，配享。
　　曾点。字皙，曾子之父。唐开元二十七年，赠宿伯，从祀圣庙。宋大中祥符二年，封莱芜侯。明正统三年，改配享启圣王殿。
　　孟孙氏。名激，字公宜，孟子之父。元延祐三年，封邾国公。明正统三年，配享启圣王殿。
　　颜无繇。字路，颜子之父，少孔子六岁。唐开元二十七年，赠杞伯，从祀圣庙。宋大中祥符二年，封曲阜侯。元至顺三年，封杞国公。明正统三年，改配享启圣王殿。
　　孔鲤。字伯鱼，至圣之子，子思之父。宋崇宁元年，封泗水侯。咸淳三年，从祀圣庙。明正统三年，改配享启圣王殿。

　　东庑先儒。西向。
　　周辅成。周濂溪之父，宋大中祥符八年进士。明万历二十三年，从祀。
　　程珦。字伯温，二程之父。宋景德三年生，元祐五年卒，年八十五。明嘉靖九年，从祀。

　　蔡元定。字季通，九峰之父。宋绍兴五年生，庆元四年卒，年六十四，称西山先生。明嘉靖九年，从祀。

　　西庑先儒。东向。
　　张迪。张横渠之父，仕宋仁宗朝，终知涪州事。清雍正二年，从祀。
　　朱松。字乔年，朱子之父。宋绍圣四年生，绍兴十三年卒，年四十七。明嘉靖九年，从祀。
　　光绪三十二年十一月十五日学部奏：据臣部行走刑部主事姚大荣呈称：恭读三月初一日上谕"《请将教育宗旨宣示天下》一折……等因。钦此。"圣训昭垂天下，钦仰咸知。忠君、尊孔、尚公、尚武、尚实，五端为教育握要之关。而推厥本源，忠君、尚公、尚武、尚实诸义，悉秉孔门绪论，散在群经，寻绎愈显，循是诸义，即是率从孔教也。伏维孔子之圣，生民未有，万世师表，莫之能易。国朝列圣表章正道，典礼备隆，有加无已，惟道与时为变通，礼随世为沿革。外界之习染既深，则卫道之防维宜峻。抚时感事，职是以往复于实行尊孔主义，而窃有请也。查西国君主嗣位，他务未遑，辄先宣布信教誓词，与国民共定一尊，不涉异趣。故其民舟车所至，辄有教士偕往，驻足甫定，即建教堂，译教书以诱土人，使皆归向。盖彼族通人心，以宗教为主位。主位既定，则后此百变不离其宗。我国则视孔子若在宾位，尊之曰至圣、亲之曰先师，考稽典礼，孔庙仅列中祀。夫孔子德配天地，立人道之极，自当与圜丘方泽同跻大祀，巨礼煌煌，实赖我皇太后、皇上之裁定矣。伏查康熙年间，圣祖仁皇帝以朱子升配先哲，而理学大兴；雍正年间，世宗宪皇帝复以郑康成从配，而经学昌盛。风行草偃，岂不在乎九重提倡哉？虽孔子之圣，不缘大祀中祀为加损，而民间观听所系，悉视朝廷意旨为转移。倘奉特诏，显跻大祀，庶几振薄海内外之人心，后此教育普及，科学博综，亦有以范围不过，而豫定民志矣。职管窥之见，是否有当，呈请代奏等因。前来，臣等公同阅看该主事所呈系为尊崇孔教起见，未便壅于上闻，应否饬下礼部复议，具奏之处，伏候圣裁。上谕："朕钦奉慈禧端祐康颐昭豫庄诚寿恭钦献崇熙皇太后懿旨，孔子至圣，德配天地，万世师表，允宜升为大祀，以昭隆重。一切应行典礼，该衙门议奏。"《东华续录》。

　　《礼部议复孔子升为大祀典礼折》：窃维孔子德参两大，道冠百王，为生民以来所未有，及门诸子定论昭垂。自汉至明，历代帝王，未尝不事推崇，而典礼终多缺略，至我朝乃极崇隆。圣祖仁皇帝释奠阙里，三跪九拜，复以曲柄黄盖，留供庙廷。世宗宪皇帝释奠临雍，诣学不称幸学，案前上香，特谕躬亲奠帛献爵，跪而不立。黄瓦饰阙里之庙，追封至五代为王。圣诞虔肃致斋，圣讳特加敬避。高宗纯皇帝阙里释奠，拜跪之数、黄盖之留，均法圣祖。又仿世宗钦定阙里文庙之制，以黄瓦饰太学文庙、大成殿、大成门，特饬太常，另缮礼节，躬行三献之仪。至列圣御书，文庙碑文、联匾、宸章焕发，尤必本配天之意，务极阐扬。是崇德报功之典，远轶前朝，实隐然有升大祀之意，引而未发。今我皇太后以列圣之心为心，皇上以先师之道为道，心源默契，德音孔昭，旷典特颁，日星彪炳。跪诵之下，钦服难名。臣等又伏读雍正五年谕曰："尧、舜、禹、汤、文、武之道，赖孔子纂述修明，《鲁论》一书，尤切人生日用，使万世伦纪以明，名分以辨，人心以正，风俗以端。若无孔子，则人将忽于天秩、天叙之经，势必尊卑倒置，上下无等，干名犯分，越礼悖义，君不君，臣不臣，父不父，子不子，其害可胜言哉？惟有孔子之教，统智、愚、贤、不肖，无能越其范围，此可以治万世之天下，为生民所未有也。使为君者不知尊崇孔子，何以建极于上而表正万邦乎？"祖训煌煌，实与此次纶音后先一揆，虽迩日人心好异，学派或致纷岐，一经显示钦崇，自是收经正民兴之效。谨将所议《升大祀典礼缮单》恭呈御览。

三十四年上谕："各府、州、县文庙一遵大祀典礼。"谕曰："尊孔为学堂宗旨，正本立极，薄海同钦。无如时流畸士，逐一时风气之偏，坠万世神圣之泽，而地方官暨各学堂等徒知奉行故事，绝无精诚，甚或典礼废坠，仪文阙如，以至坛坫尘封，廊庑颓落，祀位错置，俎豆零星，几于无属不然，无论礼乐与教育之关系。通儒考之綦详，断不可废失，即此数千百年社会信崇、妇孺钦仰之所在。而不征文考献仪物修民，于化民成俗之义舛遗甚大。现今升崇大祀，典礼加隆，自非亟加整饬，无以副国家尊道崇儒之至意。所有各属地方官暨各该学官等，应即将所属学宫认真修理，务昭静肃。其祭器之散亡，祀位之阙略者，补之。春秋上丁、岁时大祭，要肃将乃事如礼。所属之官立师范学校，职员、教员每岁上丁应率同生徒等，诣学宫致祭一次。其各学堂生徒毕业给凭，均诣学官行谒圣礼如式。民立各学堂距城稍近者，均得一体举行，务祈明备，以崇圣祀而励学风。同上。

关帝庙。旧群祀。咸丰三年，升中祀。岁以春秋月上戊日致祭，备器陈神位前，牛一、羊一、豕一、镫一、铏、簠、簋各二，笾、豆各十、炉一、镫二。殿中设一案，少西供祝版，祝版制同文庙。东设一案，陈礼神制帛一、色白。香盘一、尊一、爵三。牲陈于俎，帛奠于篚，尊实酒，幂勺具。设乐于西阶上，乐用鼓一、笙一、管二、云傲一、箎二、板二。设洗于东阶上。承祭官拜位在殿内正中，各执事以其职为位，如常仪，行三献礼，迎送神望燎，悉如文庙仪。

祝文：惟神浩气凌霄，丹心贯日。扶正气而彰信义，威震九州；完大节以笃忠贞，名高三国。神明如在，遍祠宇于寰区；灵应丕昭，荐馨香于历代。屡征异迹，显佑群生。恭值嘉辰，遵行祀典，筵陈俎豆，几奠牲醪。尚飨。

关帝庙后殿。光昭公位居中，裕昌公左，成昌公右，均南向。位各异，案同日祭，行二跪六叩礼，余仪同。每案羊一、豕一、铏、簠、簋各二，笾、豆各二，炉一、镫二。殿中设案，少西供祝版。东西各设一案，分陈礼制帛三、色白。香盘三、爵九、尊三、俎篚，幂勺具。

祝文：惟公世泽诒庥，灵源积庆。德能昌后，笃生神武之英；善则归亲，宜享尊崇之报。列上公之封爵，赐命优隆；合三世以肇禋，典章明备。恭逢仲春／秋诹吉，祇事馨香。尚飨。

文昌庙。旧群祀。咸丰三年，升中祀。岁以二月三日、八月十八日致祭。备器、设洗、辨位、设乐，均与关帝庙同。三献，行三跪九叩礼。后殿同日祭，行二跪六叩礼。备器及行礼、仪注，悉如关帝庙后殿仪。

祝文：惟神迹著西潼，枢环北极。六匡丽曜，协昌运之光华；累代垂灵，为人文之主宰。扶正以彰夫感召，荐馨宜致其尊崇。兹届仲春／秋，用昭时祀。尚其钦格，鉴此精虔。尚飨。

后殿祝文：祭引先河之义，礼隆报本之思。矧夫世德弥光，延赏斯及；祥钟累代，炯列宿之精灵。化被千秋，为人文之主宰。是尊后殿，用答前庥。兹值仲春／秋，肃将时祀，用伸告洁，神其格歆。尚飨。

【民国二十七年《高要县志》卷九"经政篇二·典礼"】

祀天。祀天，古曰"郊天"，惟天子得行之。秦以诸侯而胪于郊祀，史讥其僭焉。中华民国三年，袁世凯为大总统，始令民间亦得祀天，岁以冬至日为期。由大总统府政事堂礼制馆议定祀天仪式颁行，名曰《祀天通礼》。本县尝设坛于南较场举行之。五年，袁氏帝制失败，黎元洪继位大总统，政制多改革。是年十二月奉内政部电令，祀天典礼从缓举行，遂止。

祀孔。祀孔典礼，历代重之，至清季升为大祀，其礼秩具详前志中。中华民国元年内务部令："民国通礼未颁行以前，文庙应暂时照旧致祭。"三年二月内务部令："祀孔春祭，仍照从前事例办理。惟此项礼节尚未议定颁行，自应查照从前大祀典礼，仍用拜跪。应用衣冠，暂照民国元年十月三日临时大总统令，用乙种常礼服式。"是年九月，广东巡抚按使令："祀孔典礼，前由政治会议议决，以夏时春秋两丁为祀孔之日，仍从大祀。其礼节服制祭品，当与祭天一律。"五年九月内务部令："原订祀孔典礼，如拜跪及祭服等项，均与现制不合。现计为迎、送神各三鞠躬，读祝、受胙各一鞠躬，正献、分献服大礼服，陪礼各员服常礼服。"十七年三月大学院令："我国旧制，每届春秋上丁，例有祀孔之举。孔子生于周代，布衣讲学，其人格学问，自为后世所推崇。惟因尊王忠君一点，历世专制帝王资为师表，祀以大牢，用以牢笼士子。实与现代思想自由原则，及本党主义相悖谬，著将春秋祀孔典礼一律废止。"二十二年，国民政府西南政务委员会常务委员陈济棠提议，请规复孔子及关岳祀典，略以"国无教不立，而教之推暨，必统于一尊；人无义则漓，而义之感通，常磅礴乎九有。孔子者,百世之师。吾国教化之极则也。关岳者,忠义之表,万古军人之模范也。以道德格民者,宜祀孔子;以忠义率民者,宜祀关岳。"于是议决交广东省政府办理,由教育厅会同民政厅拟具礼节清单,转行各县遵办。二十三年三月,令行到县。先是文庙自废止孔祀以来,或驻兵,或为军人养病院,零落颓敝。而四配、十二哲与夫先哲、先儒之位,亦多不完。又自建设马路,毁及宫墙。美富之观,顿成既往,至是一一修复之。是年上丁,复举行祀孔典礼,地方人士与祭者甚众。二十四年九月,广东省政府令以每岁春分日祀孔,其翌日祀关岳。二十五年,西南政务委员会裁撤,仍遵奉国民政府前令,以孔子诞日举行祀念而春秋祀典废止。

附广东教育、民政两厅拟具祀孔礼节清单如次:

祭日昧爽,正献官、分献官皆服大礼服,陪礼官服常礼服,集致斋所。

正献官盥手,阅祝版,署名讫。祝进奉于案。起鼓,鼓初严,鼓再严,鼓三严。赞:引。引正献官入大成门右门,分赞引分献官,传赞引陪祀官随入。典礼赞:执事各司其事,献官就位。正献官、分献官、陪祀官各就拜位,北向立。赞:关户,迎神奏乐。赞引赞:三鞠躬。传赞赞:众官皆鞠躬。鞠躬,再鞠躬,三鞠躬。乐止。赞:奠帛献爵,行初献礼,奏乐。赞:引。引正献官诣帛爵,案前立,献帛拱举,献爵拱举,复位。分赞引分献官分就配位、哲位前。引两庑分献官分就两庑先贤、先儒位前立,献帛拱举,献爵拱举,乐暂止。赞:引。引正献官诣读祝位,正立。典礼赞:读祝。祝读祝毕,正献官受祝版拱举。乐复作,复位。赞:一鞠躬。传赞赞:众官皆鞠躬。鞠躬。乐止。赞:行亚献礼,奏乐。赞:引。引正献官诣爵案前立,献爵拱举,复位。分赞引分献官各就案前立,献爵拱举。乐止。典礼赞:行终献礼,奏乐。赞:引。引正献官诣献爵案前立,献爵拱举,复位。分赞引分献官各就案前立,献爵拱举。乐止。赐福胙。赞:引。引正献官诣饮福受胙位立,饮福酒拱举,受胙拱举,复位。赞:一鞠躬。传赞赞:众官皆鞠躬。鞠躬。赞:撤馔,奏乐。司爵撤笾豆各一,少移故处退。乐止。典礼赞:送神,奏乐。赞引赞:三鞠躬。传赞赞:众官皆鞠躬。鞠躬,再鞠躬,三鞠躬。乐止。典礼赞:奉祝帛送燎。司祝捧祝,司帛捧帛,司馔捧馔,送往燎炉。赞:引。引正献官转立西旁,俟祝帛过毕,复位。典礼赞:关户,礼成。赞:引。引正献官出大成右门,分献、陪祀各官随出,至致斋所,更衣,退。

孔诞纪念。孔子诞日,原为夏时八月二十七日。清季设学,亦定以是日举行庆祝,休假一天,中华民国建元以来因之。二十三年,奉国民政府令,以国历八月二十七日为孔诞纪念日,并议定纪念办法如次:

《先师孔子诞辰纪念办法》

（二十三年七月五日第四届中央执行委员会第一二八次常务会议通过）

1. 纪念日期：八月二十七日。
2. 纪念名称：先师孔子诞辰纪念。
3. 孔子事略：先师孔子名丘，字仲尼。幼年即志于学，壮游四方，阐扬尧、舜、禹、汤、文、武、周公救世致治、忠恕一贯之道，晚年复删《诗》《书》，定《礼》《乐》，赞《周易》，修《春秋》。垂法后世，为儒家之祖，历代尊为师表。国父孙中山先生亦每推崇不置。

先师生于民国纪元前二四六二年（周灵王二十一年），卒于同纪元前二三九〇年（周敬王四十一年），年七十有三。

4. 纪念仪式：是日休假一天，全国各界一律悬旗志庆。各党政军警机关、各学校、各团体分别集会纪念，并由各地高级行政机关召开各界纪念大会。
5. 宣传要点：（一）讲述孔子生平事略。（二）讲述孔子学说。（三）讲述国父孙中山先生革命思想与孔子之关系。

附先师孔子诞辰纪念秩序单：

1. 全体肃立。
2. 奏乐。
3. 唱国歌。
4. 向党国旗、国父遗像及孔子遗像行三鞠躬礼。
5. 主席恭读国父遗嘱。
6. 主席报告纪念孔子之意义。
7. 演讲。
8. 唱孔子纪念歌。
9. 奏乐。
10. 礼成。

按：《公羊传》：鲁襄公二十一年冬十有一月，孔子生。《穀梁传》：二十一年冬十月庚子，孔子生。《左氏传》无纪，而鲁哀公十六年，孔子卒。下杜预注云："鲁襄公二十二年生，至今七十三也。"考襄公二十一年冬十月庚辰朔，经有明文，则庚子为二十一日，迄六旬而再得庚子，则当在十二月而不得在十一月。罗沁《路史·余论》：公羊子言十一月是月固无庚子。《孔子家谱·祖庭记》俱云二十二年十月庚子乃二十七日，周正十月，令〈今〉之八月，故定著八月二十七日为先圣孔子生日云。更以杜预《春秋长历》合之，是年酉月为甲戌朔，自甲戌推至庚子为二十七日。夏酉月，周十月也。是夏历八月二十七日为孔子诞日，前史久有定论，今以阳历八月二十七日当之，名同而实亡矣。

祀关岳。关岳合祀，始于中华民国四年，其礼节由政事堂议事馆编订。原以春、秋分后第一戊日致祭，其后祀典中辍。二十二年，国民政府西南政务委员会常务委员陈济棠提议请规复之，于是议决交广东省政府办理，定以春秋仲上戊日举行。二十四年，又改定以每岁春分日祀孔，其翌日祀关岳，就关岳主献官为当地高级武官。

关岳庙从祀二十四位

东位：郭子仪、苏定方、李靖、韩擒虎、曹彬、王濬、张飞、戚继光、韩世忠、郭侃、冯胜、徐达。

西位：赵云、谢玄、贺若弼、王彦章、尉迟敬德、周遇吉、常遇春、李光弼、蓝玉、狄青、刘锜。

祀关岳礼节

祭日昧爽，正献官、分献官与祭官皆具礼服集致斋所。正献官盥手，阅祝版，署名讫。司祝进奉于祝案。起鼓，鼓初严，鼓再严，鼓三严。赞：引。引正献官入武成门左门，分赞引分献官，传赞引与祭官随入。典礼赞：乐舞生就位，执事员各司其事。赞：献官就位。正献官、分献官、与祭官各就位，北向立。赞：迎神。司乐赞：举迎神乐。乐作。赞引赞：三鞠躬。传赞赞：众官皆鞠躬。正献官、分献官、与祭官皆行鞠躬礼。鞠躬，再鞠躬，三鞠躬。乐止。典礼赞：奠帛爵，行初献礼。司乐赞：举初献乐。司帛爵捧帛爵，各进神位前立。乐作。赞引赞：诣奠帛位。引正献官入殿门，诣关壮穆侯帛爵案前立。赞：奠帛。正献官受帛拱举，仍授司帛奠于案正中，退。赞：诣奠爵位。引正献官诣关壮穆侯爵案前立，赞：献爵。正献官受拱举，仍授司爵奠于爵案正中，退。赞：诣奠帛位。引正献官诣岳忠武王帛案前奠帛。赞：诣献爵位。引正献官诣岳王爵前献爵。均如前仪。赞：复位。引正献官均由殿右门出，复位，立。分赞引东西序分献官入殿左右门，各就案前立。受帛爵拱举，仍授司帛爵献于案上，退。司祝就祝案前捧祝版，至案西先立。乐暂止。赞引赞：诣读祝位。引正献官进殿左门读祝位正立。典礼赞：读祝。司祝读祝毕，正献官受祝版拱举，仍授司祝。司祝捧祝版，至关侯位前安于筐内，退。乐复作。赞引赞：复位。引正献官出殿左门复位，立。乐止。典礼赞：行献礼。司乐赞：举亚献乐。乐作。司爵捧爵，分诣神位前拱举，各奠于左，退。乐止。典礼赞：行终献礼。司乐赞：举终献礼。乐作。司爵捧爵，仍分诣神位前拱举，各奠于右，退。乐止。典仪进，至殿东西向，立。赞：受胙。退。赞引赞：诣受胙位。引正献官进殿左门，诣受胙位正立。司胙执胙至神位前拱举，退，立于正献官之左，接胙进，立于右。赞引赞：受胙。正献官受胙，拱举授于右。赞：复位。引正献官出殿左门复位，立。赞：一鞠躬。传赞赞：众官皆鞠躬。正献官、与祭官皆行一鞠躬礼，如前仪。典礼赞：撤馔。司乐赞：举撤馔乐。神位前撤笾豆各一，少移故处，退。乐止。典礼赞：送神。司乐赞：举送神乐。乐作。赞引赞：三鞠躬。传赞赞：众官皆鞠躬。正献官、分献官、与祭官皆行三鞠躬礼，如前仪。乐止。典礼赞：捧祝帛送瘗。司祝帛爵各进神位前，捧祝帛酒馔依次送往瘗所时，赞：引。引正献官转立西旁，俟祝帛过毕，仍引复位，立。乐作。司瘗燎帛。典礼赞：礼成。赞：引。引正献官出武成门左门，分献官、与祭官随出至致斋所。乐止。正献官、分献官、与祭官更衣，各退。

【民国三十七年《高要县志》卷十三"礼俗"】

祀典经费

按：旧志不立典礼门，仅列每岁祀典经费，附学制之末，今移附此。

社稷坛。春秋仲月上戊日致祭，承祭官，分巡肇罗道。岁支祭品银十八两有五分四厘。

神祇坛。春秋仲月致祭。孟夏当云〈常雩〉。承祭官，分巡肇罗道，经费如社稷坛。

先农坛。仲春亥日致祭，遂耕耤。承祭，肇庆府知府。支祭品银五两九钱。

厉坛。清明日、七月望日、十月朔日致祭。承祭官，分巡肇罗道。岁支祭品银十两三钱七分五厘。

文庙。春、秋仲月上丁日致祭。承祭官，高要县知县。岁支祭品银五十两有九钱八分。崇圣祠、名宦祠、乡贤祠、忠义孝弟祠、节孝祠，均同日致祭。

府学文庙。承祭官，分巡肇罗道。岁支祭品银九十九两三钱九分。

关帝庙。春秋仲月上戊日、五月十三日致祭。承祭官，分巡肇罗道。岁支祭品银四十两。同日致祭后毁〈殿〉。

按：上列各祀典，今除文庙及关岳庙岁春秋仲月致祭外，余均废。前铎阳书院则已变为民居矣。

【民国二十七年《高要县志》卷九"经政篇二·典礼"】

（二）官礼

礼仪志

孔子曰：道之以德，齐之以礼，有耻且格。故礼者，人道之极。圣王治世，舍礼何以哉。祀先圣先师，示民知道也。祀社稷，示民知食也。祀山川，示民知安也。能捍大灾则祀之，能御大患则祀之，示民知报也。厉则祀之，蜡则祀之，示民知和睦也。祀先老子瞽宗，示民知尊敬也。宁虽蕞尔，礼教大同。祀修故典，上入探其本原，设诚致行而又广之，化导俾礼让，旁皇周洽，神和人钦，即会极之盛，曷以加焉。编礼仪志。

国礼

圣节、元旦、冬至。先期，知县率僚属师生，至长春寺习仪。届期五鼓，诣本县大堂，行祝寿礼。

诏旨颁到，斋捧生员传知知县，即率僚属及师生，至东郊长春寺迎接，骑马前导，至本县堂上开读。

启圣祠。春、秋上丁四鼓，教官代祭。

先师庙。春、秋上丁五鼓，知县主献两哲，教官分献两庑，典史分献。

社稷、山川。春秋上戊日致祭。

朝觐、上任、救护、迎春、乡饮、宾兴、科贡各礼如制。

邑礼

开印、封印礼。除夕前一二日，知县具香烛奉印堂上，集僚属同验，行封印礼，僚属参贺。毕，回署封关防。元旦后一二日，择吉开印，僚属先开关防，上堂参贺。

祈祷礼。祈晴、祈雨之类，各官斋宿，具常服，诣城隍庙拜祷。

祭江礼。本县官僚或应朝或升任，择吉日，具牲礼、香烛于罗旁水口，具吉服行祭礼。

厉坛。春三月、清明、秋七月十五日、冬十月初一日，先诣城隍庙发牒。届期，诣坛致祭。

乡礼

乡约。每月朔望，乡老率众集乡约所习礼，讲六箴、典制、律令，设簿纪录善恶，以彰劝戒。

【康熙六年《西宁县志》卷四"礼仪志"】

礼之所系大矣，可持身亦可维世。古圣王整齐庶政，管摄群生，率由此也。我高帝起而澡涤□秽，奉以润色皇猷，至化椎结之国皆习绵蕞之仪，用于呼嵩释菜，尊君师也，用于春蕲秋报，答生成也。先春迎其气，顺节候也。薄蚀护其辉，调阴阳也。欲民惇德让，故示之饮射，欲官饬簠簋，故誓于斋坛，是皆秩乎天道而节乎人情。人秉之免贻讥于相鼠，国崇之登文治于郅隆。著在令甲，安得愆忘，使眂为既弁之髦，将何返欲颓之俗。作秩礼志。

庆贺礼。凡遇圣诞、元日、长至、千秋节、国家祥瑞，先期知县帅僚属□师生诣光孝寺习仪礼。毕，将旗鼓、仪仗引送龙亭，置县治中堂。张龙幄，竖仪仗。各衙门设斋戒牌。次日黎明，各官朝服，以序入，行庆贺。班序丹墀下东偏，班定，行四拜。班首官进诣香案前致词。祝赞：曰□东□处承宣布政使司肇庆府德庆州封川县知县臣某等荷国厚恩，叨享禄位，皆赖天生我君，保民致治。今兹元旦、长至、圣寿益增，臣等下情无任忭跃，感戴之至。毕，复位。又行四拜，然后搢笏舞蹈山呼，四拜而退。惟千秋节致词祝赞后，不舞蹈山呼，径行四拜而退。

仪仗五十有一。

龙亭一、扇四、龙幄一、椅一、盥一、伞二、香亭一、戟二、戟氅、戈氅、班剑、仪刀、梧杖、立爪、卧爪、骨朵、蹬杖、斧、响节、令旗、清道并如戟之数，钲一、鼓十一〈一十〉有二，天丁六十有一，冠袍之数如之。

开读礼。凡遇诏赦，使者预期一日报，开设仪仗于本治，遵原降仪式迎接行礼。

救护礼。凡日月薄蚀，前期设香案于本县露台，金鼓列仪门两旁。乐人列台下，各官拜位列露台，上下俱向日。至期，阴阳官报：初亏。各官俱朝服，赞唱：鞠躬，四拜，皆跪。执事捧鼓诣班首，击鼓三，众鼓齐鸣。及报：复圆。赞唱：鞠躬，四拜礼。毕。月蚀如前仪，俱便服。青素带。

鞭春礼。岁立春先一日，本县帅僚属，各盛服，迎于东郊。众官前导，随送土牛、芒神置于县大门内中。次日及时，各官具朝服，行四拜礼。班首诣神前跪，众官皆跪，赞：奠酒。祝曰：某衙门某官等敢昭告于勾芒氏之神，惟神职司春令，德应苍龙。生意诞敷，品汇萌达。某等忝牧是邑，具礼迎新。戴仰神功，宥我黎庶。尚飨。毕，俯伏，复位，行四拜礼。毕，各官执彩仗排位，立于土牛两旁。赞唱：长官击鼓三声。又唱：鞭春。各官环击土牛者三，仍复位，赞：礼毕。

上任礼。新官先一日致斋于城隍庙。凌辰祭告城隍庙。祝曰：维某年月日某衙门某官奉命来官，务专人事，主典神祭。今者谒神，特与神誓。神率幽冥，阴阳表里，予有政事未备，希神默相，使我政兴务举，以安黎庶。予倘怠政奸贪，陷害僚属，凌虐下民，神其降殃。谨以牲醴致祭，神其鉴之。尚飨。毕，诣本治祭门。毕，具公服，于露台上设香案，东向谢恩。礼毕，易服登堂，坐公座排衙署公，移毕受参。先门子、库子，次弓兵、祗禁，次厢乡里长，次阴阳、医官，次合属吏典，次六房典吏，俱行两拜礼，坐受。次厢乡老人，次大诰官，次首领官，俱行两拜礼，起立拱举答。次佐贰官，亦行两拜礼，出位拜答。生员揖。毕，谕僚属。曰：朝廷设官置吏，欲其敬神恤民，亲贤远奸，兴利除害。某不敏，忝兹重任，尚赖一二僚属及邑中长者匡其不逮，庶免后艰。其四境之内，利有当兴，弊有当革者，某等当共勉力为之，以安黎庶。毕，乃飨官属。

朝觐礼。遇肆觐期，预借土地人民之数，与官吏能否、地方利病为册，以典史及吏一人齐赴京。

行香礼。凡正旦、冬至，各官盛服，平时朔望用常服，诣文庙行香，随登明伦堂，会诸生讲解，及谒城隍庙、关帝庙、土地祠。各礼毕，回县升堂公座排衙，僚属师生人等拜揖。

进学礼。凡童子经学道试取，案到，择日吉服登堂。新生衣冠入见，官令礼房吏簪花披红，劝杯，用鼓乐彩旗，导至学宫谒圣，赴明伦堂拜师。补廪如之。

科举礼。凡预乡试，诸生于孟秋择吉设席县堂。各生入见，领文官吉服，各花红列宴。毕，鼓乐彩旗导出。其送会试之礼如之，先期具启。

迎新举人礼。本学生秋闱中式旋里，官设宴于大堂，用花红鼓乐，彩旗彩帐，迎于城南，入谒文庙，至县。宴毕，复用旗鼓导送其家。其选贡生礼如之。

捷报礼。凡乡试、会试、殿试登第，报至官，具捷报牌匾，内书本生中登名次，及各官名姓，又具旗杆。吉日鼓乐送匾，并竖旗于门首，学前亦竖魁旗。

乡饮酒礼。乡饮酒之义有四，一则三年宾兴贤能，二则乡大夫饮国中贤者，三则州长习射，四则党正蜡祭，是皆礼之至也，此则乡大夫饮国中贤者之礼也。然宾主象天地，介僎象阴阳，三宾象三光，四隅之坐象四时也。让之三者，象月之三日成魄也。取天地仁义，严凝温厚之气，相辅之义存焉。

宋广帅方大琮始参酌古礼行之。李昂英记：田复井，民必梦，战必车，卒必奔，古之泥今之弊固也。若夫乡饮酒者，又岁时讲之，尚贤而人趋善，先齿而人兴逊，风俗以懿，世道以升，此礼更千万世如一日。人情往往乐简仍陋，非有害而惮非小补。忽之曰：理军市焉用彼。苛之曰：起伏仗□碎将难行之。力同古风于二千余年之后，岂易事耶？方公大琮之镇南服也，一年政优，二年化周，将古饮其州，命宾佐日在泮与领袖共讨之。林君公琰出一编曰：此某人近岁行于泉者，足证也。余君震、洪君天赐取其本，参以《仪礼》，颇不合，共质之公。公曰：吾从周。于是议始定。宏纲细节，必考必据。间一二，从时宜而可以义起。人习之咸说，未旬而熟。谋宾、介，得顾君梅、陈君应辰，馔则常平使者王公铎。愚何人斯，而俾赘馔，以德凉齿劣，辞不获。乃二月二十有二日质明，凡有位者，颙其幅巾，絷其深衣，大带垂垂，方屦几几，以次即其席如植，群喙一默。惟献者、酢者、酳者、执其事者交际应接，翼如襜如，莫不春颙中度罍洗也，尊勺也，爵觯也，笾豆、登俎也，样上世而新就。歌瑟在堂，廉笙钟磬在下，间合铿锵，夫人目盛容耳。正音油然，心之良欢。然情之真，自以为身仓姬之元，而无昌黎不及揖逊其间之恨。盛矣哉。主人拜凡七十有奇，爵于上筐焉，取于东楹焉，洗于尊前焉，授与其他，升降进退无算，手献肃庄，以至送于庠门，曾不少懈。礼仪三百，威仪三千，所以行之者一积诚定力也。礼成，诸友合词以请曰：吾乡乡饮百年几见，乾道间龚庄敏尝行之。惜纪载既遗，虽宿辈不可得而闻。公一循去圣之仪制，非揭其大略，来者将安稽子与行礼焉已，此笔当写属之子，因告之曰：夫礼，天理之节文，学者所以行之也。平居视听，言动一之，或非是，先失其恭敬之本，而物欲得以乘之矣。一旦动容周旋于广众中，必周章失措，微之不可掩，于此可以观其人焉。原其初心，以众人自恕，谓若昔圣人非可学而至，故自弃至此，亦可哀已。今师帅搜讲旷典，服古，器古，乐古，岂徒崇美名侈美观？要使乡人士君子秉古心，行古道，不睹不闻之地，俨若对大宾时已。克而礼复，自然和于其家，雍于其里，恭于其国也。思无一毫愧于古，将见暴慢消斗争息，陶一方之民皆古。观乡饮之教易易，盖不诬唐人饮礼，稍效古耳。赞皇公在常登歌降饮，人犹知劝。裴文献在宣歌白华等章，且有泣者。二子亦直声，而公所学过之。是举也，礼乐犹备，人心感发，又当何如？众曰：唯至于度数。文为之详，则有编次，在此不书。淳祐四年季春记。

皇明洪武五年，令中书详定条式。十六年，礼部定到乡饮图式、仪注，令府、县、里、社一体行。

岁正月望、十月朔，府县长官于儒学行礼。前期，长官为主，具书速宾，凡致仕官及民有齿德儒行者咸与。至日，于学之明伦堂行相见礼，三揖而后至阶，三让而后升堂。主位东南，宾位西北，僎位东北，介位西南。九十者六豆，八十者五豆，七十者四豆，六十者坐，五十者立。佐属、学官序爵坐，皆西向。耆老、儒士序齿，皆东向。教官一人为司正扬觯致辞。《仪注》：至期，宾、僎、介、主庠门外会集，并赞礼四人立东西阶侧。通赞唱：排班，揖。主肃宾，至大门内，唱：揖。至二门内，唱：揖。至明伦堂下，主、宾举礼三□，升阶至台中。执事击鼓，□堂铺席，行两拜礼，主、宾以下各就位坐。通赞唱：扬觯。引赞至司正前，并唱：诣扬觯所。通赞唱：宾主以下皆起。执事者以酒授司正，唱：扬觯。词曰：恭惟朝廷率由旧章，敦崇礼教，举行乡饮。凡我长幼各相劝勉。为臣尽忠，为子尽孝。长幼有序，兄友弟恭。内睦宗族，外和乡党。毋或废坠，以忝所生。毕，引赞、通赞唱：揖。引赞唱：饮酒。毕，引赞、通赞唱：揖。引赞唱：复位。通赞唱：主宾以下皆坐。毕，通赞唱：读律诰。引赞至本生前诣读律诰所。通赞唱：主、宾以下皆起。遂展律诰。引赞、通赞同唱：揖。引赞唱：读律诰。生员一人讲读《御制大诰文·乡饮酒礼第五十八》：乡饮酒礼，朕本不才，不过申明古先哲王教令而已。所以乡饮酒礼叙长幼，论贤良，别奸顽，异罪人。其坐席间高年有德者居于上，高年淳笃者并之，以次序齿而列。其有曾违条犯法之人列于外坐，与同类者成席，不许干预善良之席。主者若不分别，致使贵贱混淆。察知或坐中人发觉，主者罪以违制。奸顽不由其主，紊乱正席，全家移出，化外的不虚示。呜呼，斯礼乃古先哲王之制，妥良民于宇内。亘古至今，从者乡里安，邻里和，长幼序，无穷之乐又何言哉？吾今特申明之，从者昌否者亡。又讲读《大明律文》，凡国家律令，参酌事情轻重，定立罪名，颁行天下，永为遵守。百司官吏务要熟读，讲明律意，剖决事务。每遇年终，在内从都察院，在外从分巡御史、提刑按察司官，按治去处考较。若有不能解读、不晓律意者，初犯罚俸钱一月，再犯笞四十，附过，三犯于本衙门递降叙用。其百工技艺诸色人等，有能熟读讲解、通晓律意者，若犯过失及因人连累致罪，不分轻重，并免一次。其事干谋反逆叛者，不用此律。若官吏人等挟诈欺公，妄生异论，擅为更改，变乱成法者，斩。宾、主立听毕。再揖，然后坐，乃行酒或五行，或七行，不过十行。宾、主拜揖，乃退。《仪注》：读诰律毕，引赞、通赞同唱：揖。引赞唱：复位。通赞唱：主、宾以下皆坐。通赞唱：斟酒。执事者斟酒。毕，唱：饮酒三行。通赞唱：供汤。执事者递汤。毕，唱：请汤。通赞唱：供馔。执事者供馔。毕，唱：请馔。众生歌《鹿鸣》诗，以钟鼓为节，执事者按行斟酒，或五行，或七行，供汤供馔，礼俱如前。又间歌《鱼丽》及《南有嘉鱼》《南山有台》诗，俱以钟鼓为节。毕，通赞唱：撤案。毕，执事者铺席。唱：主、宾以下皆起。唱：宾酬主，主酬宾。宾、士相酬，皆行两拜礼。唱：主送宾。送庠门外。主、宾东西相向，揖而退。

习射礼。洪武三年，诏天下儒学辟射圃习射。钦奉圣旨，各司府州县儒学训诲生徒，每日讲读文书罢，于学后设一射圃，教学习射，朔望要试，过其有司。官闲暇时，与学官一体习射。

射式
凡官府及学教遇朔望，于公廨空闲去处习射。
凡树射鹄，正南北向。
凡置射位于三十步，自后累加至九十步，画位谓之物。
凡射，各以乡官为主射。
凡赏酒中的用三爵，中采用二爵。
凡司射，必自下而上。

射器
狐鹄一，其采二，六品至九品射之。其制中以皮为鹄，画红绿二采，周围饰以狐狸皮为身为舌。

布鹄二，有的无采。文武子弟及士民俊秀射之。其制以皮为鹄，周围饰以布。又以布为身为舌。

兕中一，三品至五品用。其制以木为之，长一尺二寸，头高七寸，前足跪，凿其背，上穿之，可容算。用颜色漆之，下用木座朱漆。

鹿中一，六品至九品官、学官及官员子弟、士民、俊秀皆用之。形与兕异，而制则同。

算以十耦为率，用八十筹，盛以桶二。

容一，名乏。以木为匡，以皮冒之，方广七寸，足以蔽身。

□，以帛为之，每容后各六，赤一、采一、青一、白一、黄一、黑一。

弓矢，按一弓矢若干。

爵，按一爵二。

射职

司正、副司正每鹄用一人，掌验射者、品级、尊卑以定耦，执算于鹄之左右，置某中于其前。每耦进则执八算于手，伺中则于中，其余横委于中西畔。俟一耦退，则取所中算收之。别取八算执之，如前法。每算上先书射者姓名于下，或书的或书采，投之于中。

司射、副司射二人，所掌先以强弓射鹄，诱射以鼓众气，选能射者充。

司射器二人，掌验弓力强弱，分为三等，验人力强弱授之。

司爵二人，所掌凡遇射毕，计中者以爵授酒，请射四人，掌请射者授弓矢，入射位。

获者每鹄用二人，掌收矢，还纳于主射者。

执旗六人，掌于容后，执各色旗。如射者中的，举红旗应之，中采举采旗应之，射偏于西举白旗，偏于东举青旗，偏于鹄举黄旗，不及鹄者举黑旗。

射位

主射官位于中。

诸主〈生〉位于东西。

东西偏及容后射器。

射职位皆同前。

学官射于中狐鹄。

诸生射于中布鹄。

射仪注

前期，戒射定耦，选执事充司正、司射、副司射、射器、请射、司爵、收矢、执旗、树鹄、陈矢，如图仪。是日，执事者入就位，请射者引主射正官及各官子弟、士民俊秀者各就品位。司射器者以弓矢置于正官及司射前，诣〈请〉射者诣正官前圆揖。毕，引诣司射器前，授弓矢。毕，引复本位。司正执算入，立于中。后请射者诣司射前，曰：请诱射。引司射二人耦进,各以三矢揩于腰带之右,以一矢挟于二指之间。推年长相让,年长者为上射,年幼者为下射。上射先进诣射位,向鹄正立发矢。司正书中投算,置于中,或副司正书中。执旗者举旗如式。上射射毕,退立于旁,让下射诣位发矢,取算书中,举旗如前式。请射者俱引复位。收矢者收矢,复于主射者,司至取所中算。请射者,次请士民、俊秀,次请官员子弟射,次请品卑至品高射。其就射位、发矢、取算、书中、举旗、收矢、复位,皆如前式。俱毕,司正、副司正各持算,白中于主射官,司爵者酌酒授中者如式。饮讫,请射者,请属官以下射。俱毕,仍奉弓矢纳于司射器,还诣主射正官前,圆揖,乃退。

方尚祖曰:礼让相先之地,实化民成俗之区也,容饰其鞶帨哉。奉以为道,鹄决拾赴之而心术符焉。历代受命之君,甫去汤火即尊礼宣圣,宁假兹以收英雄归心,鼓学者奋志哉。要以明伦之地太平之基,欲为师者知所以教,弟子知所以学也。语曰:蒇菀既勤,必有丰殷。士克勉于自树患不为嘉谷乎?

【(天启)《封川县志》卷十五"秩礼志一"】

乡礼。凡乡礼纲领,在士大夫表率宗族乡人,损益文公四礼,力行以赞有司教化。其本原有三,曰立教,曰明伦,曰敬身。

立教以家达乡。其目三:

一曰小学之教。

凡小儿八岁以上,出就外傅,或从社学,或开家塾,教以正容礼,齐颜色,顺辞令,务在事事循规蹈矩,必先孝弟,内事父母,外事师长。侍立终日,不命坐不敢坐。平居虽甚热,在父母长者之侧,不得去巾袜缚绔,衣服唯谨。行步出入,不得入茶酒肆。里巷之语,郑卫之音,毋经于耳。不正之书,非礼之色,毋经于目。其或有纳于邪者,罚其父兄。

二曰大学之教。

凡子弟十有五岁以上者,入庠序肄业,教以顾言行,收放心,以学颜子之所学。言温而气和,怒时观理之是非,可顿忘其怒,渐至于不迁过,而能悔过,又不惮改,渐至于不贰。虽质鲁,文字未通者日以是教之,渐脱凡近以游高明。近世浅薄以谑浪笑傲无圭角而相欢狎者为好,人以呼卢纵饮自□礼法者为洒脱,以眼空宇宙弹□古今者为大才,以妄谈名礼诮骂程朱者为道学,兹四等始以要名,终不足齿,即侥幸得志,其品格亦卑,宜切戒其子弟。若家人挟势凌虐邻里,取利肥家者,众共罚之。事发到官,毋得营救。

三曰乡里之教。

凡士大夫居乡,宜依古礼。尊者为父师,长者为少师。会闾里相约而告谕之曰:凡我乡人，父慈子孝，兄友弟恭，夫和妇顺。毋以妾为妻，毋以下犯上，毋以强凌弱，毋以富欺贫，毋以小忿害大义，毋以新怨伤旧恩。善相劝，恶相规，患难相恤，婚丧相助，出入相友，疾病相扶持。小心以奉官法，勤谨以办粮役。毋学赌博，毋好争讼，毋匿奸恶，毋幸天灾，毋扬人短，毋责人不备，毋奢靡以败俗，毋论财而失婚期，毋居丧而设酒肉，毋溺风水而久停丧，毋信妖巫作佛事而火葬。宜各兴社学，教子弟以孝弟、忠信、礼义、廉耻之行，使不得习于非，流于恶。所有乡约四礼条件，各宜遵守。其有阻扰不行者，许教读呈官问究。

明伦以亲及疏。其目五：

一曰崇孝敬。

凡居家务尽孝养，薄于自奉厚于事亲，推事亲之心厚于追远。家必有庙，庙必有主。月朔必荐新，时祭用仲月，冬至祭始祖，立春祭先祖，春秋祭祢。祭日迁主，祭于正寝。事死之礼，必厚于事生者。庙堂之制，同堂异室，中为高，曾左祖右。祀同堂不异室者，依《家礼》，以右为上。其有阴育异姓、嗣续不明者，众共罚之。

二曰存忠爱。

凡士大夫居乡，虽致仕，必明吉月朝服而朝之义。正旦、冬至等节，相率盛服，向北行庆贺礼如仪。其有议朝廷利害得失，及居是邦非其大夫者，必罚。

三曰广亲睦。

凡创家者，必立宗法。大宗一，统小宗四。别子为祖，以嫡承嫡，百代不绝，是曰大宗。大宗之庶子，皆为小宗。小宗有四，五世则迁。己身庶也，宗祀宗。己身父〈庶〉也，宗祖宗。己祖庶也，宗曾祖宗。己高祖宗庶也，则迁，而惟宗大宗。大宗绝，则族人以支子后之。凡祭，主于宗子，其余庶子虽贵且富不敢祭，惟以上牲祭于宗子之家。宗子死，族中虽无服者，亦齐衰三月。祭毕，合族而食。期而齐衰者，一年四会食。大功以下，世降一等。异居者必同财，有余则归之宗，不足则资之。宗族大事繁，立司货、司书各一人。宗子愚幼，则立家相与摄之。各修族谱，以敦亲睦，或有骨肉争者，众共罚之。言肯同居共爨，众褒劝。

四曰正内则。

凡礼，必谨夫妇。男女必有别，妻妾必有序，宫室必辨内外。男子毋得昼寝于内，妇女毋得逾阃，奴婢必动遵礼度。其有节妇贞女，众共褒扬。闻于有司，以为世劝。

五曰笃交谊。

凡德业相劝，过失相规，礼俗相交，患难相恤。详见乡约。

敬身以中制外。其目四：

一曰笃敬以操行。

凡讲学读书，必以治心养民为本。寡嗜欲，薄滋味，正其衣冠，慑其威仪，以为民望。听琴赋诗之外，声伎演戏、博弈奇玩之类，及世利纷华，一切屏绝。其有非僻仿惰者，众共罚之。

二曰忠信以慎言。

凡出言必主忠信，毋得夸诞。

凡与约不践言者，众共罚之。

三曰丧。

凡居丧，要以哀戚襄事为主，不许匿丧成婚。吊宾至，不许设酒食。惟自远至者，为具素食，不用酒。孝子不许易凶为吉，赴人酒席。乡族俗有旬七会饮，及葬，有山头等酒会，皆深为害义，犯者有罚。

凡丧事，不得用乐，及出殡用鼓吹、杂剧、纸幡、纸鬼等物，违者罪之。

凡居丧，惟食粥茹素，不得饮酒食肉。居宿于内，禫而后饮醴酒，食干肉。有能尽礼者，众共核实，以凭旌奖。

凡停丧，逾年不葬，及溺于风水，兄弟相推致停者，众共劝谕，违者罚之。

凡致奠，上户用猪羊各一，费不过三两；中户用猪一，费不过二两；下户用五牲，费不过七八钱或一两。不能举者，即方肉、拳鸡亦可，要尽哀而已。僭用牛者，有罚。

凡三等人户之下，殡用薄棺，不许焚尸。贫不能葬者，约正、副倡阊里科钱义助，毋令暴露。

四曰祭。

凡祭，所以报本追远，不可不重。近世多不行四时之祭，惟于忌日设祭。前期不斋，临祭无仪，祭毕速客欢饮，皆为失礼。宜依《家礼》举行，上户立祠，中户以下就正寝设韬椟奉祀，岁时朔望如礼。凡祖祀〈祢〉，建〈逮〉事者，忌日有终身之丧，是日素服茹素，不饮酒，居宿于外。曾祖以上，不建〈逮〉事者服浅淡服，礼视祖祀〈祢〉建〈逮〉事者为杀。

凡时祭，属吉礼。有祭田者，祭毕归胙于族郿□、长老。凡上户，准吉〈古〉礼，庶士得祭五祀：门、户、井、灶、中尝（溜）。有疾病，惟祷于祠及五祀，或里社。中户、下户惟祷于祠及社。不许听信巫觋，设醮禳星，违者罚之。

既行四礼，酌五事，以综各乡之政化教养，及祀与戎，而遥制之：一曰乡约，以司乡之政事；二曰乡教，以司乡之教事；三曰社仓，以司乡之养事；四曰乡社，以司乡之祀事；五曰保甲，以司乡之戎事。乡约之众，即编为保甲。乡学之后立为社仓，其左为乡社，各择有学行者为乡教师，备礼聘之。月朔，教读申明乡约于乡校，违约者罚于社，入谷于仓。约正副则推聪明诚信、为众所服者为之，有司不与。

乡约，以司乡之政事。其目四：

一曰德业相劝。

德谓孝于父母，友于兄弟，肃于闺门，和于亲党。言必忠信，行必笃敬，见善必行，闻过必改之类。

业谓读书治田，营家济物，兴利除害，居官举职之类。凡明伦、敬身者皆是。

二曰过失相规。

犯义之过如酗、博、斗、讼，逾礼违法，行不恭逊，言不忠信，营私欺骗，造言诬毁之类。

不修之过如交非其人，游戏怠惰，动作无仪，临事不恪，用度不节之类。

□约之过如德业不相劝，过失不相规，礼俗不相交，患难不相恤之类。凡与明伦、敬身相反者，皆是。

三曰礼俗相交。

如尊幼辈行、造请、拜揖、请召、送迎、庆吊、赠遗之类。

四曰患难相恤。

如水火、盗贼、疾病、死丧、弱、枉、贫之类。

一右依《蓝田吕氏乡约》。

凡预约者，每月朔皆会于里社。轮一人为直月，出具茶饼香烛。至期夙兴，约正副及直月者皆□至社，俟同约者皆至，设香案。鸣鼓三通，约众序庭中，北而四拜，俯伏。教读摇木铎，高声宣扬。

鸣毕，五拜三叩头，收香案，乃誓于社神，约众皆再拜。约正升堂上香，降皆再拜，乃扬言曰：约正某等敢率同约者，誓于本社明神。凡我同约之人，祗奉圣谕，孝顺父母，尊敬长上，和睦乡里，教谕子孙，各安生理，毋作非为。若有二三其心，阳善阴恶者，明神诛殛。众答曰：我等若有二三其心，阳善阴恶者，明神诛殛。再拜。毕，分班相揖，就班向北一揖辞神。毕，□坐。约中有善者，众推之。有过者，直月纠之。约正询其实状于众，众无异辞，直月书之，遂读记善籍：某能为某善，某能改某过，使人人若此，风俗焉有不厚？凡我同约，当取以为法。善者起，直月者亦起，揖善者。善者对曰：某实无所有，乃劳过奖，敢不加勉。约正率同约者北面序立，再拜善者。善者退居末位，答拜，复位。纪过籍，则约正默观，待三犯不改，□鸣鼓攻之。毋得辄扬其过，乃书册押号。毕，□□茶。毕，揖让而退。如有冗夺，不得赴会者。先期□□□与约正。二次不许，告三次，不赴者，□□□终约正副、教读以善恶簿呈有司。

乡教，以司乡之教事。

施教以六行、六事、六艺而日敬敷之。

六行曰孝，曰弟，曰谨，曰信，曰爱众，曰亲仁。

六事曰洒，曰扫，曰应，曰对，曰进，曰退。

六艺曰礼，曰乐，曰射，曰御，曰书，曰数。

□明□大义。

平旦施朝学之教，背书，授书，正句读。

凡馆堂设云板一，而生徒轮一人直日。平明，□□□□俟齐，击云板一声，教读出就位，诸生序立，作揖。分班圜揖，就位，静声正立。气定，乃击云板一声，以次就位听教。教读揳签，方许执卷至侧，背书。背毕授书，须正句读，解说明白，复位。未背书者，宜默诵，不许高声喧嚷以乱背者，违则责之。毕，齐开诵。至食时，击云板一声，出揖，各返舍。

巳候施午学之教，楷书，熟诵本日所讲经书，背毕听讲。讲毕，歌诗一章。

　　早膳后入学，如平旦仪。就位立听，云板命坐。乃楷书写仿，教以六书，法如象形谐声之类。写毕，睹其端正者，朱点而赏之。其倾攲歪斜，朱改而正之。至次日，又不如法，责而教之。乃就位，令朗读本日所讲经书、注，听云板掣签。背毕，复位，静坐听讲。讲毕，将所书风雅或古体律诗，读句教而讽咏之。毕，习所听之书，若不解，就而问之，教读不得倦厌。日中退，食如朝仪。

　　午后，施晚学之教，考本日所授经书，及先日所讲解者兼句读，并教以礼仪。

　　凡午膳后入学，如朝仪。就位朗诵，听云板掣签，执卷就先生侧，正立，读一遍。毕，复位，齐声再诵。视日欲暮，击云板命习礼。每班十人出位，序立，东西向揖拜，进退如仪。观其容体，恭敬安舒者赏之，鄙倍暴慢者责之，并以《小学》内嘉言善行□直解一段教之。月入放假，仪如初。

　　诸生若有过失，师友随事规正。其有不听者，鸣鼓攻之，毋使终陷于恶。

　　社仓，以司乡之养事。

　　一曰公借者责偿。

　　凡官司出谷本，谓之公借。冬间，约正人等具领将预备仓谷准令借支，分贮各社，听民自便，春散冬敛。仍令每石收耗息一斗，积出本谷还官。

　　二曰义劝者赏善。

　　凡军民良善之家，有愿备谷一石至十石，不拘多寡，送社仓备赈者，就赴司告明，领票赴仓交纳。量行旌赏，多至百石者，赏以花红羊酒。

　　三曰罚人者免罪。

　　凡乡约中有过三犯者，量罚谷一石至五石者，免闻其恶于官。如三犯不悛者，众即弃之，不罚，直呈于官。

　　凡出纳之法，有六：

　　一曰正斗斛。

　　较正斗斛，押字用金漆概抹之，以防作弊。

　　二曰稽敛散。

　　凡春散自二月至四月初止，秋敛自十月至十二月终止，置筹一百根编号其上，凡交收只许两人入中门，其余并在门外，不得混乱越夺。直月插筹，次第出入，各记于簿，以备稽查。

　　三曰审借贷。

　　凡借者有三，士无恒产而有恒心者借，力耕者借，有居室者借。

　　凡不借有三，游手游食者不借，素无信义而人不肯保结者不借，其家甚贫者不借。必于冬收日催取还仓，每一石起利一斗。

　　四曰时粜籴。

凡仓谷先年藏者，谓之陈，当年藏者谓之新。每年各用竹围，囤作一处。挨陈以支，支不尽则粜陈籴新，勿使至于红腐。积谷既多，仿常平之法，谷贱则增价而籴，谷贵时则减价而粜，务在利民。

五曰恤贫穷。

凡息谷既多，当行义仓之法。社内年长不能婚，贫死不能葬，疾病不能医，及水火盗贼等项，俱量为收恤而不责偿。乞丐量与钱本，暑渴施以茶汤，皆于息谷内支。

六曰赈荒歉。

凡遇荒歉，查社内贫民及流民多寡，量行造米。或粜取钱以济其急，每一人给散十人。十五岁以上，每日①支米一升。十四岁以下，每日支米七合，或五合，不愿米，折钱与之，或作粥饵，毋得迟援侵欺。违者，约正人等检举，送官惩治。有遗弃小儿于道路，责付无子之家收养。其有贫而强者纠众抢夺，保甲严行巡察。其或时疫，预储医药如藿香正气散，保甲沿门给散，死者急雇人舁瘗，毋令暴露薰蒸。若流民数多，分派保甲带官，每精壮五人挟带老弱五人，各使佣工，量与饭食，毋生变。

乡社，以司乡之祀事。

以二祭礼神，曰祈，曰报。

岁立春后五戊日为春社，立秋后五戊日为秋社。社坛北向，围四丈，高二尺，坛下通广三丈。春秋里老自备牲醴，以祀五土五谷之神。其礼用羊一、豕一、果、酒、香烛、纸随用。每岁轮一户为会首，遇春秋社预办祭物。前一夕，会首及与祭者先遣执事打扫坛所，为瘗坎。会首洗泼厨灶、锅镬等器，及择净室为馔所。至晚，宰牲执事以碟取毛血，同祭品俱置馔所。次日昧爽，执事者烹牲，设五土位于坛上居东，五稷居西。读祝位于坛上，居中。设会首拜位坛下，居中，设与祭及执事位于后。执事者陈祭物，焚香明烛。会首以下各盥手就位，立定鞠躬，拜，兴，拜，兴，平身。执事者以毛血瘗坎，会首诣五土神位前跪，三献酒，俯伏，兴，平身。次诣五谷神位，亦如之。诣读祝位，跪，与祭以下皆跪。读祝毕，俱俯伏。兴，平身。会首复位，与在位者俱鞠躬，拜，兴，拜，兴，平身。执事者彻祭物，以祝文焚于坎，行会饮礼。会中令一人读誓文，其辞曰：凡我同里之人，各遵守礼法，毋恃力凌弱。违者先共罚之，然后经官。或贫无可赡用给其家，三十不立，不使与入会。其婚姻丧葬有乏，随力相助。如不从众，及奸盗诈伪，一切非为之人，并不许入会。读毕，长幼以次就位，尽饮而退。

祝文：维某年月日肇庆府德庆州封川县某乡某人等，谨致祭于五土五谷之神曰：维神参赞造化，发育万物。凡我庶民，悉赖生植。时维仲春，东作方兴。谨具牲醴，恭伸祈告。伏愿雨旸时若，五谷丰登，官赋足供，民食充裕。神祈鉴之。尚飨。

秋祭改云：时维仲秋，岁事有成，恭伸报祭。余并同。

以六号事神，曰告，曰誓，曰会，曰罚，曰祷，曰禳。

有事则告事，谓立乡约、回乡社，编保甲，建社仓之类。

---

① 原文为"每日"，不可解。《泰泉乡礼》为"每口"。

有疑则誓疑，谓善恶隐情，如财货交易不明之类。

有庆则会庆，谓岁始、元夕、岁终、饮蜡之类。

有罪则罚罪，谓犯约过失，三犯不改之类。

有求则祷求，谓雨久求晴，晴久求雨，疾求愈，讼求息之类。

有患则禳患，谓火灾、大疫之类。火灾宜于岁暮仿蜡礼，迎水神以克之。大疫则做傩礼，蒙衣虎皮金，四目，元衣朱裳，执戈扬盾，黄冠一人执矛长鞭，童子数人执桃枝，随后入室叫噪，鸣鞭逐疫而出。此虽近戏，实周制也，贵尽其诚耳。

保甲，以司乡之戎事。

一曰慎宥罚。

凡十家为一甲，各开报男子，共为一大牌。每五丁抽一精壮者轮当甲总，十甲为一保，皆保长领之。甲内有平日习为奸盗及窝贼党、寄贼赃者，除送官外，其或过恶未稔，尚可教戒者，首报在官，令其自新。凡遇警盗，即于此辈挨查。其有隐情与不悛者，送官罚治。

二曰联守望。

总甲备器械，置锣鼓，遇有警，鸣鼓，各家齐执器械出门应之。百家皆应齐力截捕，盗无所容，有名为守望。而阴行窝隐者，保甲查实禀官惩治。

三曰严约束。

保内有去住不明、面生可疑者，早行挨获。若事大则呈官。

按：保甲，本明道程子为晋城令时保伍法也。其法量乡里远近为保、伍，仗之力役相助，患难相恤，奸伪无所容，孤□老□者责亲党，使无失所，行旅□于其途，疾病皆有所养。及王安石行保甲法，则督民操练，使自□衣甲器械，天下始骚然矣。故今以乡约为主，有可推选者立为保长。如无其人，则以乡正之长，联乎总，总联乎牌，牌联乎家，大小相维，善恶相核，使一甲之人各自纠察。十家之内，为力甚易。一遇盗警，保长统率各甲防截追捕，乡村无不同力，则大盗何自而生？若一甲容一贼，千甲则千贼矣。贼至千百，虽起一县，兵而剿除之，不已难乎？故立乡约以综之正，以销患于未萌耳。然约正、保长不得人则反为盗薮，虽立义仓编甲，无乃借寇兵而斋盗粮乎？是则遥制之柄存乎？有司不可不加之意也。

各乡教读与约正副率乡人行四礼，举五事，各有成绩，乃举其尤著者姓名以闻有司。有司乃延见旌赏之，免其杂派差役。其有好为异论，鼓众非毁礼义，不率教之人，亦以姓名闻于有司，有司严惩之。如知警，各乡教读使约正副报闻，亦如之。

方尚祖曰：善却病者，不遽治其病，必先尽善治之法。善革俗者不遽易其俗，先必尽善易之道。顷来人多忽边幅而越闲检，狱讼繁兴，盗贼公行，是以辑先哲帅俗事为乡礼而约之乡也，欲齐人人归于善焉。其规条率由朱、吕氏，无甚高亢难行，要不离敬身、明伦二者耳。虽若迂阔琐屑，能除颓俗膏肓，敢自谓医世针砭耶？乡之缙绅，里之正士，诚浸假以为悬鹄也，以为桴鼓也。有相规相劝，无尔诈我猜，争讼自息，盗贼亦弭，俗恶得不善，邹鲁之化其在兹乎！谭子曰：方咫之木，置于地之上，使人蹈之而有余。方尺之木，悬于竿之端，使人踞之而不足。犹乡礼而行于乡约而人易化之谓也。

【天启《封川县志》卷一六"秩礼志二"】

天高地下，万物散殊，而礼制兴焉。于以辨上下，定民志，所关匪浅鲜矣。爱人易使之说，宰我诚者重之。而爱礼存羊，夫子所为惓惓于视朔也。迩来敦行不慎，积习易乖，匪特跛踦惰昏，其失可指，乃有虚文等之、故事应之。菟丝燕麦，只有其名；尘饭泥羹，不可以饱。今之仪礼存耶亡耶？司世教者惟无，骈拇视之，草莽委之，则不至于文中子之观矣。高山景行，心实向往，有其举之，端在于人，毋谓僻小，而可废也。志秩礼。

上任、万寿、元旦、冬至、鞭春、诏赦、朝觐、释奠、社稷、山川、节孝、土地、救护、乡饮酒礼、新生送学、科举、送旗匾、朔望、开印封印、厉祭礼仪祝文、乡约。

上任礼仪

先日，宿于城隍庙，次早告城隍神，三献读祝，行四拜礼，鼓乐导至仪门，行再拜礼，入门，望东拜阙谢恩，四拜三叩头礼，登堂拜印。四拜讫，击鼓升堂，排衙开印，受僚属参谒，谕僚属，待各官茶，送出。礼毕，祭土地，行再拜礼。

万寿节。先日黎明，县官率僚属在城隍庙习仪，鼓乐迎万岁龙亭至公署，次早黎明率僚属行三跪九叩头礼，告天祝寿。礼毕，仍鼓乐送龙亭回庙。

元旦、冬至礼同。

鞭春礼仪

立春之前一日，置芒神春牛于东郊盘古庙前草厂，县官率所属齐至厂。行礼毕，发春牛，前列农器，道以各行装扮故事，官属毕者居先，以次而及于尊。至县，春宴，各故事扮演为戏。宴毕，至期，行鞭春礼，如制。

诏赦礼仪

凡遇诏赦大典，知县率所属官员师生人等具龙亭彩舆，鼓乐迎圣诏于郊外，斋使者下马捧诏书置龙亭中，知县率所属朝服道左跪迎，北面行三跪九叩首礼毕，鼓乐前导，各官复跪迎于门外，安龙亭于庭中，各官班列，北向赞唱：三跪九叩首礼。礼生开读，毕，如前叩拜，谢恩。布告通邑咸知。

朝觐礼仪

每三年一行,县正籍其土地人民之数,与官吏贤否、钱粮完欠汇为籍,付藩臬郡守,诣吏部述职于朝,而以典史代斋吏一员行,谓之附庸。

释奠礼仪

岁以春、秋二仲上丁日。先期,县官送祭品于儒学,率所属赴学省牲。次夙明具祭服,祭启圣,而赴文庙。其仪礼、祭器、脯醢、豆登、祝文依旧典,先师四配俱知县主献,十哲儒学分献两庑,正贡廪生分献,特启圣之祀,近多以儒学主祭,亦礼之通也。名宦乡贤即于是日附祭,迎神送神各□并献帛,酌读祝,皆立。

(祝文等略)

坛祭礼仪

每岁以春、秋二仲上戊日,陈设祭品,县正率所属诣社稷山川坛,行三献礼,如丁祭之仪。其祭山川,迎本县城隍主祭。

救护礼仪

日月食俱于县堂东墀救护,立。初亏,食甚,复圆,一位击鼓鸣锣,僧道共奏乐,旋绕,俟阴阳官报时,每次各行四拜礼。

乡饮礼仪

岁正月望日,十月朔日,就明伦堂举行。先期,县官、牒学、师生、乡绅可为正宾者,及邑中耆老为介宾者申报道府,预启敦请。有图席,有代金,扬觯、歌诗、读律、献酬、谢恩。一一如制,乃揖让而出,赞报宾不顾矣。

新生送学礼仪

学道案发后,示期令文武新生齐集簪披红,鼓乐导出。先至学府谒圣,俟回籍,本县儒学另择吉。至期,鼓乐导至县堂,县官簪花披红饮酒,毕,送至文庙谒圣。至明伦堂,各生拜见师长,毕,鼓乐前导,而退。

送旗匾礼仪

凡进士、举人捷报及贡生出学,例有旗匾送贺,择吉,俱差役代送。

朔望礼仪

每月朔望日,县正率属诣文庙、城隍庙,各行四拜礼,回衙诣土地,行再拜礼。

开印封印礼仪

择吉捧印,置公案上,北向,行四拜礼。

厉祭礼仪祝文(略)

乡约条款

一约以宣讲圣谕为主，每约所自制圣谕牌一座，白质黑书，上半截竖书圣谕，下半截列书孝顺父母，尊敬长上，和睦乡里，教训子孙，各安生理，毋作非为。

论曰：礼者，所以定民志也。上好礼，则民易使礼，顾可已乎哉。鼎兴以来，礼备乐举，建虽偏小，如朝制以迨祭享，莫不彬彬举行。惟乡约以宣六箴，乡饮以崇齿德，二者尚成旷典。夫六箴所以劝民善俗也，齿德所以养老尊贤也，二者有关于风化也，可阙焉而不讲乎？知县张冲斗莅任，即汲汲焉举行此二者。每朔望令约正宣谕六箴以训党闾，春冬举行乡饮，以崇高年之有德者。今行之数载，庶几化行俗美而革浇薄之风焉？

【康熙十二年《开建县志》卷六"典礼志"】

礼也者，先王所制以适于治之具也。故礼者，理也。礼以理之，使民率履以定性，故有常经而不敢乱。由是而尊主则体统正，由是而齐民则风俗醇，由是而格神则灵贶通，由是而恤下则德泽溥。是以大顺之世，民罔慆淫，阴阳休煦，称至治焉。我国朝礼制颁行，着于令甲，自庙庭以至闾巷，何地非礼！自郊祀以至飨飧，何事非礼！自车马、服御以至百凡器用之微，何物非礼！信乎礼制与天地同节矣。阳春蕞尔小邑，仰遵礼教，故其行于邑者类有可观。要之，肃宪贞度，而登斯民于理耳。作礼仪志。

国礼

夫国礼何以称哉？庆贺、开读，尊朝廷也。朝觐、上任，尽臣职也。救护、鞭春，钦天率时也。乡饮酒礼，尊德尚年也。此数者皆有国重典，行之于邑，不容越已。彼泰华起伏，千峰万峦，下至丘陇，亦泰华之分形也。江海滔荡，旁流支，下至沼沚，亦江海之余闰也。国礼在春；其泰华而江海哉，仰止遡流则有成典在焉。

庆贺礼。凡遇万寿圣诞、正旦、冬至、千秋令节，先一日侵晨，印官帅寮属及所官师生人等，诣万寿寺习仪礼如制。礼毕，将旗鼓、仪仗奉迎龙亭至县堂中，周围张挂龙图，各衙门置斋戒牌。至日，五鼓，具香烛庭燎，文武官属具朝服，行三跪九叩头礼庆贺。本县掌印官祝赞，守巡官行部，俱赴县行礼。赞曰："广东等处承宣布政使司肇庆府阳春县知县臣等荷国厚恩，叨享禄位，皆赖天生我君，保民致治。今兹圣诞，圣寿益增，臣等下情无任欣跃感戴之至。"复位，复行九叩头礼，舞蹈山呼，行九叩头礼。毕。惟千秋节行九叩，不舞蹈山呼。

开读礼。凡遇诏赦，使者预期一日报知所在官司，设仪仗于本治，照依原降仪式行礼。

朝觐礼。每三年知县预籍其土地、人民之数与凡官吏善恶、生民休戚之事为册，以诣吏部以述职于朝。典史一人，吏一人行。

救护礼。凡日、月薄食，钦天监推算分秒及圆复时刻，预行内外衙门前预设香案于本县露台，设金鼓于仪门，设各官拜位于露台上下，俱向日。至期，文武官俱朝服行礼如制。至月食，就千户所行礼，文武官俱便服。今俱在县。

鞭春礼。每岁立春，先一日本县同僚属及本所官，各盛服迎春于东郊。众官前导，随送春牛、芒神，置于本县鼓楼门内中街。众官宴毕，次早清晨，设香烛、果酒、三牲于芒神前，各官具朝服行鞭春礼如制。

上任礼。新官到县，由东门至城隍庙祀，以酒果、斋筵谒神。就位鞠躬，四拜，读祝文。俯、伏、兴，复位，再四拜，平身。礼毕，至宿所，僚属陪坐，小饮，斋宿。次早，本衙门预备仪仗，至宿所候迎，佐领官率各房书吏、属官、生员人等迎接。新官用香烛，四拜，辞神，登轿。至仪门，用猪羊、酒果，行四拜礼，读祝文。礼毕，进仪门内，换朝服，从中道步入。先于站台西北设香案，谢恩，行三跪九叩礼。毕，赞礼引至堂上开印。设香案、三牲、酒果，两拜。吏房禀开印，复两拜。礼毕，升堂，排衙，报时。吏房呈公座，金押。六房禀金押案。吏房禀请印钥开印，用印毕，升公座，受参见。各役叩过，吏典方拜，坐受。属官、生员俱行两拜礼。新官升公座，拱手答礼。佐贰、首领官见，俱行两拜礼。新官出公座，拱手答礼。学官谒见，在二堂，一揖。请新官西向，学官东向，跪受两拜，对拜。两拜礼毕，请坐，待茶，一揖，送出堂上，三揖别。佐贰、首领官俱至二堂，三揖，请坐待茶，一揖前行，送至大堂板障东门外，三揖别。生员亦然。礼生引至后堂香火，设香案、三牲、酒果，行四拜礼。复位，再四拜。礼生引至衙后土地祠，设香案、三牲、酒果，行两拜礼，复位，再两拜。礼毕，发三梆，出堂。次早行香，三日后拜客。

邑礼

礼，所以辨上下、定民志者也。有一邑之治，必有一邑之礼，何也？君以百里而设司牧，上而山川赖之以绥柔，下而生民赖之以率作。庆贺有常礼，开封有定期，祈祷天谒圣有常典，即学校人才、百为作兴亦咸属于其躬焉。类非纪，法罔严，秩叙不明者所能理也。礼以时行，则在司牧者任之。

新年礼。元旦，县官及各属晨兴，行祝圣礼毕，各官盛服，诣文庙行香及城隍庙、土地祠。各礼毕，县官书公座，排衙，僚属、师生人等行拜贺礼。

开印、封印礼。每岁除夕，前二三日本县置印于堂中，具香烛，集僚属，验印后行封印礼。至元旦后一二日，择吉开印，如前仪。近奉部文颁行定例，于十二月十九日封印，正月十三日开印。

祭门礼。县官到任，初入衙门，该县具牲醴、香烛于门前，新官具公服行祭礼如制。礼毕，登堂。

祭江河礼。县官应朝及升任者择吉，具牲醴、香烛于河浒，本官具常服，行祭礼如制。

祈雨、祈晴礼。凡遇久旱，县官斋宿，具常服，诣山川坛及各名山，集释道行祈雨礼。得雨后，行谢坛礼。皆如仪。及久雨，祈晴礼如之。

行香。凡藩臬府官按部及县官初到，第三日清晨具吉服，诣文庙行香毕，诣明伦堂。各官、师生序揖后，诸生坤签讲书，文官知县以上序坐，其朔望日则县官谒文庙及城隍庙、主地祠，行行香礼。

参谒礼。凡道府按临，各官序入，别于露台上。文东武西，生员外于两阶。自县以下，依次行参拜礼。道府官序受如仪。朔望日，各官入，行作出礼。

送入学礼。凡提学道考送童生入学者县，官择吉日，具吉服登堂。新生具衣冠入谒。县官命吏胥簪花、挂红，用鼓乐、彩旗导送至学宫谒圣，赴明伦堂。新生拜毕，设席于明伦堂。乡官一二人主席，酬酢而罢。

本学祭魁礼。凡学道考定科举生员，本学官于孟秋月择吉日，设席于明伦堂，设香烛、特、羊果酒于露台上，教官吉服，率试诸生行祭魁礼毕，教官与诸生簪花、挂红，赴席饮宴，领文送县，县送府。

送科举礼。凡科举生员及教官、儒士，县官于孟秋月择吉，设席于公馆。至期，各生儒入见，领文。县官具吉服，与生儒簪花、挂红，用鼓乐、彩旗簇至公馆。宴毕，县官送出郊外。

送贡礼。凡正贡生员领文赴考，取准报司，给领朱卷限单。回日，县官择日赴县堂，簪花、挂红，礼毕诣学谒圣。回家，县送旗杆匾额。至领咨赴部，县官照额给岁贡水脚银七十两，饯送赴京。

迎新举人礼。生员乡试中式归，县官择吉日，设席于县堂，用花红、鼓乐、彩旗、彩帐迎。新举人入谒文庙，至县，宴毕，复用旗鼓送归。

送会试礼。举人起文赴京应试，县送府，府送布政司，司送部。县官于秋月择吉日，设席于公馆。先期具书，请举人至期赴席。

捷报礼。凡乡试、会试、殿试中式登第，报归，县官各具捷报牌一面，内书本生、中式登第、名次及县各官姓氏。又具旗杆、魁匾，择吉日，用鼓乐、彩旗遣人送捷报于其家。魁旗于门首，该学亦魁旗于学前。若居官在任者有子登科第，亦旗魁于衙内，志盛典也。

【康熙《阳春县志》卷六"礼仪志"】

县令文俗吏耳目所濡染，唯是钱谷簿书为兢兢，何暇知礼意？虽然，方今圣天子嘉惠元元，崇儒重道，贤裔皆隆以爵秩。《圣谕十六条》远追谟训，自节钺重臣以至郡邑司牧无不宣扬化导。每岁斋祓日期，中外停刑，此正末吏依光阙庭懋昭至治之会也。宁在东粤西鄙，最号椎鲁。顾自辟草昧来百有余年，于兹蒙被教化，渐渍皇风。其于六逆六顺之旨，衣被而食，饮之有素矣。若乃邑中沿行旧仪，则有如国礼以明尊，邑礼以明让。祀先师、先正以崇德尚贤，祀社稷、山川以报功报本。厉以妥幽，饮以尚齿，彬彬乎质有其文哉。由之而知，习之而察，此亦化民成俗之微权也。后之人幸无以故事视之乎？编礼仪志第四。

【康熙五十七年《西宁县志》卷四"礼仪志"】

辨上下，定民志，莫善于礼。礼之为言，履也。君子所履，小人所视。故于拜扬，则人知有君；于释奠则人知有师；于宪乞则人知有老；于社稷坛庙，则人知敬天地鬼神。故亲疏有杀，长幼有序，尊卑贵贱有等。惟曰礼在则然，然则移风易俗，其以礼教为首务哉。志礼仪。

国礼七

一、开读。凡遇诏敕颁降，文武官衣朝衣，具鼓乐，俱出城外开元寺肃迎。诏到，各官于寺门外俯伏迎接，赍生直入捧诏敕，置龙亭中。赍生立于亭东，文武官行三跪九叩首礼。众官乘马及鼓乐前导，赍生上马随亭后行。至州署仪门外，文武分东西叙立，候龙亭至。鞠躬候过，各官由角门次序进，排立，赍生立龙亭东，西向。礼生通赞：序班，文武分东西，乐作，行三跪九叩首礼。赍生捧诏书，授展读生。展读生跪受，诣开读案站立宣读，众官皆跪。宣读毕，展读生捧诏书恭授赍生。赍生捧置龙亭中，文武众官仍分文东武西，行三跪九叩首礼。毕，众官退，易服。与赍生行礼，送赍生回寓。

一、庆贺。恭遇万寿圣节，前三日、后三日，文武官俱蟒衣坐班。本日五更，文武官衣朝衣，齐赴开元寺龙亭前，文武官分东西入。设纠仪官二员，一文官为之，立东边丹墀下；一武官为之，立西边丹墀下。礼生禀三鼓，排班，行三跪九叩首礼。毕，退班，凡坐班亦分文东武西。皇后千秋令节、元旦、长至仪节俱同，惟不先后期坐班。

一、进表。是日，印官至开元寺候各官齐集，具朝服，进表生立龙亭东。各官排班就位，行一跪三叩首礼。印官由东阶诣龙亭前跪，众官皆跪。执事礼生捧表笺授印官。印官跪受，交进表生，进表生跪受，转交执事，礼生安龙亭。讫，印官复位，文武官同行两跪六叩首礼，兴。众官于前道排班，候表过，一躬即退。康熙五十四年，奉文外官三品以下，文武官俱免拜进表笺。

一、救护。凡遇颁行日食，至期设香案于露台，文武官先穿素服，齐集州堂。报初亏，诣香案，行三跪九叩首礼。兴，复位。执事者进鼓于正官，正官击鼓三声，众鼓齐鸣。救护报食甚，各官诣香案前下跪片时，不叩首。兴，复位。报复圆，各官更朝服，行三跪九叩首礼，毕。护月礼同，但护日，文武官俱在州堂行礼，护月俱在城守衙门行礼。

一、迎春。预期塑造春牛、芒神。立春前一日，各街衢结彩，各官盛服，鼓乐出东郊，迎春于先农祠。众官齐集排班，先行一跪三叩首礼，诣勾芒神位前跪，三献酒。兴，复位，又行一跪三叩首礼。毕，长官击鼓迎春。击讫，长官劝农。劝毕，众官前导，迎芒神、土牛回州仪门外。土牛南向，芒神西向。众官诣芒神前一揖而退。次日交春时，陈设牲醴。各官具吉服，行一跪三叩首礼。诣神位前献酒读祝。毕，复位，又行三叩首礼。毕，长官击鼓三声，执彩杖，由东边起绕土牛三周，鞭土牛者三，庶民终之。

一、上任。凡印官上任，先至城隍庙斋宿。是日，先备猪、羊、牲、醴等物，陈设庙中。候新官入城，赞礼引新官及同僚官先诣城隍庙致祭，行三叩礼。平身，行初献礼。毕，诣读祝位读祝文。讫，复位。行亚献礼，行终献礼。复位，又行三叩礼。平身，焚祝文礼，毕。无盥洗，无饮福受胙，不唱瘗毛血及望瘗。祭毕，回本衙。至仪门致祭司门之神，前后行三叩礼。三献，读祝毕，开仪门由甬道入大堂，更朝服，设香花蜡烛于月台，望东北谢恩，三跪九叩首礼。毕，更衣。入安香火，祀司命。祀毕，击鼓升堂，置印盒案中，行拜印礼。就位开印，行三叩礼。平身，升公座，佥押、发放、相见以次而行。

一、相见。仪制，雍正九年奉文，直隶州知州见上司及接属员与知府同，与各府皆用牒呈府，与直隶州用墨笔照会，州行所辖县用牌，知县用申文，不属者仍用移文。○直隶州州同、州判见上司及接属员与同知通判同，○直隶州儒学及州儒学见知州用晚生帖，由中门进，行宾主礼。文移知州用牌，儒学用牒呈。与州同、州判俱平行。

郡邑礼五

一、祭先师礼。（略）

一、祭社稷。（略）

一、祭先农祠礼。雍正五年部颁仪制如左。

一、耤田坛位之规制，择东郊官地之洁净丰腴者立为耤田。如无官地，动支正额钱粮置买民田，以四亩九分为耤田，即于耤田后建立先农坛。其各省坛制应高二尺一寸，宽二丈五尺。神牌高二尺四寸，宽六寸。座高五寸，宽九寸五分。红牌金字，填写先农之神坛。后酌建正房三间，配房各一间。正房中恭奉先农神，位东间。贮祭器、农具西间，贮耤田米谷配房。东间置办祭品，西间看守农民居住。坛庙耤田之外，周围筑土为墙，开门南向。

一、祭祀陈设之品物，应照雍正三年所颁祭社稷坛之例。前期致斋二日，祭日主祭官及各官俱穿朝服，齐集先农坛，行礼一切礼，仪悉照社稷坛。

一、耕耤田礼仪之次第，祭先农坛礼毕，各官俱换蟒袍补服。府城知府秉耒，佐贰执青箱，知县播种。州县则正印官秉耒，佐贰执青箱播种。如无所属之员，即选择耆老执箱播种。行耕时，用耆老一人牵牛，农夫二人扶犁。九推九返，农夫终亩。耕毕，各官率耆老、农夫望阙，行三跪九叩首礼。

一、农具、牛只、籽种、灌溉之成规，耕耤农具用赤色，牛用黑色，箱用青色，所种籽种悉照各该处上宜。选择勤慎农夫二名，免其差役，酌给口粮，令□守坛宇灌溉耤田。地方官不时看视，查其力作收获。将每年所收米谷数目，用过粢盛数目造册，报布政司，送户部查核。至耕耤日期，钦天监选择吉期，颁行各省同日举行。用仲春亥日巳时祭午时耕。

又布政司颁式围墙外或左或右，另盖公所三间。祭日坛上张青布大帐，列祭品，备鼓乐。承祭官率属员请神位供于坛上，衣朝服。主祭者立坛上，陪祭者立坛下。三献，行九叩礼。祭毕，送位入祠。耕田时，农夫荷篓笠，耆老穿黄褂。正官右手扶犁，左手执鞭。两边陌上各用青旗八面，随犁进退。农童六名唱歌。推九次以耕，编为度耕。毕，劳耆老、农夫。

一、祭厉坛礼。（略）

乡礼三

一、讲乡约礼。康熙十八年，奉颁发《上谕十六条》，每月朔望州官至约所宣讲。雍正二年，颁《圣谕广训万言谕》。八年，奉文于大乡立乡约。所设约正一人，值月三四人，朔望宣讲。凡讲期在城，文武各官至约所，衣蟒衣，向龙亭前序班，行三跪九叩首礼。毕，退班。设讲坛，各官坐坐褥，督率士民听讲。礼生唱：恭请开讲。司讲生恭捧上谕登坛，木铎老人跪请上谕一条，恭捧至阶，宣于众，曰：上谕第一条，敦孝弟，以重人伦。各官皆起，讲生按次讲讫，木铎老人跪缴上谕，各官皆起。再请第二条，如前仪。或二条、三四条。外置籍二，德业可劝者为一籍，过失可规者为一籍，值月掌之。月终则告于约正，而授于其次。每月讲毕，即于此乡中有善者众推之，有过者值月纠之。约正询其实状，众无异词，乃命值月分别书之。值月遂读记善籍一遍，其记过籍呈约正及耆老里长默视一遍，皆付值月收之。岁终则考校其善恶，汇册报于州，分别劝惩。有能改过者，许其核实，除名于籍。

一、乡饮酒礼。每岁正月望、十月朔于儒学行礼，府县长官为主。前期，执事者于儒学之讲堂陈设坐次，司正率执事者习礼。主知府、知州、知县位东南，宾以致仕官为之，位西北。僎位东北，介位西南。佐属学官序爵坐，皆西向。众宾序齿，皆东向。教官一人为司正，主扬觯以罚。至期，宾、僎、介、主立庠门外东西阶，通赞唱：排班，揖。主肃宾至大门内揖，至二门内揖。至明伦堂下，主、宾举礼三让，升阶。执事生击鼓，升堂布席，行两拜礼。毕，主、宾以下各就位坐。通赞唱：扬觯。执事者引司正由西阶至堂中，北向立。通赞唱：主、宾以下皆立。执事者以觯酌酒，授司正。司正举酒曰：

恭惟朝廷率由旧章，敦崇礼教，举行乡饮。非为饮食，凡我长幼各相劝勉。为臣尽忠，为子尽孝。长幼有序，兄友弟恭。内睦宗族，外和乡里。毋或废坠，以忝所生。

语毕，引赞唱：司正饮酒。饮毕，以觯授执事。引、通俱唱：揖。主宾皆揖。引赞唱：复位。通赞唱：主宾以下皆坐。毕，通赞唱：读律令。引赞至本生前诣读律令位。通赞唱：主宾以下皆立。遂展律令，引、通俱唱：揖。引唱：读律令。本生即讲读律令。

凡国家律令，参酌事情轻重，定立罪名。颁行天下，永为遵守。百司官吏务要熟读，讲明律意，剖决事务。每遇年终，在内在外，各从上司官考较。若有不能讲解、不晓律意者，官罚俸一月，吏笞四十。其百工技艺诸色人等，有能熟读讲解、通晓律意者，若犯过失，及因人连累致罪，不分轻重并免一次。其事干谋反叛逆，不用此律。若官吏人等挟诈欺公，妄生异议，擅为更改变乱成法者，斩。

读律令毕，引赞、通赞同唱：揖。引赞唱：复位。通赞唱：主、宾以下皆坐。通赞唱：主献宾。主起席，北面立。执事斟酒以授主，主受爵诣宾前，置于席。傧以下亦如之，稍退。赞：两拜。宾答拜。讫，主退，复位。通赞唱：宾酢主。宾起，傧从之。执事者斟酒授宾，宾受爵诣主前，置于席，稍退。赞：两拜。宾、傧、主交拜。讫，各就位坐。执事者分左右立，众宾以次酌酒于席。讫，唱：饮酒三行。通赞唱：供汤。执事者供汤。毕，唱：请汤。通赞唱：供馔。执事者供馔。毕，唱：请馔。众生歌《鹿鸣》诗，以钟鼓为节。执事者按行酌酒，或五行，或七行。供汤、供馔礼俱如前。又间歌《鱼丽》及《南有嘉鱼》诗，俱以钟鼓为节。执事者又按行酌酒，供汤、供馔如前。又歌《南山有台》，亦以钟鼓为节。毕，通赞唱：彻案。毕，唱：主宾以下皆行礼。主属居东，宾介以下居西。赞：两拜。讫，唱：送宾。以次下堂，分东西行，仍三揖，出庠门而退。

一、乡射礼。明洪武三年，诏天下儒学就学辟射圃习射，各司府州县儒学训诲生徒。每日讲读文书罢，于学中设一射鹄，令学生习射，朔望有试。其有司官闲暇时，与学官一体习射。

一、射式。凡官府及学官遇朔望于公廨空闲处习射。凡树射鹄，位南北向。凡置射位于三十步，自后累进至九十步。画位，谓之物。凡射，各以乡官为主射。凡赏酒中的，用三爵。中采，用二爵。凡司射，必自下而上。

一、射器。狐鹄一，其采二。六品至九品射之。其制中以皮为鹄，画红绿二采，周围饰以狐狸皮，为身为舌。布鹄二，有的无采。文武子弟及士民、俊秀射之。其制以皮为鹄，周围饰以布，又以布为身为舌。兕中一，三品至五品用。其制以木为之，长一尺二寸，其高七寸，前足跪，凿其背上穿之，可容算。用颜色漆漆之，或用木座朱漆。鹿中一，六品至九品官、学官及官员子弟、士民、俊秀皆用之。形与兕异，而制则同。算以十耦为率，用八十筹，盛以桶二。容，一名乏。以木为匡，以皮冒之，方广七寸，足以蔽身。旗，以帛为之。每容后各六，赤一、采一、青一、白一、黄一、黑一，弓矢案一、弓矢若干、爵案一、爵二。

一、射职。司正，每鹄一人，掌验射者品级尊卑以定耦。副司正，每鹄一人。执算于鹄之左右，置中于射者前。每耦进，则执八算于手。俟中，则投于中。其斜横者，委于中西畔。俟一耦退，则取所中算收之，别取八算执之，如前法。每算上先书射者姓名，于中者书的或书采，投之于中。司射、副司射二人，所掌先以强弓射鹄，诱射以鼓众气。选能射者充司射、器二人，掌验弓力强弱，分为三等，验人力强弱授之。司爵二人，所掌凡遇射毕计中者，以爵授酒。请射四人，掌请射者授弓矢入射位。收矢二人，掌收矢还纳于主射者。执旗六人，掌于容后执各色旗。如射者中的，举红旗应之。中采，举采旗应之。射偏于西，举白旗。偏于东，举青旗。偏于鹄，举黄旗。不及鹄者，举黑旗。

一、射位。主射官位于中，诸生位于东西。东西偏及容后、射器、射职皆同前。学官射于中狐鹄，诸生射于中布鹄。

一、射仪注。前期，戒射定耦。选执事充司正、副司正、司射、副司射、司射器、请射、司爵、收矢、执旗、树鹄，陈矢如图仪。是日，执事者入就位，请射者引主射正官及各官子弟、士民、俊秀者各就品位。司射器者以弓矢置于正官及司射前。请射者诣正官前圆揖。毕，引诣司射器前投弓矢。毕，引复本位。司正执算入，立于中后。请射者诣司射前，曰：请诱射。引司射二人耦进，各以三矢，搢于腰带之右，以一矢挟于二矢之间。推长幼相让年长者为上射，年幼者为下射。上射先进，诣上位，向鹄正立发矢。司正书中投算，置于中，或副司正书中。执旗者举旗，如式。上射射毕，退立于旁。请下射诣位发矢，取算书中，举旗如前式。请射者俱引复位，收矢者收矢，复于主射者。司正取所中算请射者，次请士民、俊秀射，次请官员子弟射，次请品卑至品高射。其就射位、发矢、取算、书中、举旗、收矢、复位，皆如前式。俱毕，司正、副司正各持算，白中于主射官。司爵者酌酒授中者，如式。饮讫，请射者请属官以下射。俱毕，仍奉弓矢纳于司射器，还诣主射正官前，圆揖，乃退。

【雍正《罗定州志》卷三"礼仪"】

安上治民，莫善于礼。随分定制，小大由之，不以方隅限也。东安久服正朔，礼教所敷，灿然具举。纳忠悃朝贺行焉，承天休诏令宣焉。祭祀以理神明，乡饮以崇齿德。公仪以肃僚而贞度，是皆大礼之攸关者。孔子曰："能以礼让为国乎，何有？"盖礼至，则不争，而仁让之化成。区区一邑云乎哉？志礼制。

朝贺

万寿圣节，各官衣朝衣，齐赴长春寺行礼坐班。前三日、后三日，俱蟒服。皇后千秋节、元旦、长至节礼同，惟不先后期坐班。

诏赦

诏赦至，各官具龙亭、彩舆、仪仗，出郭迎接，导入县堂，开读，如仪。

祭祀

岁春、秋仲月上丁日祀孔子，配四子及十哲，从祀先贤暨汉、唐、宋、元、明诸先儒，是日祀。崇圣祠五代，以先贤颜无繇、曾点、孔鲤、孟孙氏配，以先儒周辅成、程珦、蔡元定、张迪、朱松从。并祀名宦、乡贤及忠义、节孝二祠，如仪。

岁春、秋仲月上戊日祀社稷神于西郊，祀风云、雷雨、山川、城隍之神于东郊，各如仪。

厉坛。每岁春以清明日，秋以七月望，冬以十月朔举祀，如仪。

武庙。每岁春、秋仲月及五月十三日致祭，如仪，并祀后殿三代。

先农坛。每岁于仲春亥日巳时举祭，午时行耕耤礼，如仪。

公仪

立春。前一日，知县率僚属迎春于东郊。至日，祀勾芒神，鞭土牛，如仪。

每月朔望，县官行香讲书，如仪。

宣讲圣谕律条。每月朔望，文武官员及绅衿里老乡民在长春寺讲读，如仪。各乡设立约正、值月宣读，如仪。

护日月食。县官率僚属行于县堂，如仪。

祈晴祷雨。各官斋宿，具常服，诣城隍庙拜祷，如仪。

新官上任。先一日，谒城隍庙斋宿。次辰，至衙门祭仪门。易公服，谢恩。礼毕，易吉服，升堂谕僚属，如仪。

开印、封印。奉部定期，县官置印于堂中，具香烛，集僚属行封印礼。

宾兴。举人会试，岁贡出学，生员大比，俱有公宴。

饯送。官僚俱有宴，仍祭水陆神于河浒。

乡饮酒礼

每岁于正月望、十月朔，长官为主，延宾至明伦堂，行乡饮酒礼。有宾，有介，有僎，皆择邑中达尊当之。以教官一人为司正，主扬觯，以罚失礼者。先期，执事者陈鼓钟，设讲案，排坐次。司正帅执事者演礼。至期，宾至，礼生导主人出大门外。唱：速宾。宾西主东，三揖。至大门，揖。至二门，揖。至阶下，揖。升堂，鸣鼓钟。主、宾各就位，主位东南，宾位西北，僎位东北，介位西南，佐属学官皆西面，众宾序齿皆东面，相对行四拜礼。拜毕，主、宾以下各就位坐，礼生引司正由西阶升堂，北向立。主、宾以下皆起，执事者以觯酌酒授司正。司正举酒曰：恭惟朝廷，循用旧章。敦崇礼教，举行乡饮。凡我长幼，各相劝勉。为臣尽忠，为子尽孝。长幼有序，兄友弟恭。内睦宗族，外和乡里。无或废坠，以忝所生。

诵毕，司正卒饮，以觯授执事者，揖，主宾皆揖。复位，宾以下皆坐。供讲案牍大诰，主、宾俱起。读毕，主宾俱坐。讲律令。读毕，揖，复位。主、宾皆坐，撤讲席。主献宾，礼生至主位前请献宾。执事者酌酒授主，诣宾位前，宾旁立。主置酒于席，僎、介皆以次酌。揖，复位。宾酬主，礼生至宾位前请酬主。执事者酌酒授宾，诣主位前，僎、介从之。主旁立，宾置酒于席。揖，复位。主、宾以下皆坐，执事者供酒，请饮酒。酒三行，厨夫献割。执事者供馔，请馔，执事者供汤，请汤，歌诗。主宾皆起，歌《鹿鸣》三章，以钟鼓为节。歌毕，揖，复位。主、宾以下皆坐，执事按行酌酒，或五行，或七行。供酒、供汤，如初礼。歌《四牡皇华》，间歌《鱼丽》《嘉鱼》及《南山有台》，俱以鼓钟为节。三饭毕，主、宾皆起。唱：洗爵。主、宾望阙谢，行三跪九叩首礼。仍宾西主东，行四拜礼。毕，宾辞，主揖，主导宾。宾、主揖让而出。至阶，揖。至仪门，揖。至大门外，三揖。宾让主入，主拱立，宾不顾，主退。

  按：《潮州府志》载乾隆十八年，陕西布政使张若震条奏转饬州县，每岁遵照定例于正月、十月举行乡饮二次。其宾、介之数，在《仪礼》则有大宾、介宾、众宾及遵，《礼记》亦称设僎以辅主，《仪礼》之遵，即《礼记》之僎也。在《学正全书》所载乡饮酒礼图，则有大宾、介宾与僎，一宾、二宾、三宾、众宾与一僎、二僎、三僎。考古称今，从无耆宾之名。应遴选绅士之年高德邵者，敦请为大宾，士人中举一人为介宾，耆庶中举数人为众宾，至僎之为义，乃公卿大夫之居乡者，来助主人以乐宾。《仪礼注》亦称或有或无，或来或不来，是僎本无常数，有则备，无则缺也。

【道光《东安县志》卷二"礼制"】

  立春前一日，有司逆勾芒、土牛。芒名拗春童，着帽则春暖，否则春寒。土牛色红则旱，黑则水，黄则年丰。儿童争投瓦砾，以消疾疹。同上。铺行艺术装春色，及狮、犀等戏，鸣锣随之。闾里无贵贱少长，遮道游观。亦治具招其亲友，谓之饮春酒。《张志》。至日，祀芒神，鞭土牛。毕，民争取土牛之泥泥灶，谓养猪畜肥如牛云。王《州志》。

【道光《西宁县志》卷三"舆地下"】

  迎春。先立春日，各府州县于东郊造芒神、土牛。立春在十二月望后，芒神执策当牛肩。在正月朔后，当牛腹。在正月望后，当牛膝，示民农事早晚。届立春日，吏设案于芒神、春牛前，陈香烛酒果之属，案前布拜席。通赞执事于席左右立。正官率在城文官丞史以下朝服毕，诣东郊。立春时至，通赞赞：行礼。正官一人在前，余以序列行，就拜位。赞：跪，叩，兴。众行一跪三叩礼。执事者举壶爵，跪于正官之左。正官受爵酌酒，酹酒三，授爵于执事者，复行三叩礼。众随礼，兴。乃昇芒神、土牛，鼓乐前导，各官后从，迎入城，置于公所。各官执采杖环立，乐官击土牛三，乃各退。

土牛芒神式。岁六月，钦天监豫定春牛、芒神之制。冬至后辰日，于岁德方取水土制造，以桑柘木为骨。牛身高四尺，象四时；长八尺，象八节；尾长一尺二寸，象十二月。头色视年干，身色视年支，腹色视年纳音，角、耳、尾巴视立春日干，胫色视立春日支，蹄色视立春日纳音。口开合，尾左右麾，视年阴、阳。阳口开，阴口合；阳麾左，阴尾右。芒神长三尺六寸五分，象三百六十五日；鞭长二尺四寸，象二十四气。老少视年支孟、仲、季，衣色、带色视立春日支；衣色用克支，带色用支生。

置髻视立春纳音。金耳前，木耳后。水左前、右后，火左后、右前，土在顶直上。罨耳视立春日时昼夜。子丑全戴，寅揭左，亥揭右，卯至戌则手提，阳时左提，阴时右提。行缠、鞋、裤，视立春日纳音。水俱有，火俱无，土有裤，余无，金木俱有，金左行缠悬于腰，木右行缠悬于腰。土牛鼻用拘，芒神手执鞭。拘以桑柘木，鞭以柳枝。拘系绳，鞭着丝。视立春日支，寅巳申亥用麻子，卯午酉用苎，丑辰未戌用丝。芒神立牛左右，视年阴阳：阳立牛左，阴立牛右。芒神位立牛前后，视立春距岁前后：岁前五日外立春者，立牛前；岁后五日外立春者，立牛后；岁前后五日内立春者，立与牛并。

耕耤。东郊先农坛侧，择沃壤为耕田。直省耤田广四亩九分。岁仲春吉亥，或季春，有事先农之日，备谷种、青箱、朱鞭、服耒耜、黝牛及他农器、耕器，预陈耕所。耆老率农夫，披蓑戴笠，俟于田间。通赞、学弟子员分立田首，又向阙张画屏设香案，南向。祭先农，礼毕，各官易蟒袍，诣耤田。赞：行耕耤礼。县官以下就耕所，执事授耒耜与鞭，右秉耒，左执鞭。一人执种箱，一人播种，案：督抚以府佐贰，布政按察以首领官，各道以州县佐贰，府县以丞史。皆耆老。一人牵牛，农夫二人扶犁，各九推九返。毕，释鞭、耒，以次序立田首西面，北上，农夫遂终亩，告毕事。各官补服望阙立。赞：齐班。引班引至香案前，正官以下。按班序立，重行北面。耆老、农夫稍远列行，北面随立。行三跪九叩礼，兴，各退。

宣讲圣谕。月朔望，京师五城、顺天府、大兴宛平二县，各饬所部民，齐集公所，选醇谨耆老一人为约正。有司公服莅，恭宣《世祖章皇帝钦定六谕》《圣祖仁皇帝圣谕十六条》《世宗宪皇帝圣谕广训》，兵民圜听。宣毕，各退。直省府州县乡堡，均择适中地为乡约所，选老成公正者一人为约正，朴实谨守者三四人直月，按期集所部民宣讲圣谕，择律文内民俗易犯者，咸宣示之。俱同上。

乡饮酒礼。岁以孟春望日、孟冬朔日，举行于儒学。前一日，执事者于儒学讲堂依图陈设坐次，司正率执事诸生习仪。至日黎明，执事者宰牲具馔，主人及僚属、司正先诣学，遣人速宾、僎以下。宾至，主人率僚属出庠门外，揖入。主东宾西，三揖三让，升堂，东西相向立。赞：两拜。宾坐。僎至，如前仪。宾、僎、介、主既就位，执事者赞：司正扬觯。引司正由西阶升，诣堂中，北向立。执事者赞：宾、僎以下皆立。赞：揖。司正以下皆揖，执事者以酒授司正，司正举酒曰：恭维朝廷，率由旧章，敦崇礼教，举行乡饮，非为饮食。凡我长幼，各相劝勉，为臣尽忠，为子尽孝，长幼有序，兄友弟恭，内睦宗族，外和乡里，无或废坠，为忝所生。读毕，执事者赞：司正饮酒。饮毕，以觯授执事。执事赞：揖。司正揖，宾、僎以下皆揖。司正复位。宾、僎以下皆坐。赞：读律令。执事举律令，案于堂中，引读者诣案前，北面立。赞：宾、僎以下皆立，行揖礼如前。读毕，复位。执事者赞：供馔。执馔案。举馔案至宾前，次僎，次介，次主，三宾以下以次举讫。执事赞：献。宾、主起，席北面立。执事酌酒授主。主受爵诣宾前，置席，稍退。赞：两拜。宾答拜讫。执事又酌授主。主受爵诣僎前，如前仪。毕，主退复位。执事赞：宾酌酒。宾起、僎从，执事酌授宾。宾授爵至主前，如前仪。各就位，坐。执事分左右立，以次酌酒，献三宾、众宾遍。酒三行，供羹。执事以次酌酒、饮酒，供馔三品。毕，执事赞：撤馔。候撤馔案讫，赞：宾、僎以下皆行礼。僎、主、僚属居东，宾、介、三宾、众宾居西。赞：两拜。讫，赞：送宾。以次下堂，分东西行，仍三揖出庠门而退。《学政全书》。

行礼人数。一人监礼，京师，礼部侍郎。省会及监司分驻之地：监司礼。州县未详。主人，京师、顺天府尹、府州县则以守牧令为主人。一人为宾，以乡之年高六十以上有德行者。次一人为介，又次一人为众宾，一人为司正，以教官，二人为司爵，二人赞礼，二人引礼，一人读律令。学弟子习礼者。僚佐皆与。如有乡大夫来观礼者，坐于堂之东北。府、州、县三品以上，席南向，四五品西向，无则阙之。不立一僎、二僎、三僎之名。《通礼》。

按：吴荣光《吾学录》云："乡饮介、宾，皆由州、县举报、督抚核定，汇造姓名清册，送部存案。不得人，则止。惟僎不在举报之列。"

服色。乡饮宾内贡监考职候选者，准照应选之职，服用顶帽补褂。监生，金雀顶、青袍蓝边。生员，银雀顶、蓝袍青边。无品级耆民，应穿鲜明常服，不得滥用金顶补褂。《会典》。

坐次。设监礼席次于庭东，北向。布宾席于西北，南向。主人席于东南，西向。介席于西南，东向。众宾之长三人，席于宾西，南向。东上皆专席不属。众宾席于西序，东向。僚佐席于东序，西向。皆北上。司正席于主东，北向。设律令案于主、介间，正中，东西肆。设尊案于东序端，南北肆。设乐县于西阶下。《通礼》。

【民国二十七年《高要县志》卷九"经政篇二·典礼"】

朝贺。守土官预于公所正中，恭设皇帝万岁龙牌于亭。设香案于亭南。其日五鼓，有司设燎于庭，设镫于门庑。以教官一人，纠仪学弟子员二人，通赞二人引班阶下，东西班位，立位东西，面北上拜。位北面，纠仪位班行之北，通赞引班，位纠仪之阶东，西面。夜漏未尽，朝服北，会质明，引班引入至丹墀内，东西序立。通赞赞："齐班。"引班分引至拜位前立，赞："进。"少进；赞："跪，叩，兴。"群官行三跪叩礼毕，退。

朔望行香。每月朔望，各官咸率属具礼服，分诣文庙、武庙、文昌庙、城隍庙及各方祀神祠位前，上香三炷，跪叩，如常仪。

【民国二十七年《高要县志》卷九"经政篇二·典礼"】

（三）著述

孙渊：《修建城隍庙记》

王者分地建国，置都立邑，明则设藩牧以治之，幽则命城隍以主之。在国都，有国都之城隍；在郡邑，有郡邑之城隍。是神也，受封于朝廷，血食乎境土，与藩司、牧伯相表里也。我国朝命官之任必严誓辞务默相，其政兴事举，善者福之，淫者祸之。其所系亦重矣。

封邑公署去城东三十步许，有城隍祠在焉。洪武初，邑犹为州，知州事薛明理所建也。后二年，裁革为邑。洪武末，知邑事季养材重修也，然而兴废靡常。成化间，继修之者，万侯显也。若岁月迭更，经久不能无敝。迨弘治丁巳，宣化莫侯扞来知邑事，因谒于祠，太息栋梁鱼蠹，瓦砾鸳飞，慨然以兴作为己任。议诸耆民人等，以为栋梁之材，吾自构置，梓匠之资，募众乐成。不逾月而木植，工价皆足取给，遂先事于正祠。四楹高之五丈有奇，深广称之，次及仪门，左右两庑，楣□如之。偿工价，塑神像，计所费者百余金也。经始于弘治庚申，落成于辛酉季夏。祠宇聿新，门墙浸备。厥后莫侯迫于奏绩，瓦甓之工有所未遑。岁之壬戌，适苍梧李侯煦承命来宰是邑。下车伊始，百责维新。乃精白一心，诣神祠而祭告之。触于目感于心，以事未完工未毕为憾。于是捐俸市瓦，命工而覆盖之。缺者以补，旧者以新，祠宇巍然奂然。是知成始者莫侯扞也，成终者李侯煦也。

非莫侯之成始，则成终者无以继。非李侯之成终，则成始者无以彰。成始固难，成终不易。贤侯者于神之祠，固相为终始，而于神之灵，宁不相表里也耶！夫城隍司邑之境土也，贤侯宰兹邑之风化也。余则掌兹邑之文教也。贤侯也，幽则与神相表里，明则与予为表里。予述巅末以垂永久，予得无言以识。时弘治十七年。

【天启《封川县志》卷二〇"艺文志一"】

江万仞：《迁城隍庙记》

圣人之道，与神明合德者也。德合圣神而共贯机，亦通幽明而同情，神明莫之能测矣。而圣之不可知者，亦谓之神。圣人聪明睿知，以中正立人极，而神之聪明正直者，亦未始达于圣，故曰：明有礼乐，幽有鬼神，其致一也。乃若淫僻不经之神，则为圣人之所不语者，将斥之如魑魅之不可与处矣。况可与圣人同道，而易地以居哉？城隍之神，民社攸系，血食百世，所谓聪明正直者，非耶？我朝令典，凡建郡州若邑，必先设城隍之神祀之，重民事也。而民之遇旱潦控灾祥者，咸赴诉默祷之，往往随祈而即应，默叩而得效。而福善祸淫之机，亦有合于圣人□□□之道焉。德庆城隍庙建于开郡之初，民人祷禳，率□告焉。奸民之反心行诈者，悉夺魄，惮谒不敢□实，有咒辄应，非经弗护，则州之民，人人能言之矣。其庙旧建于城之东隅，岁甲子春，当道可诸生建学之请，因以改为文庙。而当时之任其事者，拘挛寡谋，乃以庙背莽秽之地筑环墙以栖城隍，而旧学之宫仍闳，圣像弗改也。丙寅之夏，余谪莅兹土，谒神而誓于神，因观学宫之新创，未备增辑构之矣。而城隍之祠，无秽不治，榛莽蒙翳，内无阶序之肃，外乏门垣之防，逼陋湫隘，深不足以耸观望，非所以妥神奠民也。而旧文庙之闳圣像者，复为野老稚子箕踞嬉傲之所，即士者之过。弗轼而进靡，趋褻莫甚矣。余于是集学宫弟子员祭告于先师，收其土木之遗像，遵明制也。即以其庙迎城隍之神居之，补其倾圮而去其不协于度者，斯祠遂巍然弘观矣。是岂余之媚神谩更哉？盖幽明原无二致，圣神大同一理，以圣人居于城隍之旧地，不为援圣以入神，则以城隍居于圣人之废宫，亦不为徽神以亵圣，况城隍之神尤一方之民社所仗以承庥者，其祀典不淫，而钦崇当隆也。惟自兹祠之建也，庙貌森严，诸曹布列，康衢大都，过者知畏，复屋重檐，见者祗肃，祠制敞矣，神焉是依，神灵妥矣，民焉永赖，宁非司牧者之责乎？而蒸黎之顽钝固陋者，不能知城隍正直之神，窃有合于圣人礼乐之道，惟见神之廓有闳居，举欣欣焉，谓天设之，以遗神也。复群然告神，以余入境之与神誓者，果不爽于终。噫！余求不悖于圣而已。

若辈顾为余祷于神，亦谩矣。余之僚同知□子仁甫、判官李子春，始相筮议而叶赞是谋者也，佥谓余不可无一言以述其改创之由，遂书之刻诸石，用志岁月云。

【康熙《德庆州志》卷九"艺文一"】

张应麒：《移复城隍庙记》

令甲自京师而省，自省而郡，自郡而州，若邑皆设城隍而祀。何者？重民事也。御旱魃，控灾危，神实司之。而官之莅任则必与神告誓，制也。慢神虐民不足论矣。间有颇知自好，彼亦慢然无所抉以择，何哉？乃若宣城沈公来任州事，入境即遵例，先谒城隍而申之以誓，曰：有严世受国因者也，初拜一官于闽，未考课，遂有此役，顾其倅郡也。所职者，弭盗而已。若代防海，代督粮，亦与弭盗等耳。虽两摄县事，然亦代庖也，非治庖也。心未尝不随事自尽，而责不甚重，故其称塞也，犹易然焉。今则举一州而委之，有严且辖以封川、开建矣。地方之辑和惟我，户口之生殖惟我，风俗之长厚惟我，法令之调剂惟我，财用之节省惟我，讼狱之平反惟我。此果何如？其为责也哉。夙夜鳃鳃，求所以父母此中，盖不待入其境乃尔而款启之。夫才短心长，窃惟明为一州之主者，有严也，幽为一州之主者，城隍也。倘州人失所，微独有严之为旷官，在神亦必有未安者。故今愿与州人更始，亦即愿与聪明正直者盟之。事关吾民，有严所不知其指南。我有严或师心自用，事不便于民，其匡救我。既指南之矣，匡救之矣，而犹肆然于上，视民之休戚，如秦人视越人之肥瘠，则所谓幽有鬼责者，吾亦无辞于城隍矣。盖有严借神之灵，庶几得以宅生元元。神能以宅元元之计阴骘有严，倘亦不负此中之血食哉？凡此皆肝鬲语，亦家教使然。伏惟鉴之。噫，观公誓辞，真可以对天地，可以质鬼神，可以孚豚鱼，可以泣魑魅。昔人谓读李令伯《陈情表》，无不知其孝；读诸葛武侯《出师表》，无不知其忠。今读沈大夫《告城隍文》，又无不知其政。故其举措动合人心，岂惟神鉴哉？今大夫又为之开饰庙貌，重新栋宇、枓栱、门廊，而阶序一望焕然，则所以妥神灵者，正有在于今日也。夫事有当革，则为圣殿而易城隍之位，不惟援圣以入神理有当，复则以城隍而转圣人之宫，不为黩神以亵圣，圣神一理，道合天心。而况康庄之道，过者祇肃森严之地，望者知畏哉。一举两便，康州士民他日谁不睹河洛而思禹功哉？落成诸生诣学而属张于碑。

【康熙《德庆州志》卷九"艺文一"】

陈献章：《肇庆府城隍庙记》

端阳城隍庙，在刺史堂之西，岁久就敝。弘治癸丑冬，郡守黄侯撤而新之，命生员陈冕来征记。侯，丰城人，名琥。予曩从吴聘君游，往来剑水，宿其家。自侯来守端阳，七年于兹，愈相倾慕，安能已于言耶。今天下府州县，有城郭沟池，有山川社稷，百神主之，而统其祭者，谓之城隍神。明制也，不俟言矣。然神之在天下，其间以致显称者，非以其权欤。夫聪明正直之谓神，威福予夺之谓权。人亦神也，权之在人，犹其在神也，是二者相消长盛衰之理焉。人能致一郡之和，于无干纪之民，无所用权，如或水旱相仍，疫疠并作，民日汹汹以干鬼神之谴，怒权之用，始不穷矣。夫天下未有不须权以治者也，神有祸福，人有赏罚，失于此，得于彼。神，其无以祸福代赏罚哉。鬼道显，人道晦，古今有识所忧也。中庸曰："致中和，天地位焉，万物育焉。"说者谓吾之心正，天地之心亦正；吾之气顺，天地之气亦顺。呜呼！信斯言之不诬也哉。侯治端阳，民畏之爱之，盖有志者也。故专以其大者告之余，皆在所略。

【康熙《高要县志》卷二十三"艺文志三"】

陆鏊：《重修关圣祠像记》

崇祯二载，日南至，予奉命守端，凡封内山川坛壝，例得瞻祀。则见郡东城隅有关帝祠，虽巍然鼎构，而岁久渐颓。今年春，观察李公捐资，鸠匠一新，轮奂惟是。神像风雨飘摇，金粉剥落，增而饰之，非守事乎？爰捐俸二十金，补所未备，迄竹醉日，惟公诞辰，像适告成，神所冯依，将在是矣。予乃有慨于公之生平及其英爽，亘古不磨也。当夫汉火方微，人逐其鹿，内逼权竖，版宇崩离，先主虽帝胄，乎一楼桑织屦儿，岂能崛起草莽，与天下争雄？公独徒步相从，间关血战，君臣兄弟，国势鼎成，此则公之功也。及其护从二嫂，秉烛幽扉，强项曹瞒，封还赠赂，虽高爵厚禄，不足羁縻去志，此又公之节也。至若吴蜀惠好，共守分疆，誓不使汉贼两立，公于此时左顾左重，右顾右重，即漫许吴婚，未为失计，乃毅然峻却，若不私境外交者，独于先主，虽流离窜失，生死久要，此又公之义也。大凡介胄之士，或昧《诗》《书》，其能以仁义为干橹者，百不得一，公独性癖《春秋》，□笃忠义，且优养军士，有古名将风，此又公之仁且智也。故生而正直，殁为明神。自汉晋唐宋，迄我皇朝，屡著英显而易名封也。如诛锄妖异，示现盐池，障抑洪流，奠安徐右，以至于今国本宁，于梦报庙，马汗而驱戎，则又公所以助顺圣明而垂庥荒服也。夫公以文谟武略，义胆忠肝，致主生前，流鸿万世，即不藉兹土木，其人岂与骨俱朽哉，曷为而庙之像之也？虽然，古者法施于民，则祀；以死勤事，则祀；以劳定国，则祀；能御大灾、捍大患，则祀。故朝有配食，野有庚桑，礼也，亦情也。公于五者无一缺焉，自宜崇祀巍像，弥满函夏，虽以弹丸端郡，而不绝蒸尝也欤。但今日者，小丑跳梁，地方时警。公英爽具在，自能阴殛。尤愿我文武诸僚及军民士庶，顾瞻庙像，肃然兴起，期矢忠良，以报君国而灭嚣氛，如公之佐汉，则庶几矣。否，吾惧公之不享，非类也。

【康熙《高要县志》卷二十三"艺文志三"】

萧元冈：《告城隍文》①

万历六年，岁在戊寅夏四月望前一日乙未，广东罗定州东安县知县萧元冈，敢昭告于本县城隍之神，曰：睠兹东安，旧为盘瓠酋穴也。仰赖天子威灵，一鼓歼灭，襄荒剔翳，开城置邑，则神于兹日歆兹殿礼者，实明兴以来所肇称也，其职不为尊且大与。冈奉天子命来官兹土，专务人事，典主祈祭，然与神并尊而均大。今者谒神，特与神约，外戢残寇，内绥初附，均田里，教树畜，通工贾，聚财货，且也尚简易，略文法，不刚不柔，从容以和。俾自命伊始，生生自庸，是亶在予。若神则宜撰德生灵，造命百物，回阳舒于阴惨之余，布春熙于秋杀之后，开瘴疠而洗劫灰，时雨旸而殖嘉谷，豹虎远敛，疫疾不侵，俾我政兴举，上恬下熙，是亶在神。夫在予者，予不敢怙其尊之必举其职②，以上纾天子南顾之忧，以冥符神之幽赞，乃在神者以视之。予则其力独擅而其功犹倍。予将以是卜神之举其职，又以卜神之不予违，而能践其尊且大也。谨奉瓣香，以告神之左右，惟神图之。

【康熙十一年《东安县志》卷一〇"艺文志"】

张溶：《乡约恒言序》

昔程明道先生为晋城令，民以事诣县者，必告以孝弟忠信。见民间子弟书，辄亲为正句读。张横渠先生守云岩，以敦本善俗为先。每月吉集乡之高年于庭，而亲酬之，使民知事亲敬长之义。前哲芳徽，具载史策。盖士君子学古人官，首当以教养为务，上不负朝廷，下无愧黎庶。矧兹八表澄清之会，既已永息烽烟，所当亟施韬铎。予宰莅泷西，地居山谷，民瑶杂处，其风土习俗迥异中原。兼军兴之后，荡平以来，民生疲劫已极。思

---

① 乾隆志记载作者为萧元冈。文中字迹模糊处，据乾隆志订正。
② 乾隆志为"予必举其职"。

所以挽回之，既招复流移，哀鸿甫集，又不可不为教育。孟子曰：壮者以暇，日修其孝弟忠信。爰以上谕衍为《乡约恒言》，合诸律例。又援引善恶果报，辑为一书，分给乡约耆老，俾朔望日公同讲诵。但求民俗尽反浇漓，率淳厚以仰答圣天子仁爱斯民之睿虑，以上体各当事大人兴行教化之本怀。惟夙夜匪懈，期岭徼残黎稍知礼义，是余之抚字苦心云尔。敢诩为政治也哉。适剞劂甫成，爰书数语以弁首。

【康熙五十七年《西宁县志》卷一一"艺文志二"】

林召棠：《肇庆府重修文庙记》

昔柳柳州有言，圣人之教与帝王之德俱远。肇庆，古端州，粤东西之中，岭南一郡会也。衣冠气盛，人物殷轸。前明中业，粤西蛮瑶蹂践数郡，戈甲屡动豹节所驻，严军重镇居中为声援，熊熊虎貔之训练，芝甲刍菱之征发，轮挽旁午，地迫不足以广黉舍，遂迁文庙于城东。因时徙建，盖未美备也。我朝文轸南暨，舟徼投锋，镜清砥平，外薄海甸，重熙累洽，播为弦歌。山川清夷，灵淑钟育，端州人物遂蔚为英俊之城。而庙学之制，兴废者屡，犹未崇赫。道光己丑，观察许公、郡伯珠公、邑侯叶公先后振兴，与郡诸君子（大）芘材鸠工，夷故基而新之，崇如廓如，孔曼且硕，殿庑宏显，庭涂开明。迁校武之场以正其基，廓南达之衢以通其气，规模既壮，形势益远，聊峰庄严，屏匝宸负。羚羊控其东北，大江输其西南，显川皋之崇深，增日月之辉朗，昭明有融，舒泻涤荡，岂非人事之隆与文明之运相助而兴者乎？今天子发潜阐幽，屡诏增祀两庑，所以陶冶而仪型之，有加无已。多士涵泳，圣涯□嚅，道真益讲，贯于明德新民之旨，必将琢磨圭璧之躬，黼黻丹青之化，盛德大业，发抒其间，所以彰南极之休明，翊万年之昌运者，于是乎在，岂特绾簪笏盛文藻而已哉？

【民国二十七年《高要县志》卷一二"学校篇一·学宫"】

黄奭：《城隍庙记》

天子以神武定天下，御宸极，访四方名儒，议礼制，度考文。洪武三年夏六月，敕郡县建城隍庙，悉更旧之式样，去神像，立排位，座倚、书案如官府。仪其制，则正堂前后有二，每室为间。则五廊庑，东西各一，每庑为间，各三。而庑房每处为间，亦二。其中则有仪门三，门外有重楼一所，省降图式，务欲壮丽。于是，府太守步公朝列览其图而营之，令各县遵承其事，惟恐或后。暨选廉能之吏，分至属邑而董治之，以府吏朱贤来四会督工。时知县承命主其事，分责判县王敬直。乃广土地，撤旧庙，鸠工聚材，从而执役者纷如也。彼昼尔宵尔，百工之人黾勉弗倦。逾两月，而大功告毕。前厅后堂，气势相高。仪门翚飞，廊庑共翼。丹青炳耀，朱碧炜煌。来瞻仰者，莫不敬悚。余适赴京，行将有期，归而告别于乡，目睹胜概。邑宰谓余曰："方令圣主，体仁履义。议礼仪，立制度，所因所革，皆合于宜。兹建城隍庙，更旧制而新之，皇朝盛事也。子盍记诸？"余惟人神一理而已，然城隍者，亦州县土主之神，监察吾民，福善祸淫，与官府何异？凡人知事人之道，则知事神之道。阴阳虽殊，一而二，二而一者也。兹邑宰钦承圣天子意，推旧作新，不扰于民，而事毕集，过者改观焉。其绩顾不伟与！余谫才不足以揄扬德意，漫引数语以纪其实。预是劳者县丞冯玉坚，典史朱子明协成其事云。

【康熙二十七年《四会县志》卷二〇"艺文"】

二　四礼

礼因情而生，因俗而异。广东西江地区融入中原文明后，以《朱子家礼》为蓝本，规范民众的社会生活。不少文人学士也留下了著述，比如明代怀集人梁方图曾撰写《家礼四训约要》，规劝邑人丧礼时弃用火葬。家礼以儒家伦理为准则，深入到社会中的每一个细胞，从而让社会中每位成员纳入王朝礼仪之中。这些资料分为冠礼、婚礼、丧礼和祭礼四类加以辑录。广东西江地区的冠礼多与婚礼一起举行，在婚礼中，方志编纂者试图用古礼来统一风俗，但也保留不少具有地方色彩的习俗，比如用槟榔作礼物等。广东西江地区的丧礼与佛、道、巫的联系较为明显，祭礼之中可以看出宗族的巨大影响。民国时期，政府采用措施移风易俗，试图改变婚礼、丧礼和祭礼中的陋俗，反映出风俗的历史变迁过程。从方志留下的记载中，既可看到官府和文人士绅教化民众的意图，也保留了不少广东西江地区特有的习俗，是研究广东西江地区基层社会的重要资料。

（一）冠礼

冠。明时男子多二十而冠，三加礼士大夫常行之。我朝奠鼎，制度维新。俗于娶之先日，父设醮其子加帽以冠之。

【康熙《德庆州志》卷二"风俗"】

男子多二十而冠，既冠而娶。三加礼，惟士夫行之。

【康熙《高要县志》卷四"地理志一"】

冠礼。男子二十而冠，其早者亦在十七八岁。既冠而娶，前数日择吉，至是日夙兴，具香烛，会族人，启告祖先。用衣顶服，或行三加礼。父母醮而字之，谒见亲长。他处已皆从略，惟新邑士夫有行之者。

【乾隆《新兴县志》卷二十七"风俗志"】

俗于娶之前一日醮子行加冠礼，命字。

【道光《封川县志》卷一"舆地"】

冠礼，鲜有行者。间有世家巨族，于合卺前数日张乐延宾，行加冠礼，亦古醮子之意，然而不数见也。

【道光《阳江县志》卷一"风俗"】

醮子必以婚日预为酒馔，遍延亲友，鲜行三加礼。惟请年德俱尊及子孙多者为之加冠，戚友贺以花红。

【道光《恩平县志》卷十五"风俗"】

冠礼，谓之"上头"，《采访册》。率临娶始冠。郝氏《通志》。

【道光《高要县志》卷四"舆地略·风俗"】

冠。男子十六以上而冠，于合卺前卜吉，延戚族之贤者，行加冠礼，告先祖，申训辞，张乐设饮，亦古者延宾醮子意也。然惟士夫家行之，庶民或略。女子将嫁而笄，则贵贱无异。

【道光《东安县志》卷二"风俗"】

冠礼俗谓之梳髻，必设圆仔，遣使请戚族宴，亦曰请来食梳髻圆仔。圆仔者，剪粉条大如指头，煮以盐汤者也。然率临娶始冠，女家亦同时笄。

【光绪《四会县志》编一"舆地志·舆地八风俗"】

冠礼。俗名上头，率临娶始冠于家庙。既冠而娶。亲迎，彩旗鼓乐，导以行。亲迎礼视贫富为隆杀。

【光绪《高明县志》卷二"风俗"】

冠礼。无用三加者，临娶始行之。三加者，初加缁布冠，再加皮弁，三加爵弁。今只一冠而仍存三加遗意，以祝辞略为停顿，分一次、再次、三次也。古者二十而冠，与昏礼不同年，纵使同年亦不同月日。考《番禺志》，有娶之前一日加冠醮子者，然即冠昏同日，可从权也。惟冠是成人礼，至重大，所筮加冠之宾，必须有德望及知文学者。今惟以夫妇双全多子孙者当之，甚或素不识字，其加冠祝辞多是村媪里妇吉语常套，于三加所最重成德者不一及焉，殊非尊重成人之道。自后加冠宜从周公所定祝辞，其辞见《仪礼·士冠礼》。始加祝曰："令月吉日，始加元服。弃尔幼志，勉尔成德。寿考惟祺，介尔景福。"再加曰："吉月令辰，乃申尔服。敬尔威仪，淑慎尔德。眉寿万年，永受胡福。"三加曰："以岁之正，以月之令，咸加尔服，兄弟具在，以成厥德。寿考无疆，受天之庆。"

冠少用醮礼，只请客云醮酌耳。醮是醮尽之义，饮成人以酒，酒必尽杯，且有饮而无酬酢也。周礼：适子则以醴礼之，余则以酒醮之。醴比醮其酒味为淡，近于太古质之至，所以尊适也。据冠义孔疏，周时适子，亦有用醮不用醴者。故后世凡冠子而酌之，统名曰醮。是日请客统名曰醮酌。又见有请客以嘉酌代之者，惟嘉礼不独冠昏，凡一切庆贺之礼，皆是嫌佻侗也。

冠则命之字，名字应相切。相切有正切，有反切正。切者如仲由字子路，宰予字予我。反切者如韩愈字退之，朱熹字仲晦。今不切者多矣，徒取吉祥，甚有冠后一两月或一两年然后字者，最奇未加冠命字先改别字，非独古无别字之例也，即例由习惯，而未有正字，安得有别字乎？

【民国《开平县志》卷五"舆地略四·风俗"】

（二）婚礼

婚。聘礼用槟榔、椰子、牲果、茶饼。富者金币相佐，迎亲多用鼓乐。亲迎之礼，间有行之，亲友家皆遣婢迎送。新妇抵家，婿俟于门导引归房，行合卺礼。次日清晨，妇谒舅姑及家长，皆用币帨，姑设席飨妇。越三日，庙见。嫁女务以妆奁、糖果、粉饵相高，虽竭所有弗顾。月余，婿与妇偕往拜妇父母尊属，以羊酒、鹅酒为贽。外族以金币酬之，谓之拜门。生子则杀牲设礼，以送亲朋，谓之饮姜酒。

【康熙《德庆州志》卷二"风俗"】

聘礼具用槟榔、牲果，富者佐以金币、茶饼。亲迎，请同辈偕行，导以旗鼓，谓之伴郎。以亲属妇人盛妆迎之，谓之接嫁。合卺聚亲属与婿妇对享，谓之暖房饭。嫁女务以妆奁、糖果、粉饵相高，虽竭所有不顾，多者或数百金。三日后以子妇见家庙及父母亲属，献币帛帨履，亲党交贺。月余，婿与妇皆往拜其父母尊属，各以贽，外族亦各以金币邀之，谓之回门。娶妇之后多异爨，生子则邀亲朋聚饮，必以姜，谓之姜酒。亲朋各馈牲礼果酒，谓之暖月。

【康熙《高要县志》卷四"地理志一"】

婚礼。议婚率以门楣，六礼多不备，嫁娶论财。女临嫁而笄，曰上头。诹吉，婿不亲迎，至则同拜花烛，余与关内略同。

【康熙《广宁县志》卷四"典礼志"】

俗尚质朴。婚礼，问名、纳采咸用槟榔、椰子、果饼、金币、格食，随力自办，不强责备。嫁女，妆饰、奁产、糖果、粉饵、随从仆婢，称家有无。母氏爱女，或竭所有，弗顾。娶妇日，母氏代男子亲迎。生子女，亲朋聚饮，以片姜送酒，谓之饮姜酒。弥月，亲朋各馈牲、米、酒、果、麟镯致贺，谓之暖月。娶妇数载，子妇多者必分爨。女族闻之，必遗以瓦铁、器物、牲米、酒食谓之润爨。有识之家病即服药，亲朋常造问安，或至寝室探视；沉疴数日，或来请祷。无知之徒多事巫觋，禳星跳鬼。

【康熙《阳江县志》卷一"风俗"】

婚礼。俗多鬐齘纳吉，迨行聘，具书帖、花币、鹅酒，以蜜果包为果盒，尤重者在槟榔、椰桂。二家各会客看聘礼，其代仪，视家之丰俭。至，嫁女之家先婚日抬嫁妆、椅棹、器皿、箱笼，多寡无常数。佐以粉饵，谓之随身茶果，颁送六亲。及吉期，夫家备舆，从鼓乐，亲友赠以花烛，迎娶。妇家亦盛仪送之。女至门，翁姑择女眷之厚福多男者接轿，婿即俟之于庭。是日，房中夫妻交拜，行合卺礼。或即日庙见，或越日，听。克择家言，所谓嫁娶周堂所宜也。庙见，献帨履于祖宗，次翁姑，次六亲。越日，姑嫜待饭，召亲眷新人，行拜茶礼。各出簪花贺之。邑生顾士光甘让《见闻杂记》有云，新兴初婚妇见夫行四拜礼，夫正立而受之，惟答一揖。依礼对叩，独陈少川之后行之。庙见之礼，惟依日家所择，兼司马氏、程氏之说，自庙见后，非问疾，媳妇永不得觐翁面。论者谓其太严，待翁之礼不无有缺。

【乾隆《新兴县志》卷二十七"风俗志"】

婚礼用槟榔、古劳茶为首重之物。娶妇鲜亲迎，先一日男女家俱行醮礼，延族戚叙饮，谓之坐花烛。夫妇饮膳，谓食饭房。案上珍馐罗列，必取咸鱼一簋，谓之久长饭。次早见家庙、翁姑、亲党，献币帛帨履，谓之荷惠，即古礼枣栗缎修以献意也。

【乾隆《鹤山县志》卷一"风俗"】

婚礼。邑中婚礼先通媒妁，次送年庚，次纳采行婚启，礼物随力自办，不相责备。然质朴之家亦有不用婚书，但以槟榔、酒肉当委禽者，更有编氓小户只用一小盒槟榔、以一言联二姓之好而无事繁文者。婚期已至，世家巨族于合卺前数日张乐延宾，行加冠礼，亦古醮子遗意。清淡之家虽不能备具礼文，然聚宗族，邀亲友，燕饮为欢，无贫富一也。婚期已至，男谋亲迎，女办妆奁。乾隆年间，中平之家妆奁之费大约数十金，或百金，即富厚之家亦不过三五百金。迩来，多有倍于此者，其在娶妇之家往往于省会雇请音乐、花轿。迎娶之日，人夫簇拥，鼓乐喧腾，时或更选侍婢一二十名，执灯轿前，光彩炫耀，以为观美，然此亦富家乃尔。至中下之家犹崇俭朴云。

【道光《广宁县志》卷十二"风俗志"】

男女嫁娶，先一夜延巫者至家，陈设牲醴，祀于中堂，谓之送钱。次日，陈酒菜，杞于门外，谓之送煞。

【道光《开建县志》卷一"风俗志"】

婚礼合卺，聚亲属，飨婿及妇，谓之暖房饭。质明，子妇见家庙及父母亲属，献币帛帨履。娶妇后，多异爨。生子宴亲属，谓之姜酒。

【道光《高要县志》卷四"舆地略·风俗"】

婚礼，先通媒妁，送年庚。次纳采，奉婚启。朴野之家有不用启，以槟榔代委禽者。嫁女，装饰奁产，以多为尚。母氏爱女，或竭所有而不之顾。娶妇，日鸣铜鼓，彩舆，张乐。或母氏，或姒娌，代男子亲迎。生子、女，亲朋聚饮，以片姜送酒，谓之饮姜酒。弥月，亲朋各有馈送致贺，谓之暖月子。女分爨，女父母必遗以牲米、酒食、釜锜器物，谓之润爨，虽贫富厚薄不齐，然未尝或废也。

按：江俗，婚嫁之费，动逾千金，甚或不惜破产，以为美观，因之以女为累，至有溺之而不举者。其事甚秘，法所不及，然而不仁甚矣。女亦人也，虑其嫁之不足，以遽忍绝其天性之亲，以为得计，是丰于嫁者之为祸烈也。风俗之靡，转移有渐，士大夫有能自拔于俗者，当思有以惩其弊而为之倡，庶有豸乎。

【道光《阳江县志》卷一"风俗"】

婚姻论阀阅、严故家小姓之辨。纳采行聘用果饼牲醴，而最尚槟榔，取榔蒟相配之义，名曰做槟榔。女家备礼回答，婿家曰回盘。

将婚，男家请期，谓之报日。届期，花舆鼓吹，迎迓新妇。豪富者盛饰夫马妆，艳婢罗绮彩结，辉映道路，以炫阀阅。女临嫁时，众女伴为之抗拒撕打，名曰打合。至有焦头烂额乃得夺女而出者，此即瑶畬之打寮，甚为不雅。近来亦渐革矣。

俗不亲迎。妇及乡门，婿始出迓，谓之踢轿门。以锦伞绣鞳导妇入房行合卺礼，设席款妇。妇不一尝，妇进婿酒，必双杯饮之。有坐受妇拜跪而不答一揖者，知礼家则不然。

婚夕设小酌，谓之饮梅酒。唱俚词，谓之合房歌。间有涉诙谐亵嫚，或索取糖梅，务令新妇出阁送钥者。

越日庙见谒祖，新妇以巾履枣栗拜献翁姑，此外非庆贺不见翁。又与诸小姑及妯娌环拜，谓之拜茶。

三日拜灶，主中馈。昔有逾月回门礼，今不行。惟女父母按节致馈问视而已。

生子以鸡酒送于女家，谓之报羹。女家以锦绷食物致馈，谓之送羹。邀亲友欢饮，必以姜，谓之姜酒。

【道光《恩平县志》卷十五"风俗"】

惟其所当昏礼，行聘用槟榔、蒟、茶叶、饼、酒果之属。迎亲用鼓乐。妇至门，揖婿以入，行合卺礼，曰暖房饭。次日，行庙见礼，妇谒舅姑用币帨。一月内诹吉日，婿偕妇拜妇家，尊属，贽以牲酒，曰拜门，生子杀鸡设醴以馈戚友，曰送姜酒。

【道光《封川县志》卷一"舆地"】

婚。缔婚不论财，只论门第相对。通媒妁，送庚谱，用书启。初行定亲礼，次行聘礼，兼约日期。将嫁，纳牲醴于女家，谓之过大礼。女家将牲醴为女告祖而笄之，男亦以是日行冠礼。婚日，男家鼓乐前导迎女。至家，行合卺礼。次晨，夫妇庙见，次拜翁姑，拜族戚，庆贺设筵。饮毕，竞看新妇，谓之闹房。婿与女随拜岳家，谓之回门。

【道光《东安县志》卷二"风俗"】

昏礼不亲迎，或遣人代行，则延童子之文秀者往，谓之礼生。有礼生必有接亲，则延戚族中妇之娴礼节者为之。同随花轿至女家，款以槟茶，先返。奠雁代以双鹅，女家受一回一。是夕婿家主昏或行醮酌，迨花轿至婿门，必炊一饭熟，接亲乃出，迎妇入升堂，即谒祖，曰拜堂。有礼生用祝文，先一夕习仪，曰教拜。此礼生与接亲虽不随花轿至女家亦必备也。拜堂后夫妇共牢而食，饮合卺酒，曰暖房饭。饭毕婿出，女仆施衾枕，倩戚族中妇之福命好者说吉利语，曰铺陈。戚友拥婿复入，曰送房。质明，新妇见舅姑戚属，献币帛帨履，曰递荷惠。是早，富者或设茶粥。茶粥者，汤开粉仔，出奁具中食物以送之。姑飨新妇曰待饭。梅酌日新妇出谢亲宾，曰过堂。侈者易服至二三次。宴毕，亲宾入闹房，曰打糖梅。有连夕来打者，有一月之内乘兴辄打者，今亦鲜矣。三朝新妇归宁，曰番面。是日婿见外舅姑，曰做郎。夜虽深，必新妇归而后往，亦有迟一二年而后请郎者，不必定于三朝做郎也。昏礼最重文定，俗谓之下定，即六礼之纳采也。是日婿家具书仪往，女家亦具书仪以报之，谓所报仪曰回水。两家皆邀亲族设筵宴，今多以纳币日并行之，而先以槟饼报，宜亦纳采意也。纳币即古之纳征，俗曰扛酒，亦必具书仪、设筵宴。论仪之多寡，则曰几杠。贫家有折杠者，一杠率折银四两或五两，然不肯尽折也。亲迎前一二月，行请期礼，谓之送日子。亲迎必导以鼓乐，极贫之家礼至省者，亦不肯缺，谓之只鼓只笛。无用哑轿者，所以别良贱也。亲迎亦具书，谓之妆启。女家不复，具回书送轿者至婿门，登堂款以槟茶而返。亲迎虽日中而往，花轿回必至夜分，寝而五鼓回，寝而黎明回，今则多日高而后回，以致拜堂、食暖房饭、送房、递荷惠、待饭诸事，皆于次日合而行之，既背昏字之义，且已非所诹之吉日矣。然此俗卒莫能尽挽也。

嫁女之家于婿家请期前，女郎不出房，谓之□房，□俗字读苟阴平声，躲于房避生人也。□房后，母为延戚属之女来相伴，谓之同伴。昏期前数日，女且哭且歌，女伴从而和之，以示惜别之意，谓之啼哭歌。每夕女眷来听啼哭歌者，列坐堂上，女于房中，别称呼为歌头，各以啼哭歌数句赠之。歌词每童而习之。不习，则倩女眷之善歌者预教之。女过门后数月，以食物馈各同伴，曰包心。

昏期前一二日，女家使人送奁仪于婿家，谓之迎嫁。装器用具，兼将食物。

生子满月必以姜卵、鸡肉、圆仔谢亲友之致贺者，或设筵以宴亲友，曰姜酒，亦曰鸡酒。

【光绪《四会县志》编一"舆地志·舆地八风俗"】

昏礼最重帖式，道光初尚然。先期延亲友中谙练者一二人，专司其事。凡父党、母党、妻党、尊辈、平辈、卑辈、全柬、折柬、单柬，帖各不同，称呼亦异，必明辨然后下笔。误则以为耻，所请或不受也。今则概用单帖，且刻板印行之，而无称呼矣。

然亦有今胜于昔者三事。昔之授徒者一人，受业束修之敬率洋银三元米六斗而已，今则自五圆、七圆、十圆不等。同治末且有送十两者，盖出省从师者多渐染风气，故尊师之礼渐隆。惜止知攻时艺，于经史诗赋习者尚少也。

　　昏礼重催妆，婿家延亲友数人，午夜至女家致意，坐未定，女伴即燃串炮以逐之，谓不忍新嫁女之早别也。客出，先使人备串炮于门外，燃而还掷，炮声人声一时喧杂，且放且行，渐远女家而止。浸而兼放花筒或竹制喷筒射秽水，不及避则污衣伤人。客乃备藤牌以御之，亦备花筒以报之。女不敌则男从而助之，几如械斗比比然矣。有识者乃先遣媒与女家约，差人持名帖致意，期无失古礼而已。又迎亲之次日，备梅酌以谢亲友，必新郎躬诣亲友之门敦请，非是则以为不敬，将不来预宴，而新郎苦矣。二十年前始有差人持新郎名帖往请者，两事皆邑绅吴显时毅然矫之，而邑人从之。数十年恶习颓风为之尽革，转移风气之功不小。近乃竟附新郎名帖于酒帖中，不别差人，未免太简。

　　府志谓昏姻论贫富，此语未可厚非。谚云"竹门对竹门，木门对木门"是也。旧志谓以槟榔为常礼，则引府志。南中八郡志所云，款客必先进槟榔，若邂逅不设，用相嫌恨者，今亦不尽然矣。惟昏礼必用槟榔，纳采纳币皆重之。有片槟、干槟、湿槟之别，皆以椰子青蒟配片槟，盛以锡盒，下垫青蒟，上排椰条，中放椰子头。椰子头者，将椰子六分之，取其一，向两头尖处分左右，切薄条及半而止，间以一条屈作圈，如鼠耳中染胭脂。然此为单头妇人道喜用，以将敬，不为昏礼用也。昏礼则用双头，取椰子，四开之，一切如前，作两头联合之形，槟盒加雕花，无底圆格，添放生花，谓之随路槟榔。干榔、湿榔皆盛以杠格，杠读若降，略大于漆盒，每杠四格，有盖，盛以四柱架，架上置铁环，贯竿两人抗以往。阮《通志》引《粤东笔记》谓广州数食箩曰几头者，即此也。干槟用一二格，配以整个椰子，一二双挂于杠柱，不用蒟。湿槟用一格，配以花椰。双蒟花椰者，用椰子去壳，中分之，削皮，画龙凤牡丹之类于其上。双蒟者，叠雨叶剪红纸以束其蒂。花椰用一二对蒟，多至二三十束，同置一格中者也。蒟本音矩，土人读楼，阳平声。

【光绪《四会县志》编一"舆地志·舆地八风俗"】

　　婚礼，妇归，伴郎相婿，俟门以迎，合卺，选亲朋少年飨郎及妇，曰吃暖房饭。男伴以少男，女伴以少女。新妇明日见家庙，执赘见舅姑，献帛、履、帨、荷囊于亲友尊者。三日后归宁，曰回面。娶妇后多分爨，生子设宴，曰姜酒，曰鸡酒。亲友以月柿、花布衣致馈。

　　按：《传》曰：女有家，男有室，毋相渎也。《礼》曰：婿亲迎，舅姑承子以授婿，恐事之违也。先王之坊民若是，其严乎。邑素敦古礼，之子于归，少往多来，顷因流寓他乡，染其恶习，渐有嫁而不归者。倘浸淫成俗，大关风化，非细故也。亟宜各整乡规，甚则请示严禁。区为梁识。

【光绪《高明县志》卷二"风俗"】

习俗移人，贤者不免，而积重难返，亦贻累无穷，有识者所宜提倡改革也。乡俗婚丧诸仪，多从省略，惟酒食之费，则耗滥无等，贫者苦之。婚礼宴客，有梅酌、醮酌、飱酌，而客或多至数十百筵，贫者力不能举，婚嫁因而愆期者，往往有之。近政府提倡厉行节约，革除陋习，于是各区乡多有风俗改良之组织，婚客宴客，只限梅酌一次，其余醮酌、飱酌等概免，如违处以五元以下之罚款，并罚主婚人向国父遗像俯首默念三十分钟。

【民国三十七年《高要县志》卷十三"礼俗"】

《风俗改良统一办法案》

第一，关于婚姻者

（一）定婚年龄男子须过十七岁，女子须过十五岁，以免抵触法律，及有早婚、悔婚、退婚之弊。

（二）择配手续子女及年论婚，为父母者如为之择配，应征得男女双方同意。为子女者如有意见，亦应直陈于父母之前，庶免盲婚之弊。但如子女年龄甚长均能独立，及无父母者，只由男女双方同意亦可。

（三）文定礼仪男家具帖及礼物少许送到女家，女家具礼帖信物回答，所有糕饼、枝圆、槟榔、粉面、酒肉，互索以为请酒分人者一概免除，并不得索礼物论价类于买卖。

（四）报日（大聘）礼仪与前项同，所有请文定酒、请过大礼酒等，男女家一律免除。

（五）嫁娶礼仪吉期前一日仍照俗例，男家权担猪头，女方送嫁妆，但丰□称家有无，随人自由。惟仍以俭约为原则，两家不得有任何索取，如有索荷惠鞋、姑叔荷包、姊妹群伴、巾扇、爆竹、瓜子、生果及分水丸等。

（六）亲友贺喜亲友致贺无论财物，其价额为朋友者不得超过一元，为亲友者不得超过二元，至于贺喜茶等目自应革除。

（七）主家请酒女家于送嫁妆日请笄酒，男方于吉期日请梅酌，均限于一餐，每席八餐为度。此外如醮酌、请客酒、散客酒、起轿酒、分酌面及婚后之新婚酒等等，一概免除。

（八）女子于归宜于上午，出门时由伴者引之，向祖先父母长者恭敬辞行，父母长者随意致调词。至哭歌打闹及延不上轿者，一概禁止。

（九）新婚初见宾客宴毕，由新郎引导新妇向各亲友行相见礼，逐一介绍，俾便日后认识。所有闹房、笑谑、烧爆、藏物等种种陋习，一概革除。

（十）三朝礼仪女子归宁父母，新婚往拜外舅姑，不得互相索物品，如担回门茶等。女家除款新婿外，亦不得再设席请客及做大姑酒情事，女子并不得归宁不返，或不落家。

（十一）婚后时节嫁娶后第一年时节，亲家往还馈赠，须任主家随意，对方不得索取若干，以为分派。即有馈送，如新年、蒲节、中秋、冬节等，亦只限于男女双方之祖父母、父母兄长，其他亲属均应免除，以归节省。至于回门二面松糕、出月茶、五月粽、冬茶、年茶、灯茶、郎家茶、生日茶、进学茶及索担黄瓜、茨姑等等，均应一概革除。

（十二）婚后生子女家送物，亦本乎情；男方需索，则悖乎礼。如担三朝、担董埕等自应革除。至于新丁酒、请满月酒、请开灯酒、请进学酒，则习尚于奢，并应取缔。

（十三）其他索取如分爨异居，则索担分镬；翁姑诞辰，则索担生日茶；

新居生梁入伙，则索取礼物；洞堂落成及各种神诞，又索取茶果酒肉各物，诸如此类，非一般人财力所能者，均应一律禁止。

【民国三十七年《高要县志》卷十三"礼俗"】

其婚姻之礼与他郡略同，而名称少异。媒以女生辰送男家，曰通小年庚。事谐，报以槟饼，曰回话。槟榔继而纳币，曰文定，俗称曰通大年庚，又称担酒。报婚期，曰请期，俗称报日。

按：古人重卜，故有问名、纳吉之礼。后世卜法不行，《朱子家礼》已省。

【民国《罗定县志》"地理志第六"】

冠礼、醮子礼均于娶前并举，从简便也。主人设筵中堂，具衣冠，正婚者之位，陪以少者四人。举爵醮子，加冠于首，勉以成人。婚者拜受，陪者亦相率拜。爰将所命之字，以鼓吹送于祖祠，悬于壁上。贫者不设醮席，惟命字，悬于厅堂。娶之日，备礼物，随彩舆鼓吹往迎。先是，婿室以斗盛米，上燃双灯，择妇人偕老有子者二人，采时花插于斗上。及妇至，即以二人为引娘，捧筛箸，俗呼快子，置于舆下，令妇跨之，传席而行，足不履地。婿俟门外，揖妇入。送娘者相妇，答揖，随入室拱手，以俟姑至。命之坐，乃敢坐。是日设燕，酒阑，众宾得请命于主人，入婿室，谓之闹新房。寻燃花烛，择男子为之，并祝以吉语，婿妇行合卺礼，谓之洞房。馔同器而盥，谓之洗和顺水。婿送宾出，引娘施衾枕，妇易服，众宾各燃爆竹，送婿入。天明，妇夙兴，备枣栗、脯酒，行庙见礼。毕，见舅姑于堂。婿妇奉儿偕拜，次及亲属，各答以揖拜有差。妇献帨履各物，谓之荷惠。其暮，妇诣姑所，奉匜请盥，明有孝也。三日就厨，始主中馈。

按：粤俗闹新房，往往举饮醉呼恣为谑。总《吾学录》曾继之，惟酒以合，献而无悖于体，斯为可也。古者三月而庙见，朱子以其太迟，改用三日。今粤俗类皆明日谒祖，旋拜见舅姑，事从其省，而礼尚不废。

女子将嫁，深自闭藏。父母选少女伴之，谓之伴姑。亲属具牲酒为饯，女唱骊泣别，盛服出。诸妇送之门外，诸弟侄送之闾外。越三日，母家备餐果、茶素探望，七日亦然，谓之三朝茶、七朝茶。婿偕妇往谒其父母，粤中多以三日，或弥月，谓之回门。惟泷俗较迟，别诹吉行之。婿至，兄弟迎于村外，揖导之入，拜谒祖祠暨尊亲如仪。主人宴以盛馔，比归，饯于门外，赆以牛豕、餐榼，务厚其礼。贫者亦有鸡豚、餐榼以压归装。

【民国《罗定县志》"地理志第六"】

六礼。纳采、问名、纳吉、纳征、请期、亲迎。今之夹年生即古之纳采，同时问名不别行礼也。

定亲即古之纳吉，且雅其辞曰文定。《诗》：文定厥祥。笺文礼也。文定兼纳征，言之非如今之定亲便了。

做礼即古之纳征。征，成也，所以成其亲也。宋政和避仁宗嫌，名改为纳成。司马《书仪》以春秋有纳币之文，改为纳币。《朱子家礼》因之。古于六礼，惟纳征不用雁，以其有束帛为贽也，今则正。惟纳征用雁，以雁难得，用鹅代之。鹅名舒雁，见《尔雅》释鸟。故以鹅代雁，不嫌也。

送日子即古之请期。做礼时多将日子放帖合内，女家受之。迟日用少许礼物回一遵期之帖，或此帖于做礼之日放在回帖合内。此简而可行者。

迎亲少行亲迎礼，物亦比做礼从减。独果子如枣子、莲子、芝麻子之类则加多，女家即以便送女之用。枣子取其早子也，莲子取其连子也，芝麻子取其子之蕃盛也。古多同音假借，《士昏礼》：挚舅姑用枣栗腶修。贾疏：枣栗取其早自谨敬，腶修取其断断自修。

新妇下轿尚见太阳者，多男家先通知女家，谓要早来，取其带太阳入屋也，于昏礼昏字之义不对。《士昏礼》：凡行事必用昏昕疏昕，明之始也。纳采、问名、纳吉、纳征、请期，皆用昕，君子举事尚早，故用朝旦也。用昏，亲迎时也。取阳往阴来之义。且记云：嫁女之家，三夜不息烛，思相离也。女子对于父母家多留一时，则多尽一时之情。用昏不用昕，礼本人情者如是。今俗少用昏，而仪仗虽白日不废，提灯则用，昏之古意犹存焉。且近今夜行多不测，昏字得其意足矣。查鹤山风俗，竟有昏尚不来，迟至天将明始至。又不可为训。

新妇入房，向新郎递双杯，是礼文合卺之遗。其时新妇有女子为伴姑，新郎有男子为伴郎。如记所云，为酒食以召乡党僚友。唯伴姑常彬彬有礼，而伴郎则谓之乱房，又谓之反新娘。礼数曾伴姑之不若，闺阃之间，妇女所聚，乃群饮喧呼，恣为谐谑，闹房歌亦媟黩不堪。礼本以厚别为义，反以无别行之可乎？

新妇戴花蓬，他邑或用红布代之，谓之头帕。

嫁女以妆奁相夸耀，尤尚糖梅。亲友造新昏家，戏索以为热闹，谓之打糖梅。此风东莞最盛。见莞志。凡速客于新昏之翌日，曰梅酌。本此。梅酌日见家庙翁姑亲党，献币帛帨履，谓之荷惠。翌日，拜灶主中馈。邑嫁娶向来崇俭，近年奢风大开，有中人之家而一费千金或数千金不等者，奁聘与酒食之费俱奢也。俗尚早昏，因此不患过早而患过迟。男女风气多受影响，有倡崇俭会者，尤为嫁娶提议，惜旋举旋废。但有其举之，终有一日成为风气，则莫大之福力也。又必倡自缙绅之家，转移更易。

鬼男娶鬼女，鬼女嫁鬼男，谓之冥婚，非嫁娶之正也。殇未成人，何得以成人之礼待之。《通鉴》：建安十三年，邴原辞曹操事可读。

在制嫁娶，忍心殊甚，革而正之，是在乎识礼之家。《通礼》言：议昏者无朞以上服方可行之。期服尚不能议昏，何况三年？《春秋》：文二年公子遂如齐纳币。《公羊传》曰：三年之内不图昏。图昏即议昏，服制未满二十七月，非独纳币、请期、迎亲不可行，即纳采、问名、纳吉亦然。

【民国《开平县志》卷五"舆地略四·风俗"】

吾邑结婚仪式，大半仍沿旧俗，其用新式者，谓之文明结婚。各纪其节目如次：

旧式婚礼。男女既成年，父母为之订婚。亦有未成年而先订婚者。无父母兄或伯叔主之订婚之礼曰纳采，或曰文定，取《诗》"文定厥祥"之义。是日也，婿家备礼书，文定时亦有不用礼书者。主婚人名帖及槟榔饼果之属，首饰金玉随宜，名曰定头，遣使随媒人奉以如女氏，女氏受之亦报以礼书，主婚人名帖及针线、佩带、面粉、生头之属。生头者，小雌雄鸡也，乡俗尚之。婚有日矣，使媒者送吉章，前期旬日，婿家致礼饼于女氏，女氏以馈亲友，名曰过礼，即古之纳征也。俗用礼物甚繁，贫者苦之，今亦稍从简约矣。婚期前一日，婿家备全猪一头及鸡鹅酒醴之属致于女氏，名曰担猪头，女氏亦于是日致奁具于婿家。媒氏及使者致命如初，及期，婿家醮子，女家醮女，各如仪，婿家备彩与鼓乐以迎新妇。古时新婿至妇家行奠雁礼，谓之亲迎，今亲迎不行已久，惟媒者往返为导而已，而使者投新婿名帖于女氏，犹书曰奠雁生某姓名执绥，盖犹存其文也。新妇揖以入，此亦犹行古道而俗乃谓之踢轿门云。古者三月而后庙见，今则妇至之日，或明日之行，谓之拜堂，见舅姑，以次及于尊亲卑幼各如仪。归房行合卺礼，俗谓之食煖房。夫共牢而食，合卺而饮，以我泰体同尊卑也。而今之食煖房者，新婿高坐床上，新妇跪进饮食，如奉鬼神状，失礼意矣。既婚三日，妇归宁，婿亦往妇家行谒祖礼，并谒见妇之父母及妇党诸亲。乡间旧俗，新婿往妇家不限于婚后二日，有数月、数年或数十年始往者。

　　新式婚礼。婚日男家戚友咸集，家长上首立，率新郎行谒祖礼，三鞠躬，新郎向家长行三鞠躬礼毕，肃立。家长致醮词，命以字，授新郎爵，一鞠躬而受。立饮毕，反爵于执事者，家长命亲迎，一鞠躬，退，遂如女家，戚友参加迎亲者随行。迎亲仪从排次如下：

　　（一）号灯；

　　（二）音乐；

　　（三）近亲礼物；

　　（四）介绍人车舆；

　　（五）迎亲花车或花轿；

　　（六）参加迎亲戚友。

　　新郎抵女家，车舆止于门外，介绍人先入谒，主人率众迎于门外。新郎从至厅事，陪宾招待茶点，家长出礼堂，上首立，率新嫁娘行谒祖礼，三鞠躬，新嫁娘向家长行三鞠躬礼毕，肃立。家长致醮词，为新嫁娘加头纱，授新嫁娘爵，一鞠躬而受，饮毕，反爵于侍者，新嫁娘退。家长请新婿出礼堂，家［长］上首立，新婿向家长三鞠躬，侍者奉新嫁娘出，向家长行于归礼，三鞠躬毕，登舆。新婿向家长告辞，一鞠躬，家长送之门外，视新婿登舆乃反。送嫁仪从适用迎亲时之排次，戚友参加送嫁者随行。结婚地址，在公共礼堂或家庭行之，彩舆既抵行礼处所，新郎挽新妇先入，诣更衣处小憩。男家家长招待女家家长及送嫁戚友，入客室序坐。举行婚礼时，司仪赞唱节目如下：

　　（一）齐集；

　　（二）奏乐；

　　（三）主婚人入席；

（四）介绍人入席；

（五）证婚人入席；

（六）新郎新妇入席（男女傧相引）；

（七）男女亲属来宾皆入席（以上席次如下图）；

（八）全体肃立向国旗、党旗、国父遗像行鞠躬礼；

（九）新郎新妇行结婚礼（新郎新妇相向立互行三鞠躬礼）；

（十）证婚人宣读证书；

（十一）新郎新妇盖章或签字；

（十二）证婚人介绍主婚人，以次盖章或签字；

（十三）新郎新妇交换信物，奏乐；

（十四）新郎新妇向主婚人行谒见礼，三鞠躬；

（十五）证婚人致词；

（十六）来宾致词；

（十七）主婚人致词；

（十八）新郎新妇谢证婚人，三鞠躬（证婚人退）；

（十九）新郎新妇谢介绍人，三鞠躬（介绍人退）；

（二十）新郎新妇谢来宾，一鞠躬；

（二十一）奏乐礼成。

按：今通行仪式缺十四项，而于十九项之下，增"新郎新妇谢主婚人三鞠躬，主婚人退"一节，随人酌用之，但以情礼言，十四项实不可省。而新郎新妇对于家长亦不必视同外宾，一礼答谢。至就主婚人言之，是时来宾未退，亦不宜先退。

婚礼辨位图

| 音乐席 | 女介绍席 | 女主婚席司仪人席 | 党旗 | 国父遗像 | 国旗 | 男主婚席司仪人席 | 男介绍席 |
| | | | | 新妇 | 新郎 | | |

证婚人席

礼案

女傧相　傧相

来宾席

结婚翌日，具酒礼，家长率新郎新妇行谒祖礼（乡族有祖祠者于祠行之，无祖祠者于供奉祖先之所行之）。家长前立，新郎新妇次之，三鞠躬，礼成。撒酒醴，餍新郎于中庭，叙坐如常宴会仪。结婚三日新妇请命于家长，归宁父母家，向家长告辞一鞠躬；诹日或四日，新郎往妇家行谒祖礼，三鞠躬；随谒妇家尊亲属，三鞠躬；与妇家戚友行相见礼，一鞠躬。

集团结婚。集团结婚者，集合多数适龄合法之结婚人于同一场所举行结婚典礼。此别一种新式婚礼，有合乎抗战时政府厉行节约之旨者也。始于三十年八月，县党部李书记长显仁联合县政府及三民主义青年团高要分团，组织高要县集团结婚委员会，举办集团结婚，以推行新生活节约运动及养成善良风俗为宗旨，定以是年双十节国庆日举行第一届集团结婚典礼，参加者不分县籍，惟须有结婚人三对以上，方得举行。是时报告参加者，有男女十二人，凡六对，及期举行结婚典礼。其节目：

（一）齐集；

（二）证婚人就席；

（三）主婚人就席；

（四）介绍人就席；

（五）男女傧相引新郎新妇入席；

（六）奏乐；

（七）唱国歌；

（八）向党国旗及国父遗像行三鞠躬礼；

（九）新郎新妇用印；

（十）介绍人用印；

（十一）主婚人用印；

（十二）证婚人用印；

（十三）证婚人致训词；

（十四）主婚人总代表致训词；

（十五）介绍人总代表致训词；

（十六）来宾致颂词；

（十七）答词；

（十八）新郎新妇谢证婚人三鞠躬礼（证婚人退）；

（十九）新郎新妇谢主婚人三鞠躬礼（主婚人退）；

（二十）新郎新妇谢介绍人三鞠躬礼（介绍人退）；

（二十一）新郎新妇谢来宾以鞠躬礼（来宾退）；

（二十二）新郎新妇相向一鞠躬礼（男女傧相相引新郎新妇退）；

（二十三）奏乐；

（二十四）拍照；

（二十五）茶会；

（二十六）礼成（鸣爆）。

证婚人：广东省党部执行委员会兼三区党务督导专员曾集熙。省政工队、社会服务处司仪、宪兵区队纠察、县政府、纠仪、青年团傧相，而以县党部总其成。时间：十月十日下午二时（标准钟）。地点：高要县党部礼堂。服装：新郎穿灰色或蓝色中山装制服帽或长衫毡帽，新妇穿粉红色或蓝色旗袍，头纱可自备。是日也天气晴和，以事属创举，来观礼者甚众，万人空巷，车马盈门，颇极一时之盛。其后第二届第三届集团结婚，于三十一年、三十二年元旦日赓续举行，盛况有加于前，惟地址改于中山纪念堂行之。第三届证婚人为第三区行政督察专员王仁宇。自经三次举办后，政府亦以每年元旦及国庆日列为集团结婚良辰，通令县属各乡斟酌举办，而县属第四区作人乡亦于三十二年元旦举办第一届集团结婚，有鸳侣四双参加，礼仪秩序颇有可观云。

考《仪礼》，古昏礼有六：曰纳采、问名、纳吉、纳征、请期、亲迎。今世所行者惟纳采、纳征二者而已，若亲迎则迎而不亲也。纳采者何，谓纳其采择之礼，使人如女氏，而女氏纳之。既纳采继以问名，问名者，问女为谁氏，意不敢质言为主人之女或抚育他姓者也，今以文定当纳采。其先媒氏已通姓氏故问名阙焉。纳征者何，征成也，谓纳币以告成也（今谓之过礼）。司马温公《书仪》因避仁宗嫌名，改纳征为纳币，《朱子家礼》因之，而纳币之先，尚有纳吉一节，谓归卜于庙得吉兆，使复于女氏，昏姻之事，于是乎定，后世卜法不行，故纳吉阙焉。而纳币时已报昏期于女家，故请期又阙焉。古六礼中，亲迎最重，而后世已多不行，《诗》俟著篇所由刺也。而今之慕效欧风，所谓文明结婚者，婿先至妇家以迎新妇，同至行场所，犹古迎亲意也。又古六礼纳采至请期皆用听，日出时也，《诗》云"雝雝鸣雁，旭日始旦"是也。惟亲迎必以初昏为期，故曰昏礼。其必以昏者，盖取阴静之义，阳往而阴来也。仪礼期初昏，主人乘墨车，从车二乘，执烛前马，主人谓亲迎之婿以昏时往妇家，故使人薰炬火居前以烟道也。今之娶妇者，恒以日中，惟仪仗用镫，尚存遗制。《礼》曰："嫁女之家，三夜不熄烛，思相离也；娶妇之家，三日不举乐，思嗣亲也。"今俗嫁女家用龙凤礼燃至通宵，盖仿于此。《礼》曰："昏礼不用乐，幽阴之义。"又曰："昏礼不贺，人之序也。"《曲礼》："贺娶妻者曰：某子使某，闻子有客，使某羞。"以主人有嗣代之感，故不斥言贺主人昏也。晋成帝纳杜后，群臣毕贺，议者以为非礼。穆帝纳后，议贺否，庾蔚之引《礼》文及郑注以对，于是遂不贺。今人鲜知此义者矣。

古有抢婚之风，中西所同，后虽不行，其迹尚存于礼俗。欧俗嫁娶，为夫婿傧相者称良士，此古助人夺妇者也。为新妇保介者称扶□，此古助人扦贼者也。既合卺，婿与妇相将外游，逾旬时始返，谓之蜜月，此所以避女氏之锋而相与逃匿者也。说本严译《社会通诠》。今之行文明结婚礼式者，亦莫不有相傧相，男曰伴郎，女曰伴娘，殆犹躔此习惯而不自知也。

吾国男女同姓不得为婚，自周以来悬为厉禁。孔子曰"同姓为宗"，有合族之义，虽百世婚礼不通，周道然也，然则自周以前，固有同族为婚而弗禁者矣。尧舜圣人也，尧以二女妻舜，考《史记》三代世表，尧属黄帝子玄嚣之后，舜属黄帝子昌意之后，非同族乎？惟五帝时有因生以赐姓之法，同德则同姓，异德则异姓，其所辨别，非后人所能知也，故有同生而不同姓者矣。《国语》黄帝、炎帝同出于少典，黄帝以姬水成，炎帝以姜水成，成而异德，故黄帝为姬，而炎帝为姜，黄帝之子二十五人，其得姓者十四人，为十二姓，姬、酉、祁、巳、滕、箴、任、荀、僖、姞、儇、依是也。惟青阳与苍林氏同于黄帝，故皆为姬姓，是父子兄弟有同姓不同姓者矣。尧伊祁姓，舜妫姓，非同族而不同姓乎。《传》曰：异姓则异德，异德则异类，虽近，男女相及以生民也。同姓则同德，虽远，男女不相及，畏黩故也。注：相反之谓嫁娶也。不同德则族属虽近而可嫁娶。此说后人故多疑之。而今西人有七等不得通婚之制，视吾国古俗尤严，己所生之子女及兄弟所生之子女、妻兄弟所生之子女、己姊妹所生之子女皆不得婚姻，此与中土同。并中表而不得为婚姻，是为第一等。女所生之二女或彼此各嫁一姓，又各生子女，亦不得为婚姻，是为第二等。各嫁一姓各生之女，必将更嫁各姓，各生子女，亦不得婚姻，视为第三等。由此推之，至于第七等而止。是族属相近者，异姓亦不得为婚姻也。惟至七传以后互通婚姻，虽云孙之子可与云孙之女为婚，曾不知八世以上之祖仍是一人，七世之祖犹是胞兄弟也，可乎哉？故同族百世婚姻不通，周道为宜，母族、妻族尽于七世可也。周时又有姓氏之别，女子称姓，而男子称氏，姓以辨婚姻，而氏以别贵贱。盖贵者有氏，贱者有姓而无氏。女子称姓者，如鲁姬、齐姜、宋子、秦嬴之类，鲁昭公娶于吴为同姓，不称姬而诡曰吴孟子，陈司败议之。男子或以国邑为氏，如韩、赵、魏；或以官为氏，如司徒、司马、司城；或以王父字为氏，如鲁之展、臧，郑之国、罕、驷皆是。盖一姓可分为数十百氏矣，氏同姓不同，可以为婚，姓同氏不同，不可以为婚也。自秦以后谱牒之学废，而族姓混淆，士多数典忘祖，而以氏为姓矣。今之姓，犹古之氏也。今之异姓为婚者，推其本始，或仍属于同姓，未可知也。《礼》曰：娶妻不娶同姓，故买妾不知其姓则卜之。《传》曰：男女同姓，其生不蕃，不惟黩敬或至灭嗣。是以君子慎之。

【民国三十七年《高要县志》卷十三"礼俗"】

【婚礼陋规】婚嫁之后，尚有担茶送节之例，所费亦不赀。担茶者，男家向女家索取，一曰"新郎茶"，亦名"回面茶"，因新婿既婚，尝至妇家谒见女父母，以此馈于婿者也。二曰"冬茶"，因冬至节而馈送者也。三曰"灯茶"，以农历正月十五日为元宵，亦名花灯节，先期送纸灯一悬于婿家，名曰"担灯朥"。以牲醴及茶，名曰"灯茶"。此外又有翁姑生日茶，茶等用米粉搓圆，置沸油中研炸，外圆而中空，名曰"煎堆"，每次约送数百枚，多至数千枚。送节者，五月五日端午节，女家送粽于男家，其数亦巨。八月十五日中秋节，女家亦索取男家馈送月饼并朥以豕肉，遍及女族各姻戚家。

【民国三十七年《高要县志》卷十三"礼俗"】

【婚俗需改革】婚礼之变勿流于野。婚姻者，礼之本也，人伦之所由始也，是以君子重之，故曰："敬慎重正，婚礼也。"敬慎重正而后亲之，所以成男女之别，而立夫妇之义。男女有别，而夫妇有义，夫妇有义而后夫子有亲，故曰："婚礼者，礼之本也。"伏羲时始，俪皮为礼。周有纳采、问名、纳吉、纳征、请期、亲迎诸仪，谓之六礼。我国数千年行之。虽行之或不能备，而固未尝不行也，且婚礼必以仪物将事者，非重其物也，所以敬夫妇之始，而勿容苟也。若力不足，虽一禽一果，岂得议其过俭哉？又曰聘则为妻，奔则为妾，所谓"奔者非必奔逃"之谓也。礼不备，聘不行，无媒而苟合者也，谓之奔矣，故曰："名不正则言不顺也"。迩因名声困苦，物质奇昂，于是有倡为俭婚之说者，固亦理所宜然，然所谓俭者，亦在节省其论财论物之俗尚，与繁文缛节之周旋，乃世人竟讦姘识之结合为俭婚，不待父母之命，媒妁之言，又无仪物之将，旅行同居，遂以成礼。此与逃奔者，何以异乎？而岂妻之谓乎？夫妻者，齐也。一与之齐，终身不改，故敬慎重正其始者，乃有以善保其终，而易合者必轻离，故退婚离婚之风，昔之人视为不祥而不肯轻为之者，今则数见不鲜以为常事。男女离异，公开登报，恬不为耻，可以觇世变矣。所谓夫妇之道苦，而淫辟之罪多也，故曰婚礼之变勿流于野，此也。

【民国三十七年《高要县志》卷十三"礼俗"】

(三) 丧礼

丧。礼俗用浮屠，士夫间有遵行家礼。然衰绖不解，朝夕哀奠，则士庶皆然也。有年高而终者，则子孙设席以款吊宾。然感于堪舆、风水之说，有逾十年不葬者。葬颇奢靡，亲友会葬而至者。

【康熙《德庆州志》卷二"风俗"】

丧礼多用浮屠，尚设七，衰绖不解，朝夕号哭。序奠，期功以上男子寝于外室，谓之守丧。亲朋相赗，然泥风水藁葬逾数年者有之，葬颇侈。

【康熙《高要县志》卷四"地理志一"】

丧礼厚薄，称家贫富。亲朋多行赗奠，贫者不择地而葬，稍有力者必请堪舆家选吉地，然后营葬。多停柩屋内至数载，始归宅兆。丧家荐奠，治酒为具，动费不赀。坟墓多用灰隔，房屋多用筒瓦，抹灰，少开窗牖，以防飓风。房内多架楼阁，贮顿衣服箦箱，以避潮湿。衣服常用韦布、蕉葛，从其简便。罗绮丝纻，素封子弟间或用之，不相竞侈。

【康熙《阳江县志》卷一"风俗"】

丧礼。皆作佛事。死之日，曰倒头。经三日，曰暖伴。经逢七，则广召浮屠，挂榜扬幡，行香取水，曰念大经。即无力之家亦不免，但曰念小经，则惭愧矣。葬之前夕，亲友多携盒辞灵，曰坐夜。丧家辄向穗帷，作剧宴客，鼓乐通宵，吉凶不辨，且多浮厝郊外，殊为怪异，移风易俗者宜禁之。

【康熙《广宁县志》卷四"典礼志"】

丧礼。有丧之家聚族襄事，备衾棺，殓毕，择司书、司宾，告讣音，不送，各家惟贴于城门通衢，遍达亲友。定吊期，客之款待、荤素，从其家。制，遇七则祭者每用浮屠，遇旬乃祭者纯用家礼。逾月而葬，从宜也。或艰于物力，或惑于堪舆，则有逾年，至数年不克举者。居丧三年之内，惟衣麻布，不与外事。风俗颇厚，但丧费大奢。吊丧之日，不论身家厚薄，俱用吉席盛馔，多有临时称贷措办者。女客每席之外，更添馋盘八簋，葬亦如之。惟题主，尚依古式。

【乾隆《新兴县志》卷二十七"风俗志"】

丧葬多仿古礼，然亦有惑于僧道斋醮及风水之说。里有丧事，邻近各敛钱为酒食代款吊者。

【乾隆《鹤山县志》卷一"风俗"】

丧礼。有丧者之家临丧讣告，亲友各奔吊哭之。朱文公家礼，绅士家间一举行。而戒荤、啜粥、寝苫枕块，□闲贫富焉。择地而葬，必请堪舆诹吉日，旧俗相沿。而齐衰、斩衰三年之制固未有不恪遵者。

【道光《广宁县志》卷十二"风俗志"】

丧葬、服制，悉遵家礼。同村遇有丧殡，无论同、异姓，举族偕来，执绋与棺，披白衣冠，会葬者至数百人。

【道光《开建县志》卷一"风俗志"】

丧礼，厚薄称家有无。临丧，讣告亲友，戒荤、辍饮、寝苫枕块，无贫富一也。择地而葬，必请堪舆，诹吉日及窆乃题主，溺信风水之弊，致有久停不葬者。

按：粤东地气卑湿，白蚁为患，葬亲首虑其骨于蚁。期年后，发棺检骨，入水洗刷，贮以磁罂，谓之金罐。江俗亦复不免。丧礼备于《戴记》及《仪礼》十七篇，宋儒家礼亦品节綦详，大抵魂升魄降，以入土为安。棺椁之外，加之封植而已，必使所生骨骸无故。而加之检洗，揆之以礼，事亲之道当不如是。邑不少读书明理之人敢于违礼，而惮于违俗，将何以自完其说也！

又按：金罐多寄山麓土窟中，以为徐择佳城。久之，其家或沦落流亡，罐倾骨露，见者惨伤。沄尝属善士钟儒献收葬枯骨，钟虑为黠者所持，或滋讼累，因出示，援律文，经年暴露未葬杖八十之语，以一月为限，令其各自安葬；再限，三限，至三月后定为无主之罐，择官地查照罐面灰字，分别男女，聚而□之，名义冢，立石表之。此古人狸掩骼之遗，后之君子其有意乎？！

【道光《阳江县志》卷一"风俗"】

丧葬。丧用巫，旦夕大叫而哭，将殓，亲人衰绖，徒跣至江浒，匍匐望水，哀号投钱于木而归，浴尸以敛。同族及外戚咸吊，至亲近属皆设牲醴祭沫。

敛后朝夕奠礼，如事生。然亲属成服必于始死之第七日，名初虞。以后越七日为一虞，虞必致祭，名应七。朝夕奠礼，至七七四十九日而止。或十日一奠，至百日止，名应旬。旧俗于是日多作佛事，诵经忏度厄，谓之做道场。百日内有回煞之说，是晚举家皆避。相传有见鬼物幻怪而遇不祥者，故亦沿而成俗。

送葬。荷幡前导，沿路放纸钱。富者则盛为法事，斋醮施饭而后葬，以为报本。

葬后数岁，或有开窆以瓦瓶纳骨，名曰金城，又曰金塔，迁葬他所者，皆堪舆之说误之也。

【道光《恩平县志》卷十五"风俗"】

丧礼衰绖不解，朝夕哭奠，士庶皆然，犹为近古。然用浮屠，设鼓乐，且摇于风水之说，至有十数年不葬者，此大惑也。妇人产难死，即日殡，置之郊外，虽同室周亲不相视。又喜则馈遗，丧不赠赙，皆恶习也。有风化之责者，其亦加之意夫。据采访册修。

【道光《封川县志》卷一"舆地"】

丧礼，朝夕衰绖，号泣享奠，旧志。奠用七至七七而止。亲戚诔吊，主人致报谢。尚佛事。

【道光《高要县志》卷四"舆地略·风俗"】

丧。临丧讣告亲友，填门吊哭。殡不出三日，大殓、小殓绅士家居亦举行，而戒荤饮粥，寝苫枕块，无贫富一也。设铭旌，必请亲友之贵者列衔题之。素封之家，则择吉设供，谓之开吊。宾客来者，以猪羊筵席，躬行奠礼。卜葬多在虞旬，及窆乃题主。然尚浮屠，信堪舆，虽贤哲亦濡染云。

【道光《东安县志》卷二"风俗"】

丧礼。三日而殓，成服，既殡而葬，衰绖不解，朝夕号哭。一七而止，七七而衰，亲朋相赙，间有狃堪舆之说，数年择地者。服阕，奉主入庙。每年逢忌辰，必具酒而祭。富者设祀田，贫民献时物。

【光绪《高明县志》卷二"风俗"】

丧事族人戚友相助，则食于丧者之家，宜也。而世俗则专为饮食而遍请族人、戚友以及邻里，名曰"饮老寿酒"，亦有多至数十百筵者，则费而悖于礼矣。各乡有妇人死，其母族联合男女多人来吊，名"做外家"，丧家款以酒食或亦多至数十筵。如平日意有不慊，则藉故叫嚣，或持梃击碎屋瓦，此真恶习宜惩者。又死者已嫁出之女、妹及侄女、孙女等，均向丧家取米肉回夫家炊饭，分与房亲及同族，名曰"分老寿饭"。米肉之多少，视丧家之有无及亲疏而定。女、妹米约一石余，肉数千斤；侄女、孙女米数斗，肉数斤，所费不少，虽贫，不得免焉。

【民国三十七年《高要县志》卷十三"礼俗"】

《风俗改良统一办法案》

第二，关于丧葬者

（一）开丧礼仪以尽夫哀戚为旨，设灵受吊，远来戚友，款以斋一餐可矣。所有打斋几昼夜，搭牌楼、挂灯色、陈纸美、动鼓乐、丝竹、开点心、设酒席或取山水碗等等类于凑热闹，摆架子之迷信贪婪者，一概取消。至做外家、行七、停柩等陋习尤应严禁。

（二）送丧家礼以简便实用为旨，视主家之有无量力酌送奠礼尤佳，所有送胡盒被汉斋等，一概革除。

（三）出殡礼仪只用哀乐，不得用大锣大鼓、八音仪仗、马色等等及沿途烧爆竹以免类于喜庆形式。送殡者回，仍款以斋膳，不用荤菜设酒。至于取老寿饭、请开秽饭等，尤应革除。

（四）殡后礼仪七虞之礼，限于家祭。附祖之礼，迟早可行，而心丧三年，尚应遵守。惟做七打斋、做百日打斋、上抬打斋及请挂红酒等，均应禁止。

【民国三十七年《高要县志》卷十三"礼俗"】

丧礼。始死，子妇环跪号哭，被发徒跣。亲属为之治丧，具讣于戚友。越日，含殓，吊者以楮衾为赗，入临举哀。三日，大敛。柩前设灵座，奉魂帛，请显者撰题铭、旌于灵右。是日，等其亲疏成服，表其门曰礼庐，素食寝苫，朝夕奠，事如生前。比葬，亲友来会，素筵牲醴，祖奠而后行。凡吊挽者，祭幛联额与箫鼓幡旐相随属，男先女后，孝子俯伏，中途稽颡，以谢送者。司宾延之回家，款以酒食，寻报以陶器，谓之回吉。境内寺观近鲜僧尼，自虞祭以迄大祥，富者多延火居道士忏度，贫家量力从省，而棺衾必谨，亦俗之醇也。

惟俗尚堪舆，率多改葬，数年必发墓启视，不吉则骸坛屡迁，必求其当乃已。州孝廉黎耀宗诗："亲在弗能事，定省疏晨昏。亲亡转郑重，窀穸谋殷殷。麻鞋走荒山，捷与猱均缒。幽附藤葛，冒险披荆榛。见说青乌术，奉之如圣人。出门辄撰杖，入座先祛尘。岂果死后骨，重于生前身。所希在富贵，为己非为亲。此心既误用，何堪质鬼神。山灵如有知，痛哭泪沾巾。"

按：宅兆当慎之于始，设有他故，不得已而改葬，棺未朽者可不易；倘为水蚁所侵，当依邱氏所补家礼，棺敛之具，一如初葬之仪。然后先灵可妥，而为子孙者亦必如是而后心即于安。今乃局促于骸坛，使归土者同于入瓮，先人之体安乎？子孙之心安乎？求安而两不安，是何福利之有？欲解其惑，责在士夫。

【民国《罗定县志》"地理志第六"】

邑中丧事，凡丧者于易箦时，家人为之安放正寝。若男而父母在堂则置厅侧，妇少而夫与姑翁咸在则设于房内，示有长者在不敢与尊亲敌体也。及卒，服三年者散发跣足，易素擗踊号恸张白幕。男服于左，女哭于右，垫草而寝，仿古人寝苫枕块也。不荤餐、不浣濯，乡邻咸馈以粥。此本古孝子啜粥之义也。出殡，其有服人等咸于大门外穿孝服，斩衰则以络麻为之，冠则垂纩充耳，期则粗麻，功则素布。戚友来吊，咸送至山。棺颇落冢，孝子奔归，不亲掩埋。其所以不亲掩埋而速奔归者，希冀亲死复生，归而欲得见之。不见于冢或得见于家，慕亲之至也。《礼记·问丧》云：其往送也如，慕其反也如。疑求而无所得之也。上堂又弗见也，入室又弗见也，亡矣丧矣，不可复见已矣。故哭泣擗踊，尽哀而止矣。今人于孝子送葬而反即扶之巡行，安尸旧处，又由堂入室，然后大哭一顿，其去礼意未远也。归至里门外即脱孝服，男则发扭两股，妇则以竹钗挽髻，至晚设灵屋、供灵牌，诗礼之家仍有灵前寝地。至百日者，每七日一祭，祭必以夜，至七七而礼终。戚友致奠仪、祭品、联章者，名曰挂祭。承灵期内，秋祭曰做七月半，冬祭曰做冬。富贵之家，有延僧道建醮放焰者。佛家称施食为焰口，谓饿鬼，名面然，亦名焰口，言火焰出于口而面若然也。唐时译有佛说救面然鬼及焰口饿鬼等咒，皆今放焰之缘起。既自命为儒家，不应从此，勿用僧道，只用巫祝神可也。《士丧礼》言：巫司巫云，凡丧事掌巫降之礼。

每逢祭期穿孝服，若常服，百日内则素衣草履，妇则竹钗椎髻，素服素鞋。男女不出里间，即在乡间亦咸戴篾帽，途遇亲友不相为礼。百日后，夏则麻葛，冬则灰玄棉布，去草履易布鞋，妇女去竹钗，仍素妆淡服，不做年节，不通庆吊，不赴宴会。每遇年节，亲戚先期致送糍饼以祀之，其不临时馈遗者，以丧家不能庆贺年节也，故地僻陋而礼尚谨严。独惜近则数月远则及期，即撤灵易服，名曰除服，未有终三年之丧者。三年不数闰。郑康成主二十七月，王肃主二十五月，应从郑不从王。此实短丧而显悖乎礼教也。降至今日，世变愈下，有未满七七而除服者，孝子居丧不别制孝服，长衫马褂赴宴叙会，往来庆闹场中，人不辨其为孝子，而彼亦不知为棘人。孝道之薄，未有甚于此时者也。至葬，及三年二年或年余，以地宜为准，即起棺拾骨，储以瓦□，移葬高洁之处。明知开棺有伤子心及大干例禁，然南方地多卑湿，易生水蚁，习俗相沿，保存骸骨，择地安葬，亦孝子之用心有不得已焉。但硇葬之后仍然数易其处，谓非风水之惑不可。

邑例于易箦时，预将最洁之袍服穿足病人身上，以为穿在死后则死者便为无衣之鬼，然则奠在死后，亦为无食之鬼乎？是惑也。人临死又多前后便泄，泄则洁者污矣。且按之古人二日小敛、三日大敛之说，不合读礼文如丧大记便知之。

丧葬用乐，竟成普通，不独邑中然也。又士民无服时衣履，多用缟素，故昔人咏俗诗云：箫鼓不知哀乐事，衣冠难辨吉凶人。《周礼·夏官》大仆云："大丧始崩，戒鼓传达于四方，軍亦如之。"注：戒鼓所以警众也。《地官》鼓人亦云："大丧，则诏大仆鼓。"皆与其他鼓乐为快乐不同。

丧葬之日，须俟外戚来吊方出殡。妇死，尤必待外家之至。凡子婿孙婿未尝因喜事来者，先着吉服拜谒祖先，退而易素服入吊。丧家予以白布制服，即柩成服。

哀启甚非礼。《孝经》云：孝子之丧亲也，言不文。若欲见死者之生平，当以亲友代作行述。

有一种恶俗，每遇已嫁姑姊妹女子之丧，牵率多人，名为吊哭，实由平日之不相得，外家习闻浸润之言，积嫌生怨，遂于其人之死，一泄以为快。虽使白首安枕，亦为冤抑非命之言，以诬死者。大索轿工、婢仆、下人恃势陵轹，中产之家因此破败。至或因一时反目，遽尔投缳，感中夜妖魔忽然陨命，乍闻信息，蜂拥而来。妇女数辈以检伤，男子串同而索贿，其情状更不堪矣。《东莞志》引《香山志》。如此本邑亦有之，多是大姓施于小姓者。

俗多禁忌。凡死于外者，不许归殡，要于村外盖棚办殡葬事。夫《论语·乡党》言孔子者："朋友死，无所归，曰：于我殡。"殡，犹周人殡于西阶之上也。见简氏《论语集注补正述疏》。未闻当时昌平阙里以为禁忌而阻之，此无所归而有所归也。今明是家人反不许殡于家，则有所归而无所归矣。旧村犹曰积习难返，凡建新村，宜及早提议变通此例，着为成规。事关仁孝，谁不乐遵。按：乡党之言"朋友于我殡者"，但为之殡敛足矣，不必是已西阶上也。若是家人宫死归殡，必应西阶上无疑。买水，似乎古人浴尸之礼。然以水浴尸，不待买也。《桂海虞衡志》云："蛮俗，亲始死，披发持缶，哭水滨，掷铜钱纸钱于水，汲归浴尸，谓之买水。"今从蛮俗，非礼也。

铭旌，悬之柩前，宜用绛帛七八尺，写"某衔某姓字先生之柩"。墓碑亦写"某衔某姓字先生之墓"，或云"某公"亦可以。铭旌及墓碑，古皆请人题之，今俗多出子孙口气，不合体。

俗例于大殓入棺后，有子孙在外未得归者，停棺盖以待，徒使尸气远闻，宜依礼三日大殓即行盖棺，免使人恶死者也。

瘟疫时期有得病者，不论是否疫病，虽其家人亦动辄离去，以避传染致病。人饮食医药无人经理，本是小病，弄成大病，本可以生，卒至于死，甚至父母之丧，邻人亦相戒其子女无得开声号哭，勒令即日出葬，不许经宿，以为可无传染之灾也。固是忍心亦太不知命。晋咸宁中大疫，庾衮二兄俱亡，次兄毗复危殆，家人避之去。唯衮独留奉事十旬，不离左右。疲势既歇，毗病得差，衮亦无恙。此可破传染之说。

【民国《开平县志》卷五"舆地略四·风俗"】

始死，孝子取水浴尸，袭含，陈尸于厅堂，门前挂白布，男女为位哭泣，亲友吊唁，夜延女尼作法事，名曰诵倒头经。次日或三日而殓，始成服。城市之丧家多停柩宅内，以俟择地择日而葬。有因堪舆风水之说，未获吉坏历数月或逾年或数年而不得葬者，而各乡则既殓即移柩于村边，是后延道士作法事，名曰做斋，立灵设奠，越日即葬，无停柩于家者。葬七日谓之（头）七，七七四十九谓之七旬，每七设奠，或延僧道作法事，谓之喃七，而以头七五七末七为尤重。五七之设奠，多由出嫁女主之。丧服仍遵古制，有斩衰、齐衰、大功、小功、绳麻之别。昔之居父母丧者，名曰丁忧，三年内不能居官任职，不与于事，不与人通庆吊，百日内不剃发。民国以后习尚简易，居丧告假二十一日，假满照常供职，而所谓服丧者惟在七旬百日以内臂缠黑纱而已。立灵者设亡者木主，曰灵位，既葬而祔曰祔祖，亦谓之升座。有居丧三年，服满而始祔者，有练而祔者，有既葬数月或逾年而祔者，今且有葬日即祔者矣。

本省《实施节约革除陋习规则修正草案》关于丧礼仪式节录如下：

一、报丧。家属通知亲友，或用讣帖或登报。

二、视殓。（一）告殓，亲为瞻仰遗体，行三鞠躬礼。戚友送殓，行三鞠躬礼。（二）入殓。（三）亲属向灵前行三鞠躬礼，丧主答谢，行一鞠躬礼。

三、吊祭。（一）来宾就灵前立。（二）上香。（三）献祭品（限香花果酒等）。（四）读祭文。（五）行三鞠躬礼。（六）丧主致谢，行一鞠躬礼，致祭者答礼，一鞠躬（三四两场省略者听）。

四、发引。一号灯，次乐队，次像亭，次送殡者，次丧主，次灵柩（乐队、像亭不备者听），其余怪诞模型，含有封建色彩，及具有亡清领衔之仪仗，一切废除之。

凡丧事遵用规定礼制外,其殓前请水过社,殓后之烧过河衣、回殃送煞、打斋、烧妖等陋习悉废除之。尸体入殓除衣衾各物外。不得用各种珍玩物品。亲友致祭,以廉价之土布或纸张所制之挽联挽帏为主。致送仪仗,绝对禁止,违者得强行制止。如主家贫乏,以援助为目的者,得送赙仪,丧家接受赙仪礼物,得用回帖致谢,不准回答银钱或物品吉仪之类。丧家除至亲戚友之外,绝对禁止宴客(如不请自至,聚食丧家者,一律禁止)。丧家招待至亲戚友,以素菜为主,丧家停棺以速葬为主,不准逾越政府所规定之期限。

按：古者令国民族葬,以昭穆定位次而授之兆,无所容其择也。后世生齿益蕃,族葬之法废,而堪舆家之说兴,论者或辞而辟之,然人子欲安亲体,以求免地下之患,则择地而葬,敬慎不苟,亦仁人孝子之用心,而非与迷信祸福者同也。盖自《孝经》有卜宅安厝之文,虽程朱大儒,亦以为地不可不择,程子以土色光润、草木茂盛者为吉地之验,又言五患当避。五患谓他日不为道路,不为城郭,不为沟池,不为贵势所夺,不为耕犁所及,推之于今,如铁路、矿穴,皆当避者也。今人不此之察,而信诞妄虚无之说,藉先人之骸骨,为子孙邀福之谋,此财罪之大者。又伊川家治丧不用浮□□□必延释道,名曰忏祷。忏祷者何,以释死者生平之罪愆也。夫亲果有罪愆,岂若辈之所能释,无罪而释之何为乎,且人子虚誉其亲犹不可,而况厚诬其亲以有罪哉！此陋俗之宜革者。

【民国三十七年《高要县志》卷十三"礼俗"】

【丧礼需改革】丧礼之变勿流于倍。夫死者往而不返者也,而人子事亲之情,则无已者也。子游曰："人死,斯恶之矣。无能也,斯倍之矣。故制绞衾,设萎翣,为使人勿恶也。始死,脯醢之奠。将行,遣而行之。既葬而食之,为使人勿倍也。"勿倍者何？事死如事生,事亡如事存,不忍死其亲违其亲、忘其亲之谓也。故脯醢之奠如亲生时之奉养也,将葬有遣奠之礼,不曰葬而曰行者,如亲之有远行也。既葬而食之,谓反虞之祭,虞安也。如亲之复反,祭而安之,此人子事亲无已之情也。子思曰："丧三日而殡,凡附于身者,必诚必信,勿之有悔；三月而葬,凡附于棺者,必诚必信,勿之有悔焉耳矣。丧三年,以为极亡之,则弗之忘矣。"孟子曰："三年之葬,齐疏之服,饘粥之食,居于倚庐。"而前代之制,有三年丧者,谓之丁忧,不与祭,不与人通庆吊,不饮酒食肉,不服官任职,凡以使人专致其情而不敢忘亲也。情不足,则以物兴之矣,制衰绖之服,以生其哀戚,设虞奠之馈以动其思慕,所谓以故兴物是也。乃今之执亲丧者,臂缠黑纱而已，而无齐疏哀绖之服也；饮酒食肉处于内，而无饘粥之食、倚庐之居也。治丧告假二十一天，服官任职如故，而无丁忧之制也。又丧具称家之有无本可从俭，而亲丧固所自尽。所谓必诚必信，勿之有悔，而君子不以天下俭其亲也。乃今之侈谈崇尚节约、破除迷信者，不惟事生之礼既多缺略，而饰终之典亦以为虚无，衣衾棺椁之美、附身附棺之宜，概弗之讲，乃并哭泣之哀、虞奠之祭，亦以为无谓而废之，而礼亡矣，此子游之所谓倍也。倍则忘亲，忘亲则不孝矣。故曰丧礼之变勿流于倍者，此也。

【民国三十七年《高要县志》卷十三"礼俗"】

丧礼。朝夕衰绖，号泣享奠，谓之贡饭。七日之奠，必用道士，始事曰召请，终事曰送亡。七七而止，曰做七。卒哭之祭，曰做百日。小祥之祭，曰做对年。然往往未及大祥，即奉主祔祖，曰上高，亦曰簪花。既祔即释服，故大祥多从略。若禫祭更无行之者矣，惟士大夫家，虽从俗先祔祖，亦必终持禫服焉。

始死，孝子诣江滨，投钱于江，舀盆水归浴尸，谓之买水。近多先遣人挑水回，出门前跪舀之。

府志引金《通志》谓死丧用浮屠，今俗尚尔。每于三七五七前，召僧众作佛事，谓之打大斋，择定七期为散杂日。先期僧来立素，后举家素食。届期第一夕入坛，另纸书亡者衔名，奉坛上。二三四日，皆讽经。早晚设素，筵请亲友，曰来吃斋。二夕散花，奉亡者排位，行仙桥。三夕放生，纸扎仪仗，用鼓乐导僧临水滨，买禽鱼纵之，亲友皆会。四夕放焰口，僧登台诵经咒、施食烧、受生钱，以担计事。毕，开荤曰倒厨。五日亲友到吊奠，曰约吊。主家即以荤筵款之，曰散杂。或于是日葬，谓之出山，则亲友待送葬而后散焉。中人之家亦必谋打个大斋，否则以为薄，待其亲不为亲，一资冥福也。婿为外舅姑打大斋，则于五七为期，请亲友赴斋，由诸婿出名，富者打至二三个，则不限定七期矣。

【光绪《四会县志》编一"舆地志·舆地八风俗"】

（四）祭礼

祭。四时献新，惟春秋二祀用羊、豕、粢，盛枣、粟，比常祭加隆。士夫巨族建宗祠，置祭田，以供祀事。讳日群祭于堂，祭毕而燕。

【康熙《德庆州志》卷二"风俗"】

四时之祭，惟士夫巨族，或千余人或数百人，则建宗堂，置祭田，轮收以供祀者。讳日群集于堂，祭毕而燕，以时献新，虽小民亦然。或奉观音、天妃、金花诸神惟谨。

【康熙《高要县志》卷四"地理志一"】

祭礼。四时之祭，春露秋霜，大族则先祭于家庙，继行扫墓礼，谓之醮山，以有酒酹墓也。庶民之俗，惟清明修铲坟墓，其祭物视其家之厚薄，而远祖则因其祀田之多寡，沿为成例，合族登山，颁馂受胙。若五祀之礼，惟重灶，主妇祭之。其祭于社，春秋雨举，终岁之勤，一日之乐也。至春祈秋报，有祷则赛，秋冬之间，盛设坛筵，集僧道，每以迎六祖临坛为荣。所设醮事，多者五昼夜，少者三昼夜，张灯演戏，岁益增盛。虽乡落亦夸多而斗靡也。

【乾隆《新兴县志》卷二十七"风俗志"】

巨族皆建祠堂，置烝尝产业，以供祀事，设书田以助士人膏火。清明墓祭。冬至祠祭，荐新，家祭忌辰特祭。虽小民亦如是。报本思亲无贵贱一也。

【乾隆《鹤山县志》卷一"风俗"】

祭祀。士庶之家礼重祀先，富家巨族建宗祠、设尝田，轮收供祭，纵空乏不敢私卖。至报本之诚，一以清明，一以重九，礼节循乎制度。其他神庙、梵宫，民间亦时有所祷，其礼但随人自尽，非祭祀常仪也。

【道光《广宁县志》卷十二"风俗志"】

祭礼，以时举行，富家多建祖祠，设尝田，子孙轮收供祭。纵空乏，不敢私卖，颇得报本追远之意。近有不肖子孙盗卖，或豪强利其用产，设机局，诱用轻价，虚写足值，以强买之者。确查得实，即律以知情盗买之条，此亦使民归厚之一端也。

【道光《阳江县志》卷一"风俗"】

有识者亦为之祭礼，设主于正寝。今多立祠堂，置祭田。春秋二分及冬至，庙祭遵《朱子家礼》。小村落亦有祖厅，岁时荐新。《郝氏通志》。

【道光《高要县志》卷四"舆地略·风俗"】

祭。因时举行，其大族各建宗祠，置尝田。祭则子姓毕集，颇得报本追远之遗意焉，惜也争竞不免。

【道光《东安县志》卷二"风俗"】

邑人多聚族而居，最重建祠。一姓常建数祠，祠皆置产以为祭费，曰烝尝。春祭以清明，秋祭以八月，祭日按丁颁胙，有功名则加胙，年老则加胙。新进庠、登科甲、新昏则有赠，谓之红银。身死则有赙，谓之白银。生子则有姜酒银。入文武学者，则有灯油租。虽不必姓姓皆然，然祭产稍丰，亦罔不备敬宗收族古义存焉。

祭墓曰拜山。自清明日始，至四月八日止。惟山隔鬼隔日不用，余则日日有之。若合祠内子孙拜祖山，则有拜山日。颁胙者有拜山后宴于山头或舟中者。至重阳墓祭不甚重，间有行之者耳。新葬之山，必社前先祭，谚曰新坟不过社也。

【光绪《四会县志》编一"舆地志·舆地八风俗"】

期年后每逢讳日，必设牲醴致祭，曰拜忌。逢节日亦皆荐新。

民重建祠，置祭田。春秋烝尝，年登六十者颁以胙肉，岁给以米。遇大荒则又计丁发粟，以赈贫乏恤孤寡。此可见敦宗睦族之一端。

【道光《恩平县志》卷十五"风俗"】

泷俗最重家族，聚族而居，必有宗祠。其小者，曰香火堂，昕夕上香，朔望献茶，生辰、忌日皆荐以酒馔。春秋行三献礼，谓之大祭，合族尊长卑幼各以其序，祭毕致胙，其名寿、节孝各加颁赐有差。故大族往往有宰羊、豕至数十头者。

按：祭为吉礼，而忌日则丧之余也。礼当变冠服，不燕会，而《通礼》有忌日之奠，无生辰之奠，惟郑泳《家仪》有之，谓事亡如存，似不可少，然视同忌日，以致追慕之诚，若稍涉于宴乐则非。

墓祭新葬者在春社前，余在春分后，亦有重阳举行者。其祭品之厚薄，因乎族之大小、贫富，而酒馔、纸钱、面饼、糯饭必罗列墦前，以纸剪为长条，交压墓上，展拜而去。至四月八日为止期，谓之墓闭。

【民国《罗定县志》"地理志第六"】

四代神主设于正寝中间，有某郡堂上历代祖先神主，随其节序致祭，尤以生辰忌辰为重。祖先之上级必奉观世音。唐避太宗讳，故只云观音。《法华经》云：苦恼众生菩萨观其音声，皆得解脱，以是名观世音。俗多作妇人。胡石麟《笔丛》、王世贞《观音本纪》皆谓古时无作妇人者，《陔余丛考》据南北史驳之。观音是妇人，盖六朝已云然矣，而其为外教则一也。近来多不奉祀之，并于祖先亦不分列神主，而以某门堂上历代宗亲为总括之辞。

邑诸姓各有宗祠，并置祭田，洁奉蒸尝之外，或族中有读书入泮者，奖以花红，登贤书赴礼闱者，助以路费，平时月课，名高列者给以膏火，所以劝学也。饮福于祠，年登六十或七十者，得与于席，寿高者居上，以年为差，所以敬老也。惇睦宗族，莫善于此。自改科举为学堂，奖格亦按科举例酌行之。

科钱入主祔祭宗祠，向为踊跃。固仁孝之见端，亦适得亲尽不祧之祭也。

按：祀典者，天下之大礼也。建祠以祀先人，礼之正也。无建祠之金，宜捐金以建之。哲人之言曰：富于金者遗多三几万以给后人，徒供其浪化，何如捐多三几万以奉先人，而展吾孝思。或富者难得，各子孙量力为之，积少成多，亦无患祠之不成。祠成勒碑以表章之，或登之家乘，寿之族谱，亦足以酬矣。其真能象贤或有功族姓者，配祀于祠。此公义也。省中简氏宗祠行之，顺德简朝亮倡此议。若不论贤，不论功，捐金即得配祀，似违公义，然于私义有取焉者。以其按世数为昭穆，或世数同而年月之先后不乱，则私义犹去公义不远也，其害义者同一。祠堂座分正旁，出金少者，世数年月虽高，置诸旁座。出金多者，世数年月虽下，升诸正座。直是贫富之等耳，不可为训。

祠重南向，东次之，西又次之，北为最下。《朱子家礼》论祠内东西南北向不以子午线为定，凡前为南，后为北，左为东，右为西，住宅亦如是。

祭祖用饭祭神，或不用饭。粢盛为祭品之最重，安得祭神不用饭。

祭时于牲品内各出少许，载之洒以酒，然后奉上，谓之挂盏。此意甚古，唯行之者多不察其故耳。《论语·乡党》：虽疏食节。朱注：古人饮食，每种各出少许，置之豆间以祭先。代始为饮食之人，不忘本也。按《周官》太祝辨九祭，郑注云：皆谓祭食者。贾疏云：将食，先以少许祭先。造食者，故谓之祭食。又《特牲》《少牢礼》皆曰祭于豆间。此乡党朱注所本也。然则今人于赴席时，其首席先将杯酒灌地少许，然后饮，亦是此意。

【民国《开平县志》卷五"舆地略四·风俗"】

祀祖先。居民无论城乡，除宗教徒外，无不奉祀其先者，有家祭、墓祭、祠祭之别。家各有香火堂，古谓之影堂，奉祖先木主其中，早暮焚香致敬。祖先忌日及岁时令节，具香烛、楮帛、酒醴、时食致荐。墓祭则以清明节至农历四月初八日止。在此期内，各诣其先人茔暮〈茔墓〉行礼，谓之"省墓"，亦曰"扫墓"。以纸遍置墓碑及石碑上，名曰"压纸"，以示子孙尝至祭扫，免他人侵盗也。墓祭每年一举，视为甚重，虽旅食于外者，至时亦纷纷返家，不忘□扫云。乡村各有祖祠，城市亦有合族祠。有举行春秋祭者，于春秋仲月行之。有春祭在清明，秋祭在重阳者。有春秋祭□□，而冬至日举行多祭者。亦有无分春秋二祭，只于清明一日举行者。更有三年一举者，礼式不一。有行三献礼者，推族中尊或有名位者为主献，其余陪祭。行礼时，鞠躬或有仍用跪拜者，亦有不行献礼，而用三鞠躬或三跪拜者。祭毕，颁胙肉于族人，或于祖祠宴饮，亦有春秋祭不颁胙而于清明扫墓之日颁胙者，则各区多同之。

按：日人中西牛郎所著《支那文明史论》以吾国俗崇祀祖先，称为祖先教。谓祖先教之势力，卓越于世界万国。吾国人所以不轻去其乡者，以祖宗坟墓所在，有以维系其心。故虽居海外，而以劳力所得资金汇归本国者，每年数额甚巨，由祖先教之势力驱使之也。而家族之团结，形成为国族之强固，肇端于此矣。

【民国三十七年《高要县志》卷十三"礼俗"】

【祭礼需改革】祭礼之变勿流于偷。孔子曰："之死而致死之，不仁而不可为。之死而致生之，不智而不可为。"夫祭祀者，非所谓之死而致生之者乎？而何以智者为之乎？且所谓鬼神者其有乎，其无乎？昔宰我尝问于孔子矣，子曰："气也者，神之盛也。魄也者，鬼之盛也。"众生必死，死必归土，设为宗祧，以别亲疏远迩，教民反古复始，不忘其所由生，此祭祀之礼之所由兴也。祭祀者，以人诚敬之心，交于鬼神非迷信，乃人类之不忘其本也。又曰："非其鬼而祭之，谄也。"盖非祭而祭之，名曰"淫祀"。淫祀无福，乃今人每多舍本逐末于祭祀祖先以外，更谄事傀儡以求福，驰心冥渺，迷而不悟。于是欲破除其迷信之心，不得不有毁灭淫祠之举。然此特为庸愚无知者儆，乃自矜明智流，并指崇祀祖先为迷信，则人类数千年报本之真诚，不几从此而湮灭乎？孔子曰："慎终追远，民德归厚。"谓其不忘本也。若丧祭之礼废，则骨肉之恩薄，而背死忘生者众，是乃所谓偷也。偷则民德不厚，而礼教亡，风俗衰矣。故曰祭礼之变勿流于偷者，此也。

【民国三十七年《高要县志》卷十三"礼俗"】

三 佛教

广东西江地区为佛教重镇，佛教史上之重要人物石头希迁、六祖惠能都出生在这里。方志中佛教资料十分丰富，这些资料对研究佛教在广东西江地区的传播是具有价值的。比如清代肇庆府知府李彦瑁所作《鼎湖山庆云寺记》记载了庆云寺的来历，也记载了庆云寺佛法的传承，惠能弟子智常禅师在此开山，明代栖壑和尚建寺，使其成为佛教圣地，后由弘赞（在犙）广大其法，法属湛慈继其绪，脉络清晰，是研究禅宗史、律宗史的重要文献。又如，关于六祖的名字为"惠能"（或"慧能"），今天的研究者往往弄混，方志中的相关资料对此也有记载，希望能引起研究者注意。佛教类资料分为人物、寺庙和著述三部分予以收录，侧重于较为著名的佛教人物和寺庙。这些佛教人物中，有的与六祖惠能有关，有的则来历不明，为了对广东西江地区佛教有较为全面的了解，编者全部予以收录，但尽量避免重复，以备研究者采用。佛教庙宇在广东西江地区分布较为广泛，方志除了记载较为详实的庙宇之外，也记载了不少只存地址的庙宇，收录时侧重于前者，若有记载简略，仅存地址的资料则酌情收录。自佛法东来后，佛教信众极多，在广东西江地区生活过的官绅文人修缮、重建、游览佛教庙宇的不少，留下不少文章和诗歌，这部分的资料收进著述类，以作参考。

（一）人物

白云禅师，名实性，原名志庠，陈姓受记曹溪，称为云门嫡嗣。伪刘主尝延之开山建刹，名白云，因以为号。余襄公靖谓其非独玩云霞之客，同禽鸟之乐，盖将脱声利入杳霭，湛如大虚也。性之后有曰志文，曰契本，曰达真，曰妙光，曰惠龙，五世皆传灯具眼云。

福静，黎姓，开阳乡人。少而出家，禅行高洁。宋天圣七年，治西山寺，识经得度，为方外游。若英之峡山，韶之南华，新之龙山，无不托息。嘉祐间归在光孝寺，与郡守田开为诗友。熙宁八年五月一日，召诸弟子至说偈，趺坐而逝，年方四十有七。

【天启《封川县志》卷二二"杂事志"】

唐石头和尚俗称陈，名希迁，六祖上座弟子。祖将示寂，迁请所从。祖曰："寻思。"去后，迁禀遗训，常独坐寻思。有第一座者语之曰："思和尚在吉州。"师言甚直，遂诣青山源参之。思曰："子何方来？"迁曰："曹溪。"思曰："将得什么来？"曰："未到曹溪亦不失。"思曰："若恁么用去曹溪？"曰："若不到曹溪，争知不失。"思默然之。一日举所捉拂问曰："曹溪还有这个么？"迁曰："非但曹溪，西方亦无。"思曰："子莫到西方否？"曰："若到，即便有也。"竟受法。青源结庐于南岳寺东。有僧问："如何是解脱？"迁曰："谁缚汝？"问："何如是净土？"迁曰："谁垢汝？"又问："何如是涅槃？"迁曰："谁将生死与汝？"著《参同契》。至元中化去，寿九十有一，建塔于东岭。长庆中，谥"无际大师"。

祖泰俗称容，性纯古，自童稚不喜荤酒。年十二祝发，住四会华岩庵，复住城东天宁寺，凡五载。退处容水罗圆山，结庐休焉。左丞王安中、右丞张徽、枢密路允迪、学士贾谠、郡守窦仲涂皆从之游。庵中有会英堂、四相轩，为诸名公会集处。泰实灵源法嗣，临济正派云。

宋麦祖用，亡其姓。尝从云盖山修持，与浮屠居止数十年，人莫能识其面。后适广州光孝寺，四方向慕，瞻礼如市，一日澡沐，端坐而化。

明僧终南，名如正，不知何许人也。稚少祝发慧日寺，遂住焉。律操特严，募米一缶，盈即舍去。崇祯间，游罗浮山。因避明乱，止惠州古榕寺。凡十余年掩关不出。一日，具汤沐薙发，与徒属叉手作别，且曰："周三岁当发余碱，慎识之，毋不及期亏我四大。"言讫，西向结趺化。后岁余，明且革运，有溃军数十人突寺，见其碱，欲发之。僧以状告，恳救甚力，军盖疑之。及发，则一寂僧屹然定坐，发剃复生，蒙乱披面，手足指皆甲，长径寸。有顷，一目陷落如眇，唇亦少缩。军众环视，感叹罗拜而去。又数岁，闽人林崇孚知府事，梦一僧伽黎垢敝来谒，自疏其名，若有所恳，如是一再次，林疑其有冤也。揭其名以来得之，亲往瞻拜，仰视碱中，与前梦所见无异，大骇服，一郡皆倾。男女炷香念佛而来者以千百计，道路如织，争布金新其刹居之，今肉体在焉。

【康熙《高要县志》卷十八"仙释传"】

（宋）阮公。公名子郁，家居周村，生有异气，自少持戒，并无妄语，一闻梵音，心即悦而解之。崇宁元年，六祖亲与师言，知师已得道矣，遂点一凤凰地，与师修行。久之，一日向姊家索水洗浴，令勿去其水。姊覆之，剩涓滴，悉化成金。往凤凰山，越宿不返。率人寻觅，见白牛奔出林麓间，众争逐之。见师坐化于荔枝树顶，异香遍野，数日不散，官民立寺祀之。宋绍兴二年，朝有火灾，师洒红砂雨救护，帝亲见之，敕封"护国庇民大师菩萨"。元八年，国有难，师有护军大功，敕封"至圣显应大师菩萨"。明万历二十一年，帝病目，师化一僧，以水洗之而愈，敕封"慈应大师菩萨"。至今金相真骨不朽，坐化时年甫二十有四。

梁公。公名慈能，马山都人，生而颖异，酷好清静，终日不语如愚人。然父母贫，不能养，其姊适莫巷村，往依焉。闻慈应大师修道，趋往恭谒。慈应大悦之，说偈以授功课不辍。政和六年九月初三日，身穿黄袍，手持素珠，往高平山坐化，年始十九岁也。时族姓梁村与莫巷争迎建寺，不决，祝以香烟向处为准。忽而缥缈凌空，旋飞于莫巷村，遂置寺以安其灵。嘉熙二年，帝偶患病，现身调护之，敕封"正大应救化师菩萨"。及明敕封"高平得道化师菩萨"，至今金相真骨不朽，凡祷雨祈晴、禳灾获福，与慈应大师灵感如响。

【康熙二十七年《四会县志》卷十八"仙释"】

六祖禅师，姓卢。初，范阳人。父行瑶，武德三年官新州。母李氏，感异梦怀妊。六年，生时有二僧来谒，因定名惠能。言惠众生，能佛事也。三岁丧父，长鬻薪供母。年二十四，不识字，闻客诵经云"应无所往而生其心"，言下大悟，问客所从来。因辞母，往黄梅参礼五祖。祖问："以南方'獦獠'何为求作佛？"能曰："人有南北，佛性无南北。'獦獠'身非和尚，佛性有何差别！"祖奇其对，暂令随众作务。能复曰："智慧不离自性，今作何务？"祖益私心异之。一日思授衣钵，乃令众弟子作偈，以验见解。神秀偈曰："身是菩提树，心如明镜台。时时勤拂拭，勿使惹尘埃。"众皆喜诵，大噪。能即赓之曰："菩提本无树，明镜亦非台。本来无一物，何处惹尘埃？"闻者益大嗟诧。祖心知其顿悟，次早，潜至碓坊，见能腰石而舂。曰："为法忘躯，当如是乎？然米熟未也？"能曰："熟久矣，欠筛。"祖以杖三击其碓而去。能会意，三更入室，授衣钵，嗣祖位。能辞祖去，度大庾岭，遂至广州法性寺。时印宗方说《涅槃经》，论风幡之动，不能决。能进曰："非风非幡，仁者心动。"一座尽惊，延之上座，与悉奥义。见能言简理当，不由文字，谓曰："黄梅衣钵久闻南来，行者是耶？"能谢让，乃请衣钵出示。众因问黄梅指授。能曰："指授即无，惟论见性。"乃为解说不二之法。宗契悟仪凤元年正月十五日为能剃发，二月八日就智光律师授满分戒，菩提树下开东山法门，其所演说惟依般若三昧，令学者顿悟菩提。明年，能还曹溪，升堂说法，徒众如云。殿前有潭龙常出没，能摄授归钵中，为龙说法，龙脱骨去。骨长七寸，首尾俱具。至元己卯，兵火失去。神龙二年，中宗诏迎赴阙，能辞疾，愿终林麓，许之。敕改宝林寺为中兴寺。三年，仍赐旧居为国恩寺。开元元年八月三日，集众弟子于国恩寺，斋罢复说偈已，三更端坐，奄然迁化，异香满室，白虹属地，年七十有六。一时嗣法者四十三人，今录其显者，曰行一禅师，曰晓了禅师。

行一禅师姓刘，吉州人，能弟子。能深器之，令师首众。一日谓曰："汝当分化一方，无令断绝。"师既得法，回吉州青源山宏法绍化，号宏济禅师。

晓了禅师，住扁担山，六祖嫡嗣也。得无心之心，了无相之相。又曰得无无之无，有有之有；不有之有，去来非增；不无之无，涅槃非灭。门人忽雷澄铭其塔云。

休咎禅师姓梁，新兴人。幼年出家，游东都圣善寺，则天坛受戒，还罗浮延祥寺。天宝十二年，节度使李复初遣兵马李玉迎还番禺供养，师至扶胥镇，夜憩南海庙，有青衣童子曰："此镇海将军庙也，师何以至此？"师曰："欲见王耳。"童子曰："王暂游海上，师少待。"夜半雷电交作，须臾止息，王还，曰："适暂游，缺于迎迓，问所以至？"师曰："欲王舍此地为伽蓝。"王曰："奉天之命，作镇于此，烹宰无时，非住锡地，当为卜之。"遂辞去，昧爽还，谓师曰："此去五里有地焉，以楮纸镇四隅者是已。"师至其地，遂建庵于此。先是海多疾风，舟楫患之，皆以为王也。师语王曰："闻王性严急，往来舟楫遭风波，溺死甚众，王谨毋为此。今为王摩顶受戒，自兹以往，勿害生灵，保护社稷。"即为受三归五戒而行，住持海光寺而终。元和二年十月，赐谥为休咎禅师。事见经略蒋之奇《灵化寺记》。蒋诗云："休咎禅师亦异哉，神灵为祸尚能回。海波舟楫无漂溺，广利原曾受戒来。"

赞圣禅师，新州人，姓卢，名道伦。童龄削发云游，至韶州云门山，事洪智大师，得悟佛法，回新州延长山，后居龙境山在县东四十里，半割恩平法相禅院。八年，禅坐而没。入塔三年，忽塔自裂，光明皎然，金刚色凝自若，时号赞圣禅师。绍兴五年，权郡通判廖演迎秀罗山宝觉院。天宝间，所铸铜六祖至师塔供养。

聪公，新州人，姓谭。生南汉时，自幼嗜佛，往南华参礼六祖，遂为沙弥，持戒律甚严。忽一日梦六祖，曰今夜三更吾当有难，惟汝能救。是夜，塔火，寺僧移之莫能动，聪异出山门，众大惊异。尝欲往普陀落伽山。祖复从梦中授偈，遂止清远东林寺。日采芦苇，作筏凡数百，维于江浒。人怪之，逾旬有寇暴起，邑人赖筏得渡。寇退，竞持金帛来酬，而聪已于竹林中坐逝矣。寺僧以香泥塑其身奉之。

达岸禅师，新州人，名志清。九岁出家，往南华寺受六祖戒。后至广州，结草庵于东坝头大通镇，今为正觉院，在广州西南一里地。隔一水，师化身在焉。每遇岁旱，祈祷辄应。

【乾隆《新兴县志》卷二十五"仙释志"】

六祖。即卢惠能。相传尝持修华岩古寺，亦尝在西南和光寺信宿云。

僧复庵。宋嘉定初，由衡湘浮杯驻锡龙坡山。三界元通，四大和合，度缘余钵则以济贫。时或倒驾慈航，离众生苦海。居民以是皈依，为之募财开山，是为华胥古梵。

僧古溪。元至正间，在华山寺法界清修。慧性凝定，自出家至涅槃，足迹未尝一履俗地。与远公送客不过虎溪，其高致相类也。

僧永缨。南海人，住华山寺，年八十余，茶毗之夕，为嘉靖壬戌。生平淡素，不杂色相，以故内养凝固。一日召僧徒，熏沐更衣，趺坐而化。

【嘉庆《三水县志》卷十六"神异"】

希迁，姓陈氏，高要人，六祖弟子，尝参清源山思和尚。唐天宝中之衡山南岳寺，寺东有石状如台，乃结庵于上，号石头和尚。门人问："曹溪音旨谁得？"曰："会佛法人得。"问："师还得否？"曰："不会佛法。"所著有《参同契注》。元和中化去，寿九十一，建塔于东岭。长庆中，谥"无际大师"。《黄氏通志》。

智常，六祖弟子，得法曹溪，归隐顶湖白云寺。今大龙湫下，有涅槃石，其入定处。《鼎湖山志》。

末山尼，了然禅师，居端州，为大愚法嗣。有灌溪闲和尚者来，山问："今离何处？"曰："路口。"山曰："何不盖却？"闲乃礼拜，问："如何是末山？"山曰："非男女相。"闲乃喝曰："何不变去？"山曰："不是神，不是鬼，变个什么？"闲于是伏应，作园头三载。惠洪诗方回注。

祖泰，高要人，姓容氏，遍历名山，参礼大善。金人南下，避地归住四会华严《舆地纪胜》及城东天宁寺，退处容水罗圆山，结庐休焉。实灵源法嗣，临济正派云。旧志。国朝雍正年，封智海"无际禅师"，遣有司致祭。

《大清一统志》。

　　阿颠者，不知其所从来，投居端州白云山僧寺，时为僧采茶。虽寒甚，不肯衣布，且编草作衫裤，织为履，比其足倍长阔，曳之行，或挂之杖头壁间。或食，或不食。时入云深处，呼之多不应。与人语，多不相解，因共呼为阿颠。其腰间有如黑石者二，无事则出，就火烧之。见人来，辄从火中取出，收还故处，曰："烧未熟，熟可与尔共食。"视其睡席，则当中处有双手掌痕，中夜听之，喃喃不知何为。山故多虎，一日咥二牛去，僧戏谓："尔可为寻之。"颠忽编草为索，曰："请系之。"至既薄暮，望之不见，还返照射入峻坂上。云破处，忽见其以草索环一白额虎颈，虎跳跃则与之皆跳。遥见人则益以拳鼓虎额，持其耳急来，至寺门前，引虎颈中索，鞭背腹至数百，乃听去。虎垂尾疾走，若犬畏人击状，人以此异之。《运须阁文集》。

　　道邱，字离际，号栖壑和尚，顺德柯氏子。出家后，侍憨山于宝林，度岭至金陵，亲雪浪一雨。如杭参莲池，受衣钵，后复至博山，侍无异。久之，归广州，住白云蒲涧，学者辐辏。一日，访六祖新州路，望顶湖山水秀异，杖策入，知为福地，遂开山焉。先是，地主梁少川与清波构庵其中，共结净社，招阳江朱子人主之。闻道邱至，奉为住持，遂成大刹，名庆云寺，常致数百众。寺无甑石之储，皆听于檀施，未尝窭乏。方伯胡某尝密与监寺僧，募金千余两，拟置田，斋金入山，却不受，立不置田产之约。后寺中白莲花盛开，索笔书《莲花颂》，无疾而逝。《通志》。

　　案：清波，姓陈氏，僧名智觉，字常如。朱子人，名弘赞，字德旋，更号在惨。未毁服时，共乞梁少川顶湖地创莲花庵，事在明崇祯六年。明年，同诣蒲涧礼道邱，先后披剃。九年，迎道邱入山住持，弘赞遂度岭参方，智觉留侍为监寺，益廓院宇，改名"庆云寺"。国朝顺治十四年，道邱示寂时，弘赞参方还，继主丛席。其冬，智觉谢监寺职，于顶湖东北创"法云寺"，为退休地。康熙二年，化去。弘赞为文祭之，具述智觉戒行及共事颠末，盖二人实以道契终始。至弘赞逝后，一机成鹫住山，与智觉之徒等航、等解相水火，成鹫撰《鼎湖志》，凡开山碑状有稍及智觉劳勤者，悉为窜易，志末《山中难事》一卷，尤极谰诋。乾隆间，住持悟三始以众论削去。今故本犹有存者，故附其实于《道邱传》后。成鹫，通志有传，此不录。

【道光《高要县志》卷二一"列传二"】

　　石头和尚，高要人，姓陈，名希仙。当在妊孕，母厌茹荤。及至孩提，不烦襁褓。既冠礼，曹溪六祖为弟子常参清源山思和尚。唐天宝中，《舆地纪胜》作天宝初。之衡山南岳寺。寺东有石，状如台。乃结庵其上，号石头和尚，作《草庵歌》。门人问："曹溪音旨，谁得？"曰："会佛法人得。"曰："师还得否？"曰："我不会佛法。"问："如何是解脱？"曰："谁缚汝？"又问："如何是净土？"曰："何人垢汝？"问："如何是涅槃？"曰："谁将生死与汝？"著有《参同契注》。元和中化去，寿九十一，建塔于东岭。长庆中，谥"无际大师"。旧志，参府志。

智常，《鼎湖山志》作志常。六祖弟子，得法曹溪，归隐顶湖山白云寺。今大龙湫下，有涅槃石，其入定处。

祖泰，高要人，姓容民〈氏〉。性纯古，自童稚不喜荤酒。年十二出家，遍历名山，参礼大善。金人南下，避地归住四会华严寺，复住城东之天宁寺几五载。退处容水之罗圆山，作庵以休。左丞王安中、右丞张微、枢密路允迪、学士贾说、郡守窦仲涂皆从之游。庵中有会英堂、四相轩，为诸名公会集之所。祖泰，实灵源法嗣，临济正派云。清雍正间，封智海"无际禅师"，遣有司致祭。旧志，参府志。

栖壑和尚，道邱，字离际，顺德龙山柯氏子。母陈氏梦老僧借宿而娠，生时室有异光。少即志愿出家，剃祝后，侍憨山大师于宝林。通内外典籍，遂辞憨师。度岭至金陵，亲雪浪一雨，深究宗趣，今为嗣讲。复如杭，参莲池大师。师授以净土法门，并付衣钵。后入江右，侍博山无异和尚。久之，又入匡庐，会同参家宗保禅师于金轮。归广州，闻者争谒。陈秋涛、梁未央延住白云蒲涧。学者辐辏，共坐枯木床，种田博饭。一日，访六祖新州路，出端州，望顶湖山水秀丽，策杖而入，知为福地，遂开山焉。先是，地主梁少川与清波延僧构庵其中，共结净社，招阳江朱子人主之。闻师至，请为主持，遂成大刹。内有涅槃台、庆云禅院、寮舍、僧房，非万金不能建，师谈笑而成之。憨大师曾游此峰，悬记曰："不久有至人于此开山。"记以诗曰："莲花瓣瓣涌沧溟，宝殿高高傍七星。白昼云封无犬吠，夜深说法有龙听。"至是果验。僧尝至数百众，寺无担石之储，所给皆付龙天。方伯胡公尝密与监寺云俸募金千两有奇，拟置田，斋金入山。师却不受，立不置田产之约，谓："释子修行，龙天拥护，四字自足，何用田为？"而开山十年，用度未尝困之乏。殿前波罗枯萎，师咒水灌之，复茂。重修大雄宝殿，大木来自海隅，难于输运。忽而大雨如注三日，溪水瀑涨，丈丈余木直抵山下，不越月而梵宫成。后白莲花盛开，师无病索笔，书《莲花颂》而逝。旧志，参府志。

在犙禅师，新会朱氏子，居阳江。阅藏经，有所触发，遂矢出世志。崇祯间，访道端州。时高要迪村人梁少川为父母卜地顶湖山莲花洞。梦神诃云："此朱家地，非尔所有。"会师至，姓与梦符，遂舍地与师，诛茅建庵居焉。旋礼栖壑和尚于蒲涧，剃祝受具，以大事未明，矢志参方，迎栖和尚主顶湖。遂度岭，遍参雪关、饼窑、云门径山、天童诸尊宿。乃还粤，谒曹溪，居英德之西来山。顺治戊戌，栖壑示寂。众奉师继席，后于南海麻奢乡建宝象林居焉。先是，乡人每见其地涌紫气，成大莲花，至是果成名刹。师往来两山，所成就甚众。岭南恒以得顶湖，戒为重。示寂，时寿七十五，塔于庆云寺禅院之右。前后著述百余卷。

　　按：在犙，旧志无传，附见《栖壑和尚传》后按语。今据府志补入。

　　成鹫，字迹删，番禺人，明孝廉方国骅子。鼎革后，国骅隐居授徒，世称学守先生。成鹫年十三补诸生，三十五父故。后婚嫁毕，别母学佛于鼎湖。晚栖大通古寺，号东樵山人。一时名卿巨公多与往还，藩使王朝恩、学使樊泽达、给事郑际泰盛誉之。名益显，诗文最富。所著《咸陟堂》前后集，识者谓："其笔响风雨，崩山立海，凡蛮烟黑雨，渴虎饥蛟，草木离奇，剑啸芒飞，直归纸上。"浙西陈元龙谓："成鹫墨名而儒行，其文发源于《周易》而变化于庄骚，涵负呈豁，变化无碍。其诗在灵运、香山之间。"时以为非阿好。成鹫戒律精严，道范高峻。与贵人游，道话外，公私一无所及。遇家人辈有所咨，瞑目趺坐，寂然若无所闻也。年八十余卒。沈德潜《国朝诗别裁》："上人姓方氏，本名诸生，九谷先生弟也。中年削发，既为僧，所著述皆古歌诗、杂文，无语录、偈、颂。本朝僧人鲜出其右者，拟之于古，其为俨、秘演之俦欤？"

　　按：成鹫旧志无传，今从《通志》补入。

　　升龙，番禺人，钟氏子。貌魁梧，躯干颀伟，目光如电，有胆略，膂力绝人。年十六，钟姓与邻村械斗而败。屋被焚，无宿处。去而浪游，至惠州永福寺，谒江非和尚，剃发为僧，时年二十余矣。有师叔擅武艺，得少林寺真传，然韬晦不轻授徒。及见升龙，大喜曰："物色数十年，今得子，可以传老僧衣钵矣。"遂尽以其技传授之。始教以腾空之法，着铁鞋重十斤，每日跳跃至千百步，渐加至十四斤。三年后，赤足高腾二丈余。屋檐一跃而上，立瓦无声。教之运气，积久气充足，坦其腹，拳之如撼犀革。后授以空拳、戟指、刀剑、锤棍各法，用铁棍如举杨柳枝。师叔历试之，喟叹曰："进乎技矣，须养气，毋轻举取祸也。"升龙艺既精，每抱不平。在惠尝遇官兵凌逼村民，升龙闻喊救，不能忍，徒手往大喝一声，官兵辟易，尽夺其械，奔散无敢回顾者。由是名震惠中，远近豪杰皆惮升龙矣。升龙念留惠久，官兵将寻仇。遂去惠，游端州，入顶湖庆云寺。僧众素耳其名，欲观其艺。升龙坦卧坎碴上，任有力者连舂二十柱，肚皮无少疵损。两足立墙上，系以带，每足以十人牵之，不能动。以三指按桌板心，八人举之，不能起。僧众皆吐舌叹服，留之当职。然性嗜酒，不耐素食。因下山卖跌打药于端城，日用有余则举而施丐者，人莫不异之。晚年居大鼎庙，绝口不言武艺。始收徒四人，德荣、绩荣、灿荣、芳荣，而德荣为最。至今枝派蕃衍至数十人，顶湖恩波、茎田秀成，皆其裔也。咸丰十年，坐番禺麻奢按南海有麻奢乡，番禺二字疑误。象林寺方丈，八十八圆寂。

云灿，苦行僧也。以顶湖嚣杂，避居倒流水山。构茅庵数椽，终日趺坐。辟庵旁地亩余，莳菜数畦。山峻极，天亢旱，菜不萎，亦不见其浇灌。好谈因果，语皆俚俗，杂以滑稽，故樵夫牧子听而忘倦。一日冒雨莳菜，见樵子某荷担过，语之曰："天昏暗如此，不畏虎耶？"樵且行答曰："家中断炊二日，老母抱病月余，将为医药资，乌得言畏？"云灿愀然，即追挽樵手，促令入庵，闭门不许出。久之，樵以母病请。云指一食盒云："僧侣送来美斋数事，今与同食，回去未晚也。"启盒，热气蒸腾，美香四达。樵以"心焦，食难下咽"对，强之，执不肯。云笑曰："尔能忍饥，贫衲亦不用食，与尔同行可乎？"樵怪而许之，中途茅丛跃出一虎，触樵，担已仆矣，势将搏噬。云叱曰："去之，人能忍饥，贫衲亦替他忍饥。今日非汝饱时也。"虎去，扶樵起，慰之曰："大灾既脱，速归谢母，非贫衲能救尔也。"云每清晨必坐倒流怪石上，手指口画，移时乃下。僧侣怪而伺之，见有二虎蹲伏其下。云其神异多类此。俱《采访册》。

【民国二十七年《高要县志》卷二〇"人物篇三·方外"】①

遍卢和尚，楚永州东安周氏子，幼时每逢僧伽，辄拍掌而笑。年稍长，有异性，甫就外传，便于富贵如浮云之意有深契焉。父母与之议婚，遂告以参学修行之说坚辞之。此事暂寝。强之生理，未几，双亲沦亡，旋为木客，往来江淮间，偶遭风雨，几葬鱼腹，赖救登岸得不死。于是矢志寻师，至潭州宝圣寺，礼普祖。剃染三载，遍游武当、南海、九华、五台、峨眉，惟于天台参学大智禅师，默识融会，得传心法。然后度岭于曹溪，谒六祖至广州。未久，寻沂泮舸而西，值土寇既平，县治初建，时在明万历七年也。途经水口，地名罗旁，意谓此中必有幽胜处。登岸至县，趺坐城东，遥望城西清凉山中，层峦耸翠，四山环绕，因而驻锡于此。卜筑苑逄，创立寺宇，名曰龙华，遂开山焉。师道行深妙，所居山中，猛兽驯伏。常有虎一号曰行源，豹一号曰慧空，往往白昼侍诸门，外人不敢至，师以时挥斥之辄散。及师示寂后，而虎豹踪迹遂稀。又寺背石上人见有一大赤脚，

---

① 智常、末山尼、清波（智觉）、麦祖用前志已录，文字差异较小，此处编者未收。

迹如印雪泥然，相传为师寂化时所遗也。天启年间，其徒慧融分辟西竺庵于山之北，东影又于龙华迤东数里别拓龙井庵，梵宇森然，两地钟呗相闻，盖犹能振厥宗风云。据《龙井寺·僧宗支谱》、旧志古迹、采访册参修。

湛慈谅公，邑城东石门庵僧，《鼎湖山志》作梅坪庵。顺德慈度庵仰素和尚法嗣，性坚忍，梵行高峻。明万历末，参禅至西宁车滘寄锡。《石门寺僧宗支谱》。后乃建庵在梅坪山之阳，石壁峭立，中通一洞，窈窕深邃，遍植梅花，最饶幽胜。成鹫和尚耳师名，尝以康熙十八年游寓山门，请求依止，师坚却之，曰："子见地高远，习气未除，水边林际，保养圣胎，不久当成大器。毋以予为可师也。"成鹫倦游晚归鼎湖，自撰《纪梦编年》一卷，追述前事，并称厥后湛公出世，住持鼎湖，为第三世主人云。同时与湛公分扬佛化者，云窝山有僧中介，龙华寺有僧无尽，邑搢绅多敬礼之。中介尤工吟诗，有禅趣。泷人彭沃刊辑《三泷诗选》，采录其五言《山居小诗》四首著于编。诗云："高峰在室内，寒雪未曾融。终日煨芋火，常思懒残翁。岩下三间屋，破檐七尺高。满床雨声落，终日听松涛。谷泉清我意，彻底一身心。独坐清溪上，时闻太古音。池栽莲花香，手缝荷叶袄。黄精服不厌，乐以足吾老。"据僧成鹫《纪梦编年》、彭沃《三泷诗选》、旧志古迹、采访册参修。

雪岸，名光浮，广西桂林陈氏子，湛慈和尚法嗣，住石门寺。尝往来鼎湖庆云寺，参究禅妙，好艺兰。寺有兰花四盆，花开皆百箭，异香馥郁。知县官某见而悦之，雪岸知不能拒，尽将盆花剪去。明日，县使者索花至则大怒。雪岸殷勤道歉，众见其持火径遁入厨灶而去，使乃大惊异。而是日师已潜往鼎湖山，具白其事，故世皆号师为"兰花仙"。后居鼎湖精修三年，回寺授心法于其徒嘉露。嘉露中年出家本邑石门寺，师事兰花仙甚契，有苦行。相传石门坑底遗有左足大履迹一，长逾一尺有五分，深亦一寸许，略无斧凿痕，谓是嘉露师所遗。不知然否，时人亦称之为大脚仙。据《石门寺僧宗支谱》、采访册参修。

按：雪岸遗有真像，今存寺内，手拈兰花作微笑状，貌甚清癯。嘉露名普性，邑大洞人刘森之子，俗名连茹。乾隆间，中年出家，时已有子嗣，至今后嗣绵衍，嘉露实为大洞刘姓第二世祖云。

【民国《西宁县志》卷二五"人物志四"】

唐惠能禅师谒黄梅，五祖传衣钵，嘱能速去，恐人害之。能曰："向甚处去？"祖曰："逢怀则止，遇会则藏。"后隐于怀集上爱岭最高峰顶石室栖迟，名"六祖岩"。岩前有桃树，不知年代，岁岁花实。惟核内无仁，不能移种。邑人钟起元诗："乘兴寻春到翠微，南宗石室豁双扉。山留昙影人何在，云锁禅关鸟自归。衣钵十年容小住，风幡一念动皈依。无言默向桃花悟，回首岩前绿又菲。"

《南宗六祖大鉴禅师传》本《大藏一览》及《传灯记》《六祖坛经》。

南宗大鉴禅师上接如来正法，为释氏三十三祖，中土之六祖也。昔者灵山之会，世尊拈花，大弟子迦叶破颜微笑，世尊曰："吾正法眼藏涅槃妙心，分付于汝，汝其流布，勿令断绝，仍授衣钵为法信，俟将来佛氏下生传付也。"是为西土初祖迦叶尊者。二十八传至达摩，知衣法应入中国，遂航海西来，时梁武帝普通八年也。是为中土初祖，递传二祖慧可，三祖僧璨，四祖道信，五祖弘忍，终于大鉴大师，是为中土六祖，皆受如来记者。至是佛法大行，而衣钵止矣。师卢姓，名惠能，岭南新州人。母李氏生于唐贞观十二年戊戌二月初八日子时，不食乳，遇夜神人灌以甘露。父早卒，废读。性至孝，负薪养母。闻人诵《金刚》，至"应无所住，而生其心"，忽有悟，遂往黄梅谒五祖。时门人千余，皆轻之，谓岭南人无佛性，呼为"獦獠"。祖一见即知为大乘器，恐人妒之，着令槽厂去为行者，破柴踏碓八阅月。一日，祖谓门人曰："汝等各作一偈，见道者授衣钵。"上座神秀偈曰："身是菩提树，心如明镜台。时时勤拂拭，勿使惹尘埃。"师闻之，知此偈未见本性，乃口诵一偈，曰："菩提本无树，明镜亦非台。本来无一物，何处惹尘埃？"众闻之，皆惊。祖恐人之忌而害之也，乃将偈涂去，曰："亦未见性。"众议遂息。次日，潜至碓房，见师方腰石舂米。曰："为法忘躯，固如是乎。"问："米熟未？"曰："米熟久矣，尚待筛也。"祖乃以杖击碓者三而去，遂于三鼓入室。祖以袈裟围之，为说《金刚经》，大悟，遂授衣钵，时年二十有四。祖曰："昔达摩西来，人未之信，故传衣钵。止于汝勿传，恐为争端。行矣，逢怀则止，遇会则藏。佛法难起，慎勿速说。"师遂拜辞夜去。数日后，门人始知衣法已南。追夺者数百人，至大庾，有惠明者先追及，师掷衣钵于石上。惠明提掇不动，乃顶礼曰："吾为法来，不为衣来也。"师曰："既为法来，可屏诸缘，吾为若授法。"惠明静听久之，师乃曰："不思善，不思恶，正与么时，那个是明上座本来面目。"明悟曰："行者即惠明师也。"师遂返岭南，至曹溪又被恶人毁谤，焚山寻逐。师避石岩中得免，因念五祖止怀之言，遂携衣钵由四会入怀集，隐于上爱山之石室，今呼为六祖岩。凡十五载，知厄运已过，宜兴大法，乃下广州法性寺，适主僧印宗讲经，忽风吹幡动，众僧争论，一曰幡动，一曰风动。师曰："非幡动，非风动，仁者心自动耳。"印宗知非常人，问曰："久闻黄梅衣法南来，行者其人耶？"师曰："不敢。"乃出示衣钵。僧众大惊，下拜，执弟子礼，师遂于菩提树下剃发，时年三十有九。受菩提全戒，开东山法门。其戒坛乃刘宋时跋佗罗三藏创建，题碑曰：后有肉身菩萨于此受戒。梁天监元年壬子，智药三藏自西竺航海来，携西土菩提树一株，植此坛畔，亦预记曰：后一百七十年有肉身菩萨于此演法。至是悉验。次年春，归韶州宝林寺。初，智药三藏自南海来，经曹溪，曰：饮水香美，曰：上流必有胜地。至漕溪，望南华山，叹曰：此即西天宝林山也。命居民建寺于山之中，曰：后当有无上法王于此演法，得道者如林。故曰"宝林"，即今之南华寺也。同治辛未，余北旋，绕道南韶，入南华，见山形如象，四面似莲华环抱，八风不动，一水潆洄，洵胜地也。登殿谒师真身请如来钵，金光璀璨，古气盎然，摩者久之。夜宿殿北，焚名香，读师

《坛经》，如入耆阇山听说《法华》，非沱洹四果语也。当师之演法也，名动大江南北，中宗驰诏问道，迎请赴京师，上表辞，为示心要，上大喜，乃下诏曰：朕集善余庆，夙种善根。值师出世，顿悟上乘，感荷师恩，顶戴无已。其奉磨衲袈裟及水晶钵，敕诏韶州刺史修饰寺宇，赐师旧居为国恩寺。太极壬子，师遂命于新州国恩寺建塔。癸丑七月，集门人，曰："吾将灭度，汝等有疑须问。"门人泣，惟神会神色不动。师曰："神会小师，却得汝等在山数十年竟修何道？吾自知去处，是以预告法性本无，生死去来，而何梦梦也。"门人乃请衣钵，师曰："据先祖达摩偈一花五叶，衣止不传，汝等信根已熟，堪任大事，从此法周沙界矣。故乡不远，叶落归根，其行乎。"遂返新州，齐于国恩寺端坐。至三更，谓门人曰："吾去矣。"遂入灭，盖开元元年八月三日也，春秋七十有六，时异香满室，鸟兽悲鸣。广、韶、新三州争迎真身不决，乃焚香以祷，香烟直指曹溪。十一日，灵龛回韶，加漆入塔，白光冲天，三日始散。刺史奏闻，奉敕立碑。当是时，四方崇奉，远及高丽。至肃宗乃敕取衣钵供养。代宗朝梦师来请，乃命大将军刘崇景送还。宪宗始谥大鉴禅师。逮宋仁宗天圣十年，以安舆迎真身并衣钵入大内，谥普觉。其余灵迹见于唐王维、柳宗元、刘禹锡、宋晏殊纪。鹤山居士曰：自达摩扫文字禅，至师，遂以为言之契直接菩提，何其伟也。说法三十七载，嗣法四十三人，悟道超凡者不知其数，即数百年后，南岳清原千灯继起，岿然南宗。佛法之行，自如来三百余会后，诚未有盛于师者。噫，佛氏下生，梨衣遥授，灵山一脉，千载重光。如师者，其佛门之奇德殊勋者与！鹤山居士曾泷仁撰。时同治辛未九月。

鸟焚僧，正统间，住衡山雁峰寺，过全州谒无量禅师。州大夫禁逐游僧，遂流至怀，寓莲花岩内。年九十余，洞氓日施蔬食。天顺改元，冬天火降洞，僧移蒲团岩外坐化。未几，飞鸟万计，集聚蔽日，各摘羽覆之。一日如墓，二日如廪，三日如丘陵。有一鸟大如鹤鹳，摘毫疵俱尽，赤肉啼于岩壁。既旬日，枯茅丛中火起，燃及羽堆。此鸟坠火，与僧同焚。后有人见一小儿，骑一长尾鸟飞向诜山，绝顶而没。

【民国《怀集县志》卷十"杂事志"】

（二）寺庙

寺观虽非秩祀，然僧道正司，国制存焉。况每岁习仪多在于是，故附录之。其废者，固可略也。

德庆

光孝寺。在州西七十余步，宋嘉祐二年建，初名兴福寺。崇宁二年改为天宁禅寺，绍兴十一年，改报恩光孝禅寺。绍兴十二年，除报恩二字。景定癸亥，推官赵时温重修。元延祐二年，总管刘保增建灵源阁于其右，观音阁于其左，有记。洪武六年，僧智显重修。洪武十六年，僧正道存于寺后创法堂一座，为僧正司。洪武二十四年，立为丛林。永乐元年，僧正宗募缘改造寺门。永乐十二年，新建两廊，重修灵源观音阁。正统四年，僧宗得等重修三门。正统八年，僧道真鼎建法堂。十三年又建各正殿与两廊。

泷水

开元寺。旧在县南二里。开元二年，僧定端建，今移县西。

龙龛寺。在县东郊四十里，乃山石生成，有门可通出入，内甚广坦，宛似佛龛。邑人陈袭源记之。

井步堂。在县西南郊五十里，有铜铸神像，人屡欲盗之，移不能动，今存。

封川

光孝寺。在城西五里仁寿坊。宋熙宁九年，僧宝珍创。洪武二十四年，立为丛林。景泰三年，西贼焚毁。成化五年，知县万显重修殿宇，岁为祝圣寿之所。

开建

松阁寺。在县治北一里许。

【嘉靖《德庆州志》卷一一"秩祀"】

光孝寺。在县西五里。宋熙宁九年，僧宝珍创建。洪武三年，僧瑞严募缘重修。洪武二十四年，清理佛教，归并附郭诸寺为丛林。景泰三年，被寇焚毁。成化五年，知县为万显命僧道晟、道心募缘重建，岁为视圣习仪之所。天启二年，重建山门，兼茸缮佛殿。知县方尚祖记。

西山寺。在县西山。一名资福。宋僧道曜建。

集福寺、镇灵寺。俱在县东德宁乡。今俱废。

宁寿寺。在德宁乡，今废。

麒麟寺。在归仁乡。

云岩寺。在文德乡，今废。

白云刹。五代时僧实性建。

兴福院。在德宁乡。

景福院、安福院、金钱院。俱在修泰乡。

德宁院、保福院、灵山院。俱在文德乡。

灵涧院。归仁乡，今俱废。

【天启《封川县志》卷二二"杂事志"】

无著庵。在州北门五十余步，今迁于养济院东。郡人李一韩重建。

非庵。在香山寺北四十余步。顺治壬辰，郡人李一韩建。康熙七年，知州秦世科增修之。最上一层有雪坐，而环以墙垣，□□花石，次第布置。庵门，松阴之畔，添石

□□道，引水入庭，迂回达门外。下石台而入□□。石台在朝殿亭窗之下，甃以半□。右有小门，下一级又小台一座，流泉绕其台足。台上有幽篁数十株。中设二石磴，可容五六人棋酒其间。莲池大小二□。□景虽小而曲径、松风、鸣禽、竹韵，别有一洞天也。况□临城郭，锦水月明，烟峦雨霁，四时登眺，曷有嘉也。是不但山重生色，而四方游客亦与有分焉，故记之。

非庵香灯、田亩、土名开列于后：

一、土名，在观墟峒平塘围等处。田税一十亩，该民米三斗二升一合，税载一图十甲陈克壮户。

一、土名，罗山罗泽峒等处。税六亩，正耗米一斗九升二合六勺，税载东厢一图一甲黎□克户。

一、土名，晋康书堂等处。田四亩二分，民米一斗三升四合，税载十一都三图五甲李道周户。

以上田地塘系知州秦世科捐资买置，永供非庵常住佛前香灯。

一、土名，高良峒等处。粮四斗，额租二十石，税载四都一图三甲欧俊户。

学正梁宗典捐资买置永供弥陀殿香灯。

一、土名，马墟、观墟、冯村、高赠等处。粮七斗，租四十石，税载东厢一图一甲黎青雷户。

山主李一韩买置。

【康熙《德庆州志》卷六"建置"】

古道场。在龙龛山有石峒，唐高祖武德四年，里人原永宁、县令陈普光于此建道场，祀诸佛像。其石上天花、诸佛、丹雘，迄今如故。正殿三宝，左观音一，右释迦二，两傍□汉。武后圣历二年，有陈集原撰序，石刻几千言，字多用武氏新制，大都梵语不经。然千载遗迹，姑录一二以遗好事者。其略曰："岩岩石室，郁郁禅枝。五门清静，八解涟漪。神高习海，道溢须弥。欲求蝉蜕，长津在斯。龛自天工，室维地轴。石磬长悬，洪钟不着。无假栋梁，自然花药。掩室杜口，何尤何乐。爰饬金绳，于斯胜境。图像毕俻，雕斲咸整。云起山窗，花开莲井。萧尔闲旷，悠然虚静。"中宗时，张柬之尝游此赋诗。后人因历祀公及陈集原于此。

【康熙《罗定州志》卷一〇"古迹志"】

六祖庵。在县东四十里扶卢山下，《坛经》云：五祖传六祖，送行曰："遇怀则止，遇会且藏。"至曹溪，被恶人寻逐。乃于四会避难于猎人队中，凡经一十五载，一日思□当弘法不可终遁。遂出至广州法性寺，□□建庵祀之，祷雨辄应。

【康熙十一年《四会县志》卷四"建置"】

天宁寺。城东一里，旧名安乐。宋崇宁三年，改天宁寺。洪武间，有节妇齐氏，拨岁租四百七十石为主僧供具。嘉靖间，郡守卢璘、徐鹍相继增饰。岁久，寺宇欹斜，佛像尘垢。国朝康熙二年，知府杨万春修饰。七年，闵子奇重建禅堂、方丈、关帝堂三官堂。一时并举，峨峨称巨观矣。

附载六庵香火田复业始末

明洪武时，本县节妇齐氏献田，供诸佛香灯，载米一十六石零，税在东三厢田，即禄步都上名、上中官、下中官等处，递年额租一千三百石，向系僧官掌管，分给天宁寺、阅江楼、宝月台、灵山寺、白衣庵、七星岩、莲华洞等七处，作供佛香灯。迨本朝顺治二年经升任浙闽总督李暨岭西道沈、总镇侯与前僧纲性初批入畸畛，免其徭差在案，佛光慧日历久弥新矣。嗣于康熙七年，天宁寺僧性善，恃势夺取，强逼书契，压领受价，而田遂尽归天宁。六庵之庄严妙相，烟消尘封已。然首事者之昭彰，今之人犹历历能言之。其后，康熙十一年二月，天宁寺禅堂僧寂隆为谨历寺田情由，叩分巡广肇南韶道赵复求存案给示，批仰高要县查明。高要县知县事谭备知串夺情形，悉存案讨示之伪行典史王国昌查明。遂随据申请，毅然断复，准附城绅衿里排梁应时、姚斌、李友梅、张李仁、孔瑞轼等之请，仍照原派每年谷三百石为纳正供钱粮之需外，天宁寺共谷四百七十石，阅江楼、文昌阁共谷八十石，宝月台、观音庵、元帝阁共谷一百石，灵山寺、关帝庙共谷六十石，白衣庵、晏公庙共谷五十石，七星岩、三元阁共谷二十石，莲华洞共谷二十六石，余皆系僧纲膳薪。齐之义田仍归各寺，性善之伪价复还寂隆。合乎人心，当乎天理。奉广肇南韶道批如详，县令谭恒给印簿二扇，发天宁六庵，各持其一，永为遵守。后之君子闻倡夺之报应甚速，体当事诸公之奉善力行，六庵其顶礼绵长也。康熙十二年志。

岭山寺。旧名峡山寺，在羚羊峡口。唐天宝二年建，后经巢寇所毁害，寺貌改观。明洪武间，有齐氏岁租六十石供祀。天启七年，县令汪渐磐重修。崇祯四年，郡守陆鏊增建香云阁，阁下岭山寺有碑。诗文载艺文。

白云寺。鼎湖山上，距城三十里。宋建。石壁有"正法眼藏，涅槃妙心"八大字。尚存有寺僧种茶，与黄山争胜。寺下数十步有泉，名曰：龙泉。其水清绿，取以烹茗，芬香娱口。有题咏。

梅庵。城西四里。宋至道建，以奉六祖。门左有井，名曰：一齐达泉。采水烹茗，清香可爱。游踪题咏，摘见艺文。

兴元寺。陶山都。明崇祯二年，邑人梁挺芳建，太守陆公身诣上梁门，左建有元魁塔。

龙华寺。宋崇水口，与羚羊寺相对。明崇祯三年建。

庆云寺。距城三十里许，鼎湖山上。明崇祯间，僧道丘始建茅室一舍，寻修寻广。今至百余间，丛林胜概，甲于阖郡。另有传，详艺文。

法轮寺。城西百余步间。国朝康熙元年，总镇侯袭爵，郡守杨万春创建。

西石头庵。城北富安坊，旧名石头庵，亦名菩提台。宋至道建。今废。

金粟庵。马鞍都。宋咸平建。僧祖泰归真处。

青云寺。长利水口。宋建，寻废。明万历中复建。国朝康熙十年，又创前座。

祖台庵。小洲都虎山上。明天顺间，有六祖及灵通使者像，各高二尺许，连石柱二。铜钟不知何处飞来，居民见而异之，为立庵奉焉，祈晴祷寿雨皆应。

法华庵。宝月台右。明崇祯九年，摘宫沈榮建。国朝顺治十八年，总督李率泰、镇府侯袭爵张国勋重修。

紫林庵。城北慧日寺右。明崇祯十七年建。国朝顺治十年，毁于西寇平靖藩，寻建复。十二年，总督李率泰重修。十五年，总督李栖凤复建大悲阁。

长青庵。即石头庵旧址。原有齐氏岁租八十石祀。在阅江楼右。国朝顺治十五年，总督李率泰建复。

广生庵。城东天宁寺左数十武。康熙七年，总督周有德建。

天成庵。水坑都，鼎湖山之东麓。国朝康熙七年，知县王有芳建。

青莲庵。漳村都罗坑迳，山水构架幽丽。都人士岁时游息之所，相传青莲八景云。

华岩庵。古坝都。明崇祯间，乡绅李应星同僧汝定建。

白衣庵。城西牛眠冈，原在景坊晏公庙。后明洪武间，郡守周子成建，有齐氏节妇岁租五十石供祀。初，郡守建晏公庙，工竣，梦白衣大士送麟，因建大士阁于庙后。天顺间，西贼逼境，以其近城，迁于水关门。国朝顺治四年，西贼犯城，巡道李光垣令迁于今所，改今名。康熙九年，邑令王有芳重建。

【康熙《高要县志》卷十九"外志"】

长春寺，在城东。

华严寺，在怀乡城外。

龙华庵，在城西三里。

天池庵，在马了儒学地。

西竺庵，在城西四里。

东华庵，在连滩。

龙井庵，在城北三里。

宝莲庵，在力峒。

【康熙五十七年《西宁县志》卷一"舆地志"】

东安县

归一庵。在县治东石麟山麓。顺治十五年，参将刘君荣建，有记。知县吕鼐添建后殿东西禅堂。有香灯田塘，共一十七亩。

【雍正《罗定州志部汇考》"祠庙考"】

龙山国恩寺，在县城南二十五里仁丰都。唐中宗神龙二年，敕于六祖卢能旧宅建寺，赐额曰"国恩"。睿宗太极元年，六祖在南华命门人归新州建塔，寻归新州。开元元年八月三日，师圆寂韶州，官僚迎师归宝林，新州惟以泥塑师像供养，而祖茔磨衲在龙山焉。历唐而宋，施舍甚众，田至一千八百余亩。宋绍兴重修寺宇，胡澹庵为之记。明永乐戊子修之，景泰改元，邑典史郑昕复修，进士严贞为记。后田多为邻郡势豪优占，嘉靖中年仅存香灯米七石。又以大工尽卖，寺就倾圮。隆庆丁卯，知县邓应平倡通邑人重建，并记。万历二十六年，邑人欧真义建龙粤庵。万历四十四年，署县陶若曾建浴身亭，并记。四十六年，知县吴士熙、邑绅赵良诜建山门牌坊，凿寺前镜池。四十八年，僧自现、邑人潘文伯等建金刚楼、左右禅房，邑举人苏宇元记。崇正六年，邑人潘尚茂建殿前经堂。九年，僧自现徙龙粤庵于寺右。十三年，邑人潘稷建珠亭。国朝顺治七年，邓尔缵、李绮、林慎、举人麦安建法堂，邓尔缵记。九年，邑人伍美符重修山门、石桥。十二年，官民重修寺宇，邑举人潘毓珩记。今寺内田亩载官税米六斗六升，民耗米六石八斗七升五合，内有村永宁寺寄米、归元庵寄米僧税耗米四十二石六斗六升，夏麦税耗米一升，原附本邑，照会都六图三甲黎民跻户下。顺治十四年攒造，知县查蜚英准通邑公呈，将原附在照六三甲僧自现名下丁粮抽出另为公田户，不在都图里排之中，以祖师供奉香烛之税止征正供钱粮，免其杂派及役务，载在公田。雍正六年，住僧慧轮重修寺田。现在额征钱粮银二十七两三钱七分九厘米一十一石二斗一升五合。僧果恪守清规，勤谨焚修，亦尚足供馆粥也。

金台寺，在县城南半里。相传为六祖卖柴时，闻诵《金刚经》"应无所住而生其心"，遂大悟、发念学佛之处。盖县之古刹也，其殿宇兴废不一。嘉靖间，僧因基圮建土屋三间居之。隆庆间又圮，近人侵没作园。万历二十四年，士民重建。今东西各三十六号，南北各三十五号，又寺前东二十号，西二十二号，南北连铺地各三十一号。又有田税为寺僧徒看守香灯。乾隆六年，僧如筏募缘重修寺田，每年额征钱粮银一两九钱一分七厘，米九斗二升九合。

永宁寺，在县正南村傍，离城八里。相传为六祖辞母之处。初，六祖往黄梅参五祖时，其母李氏送至村而别。后人于此建寺，旁有辞母石，时有显迹。寺田现征钱粮额银一两七钱九分八厘，米八斗七升三合。

【乾隆《新兴县志》卷十八"寺观志"】

华山寺。宋嘉定间，僧复庵建。元至正，僧古溪重修，传灯者为僧慧侃。里人李宣慰文进捐资建圆通阁，复于法堂后建六祖南宗堂，买田数百亩为赡。寺中有金沙井、斗龙钟。寺朽坏，康熙四十八年县令郑玫与同城文武官捐俸，并劝民出资同修。

紫竹庵。在城东门内。旧是邑人黄际会书馆，城守熊文举修立为庵。

和光寺。在西南街后，内有葫芦井。邑人李钟颖修，复作记。

笑天岩。在城东十五里。山上岩石有龙涎水滴石玲珑。康熙二十四年，邑令王永名创殿塑佛，住僧一汝。

花果寺。寺设于宋末，冈头乡梁姓人建捐，有寺田。利琼长岐都人士设有文会，岁首齐赴课文。后学进庠及中式，例置酒捐资，贮为文会供课之用。

紫霞庵。城北三里，有茂松修竹之胜。

竹林古寺。在竹洲村之右，社学峙其南，高庙枕其北。有修竹茂林，清流映带，颇称名胜。明初乡人捐资所建，代延僧人供奉佛像，为是乡福地。

树庵。在西南东溪社学，后为鼎湖下院，有碑。

【嘉庆《三水县志》卷十六"寺观"】

天宁寺，在城东一里，旧为安乐寺。崇宁三年改，今各有菩提树二。

龙含院，去高要县三十里。有六环锡杖，相传六祖禅师锡杖。又开山得石碑云："有客问浮世，无言指落花。"《舆地纪胜》。

白云寺，在顶湖山之西南，六祖高弟智常禅师创。招提三十有六，历宋迄元，兴废失稽，惟存数寺。

西石头庵，在城北富安坊，旧名石头庵，亦名菩提台。至道年建，今废。俱旧志。

按：《舆地纪胜》云：石头庵，鹄奔亭故址。据郭祥正诗，亭当在新江，熙宁间尚未改此。在城北，且建于至道中，自别是一庵。又旧志长青庵一条云：有石头庵旧址在阅江楼右。不言何年所建。盖因是目城北者为西，则庵有三处也。

峡山寺，在高峡山，今名羚山寺。《大清一统志》。明崇祯四年，知府陆鏊增建香云阁。旧志。（沈佺期赋并序略）

按：峡山寺诸志皆作天宝二年建，果尔，则神龙二年沈佺期安得预为作赋耶？

梅庵，在城西四里。旧志。至道二年，黎民表记。僧智远建，元末废。明永乐间复建，有六祖井，泉水可饮。《通志》。

庆云寺，在顶湖山。崇祯六年，蕉园人梁少川舍地建莲花庵迎僧道，邱住持改今名。又有化城庵在黄江都，憩庵在宁塘水口，皆往来顶湖驻足之所。《鼎湖志》。

龙泉精舍在鼎湖山。《名胜志》。今并入庆云寺。

【道光《高要县志》卷十五"古迹略"】

光孝寺。在县治西五里。宋熙宁九年建。景泰三年寇毁。成化间，知县万显修。天启二年，知县方尚祖修佛殿。国朝康熙十三年，邑人陈作鳞复修，并舍寺田一十一亩七分。有记。

白云刹。五代时僧宝性建。

金钱院。在县对河锦钱山。乾隆十二年，知县邵元龄迁于游塘口，改为灵隐寺，俱修泰乡。

丰寿寺。在丰寿山，俗名铜佛寺。

庆福寺。在思寮村。方志作兴福寺。

【道光《封川县志》卷九"古迹"】

长春寺。在城东，万历十一年知县陈公大建，中座供奉龙亭，有司岁时朝贺，宣讲圣谕于此。前为大门，左右为朝房。雍正八年，知县陈洪范增建拜亭一座，原置田三十亩，土名山仔园等处。雍正十三年，知县王者栋置田二亩九分八厘一丝，土名神仙坑等处。

【道光《东安县志》卷二"坛庙"】

归一庵。在城东石麟山下。顺治十五年，参将刘君荣、知县吕肃同建，置田塘共一十七亩，土名石麟山脚、建村等处。康熙二十年，知县黄道焜置田六十七亩四分，土名森木等处。

大生庵。向在城南。康熙元年知县吕鸁建,置田一顷零十亩。后因近民居,迁于石麟山后。

六祖庵。在城北。天启四年,知县徐汤建。

【道光《东安县志》卷四"外纪"】

蕉迳之旁有庙,庙左一石曰米瓮石,石中一小孔,昔常有米自孔中出,以供僧食。增一僧,则溢一人之米,不能多也。后有贪僧凿其孔,遂不复出。今庙已颓废,而此石尚存。同上。

【道光《西宁县志》卷一二"杂志"】

延寿寺。在治东,下堡冈顶,西向。宋至道二年建,原名福佑院。明洪武中,归并丛林。嘉靖七年,知县陈坡因学道魏校毁淫祠,改为习仪之所。至万历三十七年,知县熊德扬迁建于东郭外,宾曦社学之左,匾曰延寿寺。建堂一座,匾曰祝圣道场。

李春记:高明之称治也,于成化十一年析自高要。旧有延寿寺在邑东,北宋至道二年建也。寺建置先邑百余年,宜最古形胜,而其宇顾西向震旦道场,瞻仰西方,义或有取。至嘉靖八年,邑令陈坡修葺之,为岁时祝圣习仪之所,寺于是以礼重焉。迄今,又数十余年矣。绀殿荒颓,鹿野芜秽,非礼观矣。熊令君会讲乡约,念古坛林宁听其敝,况绵蕞于斯,奈何委礼于草莽也?其亟议修。父老因请曰,侯念及此,地方之福也。蕞尔明邑,学宫东虚。往者,城东建塔,标以文昌,犹未周辅。按形家议,必徙寺与塔联,乃关王气。惟见费绌不资,事若有待。侯为地方造福,请申前议。且寺敝已极,修无可修,修之费与改创等,孰与徙便?徙则旧基可鬻,其直可当改创费四之一,所不足众力为输,惟我侯命。熊君辗然曰,父老启予,予当躬任之。顾诸父老徒知芹藻之区当阙王气,而不知绵蕞之地当肃臣度也。德扬幸释褐通籍,北面事主,称百里臣,即越在岭外,天威咫尺,岁沿常议,就绵蕞效嵩祝。顾东首瞻拜,陨越于下,非人臣礼。寺以礼重东徙南向,诚不容后哉。于是亟请之道府,下教于邑,鸠工摅材,君任画,民任劳,士绅任经费,阅数月垂成。熊君以调繁去,而其规制已大备。联势文昌,屹然东辅,学宫胜最矣。学博张君实承继君守篆,偕弟子员程绍祖、何良玉、谭用中、刘衍芳来请余言,为之记。余与熊君同事二载,赤心白意,相信知君,执议甚正,任事甚真,第邑如蚁封,宁堪展骥!即治明种种善状不足概君才,何一寺之改建,足述乎?顾近时金埒梵刹,谬诩胜因,此举非崇佛也,而培文。非独崇文也,而存礼意,补地之偏,其义细正礼之谬，其义大，故足述也。君治行不计功利，即不以此举为德。于学校而关系地脉，丹气益舒，香山苍水，郁为人文，将继今而极盛，其为德且不朽。然则双树东移，视桃花千树，甘棠万井，辙岂有两哉！寺以礼重，且以人重矣。熊君，名德扬，字六龙。江西之建昌人，丁未进士。今调繁德清令。是役也，费计六百金有奇。鬻旧寺，得一百四十金。余则绅士、耆老所视力而输，与令君捐俸佐之。经始于己酉之秋，落成于庚戌之春。董其事者为邑孝廉程君可登与诸耆老，例得备书于左。万历三十八年春正月。

【光绪《高明县志》卷十六"杂志·寺观"】

般若寺，在县城西半里。晋惠帝永康三年，僧慧知建。今无。

按：县西，即绥江滨。晋时，半里外可建寺，则江流之冲决者多矣。又永康元年庚申，次年辛酉即改元，永宁疑系元康之误，三年则癸丑也。

凤山堂，在今庙边铺永安围外，旧接龙桥下。旧志在县东三里社山都凤翔山之麓。刘宋文帝元嘉十一年甲戌建。明世宗嘉靖二十五年丙午，邑绅李檗改建山下，捐租谷三百六十余石，招僧住持。国朝宣宗道光三年癸未，里人迁建今所。知县伍鼎臣有《募修凤山堂小引》。

稽夫肇郡为粤海之名都，会邑据端州之胜境。山川清淑固多钟毓于人文，天地菁华亦萃灵奇于仙释。场开选佛，人人结欢喜之缘，台筑雨花，处处现庄严之像。允矣，禅宗不二居，然法界无双，则有堂号"凤山"，地滨龙水，开基建庙。李御史经始于前，踵事增华，诸邑侯叠修于后，期有举而莫废。福得所归，匪转旧以为新神将焉。托兹者灵光日久，虽殿阁之犹存，佛顶星明讶堂庑之已漏，意欲重新宝刹，因之再振宗风，奈一腋不可成裘，须众力乃能徙鼎。爰咨士庶，共乐捐输，莫云佞佛无心，不妨以儒助墨。或颁仁粟，或馈兼金，合八功之水以同流，聚千灯之光而共照，将见众舆瓢而无忧其裂，钱系树而益见其多。支大厦于将倾，喜众擎之易举。费尔一流黄铁，原非布施之难，看他十笏阿兰，伫复辉煌之旧。

按：凤山堂，以凤翔山得名。今非其故矣，仍载六祖寺前，从其朔也。又伍引言修不言迁，殆募得工金后，临时起议者欤？旧志所云山麓，乃叶家坟左，今多葬者。山下乃叶家坟前平地，今故址犹存。古木数株，参天耸秀，扫墓者常憩焉。

六祖寺，在龙头铺扶卢山下。六祖惠能尝隐于此，后人建庵祀之。庵久废。国朝仁宗嘉庆十四年己巳重建。卢应中有记。

尝考前代，自汉迄隋，岭南未闻有佛。至唐贞观间，六祖始受衣钵于东禅寺，而佛道南矣。然当时疑之谤之者众，方其伏处草莽回翔审顾，几无藏身之地，而卒遁于吾邑之扶卢峰，修真习净一十五年，得大解脱，遂飞锡而去。后人思慕不置，因六祖卢氏，故以扶卢名山，而结庵以祀其下焉。由是视之，则知六祖固为岭南佛法之始，而吾邑之扶卢，又为六祖成佛之所托始，而不容以终没者也。

夫六祖，郡之新州人也。迹其生平，参礼于黄梅，布法于广州，授经于曹溪，宝林、法性诸寺所过皆成佛境要，岂若扶卢隐秀，尤为护法之灵区哉？今其古庵漫灭荒废，若有若无。吾友邑庠罗君绣，性好佛。每读书之暇，辄慨想六祖遗风，而惜其庙宇之荒凉也。今秋乃裒集乡耆，议建复斯庵，众皆欣然，询及于余。余以为此地颇嫌逼隘，盍迁诸兹山之麓，以大其观。罗君亦以为然。而孰知鬼神之灵，灵于人心。越日，不呼而会者数百人，相与剪棘披荆，不崇朝而颓垣残碣旧址毕出。与罗君诣观之，瞿然思，肃然敬。由是跌坐，竟日徘徊，四顾若有神会焉。但见林木郁茂，山月皎洁，恍若菩提犹在，明镜当前，俨然身入诸天中也。乃叹钟灵之地，佛所夙契。虽阅数百年，风飘露零，犹若存神于此，而不能以人事易也。于是因其地势增修，而式廓之。经始于嘉庆十四年，落成于十六年。罗属予以志，余喜家此扶峰，而又与六祖同系范阳先世，每乐道之，故得详其巅末，以垂于后。俾知千余年来，钟鼓磬管之音未衰，而扶峰之足以感召神灵。其始终相孚以诚，有如此者，至其德化所显，功在社稷，泽及生灵，自有《坛经》载焉，兹不复记云。时嘉庆十六年仲春谷旦。

按：六祖，唐初人。庵应唐建，旧志仍作六祖庵，士人则称六祖寺也。

宝胜寺，在城东南四十四里隆伏都莫巷村。宋神宗熙宁二年己酉建，祀得道化师菩萨。知县欧阳芳有记①。

按：旧志所载如此，然则今之宝胜寺，乃元元贞元年乙未落成，非宋熙宁二年己酉所建之宝胜寺也。谓建寺以祀得道化师菩萨，则师化于政和六年丙申九月初三日，上距建寺时，相隔四十七年。且元符元年戊寅师始降生，上距建寺时亦相隔二十九年，岂豫建此寺以待师之生化而祀之欤？是宜称旧宝胜寺以别之。然由来已久，姑仍其旧，附辨于此。

众缘寺，在柑榄铺。宋神宗熙宁四年辛亥建，祀慈应大师。明改宝林寺。

按：阮师生于宋元丰二年己未正月初九日，化于崇宁元年壬午八月十五日。是先建寺七年而师生，又二十四年而师化。旧志《阮公传》所云"官民立寺祀之者"，乃祀师于众缘寺耳，非别立一寺也。

莲花寺，在陶塘铺，祀慈应大师。陶塘为师故里，故建寺祀之。明崇祯间修，王享爵有记。国朝宣宗道光二十年庚子修。文宗咸丰十年庚申，今上光绪十八年壬辰修。

邑贡生王享爵《陶塘莲花寺记》：绥城东六里有寺焉，曰"莲花"。景秀而幽，盖佛祖大师阮菩萨宝刹也。师有宝刹二，其在柑榄乡者，为宝林寺，则其羽化时之灵区也。

---

① 见（康熙二十七年）《四会县志》卷二〇"艺文"，此处文略。

而此寺则在陶塘乡，又其里人族姓之所奉香火也。盖师世居陶塘，楔其降诞之辰，有宋元祐二年正月初九日也。少失怙恃，其姊适柑榄莫家，师往依焉。聪慧过人，或劝之学，曰："此非所以了吾身也。"好诵经礼佛，后道成，取盘水浴毕，登荔枝树而坐化焉。此又宋崇宁元年八月中秋之日，距生辰才二十四年耳。而证悟如此其敏且速，非关衣钵，了却自性而已。若《传记》所称插茄让蚁，放生戒荤云云，此沙门大家事，岂能作佛？而又何有浴水化金，香芬匝地，如此种种之灵异哉。至于大鉴禅师现身说法之时，师立地应声，有曰："平生修得成明镜，不受人间半点尘。"此真妙谛也。与"菩提无树，明镜非台"同一宗印，佛事之成，其在斯乎。

嗣是锡福无疆，时时显应。天旱地赤，诸术无验，祈于师，霖雨如注。绥之借其庇者，家而食之，户而衣之，非一日矣。不宁惟是，洒红沙之雨，而殿火立熄，则护国庇民之封，自宋绍定之二年始也。显护军之功，而国难以纾，则至圣显应之封，自元太元之八年始也。施甘露之水，而圣目顿明，则慈应大师之封，自明万历之二十一年始也。凡此皆历历可考，孰非道力之神通广运而能阅三朝如一日者乎？由斯以谈，小而一乡一邑，大而极之天下；贱而一民一物，贵而极之天子；近而一时一世，远而极之千百世，皆师功德所及也。其食报之遥，岂苟然而已哉？

今其寺在陶塘乡者，岁久垣颓木朽。邑孝廉南岭李君恐其不足，以起四方之敬爱，且无以为累朝盛典光也，慨然议更新，因聚腋于各善信之家。自邑侯及各有位，下逮绅衿士庶皆有捐助。鸠工而整葺之，加以丹雘。既竣，建坛礼忏，告厥成功，且勒各签助姓名，寿诸贞珉，而征信言于余，固谢不文。来者曰："止取纪实，毋以文为也。"余因以不文者文之而已，是为序。

按：创建年代无考，然以祀阮佛，当在宋崇宁后耳。

龙华寺，在隆湖都仓冈山下。宋孝宗淳熙六年己亥建。原习仪所，邑人林介、知县张昌有记。

邑人刑部主事林介《龙华寺记》：东粤名山，如所谓罗浮、白云、南华诸胜，皆为浮图氏所居。至于一邱一壑，搜奇择灵，亦靡有遗者。推原其始，必有法眼清净道行高洁，为一时之所信仰，乃能肇基开迹，以贻后人，非偶然也。

四会山水之胜，冠于他邑。出北门外，上溯绥江，流将二里许，为仓冈山。相传南汉刘氏储军峙糇于此，故址犹存。其西之麓有龙华寺，高木参天，阴翠幽洁，波光云影，共相沃荡，盖尘外奇观也。顾创于有宋，修于有明。岁久木颓，云蒸瓦腐，将有倾压之虞。监寺师仁亮募缘修建明经，彭君捷元举祝圣道场葺而新之，至于观音阁、六祖堂、伽蓝殿，诸大善信随缘捐助。师则鸠工集料，焕然一新，而又自创静室小轩，幽雅可憩。经始于庚子之春，落成于壬寅之秋。

越季冬朔，求记于予。予谓师曰："一切佛法，皆非实相。虽佛菩萨出世，记梦如幻，而又何以记为哉？"师曰："虽然如是，佛法门中有以声音言说而为佛氏者；有以楼阁庄严而为佛氏者。此寺上倚仓冈，下瞰河水。晨钟时挹，西来爽气，且花鸟林峦，具胜妙境。得公之文，以记始末，使登斯寺者有悟入处。向上事直下，承当末后句。目前荐取不亦可乎？"予素雅重师之为人，而又爱其山水之美，爰走笔而为之记。然窃怪近世贵耳，而贱目读前史，见鸠摩罗什佛图澄迈回普化之流，竦然慕之，恨不与同时。偶有其人，则又不甚信，重类如此，何独浮图氏哉？因书记，以博读者之一笑云。时雍正元年癸卯五月旦立。

知四会县张昌《龙华寺客堂记》：邑北门外有仓冈山，圆秀耸拔。相传为南汉储穑之所，因而得名。循山北麓，修篁古木，蔚然森翳。旧碑建有龙华禅院，枕山面水，颇称静境。

丙戌秋，余莅兹土。因寺居围基冲要，巡视之便，常为选佛之游。顾客堂湫隘颓朽，不堪驻足。寺僧鼎岸，适有募建之举。余将怂恿其成，乃起议。未几，余则奉檄调滇省协办军政。越两载，始旋任，而堂已竣工。讵有李青秀者欲窥堂构之成，遽萌吓诈之想，捏称有祖李旺曾为寺奴死，埋菜地。兹以建置客堂，竟被毁坟灭祖等语，讼于前县。余适接案办理，复亲临勘踏，毫无影迹，不独质之阖寺僧众并未闻知，即讯之铺中年老乡民及批耕此园者，俱称从无见有祭扫之事，且据所指葬处，山近于园。当时即有其人，断未有舍近就远，不埋于山反埋于园，以碍种植之理。当即折服，遂释立案。乃住僧复殷然至前，曰："今客堂已起，起客堂之祸已息，乞纪其事"，并有恳颜其堂之请，而余因之有感矣。

夫地，众地也。僧，弱门也。惟其众地，若非建造宏敞，则不足以示庄严。惟其弱门，则一有兴作，必是非丛生。或挟衅而贻假祸之端，或潜谋而开觊觎之隙。俗人既有越俎之嫌，寺僧复多豪强之畏，是在守土者摘伏而平允之，则庶乎其可相安耳。余故因其事，而颜其堂曰"物外闲居"。夫曰"物外"，则与世无争也；曰"闲居"，则与人无忤也。后之游斯堂，而顾斯名，其或油然而生感乎？而且即其事而推广之，环万物于太虚，则光阴皆为过客。悟浮生于无相，则去住谁是主人，不独前僧也，李旺也，是有是无，千古难留宿草，仰且现住也，青秀也，谁是谁非，一时空逐凡尘，漫说昔年之古冢荒坟，莫觅英雄枯骨，即在今日之丹楹刻桷，徒增游士空花。余于办客堂之案，记客堂之文，而得善禅理焉。爰濡笔而详其颠末，且取其原给寺眼立明界限，永勒贞珉。谓余与寺僧减一劫也，可即谓余与寺僧更增一劫也，亦无不可。是为记。时乾隆三十五年吉旦。

邑人李凌云《游龙华寺》：门临江水寺依山，村落离离碧树间。看去便堪终日坐，到来能得几时闲？浓阴匝地松声韵，香气满堂花色斑。挥尘遥怀庐岳社，回廊清梵未开关。

邑侯伍鼎臣《春日游龙华寺》：榕树森森参天起，古寺深藏榕树里。寺后横枕仓丰堤，寺前俯瞰绥江水。春日因公偶一至，见佛不拜行吾志。罗汉何须笑我狂，圣贤吾师佛非类。摄衣竟上观音阁，烟舍万家看隐约。风吹细雨蔽江来，树压黑云当阶落。一径通幽入方丈，窗明几净庭轩敞。禅心如月梦如云，题将好句阶前榜。寺傍别有藏花处，四时不放春归去。满院风清花烂开，僧房合作含香署。十载粤游多灵境，鼎湖幽邃丹霞静。飞来光孝并海幢，笙歌罗绮供游骋。何如此寺绝幽杳，到来不觉尘氛扰。声声暮鼓促予归，一半游兴未曾了。

邑人蔡家驹《五日观音阁遇雨》：仓山五月龙华寺，满院慈云铺到地。振衣独上最高楼，上下山光接山翠。卷帘香雾总蒙蒙，佛殿僧房在画中。闲庭树密层层绿，幽砌花开处处红。忽然槛外风兼雨，天地昏暗迷寰宇。杨枝挥洒驱毒龙，浮瓶倾注润焦土。纷纷四面烟岚入，经坛客座皆沾湿。惊人电掣雷复震，动魄波翻水亦立。山河百里半沈浮，徙倚极目栏干头。一声清磬日报午，阴霾散尽黑云收。

华严寺，在城南三里贞山都。南汉刘𬬮大宝三年庚申，乡人周道成、僧惠宗建。国朝高宗乾隆五十年乙巳，乡人捐资重修。

法流寺，在城北四十里隆湖都留甫铺。元顺宗至正初建。明世宗嘉靖元年壬午修。国朝仁宗嘉庆六年辛酉重修。

邑人何其钫诗：龙水湾中古佛场，舌耕来往数登堂。市声不及钟声静，尘界何如法界凉。罗汉因缘容我结，菩提善果为谁香。品茶复上肩舆去，佳日瞳瞳照锦囊。

按：旧志作嘉靖元年建，今据《采访册》更正。

天庆寺，在田东铺三甲小纯忠村东。明英宗天顺间建。国朝圣祖康熙四十年辛巳、高宗乾隆三十年乙酉、宣宗道光二十二年壬寅修，有铁钟一。

丰寿寺，在下观铺下寮村。明神宗万历四十二年甲寅创建。国朝圣祖康熙四十年辛巳修。赵楚琚有记。宣宗道光七年丁亥，今上光绪六年庚辰重修。

五百众僧，在上茆铺文洞尾。昔有寺，住僧五百人，久废。寺名亦不传，惟以五百众僧名其处，今沿之。

永光寺，在甫田铺溪边。

邑人李翰学《永光寺野望寄友人》：山涧遥藏雨，村桥半锁云。请君骑马到，添个画中人。

飞升堂，在隆湖都南贞铺。宋理宗端平元年甲午建，乡贡进士林桂发撰文，今断碑尚在。明世宗嘉靖十年辛卯重修，欧阳炼有记，碑存。四十三年甲子重修，林世远有记。国朝高宗乾隆四十六年辛丑重装佛像，有李秋乘书、高超伦记。仁宗嘉庆十九年甲戌重修，陈洪书有记。二十年乙亥重塑佛像，邑增生七十三老人龙则夔有记。碑俱存堂内。

邑人御史林世远《飞升堂记》：慨自佛法入中国，而其教遍天下，无彼此崇尚如一。择名山胜地，寺而居之，大率以奉法事徼福利为务。虽下邑孤村之所，亦莫不然。此飞升所以有堂也。堂距县前西北六七里许南贞坊，临水面山，东南而居者鸡犬相闻，诚一名胜福地也。经始名额无所考，惟旧碑之志作于宋端平之纪元，去今盖四百余年矣。其间修者不续，日就颓圮。风雨不支，祈赛祭饮，大谓弗称。成化乙未岁，乡之耆硕赵公稳首倡是议，而捐财施粟者响应。于是施材鸠工，一撤而新之。峙前后堂，为间各三。列东西廊，为间亦各三。中塑西方佛像，仍其旧也。墙壁之饰垩黝之色，宏丽虚旷于旧有加，以至祭器供具亦莫不备。兹其为工亦大矣哉。

佥谓不可无记，遂以属余。余不谈佛事者也，力辞弗获。乃为之说曰：三代之民，出入相友，守望相助，欢庆相贺，患难相恤，灿然以礼文相接，欣然以诚意相得，非特同并为然也，盖亦比间族党州乡有以为民之法焉。后世法废，人不知所以相亲，转徙无常。有亲未尽，而不往来者。虽在天属犹然，况疏且远乎？其视古人亲睦之俗，盖已邈矣。今兹堂之修，每岁首末有迎送之道场，春秋有祈赛之聚会。故闾巷之人，因是而群萃于斯堂，祭祀宴饮，往来欢欣，犹有数日之泽，以维其相亲相睦之心，而息争辨之讼，仿佛古人之遗意，岂奉法事以徼福者比哉？所取于堂在此而不在彼也。故特举以告诸其乡之人，使祭于斯，饮于斯。浮图佛事于斯者，考而知之，则于世教未必无万一之助云。时成化十五年，岁在乙己春正月吉旦。

按：旧志云"碑俱存堂内"，而只录林作。七十年来，迭经兵燹，至于今而存者，盖寡矣。

【光绪《四会县志》编九"古迹志·寺观"】

塔山寺，在溪南天胜山麓。旧为祝圣习仪之所，正统时因渡溪不便，移建城东。万历三年，邑士民募捐，因旧址建复。天启元年，邑绅阮悉重修，又创观音阁于寺后。

阮悉记：余曩令江右之雩都，会大司马郭青螺公奉佛事甚殷，偕往所建大忠孝寺，登藏经楼，见经架高大如屋，谓此经请自大内，约费千金，因谓，经所藏即诚所积，诚所积即佛所临，佛所临即福所集。燕吴佛教大行，金沙武林寺若干，庵若干，今科第蝉联，闾阎富庶，即福也。吉州古寺不下燕吴，厥后寺多废毁，福应不集，科第日减，闾阎日瘠。今余修寺请经，岂专为一家福田计哉！余闻欣然应曰，心欲向往，力不能支，奈何？又云，浙之秀水包氏虔请藏经，己酉科北直浙江两解元，即包氏子婿，岂非福乎？余时唯唯，因忆吾怀旧有塔山古寺，在县之东南。往年甲第元魁，邑乘绚采。寺废至今，竟寥寥绝响。前二十年，诸先辈谋欲修复，顾工巨力微，止建佛殿金刚殿而已，佛像、厅堂、门路概未之举。余为孝廉，许塑三宝，以薄宦鞅系未遑。万历戊午，余自雷阳回，欲成初愿，诸寺瞻视，则见风雨漂摇栋，干将朽浸，假移时复成废寺，于是谋所增修。所以增修创建，崇饰佛像，恢宏殿宇，鼎建观音堂，甃结前台门路并两廊，新造满堂佛像、观音、伽蓝像。经始于万历四十七年九月，落成于天启元年十月，越二年而始就绪。今寺之规模亦既备矣，若阁内之藏经姑俟之有大力发大愿结大缘者。试一瞻眺，象教庄严，幢幡纱丽，环山带河，赏心豁目，得未曾有知佛必临、福必集，吾怀科甲迭兴，闾阎富庶，五岭之怀不骎骎乎燕吴诸郡邑哉！所愿后之贤哲勿以吾言为迂，或增修其未备，或补葺其既颓。又愿住持于地者谨奉戒行，日勤功课，说法利人，毋懈修持，玷此古刹，则南溪福地当与天壤同不朽矣。其喜施姓氏敬勒于碑，以垂永久。

【民国《怀集县志》卷十"寺观"】

天胜山文塔，廪生岑尚志、生员莫宗宝倡建。

知县袁如凯记：从来山川之灵秀特钟人物，而人物之灵秀即有以应乎山川，此理之固然，亦气数之必然者。第当其未发，亟宜相厥基而思所以培之，盖天定胜人，人定亦可以胜天也。怀城固滨河，河以南有天胜山，绵亘数十里。考之县志，上有池，四时不涸，三江合流绕其下而南注于海，真天然胜地也。顾是山据河之南，而实在县城之东，为县城之左辅焉。堪舆家言，尚少文峰，倘建塔于上，当人文竞起。邑人士乃奋然兴也，捐资者有人，董事者有人。塔分五层，高十一丈。建始于道光乙酉二月，成于丁亥三月，落成之吉，多士告予礼塔，予竭诚往焉。稽首之余，试一纵目，见夫东有盘布、梅子诸山，出没隐见，若近若远，庶几有隐君子乎？而其北则上爱山，乃六祖驻锡处也。而西有花石洞，闻洞中石床、丹灶宛然，葛稚川之遗迹犹有存焉者乎？南则天马、笔架，挺秀争奇，予皆得而览之。他如忠谠、齐岳，争长西北，云头戴帽，雄峙东南，与乎登仙、哆啰、白鹤、会龙靡不回环拱卫，毕见于塔前，而又有如榜，如旗，如冠，如笔，如莲花，如三宝，如游仙，如云女，苍翠万态，诡类壮观，谓是不足以助此山之灵而培我邑文风之盛欤！美哉，此基之矣。余览之因喜，甚喜夫文塔之成，今而后尔多士之勤学者果得所凭藉而兴也；且喜夫文塔之成，今而后多士之不勤学者吾得有以责之，必废然思返，即不必有所凭藉而亦兴也，则亦为有所凭藉而兴也。天定固胜人，人定尤胜天也。尔多士勉之，是为记。

【民国《怀集县志》卷十"寺观"】

六祖庵，在河南。一名石井。崇祯十四年，知县李盘建。

李盘记：昔迦叶佛凿火石山作寺五重，名波罗越，志公与道人争得潜山胜地，各以白鹤、锡杖所至，筑室真山定水，具有夙因，密藏妙门，直须慧眼，能知五净三明者，饴露香云，即生凡壤，不识七灯多宝者，篋蛇藤鼠，暗长贪根。怀邑万山纠会，石井居南山河滨，诸景骈集，前揖天马，后枕离支，左引天胜，右带怀高，有圆邱隆起，若瓢笠之藉草，若盂磬之堕原。昔有上人雪云飞锡西来，约蒲塞辈结净居于其下，祀南宗得法惠能六祖师，谓其由怀入会，由会归曹溪，虽灵知妙色如云霞水月之不可隅限，不可界画，不可量计，而逢怀则止、遇会则藏乃半夜传衣时语，则怀集实为六祖憩止之区，乃未有特崇正印一刹栖禅此，亦清信士之未展厥皈依也。既而金像成矣，茅茨剪矣，余于壬午行，春访汲石井，移武谛视之，而天琴何置，绀马何游，宝幢何悬，经砰何措，八解何浴，香积何修，虽营为梵宫，仅仅诛茅葺草，秋风春雨不免交侵，此亦清信士之未展厥皈依也。余于是乐捐薄俸，开檀施之先，而邑人共布白镪，助成龙藏。夫酌漕溪水味，遂知上有圣地宝林之刹，始开今石井寒流，安知非功德余波，与西天之水无别者耶？是法平等，曹溪与南溪何分高下？吾邑人士岁结艇赍香，尚持粮千里，远赴曹溪。邑有六祖岩，时一仰瞻；六祖庵弥增崇饰，宁必登山寻土，入海觅波，逐贞林于长涂，而迷拙目于咫尺乎？则顿悟之门已可近取，并可作潜山火石山视之吾师乎。愿与我人精进久矣，今而后尊象教即以追冥也。时癸未春，顺治十四年知县许重华建准提阁于后。乾隆元年，廪生林琅饮宾郑京佐倡建重修。

【民国《怀集县志》卷十"寺观"】

　　法轮寺，在城西。康熙元年，总兵侯袭爵、知府杨万春建。今废。
　　广生庵，在天宁寺左。康熙七年，总兵周有德建。后废。俱同上。
　　馨云寺，在多宝村里许，旧名新田寺。道光二年重修，光绪十九年复改今名。
　　长江寺，在长江沙尾。崇祯初，道邱禅师访六祖，经此，以为福地，遂建寺焉，名曰长江。至今父老相传，谓"先有长江，后有庆云"者，此也。
　　宝莲寺，在莲塘乡东北隅。宋开禧间建，清康熙十八年，乾隆三十五年均有修葺，道光二十二年重修。举人陈亮撰记。
　　镇龙寺，在靖安堡，康熙四十六年建，光绪三十一年重修。
　　延寿古刹，在腰冈村东。嘉靖初，乡人倡建。清乾隆二十二年重建，光绪十七年复修。
　　宝灵寺，在坑塘乡西。雍正七年乡人建，乾隆二十二年重修，嘉庆二年复修。
　　桃山古寺，在烂柯山西北约十五里佛油坪山坳。咸淳间建，清光绪初重修。今无住僧，渐就颓圮。（清）彭泰来《桃山寺晚饭诗》：重憩桃山寺，愁倾松下怀。春潭连月涸，野烧逐人来。僧指年前涨，崖根浪作堆。原田浩如海，极目又黄埃。
　　法云寺，在桂岭乡西顶湖别洞石贝山，为僧智觉圆寂处。壁书偈语云：云在青山里，风来不见灵。往来无定驻，于世亦何心。书法古劲，今波磔尤存。

大仙古寺，在七区作人文社侧，建设年代失考。道光间重修，光绪间复修。

青莲庵，在罗坑径半山中，道光间建。莲塘谢族子弟多讲学于此。今渐芜废。

龙泉寺，在金西围禄村后山，其上有龙岩，地颇幽胜。乾隆间建。

广惠寺，在要古东冈坊。嘉庆间，乡绅陆文宠及子树英并工诗，尝集古冈八景，遍征名士题咏，一时学士大夫，如学使李调元、宗丞、龚骖文、太史冯敏昌等互相唱和，裒然成帙。寺，即八景之一也。光绪三十年重修。附录八景：谷山樵归，龙岩□水，渔津过客，桥通仙洞，柱壁高峰，莲塘花放，瑞世甘泉，八仙聚会。

【民国二十七年《高要县志》卷六"营建篇一"】

羚山寺。即峡山寺。清季渐圮，仅余前墙大门。羚山古寺石额，至今犹在。

梅庵。民国二十年，县长陈同昶重修，并于庵前辟建马路，北接公路，南达沙街。

龙华寺。民国初，寺虽颓败，犹有僧人住持。十五年，乃尽夷之，并遗迹亦无存矣。惟彭泰来花冢铭碣先于八年移置阖邑总局，砌入仓沮圣庙东壁。先是，县人吴德元求花冢铭石刻不可得，取远基家藏旧拓本，请□炳奎钩摹，重刻一石。是年夏，远基请陈德彬、孔昭浦、马呈图泛舟羚羊峡口，登龙华寺访葬花冢，已失所在。其时，寺僧适他出，询其侍者，诿不知。后于禅塌下见有片石覆□，举之，则花冢铭也。意外得之，为之狂喜，因共舁至舟中，归而嵌之庙壁。伊秉绶吉羊亭题额，亦取悬庙中。

天宁寺。民国六年，先经官产处拆毁。十三年，开筑天宁北路，即其遗址建第三菜市，其禅堂左偏之闵公祠并毁。

慧日寺。民国初，变为民业。后由肇庆镇中心学校借用，今为县立简易师范学校附属小学校。

法华寺。民国初官产处投变，改为南园。

白衣庵。入民国后全圮，取其瓦筑环城南路。庵左晏公庙亦久废，故地悉售与民。

【民国三十七年《高要县志》卷十七"营建第十二"】

佛教起于印度，释迦牟尼为开祖。释迦入寂后，至东汉明帝时，沙门迦叶摩腾、竺法兰相偕至洛阳，是为佛教入中国之始。梁武帝时，菩提达摩承师遗命，泛海达广州，东土禅宗之初祖也。五传六祖慧能，新州令新兴卢氏子，初往黄梅参五祖宏忍，得秘授法衣，复南归广州，剃发于法性寺，升座说法，闻者倾心，后住韶州曹溪，实开南宗。而六祖会下高弟智常禅师分化于端州鼎湖，当时佛法初兴，高僧类聚，环山四面皆为招提，人各一区，凡三十有六。我县佛教之兴，当在唐代。至栖壑和尚归主鼎湖，而庆云寺殿堂楼阁次第落成，盖清顺治戊戌岁也。自是缁流愈众，香火愈盛，迄今有如鲁殿灵光，巍然独存，谈佛事者，莫不惊为天龙拥护也。兹将佛教之现况列表如下：

名称	所在地	僧徒人数	沿革
庆云寺	四区鼎湖山	初期僧徒三百余人，抗战后现存三四十人	清顺治戊戌年建，时有修建。抗战后僧徒疏散，顿成荒凉景象。今则殿宇依然，香火复盛，僧徒亦稍云集矣
天宁寺	县城东门外	初期僧侣甚众，挂单云集，后渐少	崇宁三年前为安乐寺，后改今名，今废。民国十四年辟作天宁马路
法轮寺	县城西门外		清康熙元年建，今废
水月禅林	县城北七星岩水月宫		清顺治年间建，民国三十三年，县城沦陷被毁。今星岩名胜建设委员会修复
梅庵	县城西门外农运路		宋至道二年建，元末废，明永乐间复建

按：上列各寺院系属丛林，其他属于静室者，备载地理门。兹从略。

【民国三十七年《高要县志》卷十六"宗教第十一"】

（三）著述

方尚祖：《重建光孝寺山门兼缮葺佛殿僧寮记》

邑惟锦川古为广信，地脉据鹤麟之胜，渊源会梧桂之流。万里来龙分野，当天南之星纪；一隅作镇提封，扼岭右之咽喉。介两广而接三湘，踵雕题而陬交址。山明水媚，俗质风淳。佛舣慈航，拯群生于苦海；僧宗慧照，启觉路于空门。贝阙龙宫，远自梁唐鼎创；宝坊金刹，叠渝浩劫冯夷。

夜月晨风，虚拂幢幡之影；疏钟残磬，希闻梵呗之音。贝叶封尘，蒲团挂堵，城喧蛮语，阶湿蜗涎。所嗟震旦，无檀游之人，转叹比丘，少苾刍之行。乃有僧如寂者，托生广海，学法曹溪，欲拾百骸，先燃三指。既辞家于英岁，遂游脚于白云。礼大士，诵莲华，听寒潮而登彼岸；访名山，居斯地，借香积而供伊蒲。爰思剪鹿苑之荒芜，亟欲扶雁堂之倾堕。谋诸生陈道蕴、陈佩等，共矢一念精忱，普化十方善信。此缘广大，厥志孔臧。遍劝信佛达官、逃禅大众、诸天开士、有等优婆，发菩提之心，种福田之果。今生有幸随喜结缘，或施百缗及与斗粟。贵捐余禄，贱佐一文，庸致选材千章，市瓦万片，逊展职事，刻日告成。惟其创作殷繁，实由佛力庇佑。有如天造，不涉人为。壮兰若之伟观，存菩提之故物，宝盖俯金铺而吐彩，璇阶夹琪树以敷阴。映水珊楹，似蛟龙之奋起；临风瓦雀，幻霄汉之腾骞。门敞峨眉檐半烟，云献秀灯悬阑盾。庭前池水漾辉，信浊世之清，都为禅栖之净界。余也簿书多暇，杖履屡过。祇慕慈悲，愧风尘之薄宦；曾游□涣，窃藻缋之余能。爰缀鄙文，用章盛事。天启二年清明日。

【天启《封川县志》卷二〇"艺文志一"】

方尚祖：《游光孝寺》二首

孤舟长作客，此地再逢君。江月生初夜，峰烟□断云。多情残漏永，无语半帆分。欲听孙登啸，寥寥不可闻。

翠屏江作带，盘护梵王宫。花雨诸天近，松风一径通。鸟啼疑说法，谷响悟真空。题偈看盈壁，惠能若未逢。

方尚祖：《重游光孝寺用壁间苏紫溪先生韵》

满壁疑僧偈，看题识卯君。经台收法雨，禅室拥香云。烦恼静中息，人天尘外分。如如真妙讳，端不落声闻。

【天启《封川县志》卷二〇"艺文志二"】

秦世科：《重建香山东岳殿观音阁碑记》

环州皆山也，而香山特为展秀，巘焉而授，翠焉而修，其卫我州疆也，灵杰以钟，而旺气勿替。昔人建寺于此，岂无所见，徒以徒胜恣游观哉。及乎黄气胜而岳殿建，御寇有灵，复重修之，□□史载不可没也。兵燹之余，今皆颓圮矣。感夫首贤之始建也，厥谟贻远德为神依，慈济情深，丕扬佛教，岂后之仕于此州者，遂无迭绾前岳□起而重建之乎？夫无剥而不复者，天之运也，有废而必兴者，人之事也。今天子识礼式祀，布壁升圭，封岳渎、袝岱宗，而且彰典教规正果，俾普天下含灵负气之属皆□依光明而庆锡和丰也。予凛承民牧，将为神依，敢自殒越而不勉修废缺，以谨□祀乎？于是谋之绅士，将斯寺之□□圯塌者而重□之，以无隳前人之□□□，甚绵力不□费也。顾其地颓废已久，惟积累然，堂阶之高卑莫辨，蓁蕉之庭秽蓊然，于是芟而辟之，去其繁芜，别其垓埏，殿材蠹朽者，撤而新之，垝壕欲隳者，登而墁之。前桢后屏，□□□角楼台，翼廊、拱卫，堂奥，山门，敞寺宝相咸□□不焕然更新矣。而观音阁草创卑陋，复□□□废后之□，以其高爽而□□也。夫翼翼□□而势若凌云者，殿也，□□间间而俯瞰虹潮者，阁也，慧光远瞩，梵磬高宣，晨夕经声，提喝迷梦，而且帝德资生，丕昌育物，洁祀以时，报我戬谷，岂谓当年旺气不复绕绕，金简玉文终□尘土哉。此予所心祈而祗诚此事□为民祈福，故不敢费及于民。夙抱此心，想神□□鉴也。今落成矣，诸同事者属予记之。予之营此非自为邀福，岂求人知，亦虑事难，百年兴废□常，愿后之君子仕于此州者，仰彼香山而鉴予心，以鼎修勿致也，斯则予之大幸。因书其事而纪诸石。

【康熙《德庆州志》卷十"艺文二"】

梁宗典：《重建香山寺碑记》

盖闻佛明法戒所□□□□之□神赫声□□，以启迪吉之路。古之官守土者，表德率民风斯载矣，犹必凛祀事修废缺，凡寺庙之在境内者，以次厘举，是非媚神以邀福也，诚以助扶德化，幽明有交修之义，二者不可偏废也。

德庆之有香山寺，于志载之□□□年则无所考，然昔之建寺于香山之原者，亦俾香风暇播，铃铎清宣，震远梦而长淑心，法王实翊至治也，而东岳行祠则建于宋政和间，时有黄云缤蔚，征为国瑞，州守傅泰光登楼拜望，遂立祠以镇之，升州为府，此其应也。岂非帝□闪烁，著于霄汉之间，故瑞气缭绕，遂为坛□之伊始乎？今历年久，寺与祠皆圯塌，大士阁草创卑陋，不足以扬佛日之辉，帝祠亦一椽垝，然风雨飘摇，非所以妥帝灵而介景福也，幸我泰堂翁不绥民事，诸务咸举，又将敬神以保吾民也，遂捐资而重建之。顾往时创造，皆不如式，倾颓既久，堂阶芜没，短垣□□，□砌蛄鸣，令人生吊古之思，于是鸠工庀材，经始而宏构之，分□布垝，增砌层台，为山门，为甬级，为岳殿，为宝相，为侍弼，为廊庑，为桢屏，一时并举，莫不维新矣。而大士阁复移建于崛山之峦，去岳殿数武，振级而登高眺四豁，见夫锦潮银浪，涌苍龙以腾湖，宝镜流辉，炯金光而普照，钟敲迷梦，盂濯尘心，用长淑思，并归正觉，亶其然矣。而复有帝祐丕昌，民沐和丰之庆，物无夭札之虞，是皆贤使君敬神保民之所致也。福被万姓，匪独一身，泽及千祀，岂在一时哉。工费浩烦，皆堂翁自为给发，毫不索及里民，乐助者听，其发诚不之强也。于工作之人，而且裂衣令其御寒，给馕令其充饱。予来之欢，功成不日。今落成矣，是不可无记。某固陋不文，然睹夫敬神保民懋敷德化之彰彰也，敢不据实条著而勒之贞珉。秦使君讳世科，号左星，由明经初授建水州，晋今秩，北直大兴人。

【康熙《德庆州志》卷十"艺文二"】

曹时泰：《佛迹石》

佛子何年留足迹，我于此日礼香山。凿穿混沌开金像，踏破须弥识圣颜。飞磴盘空齐鸟道，长林积翠接松关。夕阳未落黄云合，无限清光马上还。

刘如孙：《佛迹石》

北流会过丹砂洞，东郡仍游佛迹山。已向江南开凤诏，便图天上觐龙颜。德星光照贤人室，紫气遥临函谷关。想见青青御沟柳，莺啼百转待君还。

刘三吾：《佛迹石》

香山壁立百余寻，积雨苔生太古阴。但见悬崖踪迹在，欲询往事岁年深。胜游天与皇华使，空谷时闻伐木音。尽道春来好游览，登临忽动故乡心。

李质：《佛迹石》

只履西归不可寻，只余足迹踏岩阴。法留正印灯传远，字记名公石刻深。蓊若黄云腾瑞气，跫然空谷续遗音。千年常识惟朝使，即此登临见佛心。

李穆：《佛迹石》

香山秀耸千寻壁，绝顶去天不盈尺。达摩只履昔西归，蹑石犹疑留一迹。使君览胜游招提，胡不邀我同攀跻。凭高傲睨九州小，便欲乘此凌天梯。两翁相对凌长髯，指顾万里舒双尖。昔年云气护山麓，至今郡志传龙潜。渴来沧海已清浅，此地依然是重巘。摩挲为觅旧镌题，零落残碑卧苍藓。

梁子和：《佛迹石》

越绝天开日，奇观属此哉。一僧遗履去，双燕拂云来。带作环流出，屏依翠巘开。寻真能到此，何处觅天台。

梁子和：《佛迹石》

景擅东南胜，丹台俨画工。丰碑遗古篆，绝壁印仙踪。座隔鸟啼合，声传落涧中。夕阳旌旆闪，归路总光风。

李穆：《佛迹石》

达摩西归古昔间，漫疑一足蹑云根。穷探绝顶搜遗迹，净拂苍苔见巨痕。野寺山藏岚气合，长松风度梵音喧。康州胜概应多览，归向金身得细论。

苏剑龙：《佛迹石》（次樵云公韵）

色相皆空何处寻，犹余芳镯印岚阴。云岩留偈仙宗杳，石壁栖真妙法深。游客陟瞻希步武，山僧景仰嗣徽音。崖痕剩得孤踪在，付与烟霞见道心。

梁宗典：《佛迹石》

古佛何年度，遗踪待我来。达磨行过岭，鸡足漫□苔。海印光长发，山花落复开。塞岩冬亦暖，长□独登台。

【康熙《德庆州志》卷十二"艺文四"】

沈佺期：《峡山寺赋并序》

峡山寺者，名隶端州。连山夹江，颇有奇石。飞泉回落，悉从梅竹。下过渡口，上至山顶①，石道数层。斋房浴室，渺在云汉。神龙二年夏六月，余投弃南裔，承恩北归，结缆山隅。周谒精舍，为之赋焉。

峡山精舍，端溪妙境，中有红泉，分飞碧岭。若乃忍殿临岸，禅堂枕江，桂叶薰户，莲花照窗。银函狮子之座，金刹凤凰之柱，野鹿矫而屡驯，山鸡爱而频舞。千层古奄，百仞明潭，幡灯夕透，杖钵朝涵②。炎光失于欑树，凉风生于高竹，仙人共天乐俱行，花雨与香云相逐。法侣徘徊，斋房宴开，心猿久去，怖鸽时来。走何为者？窜身炎野，旋旆京师，维舟山下，稽首医王，心誓③无常。向何业而辞国，今何缘而赴乡？岂往过而追受，将来愆而预殃？即抚躬以内究，幸无愍以自伤。心悟辱而知忍，迹系穷而辨方。嘉尔来之放逐，谓吾生之津梁。

【康熙《高要县志》卷二十一"艺文志"】

---

① （民国二十七年）《高要县志》（三）附志下篇"文征二"中此处无"上"字。
② （民国二十七年）《高要县志》（三）附志下篇"文征二"中此处为"函"。
③ （民国二十七年）《高要县志》（三）附志下篇"文征二"中此处为"誓心"。

徐鹳：《重修天宁寺记》

尝读汉高皇帝纪，称诸侯群臣朝皇，则谒者治礼。功臣列侯诸将，以次陈西方东向，文官丞相以下陈东方西向。百官执戟传警，引诸侯王以下至六百石，以次称贺。朝廷之礼，何其肃而恭，辨而有等也。夫先王以一人据于民上，使众不逼寡，贵不凌贱，画衣冠朝委裘，而民不犯，如心志百骸，相为联络，以归于一。虽奸铁逆鼎，拥兵自卫于千里之外，驰一介之使，可传檄而定焉。盖以分有常尊，而民志素定也。《春秋》之法，系王于天。诸侯下堂于天子，五伯召君于河阳，则谓之国非其国。凡以植君臣之坊，厚上下之别，使人不敢以非礼卑其君，是故君子谨于礼以定位，故能亢君以全尊，酌于土以润民，故能饬典以筐国。讲之不豫与习之，非其所者皆非也。今制万寿之贺，岁三举，百官各即其土以为礼，即天保既醉之遗意也。登降俯伏，嵩祝虎拜，各有其度，即不如仪，则纪过之，使得按法而绳其不恪，虽贵戚上卿不免焉。先一日，百官豫习于他所，谨攸摄之仪，以防履错之咎。祈鸿休、迓景福，寄忠爱之心于无穷，甚盛典也，斯礼也。銮旗在前，属车在后，甲士在堼，武士在□□□列于庭，苾馥清于道。礼官百司备其物而后动，毋敢弗谨。虽三尺之童，知其不可亵也。兹欲豫习其礼，必得高广明洁地以宣畅礼乐，而后尊君之义成。

端州距京师既远，习见荒莽，礼制未遑。每岁三祝，则习礼于传舍，委之非其所矣。吾闻嘉礼不野合，《春秋》书公朝于王所言，所以见礼非其所。君子有所不受，必反于正，然后止焉。奕奕宸疏，北面而朝，于羽檄交驰之地，何其舛也。莅兹土者，率沿简陋，莫察其非。至连城卢君守肇庆，戚然若有不宁于其躬者，稽诸往牒，知天宁梵宇素称宏敞，高可以耸具瞻，广可以备观制，明可以昭物采，洁可以习威仪。惜为驵侩之家侵其疆而莫之与正，日就陲毁。苟循其故，犹可作而新也。于是按籍而求，开告讦之门，申赎金之令，广乐施之缘，锄治草莱，厘正疆土，市材伐石，分工效程。先辟路门，继饰前殿，次为寝堂，葺罅补漏，沿其旧也。为翼室于左右，为亭馆于西北。方沼崇墉，又足以浜清固壁，而助其胜焉。凡岁时，有祝扶帝座，而光临于上，如朝仪百寮庶尹，舞蹈欢呼，井井如也。周典虞庭蔼然，可即昔日芜陋之习。于是乎聿新吁以此为训，则卑高式陈，堂陛以列，穆穆皇皇，秩尔不越。君子曰："可以教民顺焉。"玉佩锵锵，至止肃肃，靖共尔位，清光在目。君子曰："可以教民敬焉。"北极云开，南山有台，万寿无疆，我心孔怀。君子曰："可以教民忠焉。"一举而三物备具，以临其民，是以乐于改观而情不骇，勇于捐资而费不惜也。卢君于是乎知礼，时则鲁庵万君湘泉、吕君菱石、刘君仰峰、潘君柳滨、高君与有，咸勤之。劳者俾予为记，予故表而识之镌诸石。

【康熙《高要县志》卷二十三"艺文志三"】

黎民表：《重修梅庵记》

端州为大鉴禅师下生之地，宜有大刹宇以阐扬其教，而土人颛朴，仅即西城之外为庵以事之。盖创于宋至道之二年，僧徒流徙不常，而庵亦屡兴废矣。嘉靖戊午，郡牧吕君天恩尝莅从化。余以邑人来从其游，得遍石室，诸名胜曾一憩焉。经念余年，为万历辛巳，余偕友人为结夏之游，再至其地，则门庑峀然，庭宇涓洁，增加其旧。余心异之，询主其事者，则僧自聪也。聪告余曰："是庵且圮，余偕师自宝林来，土人留居之，然芜翳不治而日有持钵之劳，则舍而去之。"众咸蹙然，乃捐资财易腐壤而新之。邑之人士，复益田若干亩，岁入若干石，以食其众。朝夕礼谒者踵至，庵完而又复八年矣。惧久而陨坠，以辱诸善士，奈何余喜聪慧敏，能恢复其故物为有功于佛，而叹余白首之无成也，去尘垢而离缠缚，能无是心哉？宜余之乐其地而忘归也。若夫大鉴之教，传自达磨，密指单传，最契佛心。其徒所知也，聪必勉之。同游者梁参议士（楚邓山人）时雨，梁文学绍裘，林孝廉承芳，俱五羊人。

【康熙《高要县志》卷二十三"艺文志三"】

陆鏊：《羚山寺建香云阁记》

世道至今日，盖难言矣。混沌即死，徂诈日生。于是圣教斯穷，王章亦坠然。或有不畏人非，而畏鬼责，不可庄语而可利导者，如人纵杰骜，剔以轮回则甚惧。人即寡营，祝以多子则甚愿。是不得不转托释氏之因果报应。盖神道设教，亦为政者所不废也。端郡名胜为羚羊峡，有古寺焉。唐沈佺期悦而赋之，中有小阁数椽，以奉白衣大士，端人士所日走以弗无子者也。岁久倾仄，予率郡人捐资鼎构。即落成，僧请记之。予乃取义沈赋为新其名，而曰甚哉。大士能化导末俗也，当其发愿度尽世人，方始成佛，由是遍现法身，游行人世，如月映千江，在在圆满。复念世人认贼为子，则又因病发药诱以子嗣，乃人遂翕然皈依，不问无畏，不问圆通，不问说法，而惟石麟之，是丐大士。若曰克此念也，人将曰：我有父母，我非其子乎？我念我子，父母亦应如是而孝生。彼夫子惠元元者，非我大父乎？焉得不以所事父母事之。而忠立兄弟非我同产，夫妇非我子所自出乎？而何可不辑睦。至于朋友乡党，众且疏矣。然天下岂有无父之国哉，而又焉能秦越视也。如是可以度众生，可以酬初愿，可以通佛法于王法，可易今人为古人，可以羽翼圣贤，表里经传。释氏之教，岂仅薪出世不薪用世者哉！香云之阁，恶可已也。余端守也，偕诸僚属视端，臣妾犹我赤子，敢不仰体大士浃廑仅如保之怀耶，则请现宰官身而为说法。

【康熙《高要县志》卷二十三"艺文志三"】

洪天泽：《庆云禅院碑记》

端溪之水，来自桂林、象郡，汇诸流委蛇以入海。山之蜿蜒磅礴，亦因。扶舆灵淑，王气发祥，转轮利生，不忘灵山付嘱，当必有高人禅匠，应运诞兴，作法门之津梁者出焉。距郡治一由旬许，有鼎湖山。按郡志，名天湖山。最高峰顶有大龙湫，与雁宕争奇。逦迤而下，有涅槃石，六祖高弟智常禅师入定处，镌有"正法眼藏涅槃妙心"八大字，笔理遒古漫灭，殆唐人为之也。循涅槃石而东数百武，三台鼎立环旋，拥出莲峰，中平若掌，则栖壑大师之庆云禅院在焉。

昔智药三藏经曹溪，谓水味与西天无异，而山似西天之宝林山。余皈依大师，受菩萨戒，周行殿廊楹庑，窃叹庆云刹土，殊似我莲池祖师云栖道场也。惟我莲祖师之范众也，严净尸罗，首崇梵纲，大师遵之，爰是如护明珠。惟我莲祖师之摄机也，标指乐邦，盛弘净土，大师遵之，爰是策动清泰，如望家乡。至若五时衍教，一雨普霑，则我莲祖师不以净而废教也，大师遵之，爰是广购华梵藏本，而性相兼研，阐扬谛理，融液醍醐。又若一心绝待，发明单传，则我莲祖师不以净而抑禅也，大师遵之，爰是兼提"是谁"公案，而禅净双修，圆悟无生，峥嵘角虎。嗟乎！像季陵彝，任解圣证，岭南边国，归信者希。处世不知有因果之征，在道不知有毗尼之制，况能厌生死，求生净土耶，又何况能信自心直下承当者？故余额之曰"岭表云栖"，真苦海津梁、长夜明炬。法门领袖，舍师而谁？师髫年剃染，烟水百城，餐法乳而〈于〉憨山老人，圆具戒于寄庵师翁，领宗旨于博山和尚。向上大事，固亦披露囊藏，终不肯得少为足。弟子斤斤绳墨，一唯安养是归者，则亲授念佛三昧及毗尼衣钵于我莲祖师，得其髓也。

先是，鼎湖一山，灌莽极目。大师高徒在犙禅师于崇祯癸酉秋，杖笠经此，见其山水幽胜，由是构庵居焉。丙子秋，与山主少川梁君、陈星波诸檀越请大师主持，一时缁白归向，杞梓丹青，顿成名蓝。门以内正殿，供佛三尊，崇所本也。前为护法殿，右为法堂，左为洪誓殿。又折而右旋，蹑层级而登，为祖堂、禅堂、库房。复而从上之，为龙泉精舍，为檀越堂，为关房，为栴檀林，为金刚坛，为日观轩，为双树堂，为大师之方丈及影堂，为西厅。中为舍利塔殿，为净业堂，供阿弥陀佛，志所归也。为新方丈庄，折而下为华藏阁，供毗卢遮［那］如来及三大士像，由极乐入华藏也，为准提阁，为七佛楼，为大悲楼，为息心堂，为禅喜堂，为印经堂，为老堂，为庆喜堂，为客堂，为斋堂，为钟鼓楼，号令晨昏也。为米房，茶房，靡不布置周详，重重涉入，若帝网之连珠。他若香积有寮，沐浴有所，诸职寮舍，各各全完。安常住不置田，长贪妨道。白毫所照，卒无缺供，斯亦奇矣。刹背倚凤山诸峰，回互映带，曰啸天龙，曰狮子峰，曰飞鹅岭，曰伏虎冈，曰象回岭，田〈曰〉袈裟田，曰浴龙池。漩复飞流，笕引涓涓，以供僧众，洁冽甘芳。大师禅观之余，溢为翰墨，于诸景咸有题咏，兹不遑载。

大师讳道丘，字离际。栖壑，其号也。俗姓柯，广之顺德人。其操履行脚，及得法弟子，详载别传。

【康熙《高要县志》卷二十五"艺文志五"】

刘秉权：《重修鼎湖庆云寺山门护法殿记》

智略神武，所以救民于乱；政令教化，所以庸民于善。二者异用其相资，其于治天下一也。世祖章皇帝守辟中原，立纲陈纪之暇，间召高僧谈佛乘，于是天下翕然向风，知佛之为教，亦庸民于善之一道也。我平南王之镇粤也，二十年来所创立修建，若曹溪、大佛诸寺，不下数十所，而世子少保公、都统公复推王意而广之。凡名山邃谷，古刹梵宇，游辙所经，悉令丕振鼓钟，绮绣相望。

端州鼎湖山庆云寺，先朝崇祯间栖壑禅师之所建也。其地高秀平垲，群峰环卫，清溪泠泠，出篁竹间，最为幽绝。师大弟子在犙首结茅其上，及师驻锡，福缘所辏，不劳而集，殿宇堂寮，巨丽宏敞，蔚为丛席。无尺寸之田，而常住僧数百。戒德严峻，冠于诸方。都统公以机务余闲，总辔登临，顾而乐之。犹惜山门促狭，爰捐俸金千两有奇，监寺僧觉兴自护法殿左右斋堂客馆，咸去故维新，翼以钟鼓二楼，更筑月台为外护，备极壮观。始于庚戌仲冬，阅壬子夏而告竣。以予谬抚绥是邦，命为之记。

予深思之，而益叹王父子之明达治体，得古大臣之用心也。昔太公以兵法事周武王，号鹰扬之师，及受封于齐也，三月而报其政。其治之之道，不过曰因俗而已。夫世风升降靡常，居今反古，事迁而愿远，因民之所趋而利导之，若决泉源而放诸江，其归易也。今天下莫不知尊信佛法，而粤往者适当干戈，载戢之初，民劳惧而思为善，王顺其所欲，身为之倡，于政令教化之外，别为权衡，以默培其忠厚之心，而潜销杀运。此固太公、丁公所以治齐者，而王父子实践行之，岂独其佐命之勋、戡乱之略媲美前人而已哉？予故表而出之。鼎湖心宗受印博山，而净土则绍云栖，行业精勤，其徒至今守其师范而不变，远近悦而归之。化民成俗，所必取者，都统公之所喜，不偶然也。于是乎记。

【康熙《高要县志》卷二十五"艺文志五"】

李栖凤：《紫林庵增建大士阁碑记》

佛教入中国，其广大光明现诸种相于莲花宝座者，曰象教。自达摩西来，悉空诸有，不立文字，特参圣谛曰禅教。二教如日月丽天，随时显设，固并行不悖者也。然而神理幽冥，非上智不悟，心目瞻仰，即童孺咸钦，则象教尤亟矣。顾诸佛菩萨中，惟大士观世音以海潮音、杨枝水度一切众生，上合释迦本妙觉心，同一慈力，不与十方众生同一悲仰。在彼象教中，更为显设。故大而鹿苑龙城，小而竹林茅屋，供养诸佛，必特塑大士妙庄严相。自法门渐替，象教稍弛，有缺而不补者，有废而不振者，兼以沧桑易位，物换人非，亘古祗林，塞为榛莽，亦大可叹矣。

余来端州之五月，有僧今立者，以紫林碑记来请。其言曰："庵居郡城之北门外，胜接星岩，势连江阁。虽无名都大刹之雄丽，而烟渚云林，晨钟暮鼓，为十方香火者，其来已旧。自西逆入寇，蹂躏殆尽。蒙两王捐金修复，顿还旧观。庵尚有余地，则梅勒张檀越与诸善信主之，特建大士阁一座。始事于戊戌年九月，落成于己亥端月之吉。愿乞一言，以垂不朽。"余曰："是举也，还旧观，广象教，有两美焉，乌可以无记。"因取前说而告曰："所谓象者，禅之体。禅者，象之用。使象教不兴，禅教何由而广。今众生背觉迷津，茫无彼岸，一睹古刹，瞻宝相，伛偻膜拜，则善念油然而生，于是有顿渐两途，而禅教行矣。否则外鲜钦承，内乏存想，何以为入教之门哉？然规模建立存乎象，兴废盛衰存乎人。人为玄度重来，则地似独孤再辟。今庵自西逆殆破，几不复振，而前有两王兴复梵宇，复有梅勒张君与诸善信创置楼阁，专塑大士金容。信乎！人杰地灵，而象教与禅各有攸赖矣。所谓废而不振，缺而不补者，至此犹有遗憾耶？自今已往，杨枝露洒，消瘴疠于无形；紫竹风生，扫烽烟而罔迹。将见十方大众共登乐土，岂止显设一门云尔也。"余故喜而为之记。

【康熙《高要县志》卷二十五"艺文志五"】

谢天申：《龙井庵》

龙宫岑寂隐山隈，石径萧条长古苔。云抱深林时出没，僧持短策独徘徊。钟声夜度闲庭月，鸟语晴喧空谷雷。万木森森人迹断，禅关静闭不须开。

王钺：《游龙华寺》

野云苍翠处，古寺带山腰。竹引泉归灶，溪迂路作桥。高崖猿迹乱，远汉鸟飞遥。若对焚香坐，应知万虑消。

【康熙二十六年《西宁县志》卷一二"艺文志"】

欧阳芳：《宝胜寺碑记》

四会县治之东五十里有寺，曰"宝胜"者，感应化师道场也。师姓梁氏，名慈能，邑之梁村人。幼出家为行者，常癣疥蓝缕，终日不语，如愚駾人。随其师应供诸方所得布施，出遇贫者老者，无问识不识，辄以与之无遗，时人莫测也。一日无疾，安坐而化，始异焉。因为庵以居，号化师台。水旱疾疠，随祷辄应。然所居简陋，仅蔽风雨，弗称也。里有长者马君，以积善之家崇信三宝，始撤而大之。中为释迦殿，翼以两廊，东为钟鼓楼，西为观音阁。前门后堂，寺之体皆具。建阁楼以奉施，且置六祖所留锡杖于其上。县西南隅，旧有寺曰"宝胜"，因取其所赐额扁焉。寺经始于至元庚寅，落成于元贞乙未，前后盖有六年，马君之为力亦勤矣。寺僧来请记其事，为书其颠末如此。马君谨厚士，有子名建骥，以敦武校尉为德庆路端溪尹，再以修武校尉为贵州尉林尹。居官廉谨，治家有声，其进未可涯也。君子以为马氏积善之报云。予既嘉马君之勤，而又以其积善之报，可劝后人也，故并书之。董役者，紫衣僧日晞。马君，名焘，字廊赞。时元贞二年二月戊申吉。

【康熙二十七年《四会县志》卷二〇"艺文"】

儒者之学不谈释道，何必有所传述，以自外名教哉？顾新兴自六祖传达磨衣钵，嗣后常显禅宗，而飞升遐举亦连类以及者。旧志列之外纪，转于吾儒，未有分别，且历古考今，白马青牛由来尚矣。省郡各志均另一书，何可不知而作，自骋心胸，至于天文、地理、日者、形家以及术数、岐黄、端门精艺皆得附于灵奇之末。新兴不少概见，阙之，以俟后之搜罗修补者。

【乾隆《新兴县志》卷二十五"仙释志"】

严贞：《重修龙山寺记》

龙山寺，古国恩寺也。在城南二十里，峰峦奇秀，盘结回旋，可拟诸物象而名之，盖胜境也。寺之创建始于唐中宗索卢异人卢惠能黄梅得道，传达磨之衣钵，为第六代祖，归自曹溪，而示寂。于其地多着灵迹，改额今名。宪宗赐塔曰"元和灵照"。宋太宗赐谥"大鉴真空禅师"。仁宗加谥"普觉"，神宗又加"圆明"。自是名胜闻于天下，法派为五家之宗。前殿妥大佛，后为六祖堂，又前为金刚屋，左右翼以僧房。

新兴地土炎蒸，柱木易蛀。师灭度后，今七百余年，寺之兴废不一。国朝永乐戊子重修，又四十年栋宇倾斜，仅庇风雨，香烟灯炷不绝如线，未有能振之者，岂非佛灵犹有待其人欤？寺有田一千八百亩，多为豪猾所噬，余粢不得入于寺，以故缁锡少聚，近有僧正照者三人。正统甲子，三山郑侯昕来赞县政焉，以修复为己任，叹曰龙山为南宗第一禅林，今若是费称具瞻，先捐俸钱为倡，首化善信而添助，觅工于南海，伐木于西山，食取贡税之余，役用佃丁之力。经始于戊辰之三月，讫工于己巳之二月，适莆阳郑侯谷来知县事，协力同心，共成宏愿，谓殿宇成矣。又谋所以新佛之像，复捐俸募匠，漆布饰彩，装金中严三宝文殊普贤像五尊，左右护法迦叶难陀之象四，东西尊者一十八，花香物器毕具。复请龙兴、夏院两寺僧正果等九人增镇法窟，俾田一掌于常住，以瞻缁众。晨钟暮鼓，振动林峦，夜烛朝香，视祈圣寿道场之盛，视旧有加。往之烟霏掩暖，相映于岚光山色之间者，今则华栋藻拱，金碧辉煌，仿若天宫化境矣。正照来谓贞曰，大殿三门之费钱数以缗计者一十万有奇，佛像之费亦如之，食饮俱不与焉。虽众信之财，而实郑侯之力也，不可以无传。正照观天下古今名刹，称极盛者多矣，然栋宇或有时而倾摧，龙象或有时而销泯，甚者瓦木化为尘埃，孰力孰财莫可稽考矣，仅得以传于久远者，往往在于碑文之闲，是无为之法不能不假于有为也。

今八十二翁赵辛同妻陈氏舍碑刻记，请书之。贞曰，郑侯赞政识先后缓急之宜，若修大成之殿、正一之宫与夫城隍庙、山川、社稷、鬼神坛，皆伟绩也。然此有司之常事，《春秋》书法不宜书。而此寺之修，又有司常事之所不及者，于法合书，贞不敢辞，谨记其兴作之岁月及相役耆老之名氏于石。正照俗姓李，仁丰里之罗陈人。法派出夏院，为师之嫡嗣，今住持寺事云。

【乾隆《新兴县志》卷二十九"艺文志"】

陶若曾：《重建六祖大鉴禅师浴身亭记》

龙山，故六祖道场。在唐为国恩寺，递兴递废，垂千禩于兹矣。万历丙辰春，余承乏摄篆新州，倾仰胜迹，来游是山，瞻礼既毕，徘徊殿庭，蔓草没阶，苍藓荫壁，四顾萧然，几若鼯鼪之径矣。寺之左方有浴身池，凿石为坎，引山泉水注其中。池之上覆以亭，露骨数椽，不蔽天日。乃益叹祖道之衰，而檀那之落落也。是山为我祖发迹地，于是生身，于是化身，即万亿劫，称名刹焉。当祖现世，既佩黄梅心印，嗣承祖位，佛事兴隆，天子飯心，王臣问法，意其时琳宫梵宇，干霄蔽日之状，不知宏丽何如？迄于今，有一浴身亭，而圮坏乃尔，良可怅惋。嗟乎，佛性尚存，法门不灭，新人士岂其尽为阐提也者。抑亦上之人无以倡导而兴起之耳。余于是捐俸数金，撤亭而更新之。不日落成，手题其额，且勒石而为之记云。昔宋广平为广州节度，曾入曹溪，礼祖塔。祝曰，弟于愿毕世外护大法，乞垂显应。俄而微香甘雨，应时表瑞，其灵异如此。余行业浅薄，安敢妄附广平。即区区一亭之建，安敢便谓能作佛事。要亦藉此示倡，使新人士倘亦有好事而向风者，庶几祖道复兴，是山其增胜乎！余今日之有是举也，亦聊以识余护法之心而已矣。

【乾隆《新兴县志》卷之二十九"艺文志"】

李材：《刻〈坛经〉序》

尝考孔子有曰，朝闻道夕死可矣。又曰，原始要终。故知死生之说，岂不以必闻道者乃不徒死，不徒死者乃不为虚生也乎。嗟乎，此非真有见于性命之际者，未易以语此也。故子贡以夫子之文章可得而闻，其言性与天道不可得而闻。而世之学者复漫曰，文章之所在，即性与天道之所在也。此其所以旷数千年而圣人至命尽性之学卒以不尽闻于世也。释氏之为学，诚与儒异，然以其不立文字，故牯亡晦蚀者少，而宗传因以不泯，其徒之慧达者亦间起而追绎之，有以绍明。其如线之绪如六祖者，其尤杰然者也。今其书具在，利生说法，何啻万有余言。总之，俱从自性起用，无一蔓语，谓非真有见于性命之际，不可也。新兴自汉入中国，逮今二千余祀，藻雅猷伐，世有其人。求能脱然于世累，超然有悟于性命，以几不畔于道者，有其人乎？吾是以有愧于其人。因诸生之请也，畀邑令王君道服刻而广之，庶因有悟者且有激云。

【乾隆《新兴县志》卷二十九"艺文志"】

王民顺：《刻〈坛经〉序》

《坛经》非儒书，何刻刻而序之何？曰，此兵宪李公因诸生之请而以励诸生也。公按粤，惓惓以性学诏人，虽在勋勤中，不忘讲训郡邑士。畀之馆宇，廪糜日毗之，终日言不息，维时学者咸骎骎有成人志矣。一日行部至兴，公余与官属师友论学于龙山寺。寺有六祖像，公因借六祖以语性。欲取《坛经》阅之，会无刻绪，子有激焉，梓于公，乞公序。公诸之序成，

而以畀　　顺。顺叹曰，《坛经》虽非圣人语，然其言最直截，合于理矣。即谓人心本来无物，尤标真诠，其于道若庶几者。新兴自唐宋讫今，千百余祀，而超然有恬于性命之际者，六祖后希觏焉，则其人岂易得哉！《坛经》他有传，而兴独泯泯，是不可已于梓。梓且序，公盖以警新兴之多贤，非直以誉佛祖也。新兴即古新州，为六祖生身地，而其父祖之墓具在龙山云。

【乾隆《新兴县志》卷二十九"艺文志"】

王民顺：《重刻〈坛经〉序》

昔昌黎氏辟佛骨，以正言持世，而其后乃与大颠游，至称大颠能外形骸，以理胜，不为事物所侵乱，诚与之矣奚辟耶？程明道蚤年冥意释氏，终乃排之甚力，学者于是议韩而与程。固然，余谓释氏岂能害人！溺焉者之有害。孔子曰，攻乎异端，斯害也。已言溺也，君子取其言为吾道助，而不溺焉，以漓吾道之真，何害之有?！顾世儒者畤不循迹诋佛，及语心性灵彻处，亦自不离法乘见解，则昌黎始而排，终而入，而不自知焉，亡尤矣。昔夫子论为仁曰由已，而孟氏发其蕴于存心养性之说，曰夭寿不贰，修身以俟之。夫未明于死生之故，则贰矣。贰则杂，杂则乱，乱则惑，于不可知将失其性之本然而不可以为仁。故曰，朝闻道夕死可矣，是性命之精也。释氏本旨虽以出离生死，诱人超劫，然大要欲廓无碍一切，破诸邪法妄相，直从自心见性成佛，证以圣贤性善为已之谭，无甚差别，惟是弃绝物伦，共究为天下国家，此君子所以辞而辟之耳，余亦目佛书，然非其好。至《坛经》则好之矣，其言直截近理，而本来无物尤标真诠。其答刺史章，直教人以孝义修行，勿须修释持戒，又自不障佛魔，与缁教弗类，故世亦有言曹溪儒者，岂欺我哉。曹溪生新州，号六祖，说法曹溪之上，故云曹溪。先是，余为新州令，从见罗先生论学龙山寺，寺即六祖生身地。乃取《坛经》，刻之。今年夏，余分臬诏阳，过南华，得纵观曹溪之胜，谒六祖像，眉目俨然如生，盖世所传真身也。因检箧中前所刻《坛经》，复畀曲江令张君履祥付之梓。嗟夫，《坛经》故自释，学者取其是而不溺，其非深于好者也，是明道之所冥契而昌黎之入而不自知焉也。不然，一禅耳，固宜力排，如二君耳。奚其好！

【乾隆《新兴县志》卷二十九"艺文志"】

邓应平：《重建龙山寺记》

圣天子御极，余承简命兹土。越四年，仲春。庠彦李子大本、业子道、黎子文惠、赵子彰志诣余，言曰邑南疆龙山寺者，六代祖师栖寂之地也。

由开元以迄国朝，凡几兴废矣。景泰元年，莆阳郑公縠、三山郑公昕协心举废，而昕之功居多具载碑文间，今久复圮，佥谋所以建之，非千金弗丽厥观，非上倡弗一众志，敢请。

余往游晋、楚、燕、吴，见宗佛教者靡不盛，比南华有甚。乃今知师之法衍于天下，重于南华，起家于新兴而归禅于龙山之胜也。夫孔孟家法，必穷诸邹衮；周程正派，必溯诸濂洛。六祖真传，当求诸龙山。儒与释之教同也，而委有异乎哉？二三子读孔孟之书，诵周程之学，师友渊源独得之，是以不忘师所自也。余喜，先率僚属捐俸，檄耆老张粥、苏祖德、苏礼、黎宗达、萧爵、欧文笔、欧九德、李绍元、叶长茂、余克善、伍承恩为缘首，而善信翕然从。佛之灵能感人至是，不然何倡之易哉。自建议始迄今，时显灵光，露本像。龙潭之久淤者，渐浚复。粜业之侵嗜者，多不利。或欲改坛旧向，藏剑穴中，惑众听。师谓，验剑无功，豫报诸谱，订鸦鸣以破群疑，竟依旧坛，树柱日移三宝，得僧正照者塑郑公像于腹中，题曰此像九十八年当见送赴宰官有不相效以兴吾寺者乎。是以祖师之灵应如此，正照之先见又如此，寺安得不兴耶。世人宗师教于天下者，不若南华之为盛，又不若龙山之为真，虽欲不兴夫寺，犹饮水者不知其源，拔木不知其本也，可乎？倡议于隆庆庚午，兴工于壬申，落成于癸酉。水绕山环，钟鸣谷应，灯火炉烟，金辉玉润，奎壁耀物，阜民安祝万寿于无疆，与天地为悠久都哉。余兹行矣，思胜事与善信辈姓名均不可无以纪之，会湘峰李君校刻石。时万历四年岁次丙子，孟夏吉日立。

【乾隆《新兴县志》卷二十九"艺文志"】

涅槃妙心正法眼藏
顶湖龙潭住庵智常刻

按：右智常题字，正书径尺许，在顶湖山龙潭。八字作三行，左读曰"涅槃妙"，曰"正法眼"，曰"心藏"。此但以文义录之，题名在藏字戈侧行，仅五寸大小。不伦疑后人补记，然漫灭已甚，亦不似近代镌迹。智常为六祖弟子，此刻不著岁月。考《坛经》，六祖以太极元年七月自南华归新州，先天二年八月坐化。智常住顶湖，应在祖去南华前后。南华六祖坠□石，翁氏《粤东金石略》已辨为伪刻，则粤中唐刻存者，以圣历二年龙龛道场铭与此为最古，而从来金石家俱未著录。白云寺有明万历间王泮一碑，亦不足考证。

【道光《高要县志》卷十四"金石略四"】

李钟颖：《复修和光庵序》

吾儒言鬼神而不言佛，以其为释教也。然吾闻之佛弼也，弼世教而隆大行者也，周颂亦曰"佛时仔肩"。由此观之，佛与鬼神亦皆古昔圣人神道设教之意欤？粤稽佛性，上自释迦，流传忍大师，率皆北产接踵，而独曹溪南人自辟顿门，洞见佛性本无南北，直指人心，见性成佛。与吾儒自诚入圣之理，有相证入。是以今之儒者每多留心释教，然必真能向栴檀法界种功德缘发菩提心者，乃不悖于儒教。邑侯沈公见宰官身行菩萨行，是所谓由心造世而转兹法轮者。余虽钝根弱质，时亦好语因果以趋承文潞，阅道乐天，诸先哲求无负此本来，而庵中瀛州诸会友又皆素瞩前因，乐提现业，因而一时相与有成，以共襄此胜事云尔。世间有行人莫非佛身，昔人有谓："宰官素封者报身也，忠主顺亲从兄盍友刑妇者应身也，士愿民敦工朴商悫女憧者法身也。三身备具，善根凤植，一得道果，圆转便自出脱野狐种子。"则今日素元道人之请印簿以修建也，正不仅与浮屠墨行作平等观，余因弁言以告善心修行者。

【嘉庆《三水县志》卷十五"艺文下"】

李本洁：《重建保安寺碑记》

邑治未辟之先，扶罗一险境也。蒮苻据其半，猛兽据其半，民之安也，其何日之有？于是，乡落黔庶谋所以保之，不得已而托之于佛。爰相东田瓦灶之间，屹然有大阜焉，经营以建寺，额之曰保安，此寺名所取尔也。夫保安寺之所由建其来久矣，嗟乎，彼蚩蚩者氓止此，家人妇子势不能与渠丑敌力，不能与齿角争，夫而后携持哭泣，哀于佛，以幸冀一日之宁宇，此其情亦大可悯矣。虽然，民诚不可一日不安，即不可一日不保，顾保之之道在乎人，而不在乎神；在乎上，而不在乎下。佛也，寺也，是诚可以保民乎哉？即令可以保民，假而闾族颠连，为之上者徒漠然晏然，曰恃有佛也，则是本偶土梗之释迦，反得而操匡济之柄而天经地纬之长吏转若坐而受庄严之供也。噫！保安也，而宁属之寺乎哉。

然则此寺之重建，余固俯听而为之记，毋乃佞佛之心未忘抑，亦阿意而曲狗众请欤？顾又有说焉。《书》曰，天矜于民，民之所欲，天必从之。昔之始建也，未安而欲保其安；今之重建也，则既安而欲保其久安也。夫上之人不可诿其保之之权于佛事，而下之人亦或得其安之之道于佛心，何也？天下之信圣贤也，不如其信佛而其尊官长也，亦不如其尊佛彼其尊而信也。使第曰，我将供养祈福，则未必其果福之以安也。如曰，我将皈依以向善，则未有不福之以安者也。夫佛非他也，即吾心之善也。佛之教曰，即心即佛，则是向善者，皆佛也。具夫人与物，亦特患其不向善耳。强盗而向善，则盗皆佛子，而何患于盗。猛兽而向善，则猛兽皆佛种，而何患于兽如是，孰有民之不保，即孰有民之不安。寺之重建，仍其名曰保安，良有以也。迄今，圣天子宵旰图几，心诚保赤，又复际重熙累洽之世，遐陬僻壤悉安化日，不独妖氛屏息，烟村无伏莽之惊，即下至鸟兽无知，亦靡不咸若其性而不敢与人迫处。余自莅宁邑以来，于今九载，夙夜祗惧，惟思安益求安，保能长保，以仰副当宁保，又至意其保之之事与佛异，而保之之心与佛同，适今岁冬邑，岁荐林子俊于中梅，是役也盖与作檀那焉，落成日具以其事白余，且述其居民之意，欲乞余一言勒诸碑，以垂永久。余顾名思义，有触于怀，因不辞不文，遂阐据夙志，欣然而乐为之。

【道光《广宁县志》卷十五"艺文"】

延庆寺。原东洲寺。光绪十六年，改创书院，迁寺于东洲沙沙尾，南向，改名延庆寺。

邑人罗焕章：《东洲寺记》

高明邑枕青玉之山，带沧溪之水，水绕学宫，遂东泻而去。堪舆家病其无大冈陵关锁，故积岁科第未盛。迩年，学之东距郭不一里，溪中崛起一洲，高平溯壅上流，奇若天设。学诸友恒鳃鳃然，欲建楼阁于上，以增其高，又冈根延庆，寺宇虽小而盘据于邑山之后，堪舆家亦咎焉，亟欲去之，屡告之前邑长，罔有肯任其责者。嘉靖丙辰，莆阳三桥徐公讳纯，以癸卯乡进士来篆，修学兴教，士习丕变。再阅岁，临桂管君惟干来署学事，而琼山黄君淳亦至司训，朝夕讲课，德业见诸友，皆瑰玮不凡，而疑其科第之故，诸友遂以堪舆家前二说陈之二君，因率以告公。公曰，二君为我造士，地胜不足，吾责也。曷敢不力？顾兵荒之余，民不可重困，吾其捐俸金、发罪赎为之乎？二君顾诸友，曰公为吾学校劳厥心，又重所费，吾人可坐享乎！于是请以俸助，诸友亦量力出之。告之公，公喜曰，学中尚义如此，吾事不难办矣。乡官谭君维弼、上舍杨君万山、义官杨洁翔、庠生谭颐等闻，相谓曰，公不忍劳吾民，而苦节捐俸，以壮学宫；学师方勤训吾子弟，又以财，吾侪独坐视乎！于是各出金以倡，而闾闬之民应者相继。告之公，公喜曰，吾民尚义如此，吾事不难办矣。然吾职务繁剧，孰有代吾鸠事者乎？于是，众推上舍杨君万山董其役，乐而佐者十余人。告之公，公又喜曰，吾民尚义如此，吾事不难办矣。乃兴工，学二君赞厥谋，邑幕黄君昆稽厥费，上舍杨君铨正厥位，辇山石，锚河沙，增筑洲基，聚材陶甓，建宇于洲上，曰东洲寺，因地以命名。在冈根者，去之址，植以松，滋山后之秀气也。公又以寺无田则易废，乃捐价买田三十亩，置僧管之。落成日，阖邑士夫及氓庶聚而观之，相顾以为基耆固矣，栋宇隆矣，形势全矣，灵秀钟矣，厥功可无纪哉！遂属焕章罗子志之。罗子曰，生财者，地也；作之者，人也。吾邑设自成化间，历三四纪而科第犹乏人。迨嘉靖改元，连江李肖山来讲学，于时士业茂畅，乡进肇出，兹三桥公政事、文章彪炳中外。士幸事大夫之贤，而又修黉宫，创号舍，立文所，稽会课，以振作之故，文风聿新，而登甲第者自岁己未始，可谓非人！与今愈如鼓舞，培益地胜，能使一邑之人咸奋义输财力，以成盛举，则教以政成，地与人会者也。管、黄二君正已率物，士有依归，则感励于亨嘉之会，彬彬然辈出。究德艺之施，勋业无穷，后之人征其由来，不猗盛与是举也？工昉于嘉靖庚申十一月，迄辛酉正月讫。邑人素感公德政，又出资于寺后建东向一堂，曰惠爱堂，以仰公。公大不怿，命去之。邑人去其扁，而固留其堂焉。洲基高一丈，袤三十余丈，广八丈，环若方石十五丈，顽石三十六丈。寺堂三间，门三间，棂星门、两石柱、两庑各三，问川堂三间，公所建也。寺后东向堂三间，门庑俱备，邑人所建也。各详志之，其与有事之人刻于碑阴云。

知县李植：《重修东州寺记》
邑之有东洲寺也，始于嘉靖庚申。说者谓沧溪水绕学宫，东泻而去，无冈陵以为关锁，故邑之科名未盛。自溪中崛起此洲，洲上创建兹寺，而文风聿新，甲第继起，迄于今二百二十余年矣。余以乾隆甲辰之冬来宰是邑，尝以公事诣寺，见其风雨剥蚀，殿宇倾颓。与诸绅士谋，即旧址而更新之。诸绅士咸踊跃，曰东洲为阖邑文风所关，故前人有地灵特起之额，若鸠工修复，俾邑中俊秀于寺之旁舍聚处而肄业，以钟灵毓秀之区，为国家兴贤育才之地，启后承先，一举两得，诚盛事也。夫梵刹之成毁有数，而文教之振兴在人，诸士诚于此藏修游息，共相濯磨，先器识，后文艺，讲明切究，力追大雅行见，联步天衢，翱翔云路，彪炳寰区，增光史册，与胜朝罗、区诸前辈相接武，岂不伟欤！余喜诸绅士与余同志而相与有成也，故捐廉以倡，而恭疏短引焉。乾隆五十三年岁次戊申。

【光绪《高明县志》卷十六"杂志·寺观"】

李昂英：《放生咸若亭记》①

人与物林林然，宇宙间气之正偏，性之灵冥，物不得同于人。而其肖形而同一生，意天生圣人，所以厚群生，使各安其受于天者，然后无负于天之付托我者。每岁诞弥日，郡国臣子既瓣香祝万寿于佛老之宫，必笼禽而林之，盘鱼而溪之，端笏如植，视其羣羣而高，洋洋而深，乃再拜而退。筌者罗者争前，期生致而供官之须，是犹狱无罪之民徐脱释，以恩之，亦稍顾挫困悴矣。终不若此不放彼不捕之，适其性也。三代而后，以好生之德脉其国，无如本朝禁翠饰，罢蜂贡，放洛鲤，止庖烹，见虫蚁而避，却鹔兔之进。列圣之心，即天之心。今天子聪明神武而不杀，日月所照，霜露所坠，皆在圣德包涵中，翔走蠢蝡之微，孰有出此心。天地之外，盖无一物不得其所，初不待一日之间，纵舍百千万亿以示小惠，然故典沿袭，久谓不如，是非所以归美报上也，故莫之敢改。世以是为尊君一事，则揭虔之地崇大为宜。

端之放生亭，旧不专设，始即送迎驿，又迁之僧屠苏仅扁之寄州，枵然太守臣类窘于支吾，姑湫褊简陋之，仍雩章侯莅镇，垢刷蠹剔，俭其出，勤其积。再逾年，而后有羡力，事无如此重且急者，亟濒江经营焉。七星岩秀郁倔奇，为一郡最胜处，若屏障其后，役起重阳而落之腊，题曰"咸若"，谓万物无不蒙被帝泽，非止斯亭岁所放者也。敞拓华壮簪绅，雍容旅进退，舆隶堵立其旁，猝风雨有所庇，潜龙藩体貌始称。亭虽三间而关系大法，当得书。虽然，君子仁民而爱物，爱出于仁而民又先乎物者也。夫子恐厩焚伤人，而马不问，非恝然于物者。齐宣不忍一牛而百姓不见保，则所厚者薄矣。人主履大宝位，推行天地曰：生之大德，二千石分土而治，所以流布此德也。物吾与且恻然全护，况民吾同胞乎？毋冤系如笼闭，毋横敛如竭泽，毋暴政迫威怒，空其室庐，离散其妻子，如覆巢毁卵。饥溺犹已，手拊息嘘，使仰事俯育，熙熙怡怡，安乐之而不自知。环千里，皆放生亭，讵止一林之栖，尺水之泳而已哉？必如是，始无愧于受，而为牧之寄侯于仕学优，念，此已熟其勉润泽之。侯名励，为端平朝士云。淳祐九年二月既望。

【民国二十七年《高要县志》卷七"营建篇二·古迹"】

黄培芳：《重修肇庆府梅庵碑记》

端州西郭外梅庵，名刹也。创建于宋至道二年，相传唐六祖大鉴禅师

---

① 原文无标题。

经行地，尝插梅为标识，庵以"梅"名，示不忘也。代有废兴，追明万历间，僧自聪由宝林来，复兴其地，廓而大之，从化黎参议民表为之记。经今岁久，倾圮日甚。僧旷闲住持以修复为己任，乃布告十方，檀越咸乐善缘。于是鸠工庀材，始事于道光十九年秋，落成于廿一年冬。余再履其地，已焕然丹雘矣。旷闲将书诸善士姓名，寿之贞珉，属余纪其巅末。余维黎参议，乃先文裕，公入室弟子前既记其事，今自聪后人复能继志。余适司铎是邦，乐观厥成而书之。至于古井老梅，足增山川之色，与夫一切烟云草树之变态，宜登览者自得之。

儒林郎武英殿校录官国子监典簿现任肇庆府学以教谕衔管训导事即升知县卓异加一级钦加纪录三次香山黄培芳撰并书。

按：右黄培芳《重修梅庵碑记》并书在庵壁。

【民国二十七年《高要县志》卷二十四"金石篇三"】

彭泰来：《募修鼎湖山庆云寺疏》

放勋以神圣御天，害物有修蛇封豕，阿竭以慈悲度世，舍身于饿虎饥鹰，眷率土之象生何缘何业，叹恒沙之浩劫无量无边，如是我闻，于今为烈。鼎湖山庆云寺者，栖壑和尚之道场，曹溪六祖之宗派。龙湫题壁，山早辟于唐初凤岭披榛寺，始开于明季。西天祇树，秀绕丛林，香水莲花，敷成兰若。寺初名莲花庵。在图经十七福地，安禅那二百余年，久为岭海之名蓝，远接菩提之法会。讵意道修九带，事理难征，运值三灾，人天同患。兹上章涒滩之岁，遭红巾白跖之妖，吮血磨牙，野哭则万家如沸，连村接壤，燎原则百里为墟。偏扰尘寰，行侵净域，灵峰鹫立，髡髵无数，波旬绀宇，翚飞睒睗，尽环罗刹，芝云如盖，忽涨浓烟，花雨弥空，不消毒焰。丈六伽陀宝相，乘火宅以归虚，七重舍利浮图，倾铜山而莫挽。经楼义殿半化飞灰，金甋珠幡攫无遗物。自古栢梁武库，焚巢不及于人间，此时兜率尼摩，焦土恐连天上也已。住持淡凡和尚，斋心领众，奉律传灯，闵精舍之摧残，念前人之功苦，寸田不受，持一钵以饭千僧，尺地初荒，盖把茅而营万栋。固由大善知识之宏智，实赖檀波罗密之同仁，敬叩十方，重新三宝。窣堵借育王之力，弹指玲珑，华严礼弥勒之宫，应心示现。幸转轮之勿替，资善果于无穷。仆也居近名山，燕坐译毗昙之藏，生临苦海，摛文写楼炭之经。昔访南华，白业非故，今逢北使，苍生奈何。适闻江浙之变。抚三千世界而如斯，历十八梵天而谁问。莫笑丰干饶舌，代人求长者之金，岂知菩萨低眉，何日扫生公之石。

高要彭泰来撰。何治书丹。区远祥刻字。住持僧淡凡叩募。

按：右彭泰来《募修庆云寺疏》正书在寺壁。黄登瀛《续县志稿·山川略》：咸丰十年春，流贼焚顶湖庆云寺。贼退，寺僧募化修复。序称"上章涒滩之岁，遭红巾白跖之妖"，碑当立于咸丰十年后。

【民国二十七年《高要县志》卷二十四"金石篇三"】

《鼎湖庆云寺》

鼎湖庆云寺，端州之名刹也。壬申春日，同观察刘公慕儒往游，登眺之际，见殿阁巍峨，如太守黄堂后之蛟龙井，谓井中竖有铁柱，环以铁链，镝锁孽龙于其下，而上盖以石，并题曰"包收陆放马成湖"，故凡郡守有以陆马姓任者，部民辄力阻之，何元送马太守欣由肇庆调潮州诗云："包收陆放马成湖，谬悠腾说胡为乎？端民初传太傅马，闻者色变舌为下。父老跄踉吁上官，愿乞太守无苾端。"又端溪山长冯敏昌诗云"伪言先沸马成湖"，亦此时事也。以避孽龙。宣统辛亥冬，军官某心知其妄，启石察验，则眢井久涸，既无蛟龙亦无铁柱，只沙土上堆置铁练半截而已。又官舍内镝一木椟，方广盈尺，长条封识，其厚寸许。言者谓有妖内伏，戒勿动。同时剖阅，唯存道光间水灾卷一宗，蠹蚀过半。潜伏之妖，毋乃饱蠹鱼腹耶。俱同上。

【民国二十七年《高要县志》卷二十四"金石篇三"】

杨衡：《游峡山寺》

结构天南畔，胜绝固难俦。幸蒙时所漏，遂得恣闲游。路树荫松盖，槛籓维鹤舟。雨霁花木润，风和景气柔。宝殿敞丹霄，灵幡垂绛旒。照耀芙蓉壶，金人居上头。翔禽拂危刹，落日避层楼。端溪弥漫驶，曲涧潺湲流。高居何重沓，登览自夷犹。烟霞无隐态，岩洞岂遗幽。奔驷非以耀，驰波肯暂留。会从香火缘，灭迹此山邱。

黎民表：《梅庵》

名山宜结夏，亦自断尘情。支竹同僧懒，烹茶爱水清。石间敷席坐，松下挟书行。但悁浮生意，无忧佛不成。

王泮：《梅庵》

官懒簿书稀，寻僧入翠微。白云依榻静，红叶近人飞。爱尔能分供，怜予未拂衣。心禅期明月，相赏憺忘归。

【民国二十七年《高要县志》附志上篇"文征一"】

董旸：《菩提树记》

端州天宁寺灵畅上人，法名性善，命余记菩提树一事，镌于寺中。客有止之者，曰："是榕也，请无记。"余因访黎司寇卿云彩，过天宁，问之，或曰："斯榕也。"或曰："斯榕而大叶者也。"或曰："今榕而昔固菩提也。"司寇曰："是真菩提也。"余曰："是真菩提矣。"考之志云："天宁寺，昔为安乐寺。宋崇宁三年，改今名，中有菩提树一株。"今夫说之自昔者，人而非之，吾犹欲是之，况人而疑之乎？又况疑之者今人，而传之者昔人乎？且南中之地，尽榕也，曷不尽菩提也，而独以菩提志天宁？考之《六祖传》曰："梁天鉴元年，有天竺国智药三藏自西来，植菩提树一株于宋时求那跋陀罗三藏所创戒坛之畔，曰：'后百七十年有肉身菩萨，于此树下开演上乘。'"余昨至广州，特见此树于诃林。今余又得见此树于佛殿之东阶，岂此地密迩新州，祖亦尝开演于安乐耶，抑分自法性耶？夫六祖往矣，其法无所不在，其身亦无所不在。西来之树可以植戒坛，亦可以分植安乐。顾昔之安乐，可以为天宁，岂昔之菩提，可以为榕耶？且六祖有云"菩提本无树"，即榕也，何遽非菩提也哉？司寇曰："然。"盖记之兰亭。

董旸题，端人黎彩书。

【民国二十七年《高要县志》附志下篇"文征二"】

陆鳌：《峡山寺香云阁记》

世道至今日，盖难言矣。浑沌既死，狙诈日生。于是圣教斯穷，王章亦坠。然或有不畏人非而畏鬼，责不可庄语而可利导者，如人纵桀骜，惕以轮回则甚惧。人即寡营，祝以多子则甚愿。是不得不转托释氏之因果报应，盖神道设教，亦为政者所不废也。

端郡名胜为羚羊峡，有古寺焉，唐沈佺期悦而赋之，中有小阁数椽，以奉白衣大士。端人士所日走，以弗无子者也。岁久倾仄，予率郡人捐资鼎构。既落成，僧请记之。予乃取义沈赋，为新其名，曰：甚哉，大士能化导末俗也。当其发愿度尽世人，方始成佛。由是遍现法身，游行人世，如月映千江，在在圆满，复念世人，认贼为子。则又因病发药，诱以子嗣，乃人遂翕然皈依。不问无畏，不问圆通，不问说法，而为石麟之。是丐大士若曰：充此念也。人将曰：我有父母，我非其子乎？我念我子，父母亦应如是，而孝生。彼夫子惠元元者，非我大父乎？焉得不以所事父母事之，而忠立。兄弟非我同产夫妇，非我子所自出乎，而何可不辑睦？至于朋友、乡党，众且疏矣。然天下岂有无父之国哉，而又焉能畛域视也？如是可以度众生，可以酬初愿，可以通佛法于王法，以可易今人为古人，以可羽翼圣贤、表里经传。释氏之教，岂仅蕲出世不蕲用世者哉？香云之阁，恶可已也。余端守也，偕诸僚属视端。臣妾犹我赤子，敢不仰体大士深厓如保之怀耶,则请现宰官身而为说法。

【民国二十七年《高要县志》附志下篇"文征二"】

李彦瑁:《鼎湖山庆云寺记》

鼎湖山庆云寺者,岭南名刹也。在端州下游羚羊峡之阴,去府治三十余里。层峦叠嶂,万山环峙,中有龙潭,其水深碧,世传黄帝铸鼎乘龙于此得名。伪耶?真耶?姑勿论矣。或曰:"是山绝顶有湖,故《通志》载为顶湖。天将雨,湖先出云,故云云顶。寺曰庆云,盖取诸此。"

开是山者,始于唐智常禅师。师得法于曹溪,归隐白云。从之游者,人各一邱〈丘〉,招提三十有六,至今三昧潭、罗汉桥、涅槃台遗迹尚存。遵白云而东数里许,为庆云旧址。岩壑盘纡,林薮蓊蔚,常有狞虎守之,俗名虎窝。明万历间,有憨山大师者应化岭南,弟子金山迎住白云。过此,见诸峰罗列,状若莲花,遂更名为莲花峰。曰:"后当有大福慧人阐化于此。"纪之以诗,有"莲花瓣瓣涌苍溟"及"夜深说法有龙听"之句。地为上迪村居士梁少川故业,少川崇信佛法颇笃。崇正癸酉,结茅山中,号莲花庵,与友人陈清波诸子为莲社之游。未几,阳江朱子仁来客广利,久有出家之志,少川拉与共住。后闻栖壑和尚得法于博山,归住蒲涧。子仁往谒得度,更名弘赞,字在犙。

是岁甲戌,在犙留蒲涧。过夏,少川募资,除土叠石,改建堂宇,一栋三楹,旁作茅厨,悉从草创。在犙还山,明年乙亥秋,栖壑赴新州,道经广利。在犙偕少川诸人迎入,共庆名山有主,欲留久住,栖壑辞以蒲涧缘未了,仍返广州,临行,出钱数十缗属陈清波,令先备埏埴以待将来。丙子夏,在犙诸人再造蒲涧,恳请栖壑于五月到山。是岁腊八,开坛授具,宏阐毗尼,缁徒始集,更庵为庆云寺。乃分执事、立规条,兼行云栖博山之道。凡诸创建皆随愿顺缘,行所无事。首建佛殿山门,次建宗堂,其上建毗庐华藏阁,左翼以准提阁。阁下为禅堂,悬钟板。右翼以七佛楼,楼下设库司,以蓄十方信施。库右为禅善堂,堂之上为大悲阁。时问道日众,乃建法堂于大雄殿之左。其前为晋供堂,建客堂于护法堂之右。其后为洪誓殿,殿右为印经寮、为养老堂、为庆喜堂。次于山门左右建钟鼓二楼,其最上一层铸铁浮图,建殿覆其上,供如来舍利。右为方丈影堂,左为净业堂。影堂右为双树堂,堂后有金刚坛。右为旃檀林、为日观轩。自浮图香刹下至山门,地分七级,堂列五层,左右辅以夹道,夹道外左为香积、为茶寮、为碓厂、为行寮,右为檀越堂、为息心堂、为云来堂、为浴室、为东司。

至顺治戊戌，殿堂制度次第落成，主持者栖壑，赞襄者则在犙也。是岁之夏，栖壑示寂，计住山二十有三载，前后皈依受戒弟子数千人。大众共推在犙继主法席，犙乃构木入居于净业堂之右，秉教奉行一轨师法，宗风由是益昌。

在犙殁，序及法属湛慈，即今主持也。其奉法复与在犙无异，凡二师未毕之愿，未竣之功，莫不历历修举，底于完美焉。然则顶湖庆云得并成为名胜者，栖壑师弟三人创承济美之力也。

余自佐郡以迄为守，凡八年于兹，数游胜地，皆流连不忍去，兴念三人苦心结构，既有功于佛法，更有功于此山也。因拾旧闻，疏其颠末，命勒贞珉，庶三人与顶湖庆云并垂不朽云。

（按，右二文均录自《端溪文述》。）

【民国二十七年《高要县志》附志下篇"文征二"】

吴绳年：《修法轮寺记》

盖闻琳宫绀宇代有废兴，莲界香城时资完葺，倘济施乏决川之应，而宰官无刷耻之倡，虽有精蓝，渐成废榻矣。端州法轮寺者，建自国初，位乎郭外。洞师卓锡同支遁之辟，东林王宰开场似侍中之舍。故宅法徒持钵，涂堊勤加，檀越倾囊，丹青重焕。于是云楣交葛，阳燧晖朝，银牓悬垂，青莲开夜，前贤之述于贞珉者，详矣。无何风雨飘摇，几类给孤焚荡，葛裘更易，遂同善胜推残。寺僧祥溪绍彼慧因，悯兹颓宇，竖天龙之指，拟点铁以为金，燃无尽之灯，将煮砂而成饭，广求善信，同嗣前徽。

值予以乾隆壬申之夏来守是邦，偕前肇协、今两广中权都督许君成麟，因宣讲上谕，同诣银山兴思珠网，乃慨然命主吏割月缙以为众倡。维时前后开府吾粤者制军班公、杨公，抚军鹤公，并人是再来佛真一出，闻此胜因，咸捐清俸，而官民商旅亦复人输尺璧，地布兼金，遂得鸠工庀材，修废举坠。凡殿塔、楼阁、堂庑、厨库、方丈僧寮二十余所，靡不沿故鼎新，翚飞鸟革。

经始于乾隆十九年仲秋，告竣于二十一年季夏。落成之日，寺僧以碑记，请予曰："是寺仰圣主之当阳，佛天永戴。幸大宪之抚粤，化日常临。宰官、商贾群种福缘，行者主持，共宏愿力。庵罗之树，又见花开。必钵之林，重闻鸟啭。承前启后，兹役实有赖焉，诚不可以无记。"昔白乐天分司东都，修香山寺，为文以纪其事，而刘孝绰《栖隐寺碑》谓，自妙法东注，宝化西渐，公卿贵仕、贤哲伟人，莫不严事招提，师仰慧觉，欲使法灯永传，胜因长久，于是铭施柱侧，记法窟前。① 余虽不文，安敢谢也，遂书此以告后人。

按寺塌于水后无修者，今废。

【民国二十七年《高要县志》附志下篇"文征二"】

彭泰来：《重修紫林寺碑》

佛以不生不灭觉世界，不能使世界无生无灭。盖生非实生，灭非实灭。在佛曰"无极体且生且灭，且灭且生"，在世界曰"有为法"。

肇庆北郭外紫林寺者，建于明崇祯十七年，遭乱废。国朝顺治十六年复之，增建大士阁。未几，又废。康熙十七年又复。乾隆间，僧徒鬻寺产散去，又废。三十七年，郡守吴公绳年复其产，以戒律僧广传主之。广传弟子容现善丹青，为当道所礼，篹治堂宇，像设益整。容现示寂，弟子秉祥继主持。道光十三年，比岁水且风，寺荡为墟，秉祥弟子明超白诸长者，若欧阳君恩、麦君逢寅、陈君汝亨、冯君驯，倡合众资。十八年，即故址重建，土木严丽，有加于昔。明年又水，寺完而安，求文纪其事。

寺自创始，迄今不及二百年，已阅如许兴废。以彼法论二百年，视千万亿劫是一刹那间无量生灭；一紫林寺，视恒河沙数，诸国土是一微尘中无量生灭，既现前地非现前地，欲于何处更著言语文字。

寺有康熙郡守张公京鍟一碑，以修寺故，历叙当时寇盗之蹂躏，饥馑之荐臻，征役之困苦，百姓、宦家子女仳离荡析，孑遗残黎相率转沟壑，自叹守土吏不能养民命回天意，如寺庙废复与之，易且速也。读之悱然，见仁人之用心，知乱之所以治。

承平以来，物阜而蠹。迩者屡水，民舍倾坏若此寺等不知凡几，坏而旋修若此寺等不知能几。非寇盗，非饥馑，非大水飓风，而一切迷生作如来舍身割肉相供养鹰虎，又不知其几。现长者身为佛僧，举一念有修寺诸君在；现宰官身为百姓，举一念则百六十年前寺中一片石在。此一念，先众生生，后众生灭，不立文字，不离文字。感秉祥、明超能不坠宗教于苦海横流，间有此净土，乃为铭曰：

元黄纲缊，煦妪棣通。物力有竭，人心无穷。蕴穴藏金，倾山铸铜。饿委沟瘠，寒号裸虫。含灵亿涂，真宰太空。姬礼秦裂，像教汉东。如是我

---

① 〔梁〕刘孝绰《栖隐寺碑》原文为："自妙法东注，宝化西渐，公卿贵仕、贤哲伟人，莫不严事招提，归仰慧觉，欲使法灯永传，胜因长久……铭施柱侧，记法窟前。"见〔唐〕欧阳询等撰，汪绍楹校：《艺文类聚》卷七十七"内典部下"，上海古籍出版社1982年版，第1314页。

闻，佛降迦卫，空一切相，成万物法智，云何六如。更有二世，云何解脱。广受布施，云何寂灭。经部十二，十二部中，愿了大意，世尊乞食，一钵绕城，修罗唊人，若馔百牲。颜雕跂寿，施悴嫫荣。补天有缺，填海难平。已矣终古，或然他生。以非非想，得无无明。凡诸有生，即有人我，既有人我，茵溷水火。养生日微，受生日夥。孰为众母，孰为民爹。别通津梁，不住因果。檀波罗蜜，若证萨埵。维紫林寺，自明纪年。精蓝甫造，昏鼎遽迁，法身看竹，火宅生莲。桑阴秋陨，檐蕊春鲜。积劫为扫，浮泡匪坚。风灾水厄，大地洪川，杯渡不惊，灯传讵熄。合四无量，圆八功德。室广维摩，阁新弥勒。回头三变，弹指一息。日东月西，璇玑在北。谓慧日寺、宝月台、七星岩。照此阎浮，众生何极。

按：寺址今改为第一区第六小学校。

【民国二十七年《高要县志》附志下篇"文征二"】

庞文：《一雨庵碑记》

天无甘雨，时何生矣；地无膏雨，土何成矣；岳不兴雨，山何灵矣；民无时雨，国何宁矣。先润之而后煊之，卦之义也。先雨若而后旸若，范之意也。终岁之雨，不一而足，故时不久亢，则无六月不雨之书也。崇朝而遍一雨已优，故雨不伤稼，则无雨无其极之贼也。太平之世不恒旸亦不恒雨，时雨一雨，是以为甘雨、为膏雨、为岳之灵雨、为民之时雨。前明天启乙丑，泷州兵备蔡公于大湾墟往来通衢建庵一座，亭一所，内奉观音菩萨，外施茶行，路设渡船通津，遂名庵曰"一雨"。其取于召伯阴雨之义欤，抑亦比拟于观音甘露之仁欤？兵使邬公前记，谓"一雨"义出《法华》，而以杨枝之水为雨泽，施茶涤烦亦雨意。是固然矣，而不尽尔也。庵自创建，有给地五十余亩，屡经修葺，延僧为住持，历本朝至今嘉庆又百有七十余年，风雨剥蚀，渐渐倾坏。乡之绅士鸠工重建，鼎而新之，以遥继蔡公、邬公之举，仍额其名曰"一雨"，思旧德也。驰书嘱予为记，予乃因邬公前记之意而广之。今而后吾知时欲雨，则一雨之不疏也，不数也。既无暵乾无魃虐，亦无凄风无苦雨。湿者欲燥，燥者欲湿，雨滋而土肥，雨歇而土绥，年丰而岁乐，地泽而家润，山川鲜洁，树木茂生。居者畅于怀，农者乐于野，行者歌于途。自州城以达四境，自石桥以达西江，有新晴之佳，无苦濡之愠。官之来往兹土者，每见随车而一雨，恩有波流。士之瞻眺斯庵者，亦思出云为霖，泽遍群生，皆"一雨"之义也。或曰天一生水，雨为水。一者，雨之本也。有其本故一而雨也，亦雨说也，而不尽尔也。或曰宜取十日一雨之期，亦不尽尔也。雨之调和，不必定以十日，十日一雨，偶者过褒之论也，岂雨说哉。故一雨者不一，而雨也不一。雨而时一雨，雨之所以为甘、为膏、为灵、为时也。官长之泽民，菩萨之济世，胥是道也。饮路人救焦渴，其亦小焉者也。是为记。

【民国《西宁县志》卷二七"艺文志二"】

四　道教

　　道教以炼丹、成仙、长寿为主要特征，作为本土宗教，早已深入民众生活与民众意识之中。其历史源远流长，广东西江地区道教始于何时，尚待考证。从方志记载看，广东西江地区流行的道教受到正一派的影响。收录相关资料时，分人物、宫观和著述三类。广东西江地区有名的道教人物不多，方志中记载的最早道教人物是葛洪，其他人物多为不知名的地方性人物，凡与炼丹、成仙、符咒等相关的人物均予以收录。道教的场所较多，一般而言，名为宫观的多为道教所有，方志中常见的"院"则兼有佛教和道教的特征，一一辨别，难度较大，因此涉及此类资料时，一般不予以收录。由于中国人的信仰具有复杂性、多样性特点，即使信仰佛教的民众，也不排斥道教和其他信仰，造成僧道同庙等现象，比如四会金龄观供奉三清，主持其事的却是僧人。高要的水月宫也是一个显著的例子，民国《高要县志》将其归入"佛教丛林"，但水月宫供奉的神有斗姥元君，为道教大神，因而收录这类资料时，以内容上偏向道教者为主。同时，道教的神仙系统极为庞杂，主要有真武大帝、元帝、玉皇大帝、碧霞元君等，在其发展过程中，道教又充分利用了朝廷的祀典，扩充其力量，比如火神庙（华光庙）、文昌庙等所供奉的火神、文昌帝君也为朝廷所承认，道教将其演变为具有全国性的大神，方志中有关此类神的场所，收录时归入道教类，与正祀相区分。历代官绅文人关于道教宫观修缮、记事等诗文则归入著述类，方志修纂者关于道教类目的序跋也归入著述类，以供参考。

（一）人物

　　张毋，字彦高，一字巴王，南朝司空也。慕长生学，弃官隐长沙温泉山，举家茹素，诵《大洞真经》，二十年不懈。适有人持藜杖踵门，谓之曰："吾葛洪也，奉帝命授子丹诀，宜力行之，待功圆满日再晤。"昌自此学渐精进，德施日益普。梁天监二年秋夜，闻空中有"诘旦可携家登山上"语，厥明从之，留一婢卢琼守舍，忽有羽客身疾癣疮，至，问："司空何在？"琼曰："登山去。"问："酒何藏？"琼指其处，羽客就之，倒瓮中酒，澡其身罢，复纳诸瓮，乃去。致语云："司空归，道葛道人过访。"少顷，昌归。琼具言，昌驱视其酒，闻异香满室，遂呼阖家人皆饮。琼见其澡状，故托病谢之。昌饮罢，乃沐浴更衣，召诸弟子曰："予今别而侪赴上帝召也。"言讫，祥云缭绕空中，拥鸾鹤而下，举家骖之上升。敕琼守坛，不得与俱。

【天启《封川县志》卷二二"杂事志"】

晋葛洪，字稚川，丹阳句容人也。少好学，寡欲，无所爱玩。究览坟籍，尤好神仙导养之法。从祖元学道得仙①，以其术授弟子郑隐，洪就隐学，悉得其法焉。又以师事南海太守鲍元，元亦内学，见洪，深重之，以女妻洪。太安中为将兵都尉，攻石冰，冰平，洪不论功赏，已欲避地南上〈土〉，乃参广州刺史嵇含军事。咸和初，干宝荐为散骑常侍，领大著作，洪固辞。闻交趾出丹砂，求为勾漏令，遂将子侄俱行至广州。刺史郑〈邓〉岳留，不听，去。洪乃至罗浮炼丹，优游闲养，著述不辍。自号抱朴子，因以名书。后忽与岳疏，云远行寻师，克期便发。日中兀然若睡而卒。旧志则云，洪从罗浮至德庆，遍游名山，乃于晋康乡儒林富禄里峒心社山作丹灶炼药，种踯躅花，遗迹尚存。《一统志》有葛仙园，在社山顶。今属东安。《晋史》、旧志。

【康熙《德庆州志》卷八"人物"】

晋葛洪，字稚川，丹阳句容人也。少好学，寡欲，无所爱玩。究览坟籍，尤好神仙导养之法。从祖玄学道得仙，以其术授弟子郑隐，洪就隐学，悉得其法焉。后闻交趾出丹砂，求为勾漏令。遂将子侄俱行至广州，刺史邓岳留，不听，去。洪徙罗浮至德庆，遍游名山，乃于晋康乡儒林富禄里峒心社山，作丹灶炼药，种踯躅花，遗迹尚存。《一统志》有葛仙园，在社山顶，今属东安。

旧传，曾师事南海太守鲍太元，元亦纳之，见洪即重之，以女妻洪。太守中为将兵部尉，攻石冰，冰平，洪不论功赏已，欲避地南土。乃参广

---

① 《晋书》卷七十二，葛洪作"从祖玄"，方志作"元"，避清圣祖玄烨讳。康熙《罗定州志》作"从祖玄"，未避讳，不知何故。

州刺史，稽含军事。咸和初，于宝荐为散骑常侍，领大著作。洪固辞，闻交趾出丹砂，求为勾漏令。邓岳留，不听，去。洪乃入罗浮炼丹，优游闲养，著述不辍。自号抱朴子，因以名书。后忽与岳疏，云远行寻师，克期便发。日中兀然若睡而卒。出旧志。

【康熙《罗定州志》卷六"人物"】

仙翁岛即三洲岩。旧志，有仙翁庞眉皓首，或樵或渔，不知其姓氏。唐天宝三年春，进士李谨徽赴番禺任，泊三洲岸。时夜半月高，作歌吟声，有一渔父挐舟而来，长揖共饮。谓曰："世将乱矣，宜高尚云林以保天年。此去百年间中原六合为家，然后可图子孙之善福也。"言讫不见。宋一统天下，始知其言之验也。

【乾隆《德庆州志》卷一五"人物"】

晋王质，信安郡樵夫。一日入深山中，失路。见两童子对弈石上，质踞斧坐其旁观之。既而各出一物自啖，因遗质一颗，令啖之，状如枣核。局终，顾谓质曰："尔斧柯烂矣，可趋归。"遂辞去，行数十武，回视故处不可复识，惟见石壁上蔓草藤萝峭然万仞，惆怅而已。及归，子孙已十数世云。

按：省志谓王质事叠见浙志衢州烂柯山，以浙广并称越，而两山之名复同，故事亦并纪，然据《文献通考》称，王质信安人，岂信安二字亦有所类耶？梁登印识。

【康熙《高要县志》卷十八"仙释传"】

[唐] 文氏女。贞元三年，父母许嫁鲍生，樵山，毙于虎。文氏匍匐其丧，服哀三年，奉公姑甚谨。父母欲夺其志，竟潜遁贞山，居于绝巘巚，蓺蔗芋蕉竹以自给。亲党求之，莫知所在。贞元十七年，高秋九日，天气澄彻，俄有异云起山西南，遥望香霭间，幡幢管磬，拥一妇人而去，乃知文氏仙矣。乡人构祠其下祀之，曰贞烈祠。水旱祈祷，辄应。事载《广舆通志》。宋邑主簿陈公奉有记。

徐女，邑人未嫁而夫死，归奉舅姑。三年，父母欲他适，不从。遂遁于贞山之麓，日给以芋蕨，众觅之不得所在，人以为仙去，时闻钟磬声。天宝中有梁进樵于此山，见一巨钟悬于枣树之上，进撞之，声振山谷，意犹是钟也。归以告人，寻莫知其处。

【康熙二十七年《四会县志》卷十八"仙释"】

仙人迹。昔传有仙人笼一鹅至州南五十里村庄，名"尖岗"，求宿媪家。有说客善鸡鸣者，客闻，取石担挑鹅去。担折，遂坐于石，忽然不见。迄今石上脚迹宛然，详《山川志》。

刘姑迹。刘三姑，阳春人也，善歌。阳春白雪，调后化为仙。一日，至州南五十里龙清岩顶，咏唱数日，印迹石上，迄今尚存迹窟。岁中常产不稼之禾，数百年来仙灵不泯。

【康熙《罗定州志》卷一〇"古迹志"】

叶靖，明嘉靖间新兴西城人。学法江西龙虎山，尝为李登上疏天门，问终身事，载《太上感应篇图说》，颇足以示劝惩。靖墓在篛竹石桃埇。

法镇，姓梁，新兴十里村人。修真炼性。康熙四十七年，新邑二十四山群虎噬人，行者却步。法镇入山，搭篷诵经，虎皆屏迹。法镇募建伏虎庙及山顶茶庵，寻虎噬遗骨，并葬分水岭。

【乾隆《新兴县志》卷二十五"仙释志"】

葛仙。即葛庚。变姓名为白玉蟾，尝与弟子彭耜、张湛然、郑儒往来尧山。又传尝至云谷泉炼丹洗药，故其泉因号葛仙泉。至今其水清洌，秋冬不竭。

李仙。不知何许人，亦不传其名。龙坡山有巨石，宽平方整，上有足掌印。世传李仙炼丹鸡藤圃，功成行满，于此飞升，因留迹焉。

陈半仙。白坭。明万历时人。得异术，能辟邪治妖，取效异常。其术法如空中落飞鸟，彼手持剪，而他人头发及禽羽能令自断。书纸符念咒，符即自飞粘墙壁。纸船送殃，剑一挥，而船自远飞去。能取人物，辄还之以为戏。及身死，其子为道士，法术不传。

【嘉庆《三水县志》卷十六"神异"】

［唐］徐氏女仙，已详《列女篇》。人谓徐仙去后，山下时闻钟磬声。元宗天宝中，有梁进者樵于贞山，见一巨钟悬枣树上，进撞之，声振山谷，意所闻必是也。归以告人，同往寻之，莫知其处。文氏女仙亦详《列女篇》。

［宋］伏虎仙师，姓梁，名果，某都人未详，得道成仙。每入山取薪，夜则骑虎而归。尸解于乌石潭，有虎衔其尸置庵中，设祭一七。乡人四时奉祀维谨。今其肉身尚存。

按：此条据府志，谓广宁人。然其时未置广宁县，是四会人也，故补载。

　　[明]劳勋，某都人，未详。年二十二，妻殁，不再娶。乃学道教，遂精其术，治魔邪，符咒立应，言吉凶皆验。及卒，乡人往往遇于道，与语，无异生平。弟子私号曰"劳真人"。

　　　　　　　　　　　【光绪《四会县志》编九"古迹志·寺观"】

　　罗清，贞山都人。随父任江西巡检，因游武当山从师受法，遂能役使鬼神，验除妖魅。归途经英德某村，憩大树下，乡人急告之曰："树老中空，内有大蛇，常出食人，客宜速避。"清曰："若然，吾能除之。"于是书符诵咒，架柴烧树。根空入地，火不能到，乃召天雷击之，其祸永息。乡人立祠祀之。及旋里值本府求雨未得。清请曰："贫道能兴雷致雨。"祷祝未毕，雷□滂沱，四野沾足。其利物济人多类是，太守给冠带以旌之。以上仙道。

　　按：此条据《府志》修，府志但言其少往武当从师受法，而不言随父外任。今考明《选举篇》，贞山都罗姓无注任江西巡检者，武当又属湖广，不属江西，必有一误。《府志》又言今英德有罗公祠，即清，而不言祀清之故，殆即除蛇害事。而旧志误属江西欤？今改从《府志》，于事理为近。

　　　　　　　　　　【光绪《四会县志》编七"人物志·仙佛人物五"】

　　谭玉甑，号洞云，范州人。明嘉靖间学道武当山，道法大行，世人祈祷多获灵应。能祈雨泽，驱厉鬼。遇夜，出入阴兵拥卫。若天时亢旱，求玉甑为雨师。玉甑筑坛，布置方位，将竹笋击石笋，入石中，雷神激动，甘霖大降。当时，大学士方献夫家人病怪，请符于天师。师对使言，汝广东高明有道士，名玉甑，能行符令，归迎治之，自获清吉。后以礼延玉甑至，秉符安镇，疫病果痊，谢田石百亩，银百两。玉甑清介，力辞不受。后数年，玉甑子元正接衣钵，相传游雷州府五雷庙。见庙中桃熟，卜筊求神，筊粘梁上，遂与庙神各演神通。元正道法触应，至夜半，烈火大作，烧雷庙一角，屡修屡烧，乡人于是立玉甑父子像于庙左奉祀，庙始修复如旧。且雷、高二府，家家立像，奉玉甑不替，其显应如此。今道士凡建道坛，皆尊玉甑职衔，列玉甑真人位。今县城隍左厢附纪灵祠，供奉玉甑父子主牌，与刘猛将军并祀焉。

　　　　　　　　　　　【光绪《高明县志》卷十六"杂志"】

　　晋葛洪，字稚川，号抱朴。子尝游名山，过浛水县，览花石洞，遂居道士岩，觅丹砂，采金鹅蕊。至今丹灶中镌抱朴子字，水渍经久，隐隐尚存。按，《北流志》云：洪为勾漏令，尝于宝圭洞修炼成仙。《雍州志》云：洪闻交趾出丹砂，遂游雍，访罗山寺。修炼丹成，复游勾漏，历罗浮以去。苏子瞻《与王定国书》云：葛稚川求勾漏令，而竟于廉州。其说不一，姑并采之。

李子长，吐雅村人，工于诗画。遨游羊城间，放浪不羁，与新会陈白沙友善。及归，白沙送以诗云："春櫂去江门，沂流焉汲汲。点笔烟外山，归来看怀集。"又劝其谒张太守，诗云："不闻端别驾，敬士如子长。问道苍梧下，登歌刺史堂。"其后或往或来，踪迹奇幻，相传以为仙去。

余道人，不详名氏。家剑峰石下，自幼入道士岩，诵《黄庭经》，精巫术。尝用□咒、桃符治病立愈，祷雨、逐疫咸应。年九十余，一日午眠，无病而逝。洞南有梁姓者，同日暴病亦死。二日复生，家人惊诘其故，曰："昨遇红衣二人，缚至坛林。社公、社母骂曰：'向日戊祭未陈设，先盗肉食，拟杖一百，解鄷都。'值一官乘白骡来，金冠绣服，鼓吹仗跸甚肃，近视识是余道人。余问：'社公所执何为？'社公告以故，余曰：'愚民犯轻。'即命社公释回。"事在嘉靖间。

【民国《怀集县志》卷十"杂事志"】

（二）宫观

德庆

玄妙观。旧名天庆，去州东一百七十步。创始于宋，岁久倾颓。景定五年，郡人黎戎缘、知观何希重修。至正丁酉，郡人李质重修。洪武十六年，道正林可道于观创屋三间，为道正司。永乐七年，重修外门三间，两庑殿门如旧，寻坏。正统戊辰，道正丁道玄重修。成化三年，偕其徒陈洞辉鼎建法堂五间。

【嘉靖《德庆州志》卷十一"秩祀"】

元帝庙。在东厢登高山顶，万历四十六年建。
华光庙。在东厢登龙坊。
元帝庙。一在德学乡河口村，一在双河村，一在文德乡独木村。

【天启《封川县志》卷六"建置志二"】

元妙观、天庆观。在仁寿坊。以上俱废。

【天启《封川县志》卷二十二"杂事志"】

元妙观。在州治东一百七十步。旧在天庆，创于宋，后改文庙，今为城隍庙。

三元宫、文昌宫。俱在三元塔西畔，今废。

【康熙《德庆州志》卷六"建置"】

水月宫。七星岩。明崇祯九年，总督熊文灿因征东瓜寇，见斗真现护，巨魁尽歼，即建水月宫祀之，傍有熊公像。

真武殿。岩壁削立，此最高处，登眺者径从稍级其石，以纳足攀跻奇险，游极殊观。

玉皇殿。星岩绝顶。明万历四十六年，邑人潘昕建。雕梁刻柱皆石为之。壮丽轩耸，点染欲绝，登斯眺望，足快千古。

康王庙。府治东北隅，即道果无漏康真君也。宋绍兴间，郡守李麟建。今废。

太上老君庙。龙潭都。康熙二年建。

【康熙《高要县志》卷十九"外志"】

本州

元帝庙。在东门内，顺治间栋宇将圮，通邑官民佥谋重建。今用铁力木创大堂一间，柱棋栱极其严壮，两旁牵廊，前为屏障，为门楼三间，东为大士殿一间，俱肃穆华丽，中事元天上帝，左事文昌帝君，右事达摩祖师。

东安县

真武庙。即北楼，有香灯田二十二亩九分六厘，以上俱明万历五年知县萧元冈建。

玉皇宫、水府祠。俱在城东北，明万历二十年，知县郭濂捐俸起建。

西宁县

华光庙。在城南门内。

【雍正《罗定州志部汇考》"祠庙考"】

北山寺。在县后登高山麓。中为真武殿，右为观音堂。国朝平南王尚之信修。

废寺观、九元妙观、天庆观。俱在县西。

【道光《封川县志》卷九"古迹"】

水月宫，在七星岩。《岭海名胜记》。总督熊文灿招抚郑芝龙时，使芝龙与海寇刘香战，自言摩利支天菩萨现形空中，香因败灭，以为菩萨即为元女，乃范铜为像，倾资十余万，建宫报之，复自铸像其旁，崇祯九年也。府志。

碧霞宫，在屏风岩麓。郑一麟建，祀碧霞元君。国朝康熙三十二年，知府张至隆重修，寺左为张公祠。今废。

玉虚宫，在七星岩。隆庆间，知府熊俸建。隆庆六年碑。

【道光《高要县志》卷十五"古迹略"】

文昌庙。在东山上。雍正元年，知县阎宗衍建于城北。九年，知县张元方迁今地，并建魁阁于庙南。有记。道光十一年，知县温恭修。有记。

温恭：《重修东山文昌祠记》

予于道光乙丑来宰斯邑，凡学校、坛壝、城阙、道途以次修举，邑人士进曰："东山文昌祠敝弗肃矣，请亟图之。先是，雍正辛亥，前令张公元方规度形势，实祠祀焉。于是，叶君会时、际时兄弟相继登甲乙榜进士，横舍诸生蔚然振秀矣。越今辛卯，适际百年，于礼则宜，于时则可。盍藉此举以作士气乎？"余欣然捐俸，邑人助之，鸠工庀材，悉复旧制，祠南奎阁并式焕焉。落成之日，率诸生修祀如礼，乃肃而告诸生曰："封虽僻壤，自汉唐以来，陈长孙为楚庭经学之先，莫仲节为岭表大魁之始，王进士之孝义，苏光禄之忠烈，仰惟前哲，代有伟人。方今圣泽涵濡，山陬海澨，罔弗敦崇实行，砥砺前修。自今以往，愿诸生无因循，无泛涉，无囿于俗学，无局于小成，由学问而文章，由文章而道德，安见不与陈长孙、莫仲节诸公后先继美耶。"于是诸生弹冠而起，请记于石。是役也，学博林君梁暨、梁君汉蛟、贡生温目昭、蒙柽，及董事诸生与习劳焉，例得备书。

火神庙。即华光庙。在县东登龙坊。乾隆二十八年，奉行春秋致祭。

【道光《封川县志》卷二"建置"】

文昌宫，在县治东，详见学校志。嘉庆二十五年，绅衿区标宇送入永禄下五，下则税田六亩，土名建村、横冈等处，每造租谷五石四斗，为奉祀香油之用。

文昌阁，在县东文昌山顶，离城三里许，万历六年建，详见山川志。

【道光《东安县志》卷二"坛庙"】

北楼。在县治北。万历五年，知县萧元冈建。康熙十六年，知县黄道焜置田三亩，土名梯子岭。

文武二帝楼。在西门外数武。

玉皇殿。在城东。万历二十一年，知县郭濂建，置田二十六亩五分，土名九龙桥、大坑边等处。

北辰宫。在城东。北踞九星岩之顶，万历三十年，刘允来等建。

镇龙寺。在茶洞。万历年建，国朝嘉庆十三年重修，十七年增祀文昌。

【道光《东安县志》卷四"外纪"】

真武庙。在北楼上。张志。明万历间建于城东，后迁祀北城谯楼上。国朝顺治十六年改为庙，参将陈之都有记。乾隆五十一年修，教谕胡玑有记。道光五年重修，训导黄及锋有记。香火田八亩九分。采访册。里人捐置骝塘尾埌田六亩，深水塘何木根田九分，简策施入宝珠黄沙塘田二亩。一在南门外。郝《通志》。明万历二十五年建，国朝康熙二十四年、乾隆四十八年、嘉庆十六年三经重修。邑人廖日敬有记。一在城东一里内径，明代建，国朝乾隆十四年、五十年、嘉庆十三年屡加修葺。采访册。

华光庙。在南城内街。明万历五年建，国朝乾隆五十六年重修。香火田三亩五分。里人捐置，田在高埌坡白大塘尾。

【道光《西宁县志》卷五"建置下"】

真武庙，在北门内。明世宗嘉靖三十二年癸丑建，国朝文宗咸丰五年乙卯，筹卫局绅黄翰华等以庙祀水神，既位于北，不宜南向，拟改建未果。

医灵庙，在沙堤铺一甲。旧志谓在南门外，即此相传。国初自南门内迁此，宣宗道光十九年己亥重修。邑人李善元有记。

盖闻天有六气，降生五味，发为五声，五味养人之阴，五声养人之阳。食味别声，血气之所以和平也。然而淫则生六病，彼苍亦无可如何于是。古之帝皇乃为之医药而疗治之，使在天者虽有晦明风雨之愆，而在人者均无夭札疾疠之患，医之所系大矣哉。顾上古之医，皆由于圣，中古之医，亦通于神，而晚近之医，则徒泥于古。无论十全者无之，即失二失三者，亦罕觏焉。于是人不能尽托命于医，因不得不乞灵于古之神圣而庙貌立焉。邑有医灵大帝及华佗先师庙，在南门外，县志所载不详其创建之时，访之耆老云，旧在南门之内，国初始迁建于此。殿宇湫隘，历年复久，朽蠹堪虞。道光己亥，南门外之绅耆倡而重修之，撤其庙旁小屋，大其规模，高其闳闼，水拱山朝，旧观顿改，盖灵神于以永奠矣。抑尝论之，当世之庙，其为医而设者有药王大帝庙，有医灵大帝庙，有华佗先师庙。华佗生于汉末，人皆知之。二帝则未有能辨其时代者，尝考邃古之初，民皆鲜食，至燧人氏始为火食，而疾病亦因之而生。于是神农乃尝百草为民治病，则所谓药王大帝者，即炎帝神农氏之神也。又尝读《素问》《难经》，观黄帝与其臣岐伯、雷公所论列，备详针灸之法，然则所谓医灵大帝者，即黄帝轩辕氏之神也。帝丹成于鼎湖，骑龙上仙云施雨，行即金丹玉液之所，及世之乞灵而托命于斯者，亦固其所。是为记。

元真堂，旧志在社山都大鹜冈，南宋元嘉建建，祀真武北帝。明景帝景泰间重修，世宗嘉靖四十年辛酉增饰幽雅，为士人文会之所，《采访册》云即祐圣堂。国朝高宗乾隆二十四年己卯修，仁宗嘉庆六年辛酉修，邑人高超伦有记。

鸷冈之麓，旧有真武，创自前朝，沿于昭代。灵爽所昭，遐迩沾其眷祐，匪独一方之保障也。稽之旧碣，增修乾隆二十四年。岁逾三纪，渐就剥蚀，重阳之节，众议起而新之，于是诸方协应，共捐银四百余两，经始于嘉庆六年八月二十一日，迄是年十二月告成。虽规模如昔而轮奂有加，董事者信有力焉。余思□帝之宫，于今几遍寰宇，原其禀天乙之精而下降，成道飞升，位列坎垣，功司水德，神通显现无殊方。此地朱鸟分区，山辉渊媚，清淑所钟，固宜为其神灵之宅也。夫自来洞天福地，半属幽邃，宫虽去郭未遥，而嚣尘不到，外则古木拂檐，清阴覆地，内而高葵夹砌，黛色参天。时遇春秋佳日，亦足供游览之兴，又岂徒祷祈，克应为群伦植福已乎？以故捐题者之力与董事之勤，既于斯地而有光，自宜与堂而并寿。是为记。乾隆丙子科举人任大通、县知县高超伦撰。

按：元嘉乃宋文帝年号，当称刘宋，旧志人易误会。

元帝庙，在西沙铺，宣宗道光十六年丙申修。里人刘遵有记。

元帝之灵遍天地，而中州武当南崖为最显。壬午春，余过其地，遥望峰峦层叠，树木苍□，因公车急于赴都，未遑晋谒。旋里后，初吾乡元帝庙每嫌规模狭隘，欲合众重修而未果。丙申夏，乡之绅耆慨然兴作，或喜认，或签题，约得捐资数百两。既鸠工庀匠，鞭石抡材，将旧庙平基重造，益扩而大之，瓦面增宽，两桷、地面横阔尺余，中建香亭一座，旁又新建乡塾两进，朴斫焉，涂丹焉，越两月而告成。虽未敢与武当南崖媲美，而绥水前萦，贞山后拥，左右桑麻蔽野，嘉树成林，与画桷雕甍相掩映，亦吾乡一胜境也。庙既成矣，神之格思旗展七星，泽覃四境，家家获安宁之庆，人人蒙庇佑之恩，物阜民康，愈昌愈炽。余适自宁阳归里，欣逢盛举，爰述其缘起。凡公勤首事，乐劝芳名，俱宜勒贞珉，以垂不朽焉。例授文林郎辛巳恩科经魁拣选知县庙丁刘遵撰。

贞烈祠。亦曰仙女坛，或但称仙坛。旧志在贞山下，祀文氏贞仙。唐德宗贞元十七年辛巳建，即太宗贞观元年丁亥所建妙虚宫故址也。有宋高宗绍兴三年癸丑主簿陈公奉碑记①。

国朝文宗咸丰间兵燹后，乡人会有小修。今上光绪十一年乙酉五月，淫雨暴风，祠垣多有坍毁。十六年庚寅，里人梁相槐等劝捐集款，更向大修，添建文武宫于祠左，后建观音阁，楼下追祀贞仙父母。十七年辛卯落成，规模轮奂，视旧有加。邑人吴大猷有记。

文氏贞仙之为灵，昭昭矣。贞仙祠，则故妙虚宫地。妙虚宫建于唐贞观元年，阅一百七十年，而文氏仙去，乡人因即其故址建祠祀焉。自是以来，屡有修改，迨咸丰十年

---

① 陈公奉文不录，见康熙二十七年《四会县志》卷二〇"艺文"。

兵燹之后，不无毁坏，然民困未苏，稍加葺治而已。至光绪十一年，淫雨连旬，墙壁倾剥，乡绅耆议重修，而取决于贞仙，许以十六年，吉灵筊投，如相告语矣。十五年九月九日，当贞仙飞升之期，四铺绅民齐集庆祝，遂相与相厥，阴阳并参，以群山拱卫，佥谓："旧向不得宜，改坐向为庚甲寅寅，较道光十年以前之坤艮未丑，十年以后之坤艮申寅为优。"皆出于贞仙签筊之所昭示者。于是卜日购材，筑基度地，斯飞斯革，美奂美轮，规模改观，神安人悦。咸啧啧称："非贞仙之灵，不能使远近之人咸乐欣助，以成此尽美尽善之隆规也。"先是祠制止两楹，中祀贞仙，而添祀文帝武帝于左楹，祀观世音菩萨于右楹，男女杂坐，尊卑失次。今祠外别建文武宫以祀二帝，祠中祀贞仙，祠后添建一楼，以祀观世音，楼下追祀贞仙父母。祠左右厢房以为夹辅者，扩通两巷，而祀事咸宜，祠制亦大备。非徒以昭肃穆壮观瞻，诚以春秋祈报，绅庶咸集，礼仪卒度宜有所退息，受胙醵饮必事乎庖厨。凡此皆不可以不豫，今而后乃可以无憾也。然而旧贯不仍，有同创造，计自经始以迄落成，所费不赀，事将奚集。不意自本邑以至别县，自中国以及外洋，凡绅商士庶，无不踊跃题捐，共结福缘，同襄美举，使非贞仙之灵实有以深感乎人心，夫岂口舌之所得而强也耶？所尤异者，当值理梁相槐，偕住僧锦往南洋各埠劝捐，归时轮船内火水失慎，众心惊惶，相槐仰天呼贞仙默佑，心忽警悟，呼取洋毯盖之可灭，同船老妇应声云"我有毯"，遂取毯蘸水掩灭之，谓非贞仙之灵，有以牖其衷而假手于老妇人，以救此数百生灵之性命不得也。贞仙当光绪初年已受敕封为惠泽，圣恩远逮，庙貌重新，灵感弥彰，如响斯应紧，岂惟四铺实受其福，其将遍德于群黎百姓也夫。光绪十七年十一月吉日立。

【光绪《四会县志》编二"建置志"】

金龄观，在城东一里登云街。元顺宗至正二年壬午建。明宪宗成化十五年己亥修。训导林□□有记。国朝仁宗嘉庆十年乙丑重修，邑人高超伦有记。观西有观音堂，今上光绪二十一年乙未添建客堂于观音堂侧。

【光绪《四会县志》编九"古迹志·寺观"】

玉虚宫，在古迹村侧，建自明代。清康熙十九年，悍匪马白虎伙党数百，向古迹村勒索银数千元，若不允期，以正月十三日，将该村洗劫。村人惊骇，因集众拒贼。先到该庙谒神，倘获匪退，许以每年是日报赛，并往郡城请兵。邑令委前充罗定协守备陈明会兵合剿，贼知不敌，相率逃窜，自是不复骚扰。至今正月十三日，村人贺诞，以赛神休。采访册。

元妙观，在城西一里。宋绍兴间建。通志。

元真观，在城西圭顶山。

应元宫，在城西圭顶山。康熙五十五年，道士陈通源募建。

云龙观，在新江靖安堡云龙山东北。先是，有道上谭宗兴者由罗浮回，于同治十二年募建。光绪二十二年，其弟子简诚歆复于观后，增设玉皇殿两座，香火称盛。

【民国二十七年《高要县志》卷六"营建篇一"】

何真人庙，在桃溪村左。乾隆初，以开元庙改建。光绪三年重修。神，本村人，姓何，名国祥，生明嘉靖间。父官长沙府经历，省亲于楚，从异人受秘箓，能呼召风雨，劾禁邪魅，乡人祀之。彭泰来撰庙碑。俱同上。

【民国二十七年《高要县志》卷六"营建篇一"】

道教起于周末之老聃，作《道德经》，世称道家，而不以教名也。自东汉张道陵以符箓禁咒之法行世，其子衡、孙鲁相继遵行其道，鲁并于汉中立鬼道教以教民。北魏寇谦之奉老聃为教祖，张道陵为大宗，而道教之名始立，入唐乃盛行。及宋张君房编《云笈七签》，而道教又有上乘、中乘、下乘之说，或又谓之大乘、中乘、小乘，此则已非专奉老聃为教祖矣。后世所奉行之道教更多参杂多神的魔术与魔儿学，对于各种自然势力谓各有专神，如天堂地狱、风雷日月、山岳江河、水火动植及人身各部器官，乃至美恶战争、疾病生死，凡事物之所以知觉认别者，莫不有神，此庙宇淫祀所由多也。奉教者每设道院供神，但一院中固不能完备此种种神像，而各地方又有各地方之神，故所祀之神像，复自不同。大多数道院简陋污浊，驻院道士除修饰神像外，客来参神则为之击钟磬，或应人邀请施术画符而已，流于职业藉以谋生，离道家主旨愈远矣。

本县道教由来已久，虽莫追其源，而立庙设院供奉诸神，大抵如是。降及现代，神权衰落，庙观日毁，道教益见陵夷，道院之稍具规模者，莫之能举。其所散见于乡村城市者，每为男巫私设，与家庭相混，不具庄严，只于厅堂供奉三清，悬元始天尊、太上道君、太上老君画像。出为人家作法事者，亦悬此传授教徒，即不如基督教之在公设教堂洗礼，亦不如佛教之赴鼎湖山寺受戒，只于其院中举行。隆重之者或受贺设筵，大施法术以示其荣，否则礼神拜师受戒而已。顾其道义日晦，教虽式微，而信神之风俗仍普遍。一宅之内，天有天神，地有地主，门有门官，灶有灶君，其神厅并奉观音菩萨、财帛星君、华光大帝、金花夫人者更无论矣，甚至井头、床头、牛栏莫不安神祀之，建宅、入伙、殡葬、祔祀又莫不延巫神拜之。女人之信道者称道姑，立斋堂或食长斋，又称斋娘，多为独身或寡妇者。凡此种种迷信，咸当破除。而教育未普，科学未昌，民智未开，习俗未改，德治未敷，法治未立，神道立自有其自然的存在与功用，此识者所由倡言加强国民教育之发展也。兹将道观列表如下：

名称	所在地	道士数	奉祀	备考
元真观	城西圭顶山			
应元宫	城西圭顶山			清康熙五十五年，道士陈通源募建
云龙观	一区靖安云龙山		吕祖	清同治十二年，道士谭宗兴募建。光绪二十二年，其弟子简诚欵又于观后增设玉皇殿
洞天观	一区莲塘神符岩		吕祖	

【民国三十七年《高要县志》卷十六"宗教第十一"】

云龙观。在三堡乡云龙山之麓，前清缁流谭宗兴于半山磊石成屋，结茅为篱，奉所谓吕祖者而师之。后当地人募资建观，前清两广总督瑞麟题额。每遇春秋佳日，游人甚盛。入民国后，其风始衰。日敌祸启，曾以羁系罪囚焉。

元直观。民国十八年，县长覃元超重修，并修应元宫。

兴元宫。在元魁塔旁。清季设树德学堂。民国初，改第一区立第九初级小学校，又改渡头初级小学校。卅一年，附设农林部淡水鱼养殖场珠江第二工作站，今县田粮收纳仓设此焉。

【民国三十七年《高要县志》卷十七"营建第十二"】

（三）著述

仙释之说何昉乎？自徐市入海访药三神山，明帝遣使身毒得其书，及沙门以来，而浮屠、黄老之书几遍天下。始皇、孝武皆殚万乘之力，竭蹶求之，终其身无成效，其既也，卒以身殉。由是观之，仙释顾可言乎？然古之谓仙释，若鲍靓、葛洪、嵩头陀、智药，往籍所称其人若行，盖亦有足多者。他如文女、达岸僧、石头俱端产，为端人皆能言之，则又何以称耶？夫谓仙释可求，一如耕之于食，织之于衣，可取携得焉，不可也。谓仙释必不可求，求之皆足以至祸败，如秦皇、汉武，则又不可谓其惩羹而吹齑也。言仙释者，言其诚能仙释而已。秦皇、汉武所谓火宅，非仙释也。

用为之志。梁登印识。

【康熙《高要县志》卷十八"仙释传"】

熊文灿：《鼎建星岩佛殿菩萨宫碑记》①

记者何？纪也。曷言乎纪？神弗赫弗纪，事弗殊弗纪，事弗异弗纪，缘弗奇弗纪也。若夫岩石巑岏，峒门窅遂，前乎此者有纪，后乎此者有纪矣。

端溪来自象郡，西尽日南、九真，东尽黄木瀚海，两粤开府在焉。崇祯壬申，余奉玺书总督百粤之师，始闻星岩而向之，既登星岩而喜之，则见有若龙偃者，有若虎踞者，竣者、削者、劈者、鼎者，异莫胜纪。最异者，斑如七星。夫繁星于七者何？紫薇之间，玑衡布焉。丽乎天者，下峙乎地，人介然中处，经纬天地，其转枢也。余向者取道陈州，习礼斗一法，力行越有年所，至端，栖斗真于层楼，北瞰七星，近瞻列像，而赅七窍，敬而体之，渊尔合之，进乎道矣。比简释藏，有么利支天之文云："行日月前，救刀兵难。"然则摩利之与斗姥，殊名而一实。追忆乙亥平香贼于田尾，盖四月八日也。是日感菩萨降于所栖室，人谛瞩惊而迹之，变现莫测。余于是益钦佛、菩萨拯兹一方汤火也，而衽席之幽微也，而昭显之神厥章矣，事厥瑰矣。惟缘者何？乙亥之冬，余与宪副曾化龙偶游于岩，见有颓垣故址，业茂草鞠之。从者云："此旧水月宫也。"余划然有会于《斗经》"众水一月，众月一光"之旨，及永嘉觉"一切水月一月摄，我性尝共如来合"之言，时即因旧基扩而新之，辟地数亩，建楹数十，为圣寿申祝釐。余遂捐资采铜，中铸摩利支金像，配二天女，则岭西曾宪副洎高要县令张源思分厥任，后铸释迦文佛、饮光、阿难、韦陀、坚牢配焉，菩萨势至居中以面北，前铸斗姥圣德巨光天后，北斗七星、南极一星配焉。背负巉壁，面临澄湖，左右筑二堰蓄雨，洼水中莳莲花，堰上植松榕，行树错落，桥梁吞吐，江光山色，以此妥佛、菩萨。庶几阐心力，亦罔有弗虔矣。

是役也，一念之触，成兹巨观。《楞严》所云"想澄成国土"，良匪虚语。顾得文武诸公襄赞庶事，百工用命，乃有今日。余自念生平诵孔孟书，佩忠恕训，小心敏事，祗求康国庇民，邀神威力，非止一端，其必始终佑翼敉宁万方，以固圣天子亿万丕丕基，敢不庄纪其异乎？然则神之赫，事之殊，讵不会归于缘耶？后之君子览斯记者，幸鉴余衷，悯余勤，共坚信心，同护大法，以迓神庥于无极。是为记。

【康熙《高要县志》卷二十五"艺文志五"】

---

① （民国二十七年）《高要县志》收入此文，题为《水月宫记》。文字略有不同。

何吾驺：《鼎建星岩如来殿水月宫斗真宫记》

制府熊公，督府两粤，前后丰功孔多，而坐平香寇，海上为特奇，凯奏粤人，罔不歌颂。公曰："是圣天子神武力也。"既而曰："是神明默祐，以光扶社稷也。"盖公仕于齐，于闽，于我两粤，尝就衙斋崇奉释迦牟尼佛、摩利支天菩萨、斗真天后，敬共孚格阅十余年矣。方歼厥逆香之日，大士式临于幕府，慈光欲语，姣好绝世，仰谛焚香，稽首良久，云雾褐遮，旋乃不知神所往。后公以所现仪像，上循飞甍，下逮阁道，考之实丈六金身也。公仰而思，俯而叹，慈悲护世，吉凶同患，乃至戎马疆场，莫不默相，天光云气，所在布满□，寸地晷刻，非佛力所及，祈以彰往范来。崧台旧有，星岩胜概，玉虚金阁何异祗林？给孤筮诚，鸠工庀材，鼎建如来殿，水月、斗真二宫，仿佛威仪，金光焕烂，遂为岭南第一梵刹，诸大夫国人莫不钦公之事神敬也。

乃不佞驺曰："公之事君，忠也，公奉上命督抚岭以南，其可为地方绥靖者，至于心手俱瘏而不恤，乃巨凶啸嗷，赤□窃发，一时挞伐，未遽肃清，人之力竭矣，而且七日斋十日戒，告于神明曰：'奚以庸我为朝廷灭此朝食也。'曰：'倘神不惠迪我，烽火燎原，奚以生为？'噫！乾乾惕若，邀于神听，以终王事，孰有忠于此者乎？"以满朝推毂，圣主知公，晋陟大司马，总督五藩，核饷饬徒，以俟公至，再阐凤昔，或抚或擒，十万鲸鲵，一翻时雨，先声所到，唾手可定，于惟神灵，公之所至，神若往焉。星岩之上，有如来殿，水月宫，斗真宫，秦楚魏晋之墟，何处非星岩，即何处非如来，非水月，非斗真。郧阳所总理，新镇犹然崧台石室也。

盖公尝访余于榄山，笑言三宿，余报谒辕门，贺公新命。公逆于峡口，与游览沥湖石室诸胜，又凡数日，无不为余诵佛功德，所以引渡甚切。既而趋陟佛前，礼拜妙庄，心景俱肃，仰谛华严，环瞩楯楔，又以知公之报神不邀小也。公生有佛性，历仕皆杀贼地方，非杀贼也，欲以安四方，报圣主，圆满本来，非剿荡无由耳。天之界公，神之冥应，岂其微哉？

忆不佞于海岛饯公，时海上数帆若飞，则蕉园抚目伺接也。公偕余坐舟中，抚目环跽楔下，若尝儿女。公举馔饲之，欢呼叩谢。公皆能呼其名，曰若某某等，若干人皆定解□犯也。方在佛前焚香文，至忽转一念，急出细询之，都非真贼。汝等载生，亦知杀贼报效乎？皆相率举前功次以应。若然者，皆公功德也，皆如来、水月、斗真功德也，永永不朽矣。余既为公受简，此一段佳话，宜附以传。公载酒张筵，别余江下。惟兹初地，护法宜严，僧徒戒律，毋失不肖。驺鼓舞于公之忠之诚，请以身肩之曰"靡有肤发惟佛力"。是祝。

【康熙《高要县志》卷二十五"艺文志五"】

谭桓曰：圣治崇大正，禁诡异。故尊经服道、立教中庸与仙释似不相谋，而明心见性之说又与吾道不甚相远也。仙则服炼为功，功德为本，释则明因果而劝行善，是皆有以助至治而弼圣教者，非诡秘以为术也。德庆洲岩佛迹有仙释之遗，闻今犹可考也。存《仙释志》。

晋葛洪，字稚川，丹阳句容人也。少好学，寡欲，无所爱玩。究览坟籍，尤好神仙导养之法，从祖元学道得仙，以其术授弟子郑隐，洪就隐学，悉得其法焉。又以师事南海太守鲍元，元亦内学，见洪，深重之，以女妻洪。太安中为将兵都尉，攻石冰，冰平，洪不论功赏己，欲避地南上，乃参广州刺史，稽含军事。咸和初，于宝荐为散骑常侍，领大著作，洪固辞。闻交趾出丹砂，求为勾漏令，遂将子侄俱行至广州。刺史郑岳留，不听，去。洪乃至罗浮炼丹，优游闲养，著述不辍。自号抱朴子，因以名书。后忽与岳疏，云远行寻师，克期便发。日中兀然若睡而卒。旧志则云，洪从罗浮至德庆，遍游名山，乃于晋康乡儒林富禄里峒心社山作丹灶炼药，种踯躅花，遗迹尚存。《一统志》有葛仙园，在社山顶。今属东安。《晋史》、旧志。

【康熙《德庆州志》卷八"人物"】

张国经：《牛石仙踪》

仙子何年此共游？危冈片石踞青牛。出关应代犹龙步，接汉常连织女浮。野鸟去来云不碍，松花开落水长流。凭高更尽探奇兴，尚有残棋著未休。上有棋局。

【康熙《罗定州志》卷八"艺文志"】

陈公奉：《贞烈祠记》

自仙羊而上入绥水六十里为四会，逾水之二里近西南峰，林峦蔚然而秀，崇冈突下，四望平远，是为贞山烈女祠。旧记："唐贞观元年，建妙虚宫，岁久为湮没。一百六十年，实贞元三年，有女文氏，父母已许鲍生，未字，生樵山，毙于虎。文氏匍匐赴其丧，服哀三年，事公姑甚谨，因而憾怆。忽然归遁于山之阴，不与世接，影响冥邈，人莫知所在。贞元十七年高秋九日，天气清彻，俄有异云起西南方，幡幢管磬，拥一妇人于香霭间，始知文氏仙去。今升仙坛具存，其下为祠，晨香昔灯，岁时不懈。遇大旱祈祷，罔不昭答。"公奉到官数月，春向涘不雨，令尹陈侯希默相率拜祠下，佥曰："兹祠尚矣，旧记不足以传远，请更而镌诸石。"令尹举手见属。越翌日，雨大作，乃笑相谓："烈女之意，欲遂成斯文乎。"予谓："前辈罕言神仙事，以世所传者，多幻而近诬。今文氏纯介之行，表见于世，其识不凡，其神不死，英灵精爽，实与天通。距今数百年而惠泽一方，显应如是，岂可湮没也哉。"因载其实，与此山共传。绍兴三年四月一日。

【康熙二十七年《四会县志》卷二〇"艺文"】

《重修金龄观记》①

肇庆府四会县儒学训导三山林□□、□赐进士奉政大夫刑部郎中李牧书、□赐进士中顺大夫福建兴化府知府刘澄篆额庆之。四会，乃古绥也。山川阛阓，文物魁梧；灵踪胜迹，远迩相□。至人异士，后先迭见。如扶卢之六祖庵，贞山之烈女祠，阮梁二□肉相遗传于柑榄，隆复迨今犹存者，斯固一方之胜异也。城之东隅普济桥仅里许，乡曰"社山"，鸡犬相闻、烟火云兴者，不知几十百家；车辙辐辏、接踵鳞集者不知几千万众。诗书侈邹鲁之风，衣冠半朱紫之胄。龙山峙其东，城堡障其西，突然前迎。浮瑞光于三岛，列翠黛于上方者，□□□其□□巍然后拥，俯而踞翼而趋者，凤翔岗其脉也。龙水萦回，金鸡拱会。涵脉络而不露，据形胜而中处者，金龄观其居焉。是乃前□□□□□□三清之界，恭祝万寿之域，尤众灵之钟萃，而四会之特胜也。肇自宋元之□，历至我朝，盖亦有年矣。第以岁月，深久风雨。陵夷沦没，而为居人之所侵据者，又不知几年于兹？呜呼！隆则有替，否而复泰。

成化纪元之九年癸巳岁，前大尹王侯华宰邑之暇，因阅志书，惜故基之久废，发善念以兴，复疏命乡之耆彦蔡庸等，纠集善缘，共成胜事者，金谋既协，众志俱崇。维时金木效艺，土石供工。是年冬十一月庚申之吉，殿堂屹立，美轮奂之，一新栏砌，相当宏规模于永久。绘采饰以庄严，仗威仪而壮观。金身玉相，光腾奎壁之星辰；暮鼓朝钟，响应谯楼之刻漏。祈恩有地，祝圣瞻天。士庶时蒙左右，城堡永赖骈幪。信夫，真淑之气，毓于山川，灵于神而福于人也。越五载，戊戌秋，门庭整饬，善事期成，适今二尹周侯如章莅政之初年也。侯于巡省之余，因睹善事之集，属诸耆老谕之曰："后之视今。亦犹今之视昔也。功成不纪，何以述前而道后？尔辈盍征一言，以垂不朽。"遂以余忝预斯文之末，命状属文，以志其事。予窃观此一事，虽王侯之志。善始于前，非周侯之举，曷传于后？孟子曰：

---

① 标题为编者所加。

"君子创业垂统。"王侯以之。孔子曰:"君子成人之美。"周侯以之。而诸耆彦之从善敏德,其草上之风欤?且周侯自下车以来,兴利除害,三载之间,政通人和,百废俱兴,盖有待于云霄秉笔,大其发挥,而为观风者采兹,固不敢以轻及也。但承蔡庸等所述,命状案志,以考斯观之立,名迹虽存,而沿革则缺,实无从征。遂据状述道其山川形势之胜,文物钟灵之盛,与今日兴立颠末之由,俾镌于石,庶衍二侯功德、诸君众善之传,期与斯观相为悠久,未知可否之何如?佥曰:"可。"请为铭焉,铭曰:

瞻彼金龄,山岳效灵。钟奇挹胜,浑然天成。瞻彼金龄,浑然天成。真灵不灭,废而复兴。瞻彼所龄,废而复兴。斯人之蔽,至道之精。瞻彼金龄,至道之精。天长地久,翊我皇明。瞻彼金龄,翊我皇明。山河巩固,海宇清宁。瞻彼金龄,海宇清宁。风调雨顺,泽利斯民。瞻彼金龄,泽利斯民。春秋享祀,磨而不磷。瞻彼金龄,磨而不磷。建隆功德,福祉齐铭。

大明成化十五年,岁次己亥仲冬月吉旦。

【光绪《四会县志》编九"古迹志·寺观"】

高记:会之为邑,向乏黄冠之士,道院亦止金龄观一区。其住持者,又缁流也。夫幽谷无私有至斯响,洪钟虚受,无来不应。观之肇造,莫溯其由。旧碑亦云:按志以稽名,迹虽存而沿革则缺。

相传,以为旧在清塘之山背乡,其后观前石狮夜半飞出此地,因改建焉。此固有类谬悠之言,难于征信。要其为桥东庙边二铺,香火遥及山背、白土二坊。想其灵迹,所钟有自来矣。其地密迩东城,比屋云连,廛居鳞萃,乃阖邑往来孔道。前明祝圣于斯,我朝又以为有司宣讲上谕之所。释子借是以薰修,诸方于焉而仰止。其所观示,不亦巨哉?粤自成化兴修以后,人借其荫者历年。

嘉庆乙丑,六坊人士与客斯地者,以其岁月滋深,渐防剥蚀,相与捐赀,协力起而新之,以是年之冬告竣。虽规模如旧,而轮奂有加,匪用侈夫美观,因以酬贶也。观内有殿有堂,裒明神而合漠。以三清为主录尊故,颜之曰"金龄",毋亦所谓历千劫而不古,运百福而长今者耶?且夫六合之外,存而不论,六合之内,论而不议。三清之境,其六合之外欤?其六合之内欤?经云:"无名天地之始,有名万物之母。"兹而溯源天地之始于无名者,而为之名,其有常名欤?配之以三元,所司者人间灾福之事。欲无为之教,是同是异?可知秘笈琅函,无外觉世之意,要以栖神淡泊,息迹尘劳。惟恍惟惚,莫系于去来。不皎不昧,复归于无物。当时集福道场,授受宗旨,谅不出此紫府丹丘。夫何远之有?若夫夭寿不贰,修身以俟之,则请反而求之吾孔孟之说。时嘉庆十年，岁次乙丑吉旦。

按：吾邑观名，仅见此。然僧奉香火耳，无道士也。

【光绪《四会县志》编九"古迹志·寺观"】

飞来寺在仙村内，因北帝飞剑至仙村圣塘冈，降伏小童，能言祸福，故众建寺于冈顶，扁曰飞来。

邑人张其典记：我乡飞来寺肸蚃最着，佳辰令节，远迩之祈者、赛者趾相错也。前人之述详矣，客有问于予曰，昔摄摩腾由西域以白马驮经来，初止鸿胪寺，遂创立白马寺，寺之名所由昉乎？是寺以礼佛也，兹并以事神者何？予应之曰，广修善果，佛教也；福善祸淫，神道也。湛恩汪泧，惠济群生，神与佛一理也。且夫心无私者能礼佛，亦心无私者能事神人，苟乐善不倦，素行无亏，将本诚敬之心以相感格，则佛与神必默为呵护，而胥锡以福，何者？心无愧怍，以善契善，感之者捷也。不然，机械变诈，心不善而欲邀福，神与佛其吐之矣。是则礼佛与事神均此，无私之心以周流无间，同受骈蕃，即同报以馨香，此昔之人所以合而祀之，历久而不渝也，而又何疑焉！寺创于何代，不可考。顾自嘉庆丙子重修后，维有历年，而咸丰甲寅己未间迭遭兵燹，乡邻赤地无余，惟斯寺如鲁灵光殿，岿然独存，其为灵昭昭也。但风雨剥蚀，日光穿漏，久欲修而无资。爰议积会为之备，佥曰可。丙子冬会既竣，遂鸠工庀材，共襄厥事，攸除攸去，轮焉奂焉，而佛祖庄严，神灵肃穆，咸藉樾荫于无穷矣。是役也，除用旧砖石、瓦木外，计费银肆百两有奇，会积赢余三百两，益以捐题，足其数。落成，诸父老邮书属记于予，予秉铎新会，公余之暇，因纪其略，并会友捐题芳名，勒贞珉以垂不朽。

【光绪《高明县志》卷十六"杂志·寺观"】

李盘曰：从古灵境以仙佛得名，如鹿野、鸡园、方壶、员峤，虽非尘迹所经，人人隐存心目。怀仅粤右一区，而仙佛之踪并在。瞻上爱之岭，掬石井之泉，忆六祖曾携钵锡。入花石洞觅道士岩，恍惚稚川真人往来于其间。怀之灵秀，岂惟科第而已哉？余官于岭南，得涉曹溪一水，乃逢怀则止。六祖之岩井，近在邑中。葛稚川生于勾曲，令勾漏而游浈水。余亦勾曲人，今且治浈水，而邻勾漏。至若鸟焚僧天助茶毗，李子长往还自任，余道人蝉蜕午眠，事非荒唐，时非久远。抚今怀古，神仙令欤，宰官禅欤，愧余有愿而未逮也。

【民国《怀集县志》卷十"杂事志"】

彭泰来：《何真人庙碑》

上古圣人赞天地之化育，知幽明之故，鬼、神与人各有秩序，咸受厥职，以劝其民无越典常，若教养不又于有位，则六宗、四望、七祀、八蜡，与民义不属，于是别有灵威，胚蚃用物，精以接民气，民无所控告而祈报归之，故鬼神之德与人事为今古。何真人者，讳国祥，高要桃溪人，生明嘉靖间。父官长沙府经历，真人省亲于楚，从异人受秘箓，能呼召风雨，劾禁邪魅。同尘晦迹，家居解化。国朝乾隆初，乃立庙，肖像祀于其乡。先是，乡之人奉其粟主疑于称梦，真人示以雷坛正教之号。明世庙曰雷坛，设于宫禁，方士幅凑取富贵为奸利。真人生其时，习其教，独能葆光镇朴，□神家巷。庶几老氏之希夷者耶？真人不取无嗣，庙祀以后灵贶响集。何氏聚族而居者万指，亲同高曾，礼视土谷，灾袄疾疫，罔不由辟。道光十年秋，大旱，祷于庙，炉烟未收，云簇雨沛，岁以大熟。十五年春，又旱。夏，飞蝗从西来卵育，近乡诸山捕两月不绝。一日蔽空下苗，数亩立尽。众□惧共□。嘉庆五年，田生蚜蚧儿，真人像行阡陌，虫逐灭，乃迎像。甫及野，蝗骤退，一夕尽抱村树死。老弱走视，吐舌额手，而山间蝗亦绝。十九年夏，大水自四月至于六月，堤防如悬发。七年中，六御水，无是大且久者，众力竭□□□于是，县境大半成巨浸。桃溪堤最险，卒以完水退。乡士大夫以为真人□灵，雨□□浃微显。百年以来，阙于纪载，举其近而著者，请书之石。余惟古之传五行者，率附会不可信。然证之于事而准，即不可谓妄。汉志以蠡□生为贪利虐取之应，唐志取材过度则金不节而水溢，若梁书称旱母者，□才吏所至赤地莫知其由。或严亢之气与蕴隆相感，才而亢，尚致旱，不才而亢，当生百殃。人致之，神弭之；致之一方，而弭之一乡。弭之者，亦劳矣。圣人明命鬼神以为黔首，则鬼神满天地，而真人汲汲攘患于州里，谁实劳之？书所闻，俾来者考岁月焉。君子平其政，则阴阳和。风雨时，妖孽不兴，人遂其而生，而真人可以无为，自化清净。自正铭曰：

八字□却，五星印符，瑶坛受箓。石室采书，道品惟三，道流惟五，冥茫上界，□□官府。于惟真人，为庆世生。虽署□券，不居赤明。三百年间，诵说万口，葛元漱饭，□巴□酒。昔抱朴语，终似□仁。真人惟仁，以仙以神。以仙道升，以神道教，阴阳轨躅，桑梓庙貌，父德母□，何亲和掩，无情有情，眷兹里间。玉庙金瑶，灵泉邃宇，麾呵毒疠，宣节赐尔，双凫召波，飞凤食蝗，人不流亡，真人在乡。石叱古峡，铭书少霞，溪水桃花，真人之家。

【民国二十七年《高要县志》卷六"营建篇一"】

五 其他宗教

西方宗教在广东西江地区的传播以天主教和耶稣教为最多。广东西江地区是天主教利玛窦东来传教第一站，但清前期方志中不见记载，康熙年间又有禁教令，后期所修方志更难见踪影。海禁大开后，西方传教士进入中国内地的越来越多，民国肇庆地区的方志对此有所记载。清代就有回族人士应召赴肇庆一带作战，就地编籍为民，主要居住在肇庆城的西、东门一带。当地是规模仅次于广州地区的第二个回族穆斯林聚居地。

（一）基督教[①]

耶苏教。光绪十三年，美国长老会教士谭约瑟初来传教，先在城内县前街租铺设立教堂，兼赠医药。越二年，购东城外郊邓家园创建医室。时风气未开，土人以种教不同之故，麇居汹汹，愤将该医室焚毁。谭约瑟仓皇奔入厅署，厅主佘培轩素得民，亲出弹压，始息。未几，谭约瑟返国，由该国人别安德接理教务，复购镇前街牛角巷民宅，改建医馆。二十年，因与土人龃龉，复被蹂躏，官绅就地交涉，赔偿了结。未几，别安德返国，由该国人马华盛接理。同时，该国医生都信德亦来江，在东城外购筑化民博济医院。越数年，马华盛返国，由该国人毕嘉罗接理。三十一年，在城内租设男学堂，在牛角巷医馆设女学堂。是时，该国纲纪慎会教士喜嘉理亦来传教，在华龙、大沟、合山、田畔、那龙、河冈等处设立教堂，后归并长老会管理。三十三年，在城内青云路购筑礼拜堂，前后所设教堂共十九处，一在城内青云路，一在城外七闸，一在华龙墟，一在雅韶墟，一在大沟墟，一在北惯墟，一在合山墟，一在那龙墟，一在河冈墟，一在埠场墟，一在平冈墟，一在闸坡澳，一在白蒲墟，一在织篢墟，一在沙扒澳，一在儒峒墟，一在新墟，一在双捷

[①] 方志中多称为"耶苏教""耶稣教"。

墟，一在第八墟。男女信教者约共千余人。采访册。

【民国《阳江县志》卷十二"建置志五·宗教"】

  基督教天主堂。一在赤磡龙口里，一在鲤鱼塘，一在那甘村，一在上郭村，一在高园村，一在下黎村，一在赤磡连科里，一在信德里，一在横冈村，一在里仁坊，一在清溪里，一在羊路冈，一在北降村，以上据乡土史，均建于光绪宣统间。一在赤磡市塘底街，民国五年建。访册。
  基督教福音堂。一在县城，一在长沙市，一在长沙塘，一在马冈市，一在四九市，一在鹤洲市，一在赤水市，一在赤磡市东埠，一在赤磡市上埠，一在蚬冈市，一在锦湖市，一在水口市，一在月山市，一在径口洞龙美村，一在赤磡龙背村，一在百合市，以上据乡土史，均建于光绪宣统间。一在赤磡牛墟，民国十一年建。访册。一在杜冈市。民国七年建。访册。
  按：右列教堂三十二所，建于光宣间者十之九，自光绪二十三年法兰西教士巍畅茂来邑主持教务，知县郭占熊遇事应其所求，教民乘之，竞建会所，以聚徒侣，迄于宣统，才十五年间，教堂遂遍于市乡，入民国后，崇信者渐稀，新建之堂亦寥寥矣。观此足以窥邑人趋向之一斑。

【民国《开平县志》卷九"建置略三·教堂"】

  耶苏教堂。一在城较场尾，一在圣堂墟，一在君堂墟，一在船角墟，一在牛江渡墟，一在沙湖新墟，一在那吉墟，一在横陂墟，一在荫底墟，一在邑城猪仔行，一在湾弓村，一在东成墟，一在杨桥旧墟，一在金鸡墟，一在赤水墟。
  天主教堂。在恩城油榨行。

【民国《恩平县志》卷七"建置二·教堂"】

  中华基督教约老会，在县治都城硕人冈，为美国耶教徒传教之所，光绪季年建设。
  福音堂，亦名耶稣教堂，在县治连滩四甲尾泰安街，美国教徒于光绪三十年建设。
  按：道咸以后，耶稣教传入内地，闹教之案纷出，自通商定约，外国人只居商埠，其未经通商之处，惟教士尚准居住，又或准于各处租赁房屋地基作为教会公产，由是内地多建教堂，然其传教亦志在劝人为善，是亦神道设教之类也。兹据采访附祠庙之后。

【民国《西宁县志》卷六"营建志二·教堂"】

培志两等小学堂。在城内旧督署。

女子两等小学堂。在城西门内。

青湾两等小学堂。在厂排对岸。

窦头初级小学堂。

严村初级小学堂。

黄峒两等小学堂。

云路初等小学堂。

水坑初级小学堂。

典水沙初级小学堂。

提多学校。在附城操场街,光绪二十七年设。

浸信女学校。在城内道前街,光绪二十六年设。

明心女学校。在城北十字街,宣统初年设。以上俱访册。

【民国二十七年《高要县志》卷十二"学校·教会学堂附"】

  或谓中国四大教,曰孔、曰佛、曰回、曰耶。然孔子道德政治久矣,深入人心,形成风俗,譬如日月经天,江河纬地,万古不可磨灭。自汉迄今,历代尊崇备至。且有祀以王者之礼,初不必借宗教仪式而有所增益也,是以我县无孔教会之设,然孔子虽非宗教家,而古今人之信仰孔子,则俨然一东方大教主焉。

  今我县流行之宗教,则有所谓佛教、回教、天主教、耶苏教、道教,皆导源于亚洲,实为文化发达之鼻祖。推演至今,时有递变。在缩小范围而言,则我县诸教亦有盛衰之感。盖佛教日就衰落,无可为讳,要其根深蒂固,蟠结人心,自易复炽。道教则陵夷衰微,即欲收集余烬而复燃之,艰乎其为力矣。回教只守念礼拜,不尚宣传,囿于一隅,其道浸弱。天主、耶苏同出基督,新旧即别,门户遂分,然两雄不相陀,各行其是而已。上述诸教此其近况也。要之,宗教之成立,必有其所持之教义,起人信仰之心。任何一国之人,亦有其所信仰之宗教,良以人之精神思虑,不能无所寄托,又不能无所限制,以至轶出常轨之外。故有意义、有戒律之宗教,所以范人之精神思虑而有导之于善者也,岂若末流之渡人迷信哉?方今信教自由,载在宪法,原以昭示大公无我之意,然一教之盛衰消长,实足以觇人心风俗之趋势焉,不可忽也,作宗教篇。

  本县基督新教分中华基督教肇庆圣道会及肇庆浸信自立会,世人皆谓之耶稣教圣道会,初名圣洁会。民国纪元前八年(公元一九零四年),美籍教士毕贤荣夫妇之所创也,其后信教者日众,至华人委员会成立后,始易名为中华基督教肇庆圣道会。浸信会则创自美籍教士纪好弼，纪氏于公元一八六一年，自广州来肇庆传教义，徒众日增，一九一三年间以大会议决由华人自理，始改称肇庆浸信自立会，并分设大湾、白土等分会，今信徒人数已达三百余人。

两会教义相同，皆以发扬人类互助精神为本旨，故其对于社会群众福利事业举办不遗余力。浸信会所办学校如广明中学、光道圣经学院、培正中学、培道中学、培道幼稚园等作育甚广。广肇浸信医院及基督教负伤将士服务协会高要分会存活亦众，惜其经费来源皆恃捐募，非若天主教之滔滔不竭，故抗战以后相继结束。圣道会则于民国四年堤决景福及民国十年粤桂交恶、肇城被围两役救援之功，至今不泯，其所办瞽目及育婴院，皆著成绩。而毕贤荣夫妇刻苦坚忍，终身乐善不倦，尤为世所罕观。至今肇城妇人孺子，莫不知有毕先生其人云。

本县各地耶稣教徒人数表

地点	教徒人数	外侨教士	备考
第一区 附城	三百余人	女四人，美国籍	民国二年（一九一三年）大会议决浸信会由华人自理，改称肇庆浸信会
禄步			
大湾窦头	三十余人		
高第村			
塱尾村			
杨桃墟	六十余人		
第二区白诸墟			
第三白土墟			
冷水墟			
墈鹤村			
第四区 水坑村			

本县各地耶稣教堂建筑沿革及附设学校表

地点	教堂名称	建筑沿革	学校名称	备考
第一区附城城中路	浸信会	一八六一年		
城东三□街	圣道会	一九零四年	培德小学校	后迁忠勇路,复迁睦民路
第一区附城城中路		一九零四年	广明中学校	租赁城中路文庙后进房屋为校址,越两年停办
第一区附城	元道圣经学院	一八九一年	光道学校	该校应经费困难旋停办
第一区附城城中路		一九一零年	培正中学	购置旧道署开办培正小学,旋停办。今又改为建基小学校
第一区附城米仓巷		一九二四年	广肇罗浸信医院	
第一区附城米仓巷	玉屏园		崇真女校,圣道小学校	
第一区附城天宁北路	礼拜堂	一九三三年		
第一区附城正东路	天道堂			旋停
第一区禄步墟	福音堂	一九四六年		
第一区大湾窦头	浸信会福音堂	一九一五年		
第一区高第村	福音堂	一九三一年		
第一区塱尾村	福音堂	一九三二年		
第一区杨桃村	福音堂	一九三一年		
第二区白诸墟	浸信会	一九四六年		
第三区白土墟	浸信会	一九四六年		
第三区冷水村	浸信会	一九四六年	培德小学分校	
第三区㘵鹤村	福音堂	一九四六年		
第四区水坑村	福音堂	一九四六年	培德小学分校	

【民国三十七年《高要县志》卷十六"宗教"】

（二）天主教

天主教。光绪二十四年秋，法兰西教士俄大法初来传教，在城内卜巷街购置民房改建天主堂，渐次及北惯墟、大沟墟、平冈墟、闸坡墟、澳界头、新墟、茶山村、周亨墟，各设天主堂，织箕墟、寿场村、珍珠冈各设天主堂公所。田畔墟，三家村，汶水村，长田严村，茶山村，石坑村，大什村，那令村，平冈墟，闸坡澳，山瑭各设书馆，然或开或闭，读书者不尽奉教。教民确数未详。采访册。

【民国《阳江县志》卷十二"建置志五·宗教"】

天主教入中国，我县不啻为其发祥地焉。明万历年间，有教士罗明坚司铎者，实为彼教传道中土而成功者第一人。罗籍意大利，初传道于澳门，万历十年（一五八二年）与司铎巴范济及译员门代诸人，取道广州三水，于天主教圣诞节来抵肇城，晋谒当道而去，是为天主教来县之始。翌年九月十日，罗复偕司铎利玛窦重来，建教堂于西门之外，传教事业即自此始。九月十日，适为天主教圣母诞日，故吾国天主教会至今犹以是日为中国传教基础，成立纪念日云。自后教士东来者踵相接，而传教事业亦日益发达。其迁变演进之迹咸表列如后：

方天主教之初来也，吾国士大夫狃于华夷之见，咸以异端目之。继则吾国屡受外侮，民众发生排外思想，此外复有少数不肖教徒凭藉外力武断乡曲者，更为民众歧视异教之所藉口，传教事业不无障碍。然其徒咸以传道为终身事业，未尝少馁，如罗明坚、利玛窦诸人尤为坚苦卓绝，又皆夙学之士，往往能以学术取信于人，而地方公益慈善之举，靡不悉力以赴，故信教日众，浸且遍于吾粤以及于全国，岂偶然哉！

本县各地天主教教徒人数表

地点	教徒人数	外侨教士	国籍	备考
第一区 附城	男一百二十三人 女一百九十四人	男八人 女三人	葡国 加拿大一	
			英吉利一 英国殖民地一	
金桂，黄洞，岩村，窦头	男二百八十四人， 女二百八十三人			

续上表

地点	教徒人数	外侨教士	国籍	备考
大塘头				
清湾，老村，五显坦	男一百八十三人，女一百一十九人			
第三区 白云，礌头，云路，荷村	男一百九十二人，女二百一十九人			
大岗脚				
第四区 水坑，典水沙，鹅塘，独冈珠	男二百六十六人，女二百八十人			

本县各地天主教堂建筑沿革及附设学校表

地点	教堂名称	建筑沿革	附设学校名称	备考
第一区附城十字路	道源斋	民国前四十八年		
附城北籁竹园	天主堂	民国前六年		
附城东城中路	圣家院	民国三年	海星初级中学各一间，圣家医所一间	
附城西门内城中路	贤后院		女子小学及育婴所	
大湾金桂村	天主堂	民国前四十七年		
大湾黄洞村	天主堂	民国七年		
大湾严村	天主堂	民国九年		
大湾窦头	天主堂	民国十一年	圣家小学及工艺厂各一间	
大湾大塘头	天主堂	民国十三年		
大湾逢坑	天主堂	民国九年		
南岸清湾	天主堂			
南岸五显坦	天主堂			
南岸老村	天主堂			
第三区白土墟	天主堂			
礌头村	天主堂			

续上表

地点	教堂名称	建筑沿革	附设学校名称	备考
罗勒村	天主堂			
云路村	天主堂			
荷村	天主堂			
大岗脚	天主堂			
第四区水坑村	天主堂			
典水沙	天主堂			
鹅塘村	天主堂			
独冈朱	天主堂			

【民国三十七年《高要县志》卷十六"宗教"】

（三）伊斯兰教①

回教创自穆罕默德，其徒笃信造化天地万物独一无二、无形无像之主宰，而其旨则为清心寡欲、克己服〈复〉礼而导人于善者也。我县之有回教远在李唐之世，盖隋开元中有回教学者宛葛素者，奉其教主穆罕默德之命传教中土，自海道入粤，我县实得风气之先。今肇庆城东门外水师营之清真寺相传亦宛氏子孙之所建也，然其时回教之在我县，尚为萌芽时代。迨清康熙间，有回教显宦傅云峰者，始求精通西域文义而素行为众所钦者，为之掌教，广传教义，复捐廉重修清真寺，宏而敞之。迨清乾隆三十二年，回教父老刘士劳等复捐金增建城内及城西视家路两寺，数十年间，信教者日众，其徒生齿日繁，人才辈出，又可谓我县回教之全盛时代也。自兹以降日渐式微，其徒又不重传教，囿于一隅，虽墨宗教仪式，而婚丧礼制且同化于齐民，今其徒仅四十余户，男女不过二百五十余人，寺宇荒落，现皆改称回教礼拜堂，亦附设小学校，而城内一所更夷为商店，不可复识矣。

---

① 方志中多称为"回教"。

本县伊斯兰教清真寺建筑沿革及附设学校

地点	教寺名称	建筑沿革	附设学校	备注
县城东水师营	清真寺	唐代建筑，清康熙间重修	回教小学校	现改称回教礼拜堂，校称私立清真小学校
县城西祝家路	清真寺	清乾隆三十二建	回教小学校	旋停办
县城东城中路	清真寺	清乾隆三十二年建		今废

【民国三十七年《高要县志》卷十六"宗教"】

六　地方神祇

民间信仰在地方社会拥有广泛的影响力,与官方正祀不同的是,地方民众参与者众多,而且一些得到官方认可的民间信仰在地方社会的整合中起到的作用甚至超过国家祭祀活动。研究者已注意到珠江三角洲地区的地方神祇分为区域神和本地神,其中较为著名的有洪圣、龙母、北帝,这些在广东西江地区也广泛存在。除此以外,一些各类地方人物,因有死勤事、以劳定国等事迹,列入祀典,受到官民的崇祀,尤为重要的是,他们已具备神迹和"灵应",从而在事实上成为广东西江地区特有的地方神祇。比如嘉靖《德庆县志》所载兴化祠,祭祀隋唐间人陈颙,"每遇旱潦,州司遣人祷之,辄应。"这些也酌情予以收录。为了凸显地方色彩,地方神祇类不收录全国性祭祀活动的资料,只搜集在广东西江地区具有影响力的民间信仰资料。

（一）人物

陆大夫庙。洪迈《夷坚志》：宋乾道间,梁竑入都,□舟庙下,夜梦一客自称陆大夫,云：我抑郁于此千余岁矣,君幸见,愿留一诗。竑遂题诗于壁而去。见艺文。

端溪女巫。《续元怪录》：卢从史,元和初,以左仆射节制泽潞,因镇阳拒命,迹涉不臣,为中官骠骑将军吐突承璀所诒,缚送京师,以反状未名,左迁瓘州司马。既而逆迹尽露,赐死于康州。宝历元年,蒙州刺史李湘去郡归阙,自以海隅郡守无台阁之亲,一旦造上国,若扁舟泛沧海者,闻端溪县女巫者知未来之事,维舟召焉。巫到曰："某能知未来之事,乃见鬼者也,呼之皆可召。然鬼有二等,有福德之鬼,有贫贱之鬼。福德者精神俊爽,往往自与人言,贫贱者气劣神悴,难保其能言。事尽在所遇,非某能知也。"湘曰："安得福德之鬼而问之。"曰："厅前楸林下有一人衣紫佩玉者,自称泽潞卢仆射,可拜而请之。"湘乃公服执简向林而拜。女巫曰："仆射已答拜。"湘遂揖,上阶,空中曰："从史死于厅,为弓弦所逼,今尚恶之,使君床上弓幸除之。"湘遽命去焉。时驿厅只有一榻,湘偶忘其贵,将坐问之。女巫曰："使君无礼,仆射官高,何不延坐？乃将吏视之,仆射大怒去也。急随拜谢,或肯却来。"湘匍匐下阶,问其所向,一步一拜，凡数十步，空中曰："大错，公之官未敌吾，军□裨将奈何对我而自坐。"湘再三辞谢，方肯却回。女巫曰："仆射已回矣。"于是拱立而行，及阶，女巫曰："仆射上矣。"别置榻而设裀褥以延之，巫曰："坐矣。"湘及坐，空中曰："使君何所问？"对曰："湘远官归朝，忧疑日极，伏知仆射神通造化，识达未然，伏乞略赐一言示以荣悴。"空中曰："大有人援引到城，一月当刺梧州。"湘又问，终更不言，乃去。湘到辇下，以奇货求助，助者数人。未一月，拜梧州刺史，皆如其言，竟终于梧州。卢所以不复言其后事也。

【康熙《德庆州志》卷八"杂记"】

民间祈祭

祀神。古者大夫祭五祀，士祭其先，士人无庙而祭于寝。今士庶人所祀者，大夫五祀之遗也。五祀者何？《礼记·月令》"门、行、户、灶、中溜"是也，而《白虎通》以为门、井、户、灶、中溜。中溜即土神，家祀之。古者外为门，内为户。今俗所祀有门官，或称司户之神，而祀灶古今同尚，故王孙贾有"宁媚于灶"之说。灶神称为司命，农历岁阑，家家致祭，名曰"谢灶"，或曰"送灶"。元旦之前夕，迓神之降临，名曰"接灶"。行为路神，民间祀之者鲜。而祀井则恒有之。《淮南子·时则训》改《月令》篇，以祀行为祀井，《白虎通》主之，以井水能给养人，多水旺，故祀之也。神庙各地多有，而以崇祀关壮穆侯与观世音为最多。吾邑为古端州，宋包孝肃公尝刺端州，有惠政。后人思之，为建包公祠以奉祀。又有字祖庙，士绅所立，以祀仓颉、沮诵，名曰"仓沮圣庙"。而民俗多祀财神，又有洪圣大王，不知何神，乡民多祀之者。农历二月五日有迎神出游之举，谓藉以祛除瘟疫，至今此风弗衰。

祀社。社之祭甚古，诸以社以方。《礼》："仲春之月，择元日，命民社。"盖古者民二十五家为一社，或十家五家共为田社，曰"私社"。同社之家设立社神祀之，谓之土地，《公羊传》："社者，土地之主也。"土地之名本此。亦称社公。立春立秋后第五戊日为春社秋社，同社之人醵资致祭，并颁胙于同社各家，谓之"社肉"。《汉书·陈平传》："里中社平为宰，分肉甚均，里父老□之。平曰：'嗟乎！使平得宰天下亦如此肉矣。'则此风自古有之。农历二月二日为土地诞日，家有新生子者或送竹炮于社燃放，媵以牲物，炮上系红圈一。燃放时，夺得此红圈者，以牲物赠之，名曰"抢添丁炮"。纷纷若狂。岁阑延道士于社作法事，名曰"保境平安"。道士仗剑以次入社内各家，第除不祥，盖本古傩礼之意。民国十七年，政府下令破除迷信，县城各神庙多被毁，而社亦废。或改为公共阅报所，设中山画像于其中，而祈祭贺诞作法之举,无形消除矣。惟乡间各社庙多有存者,人民奉祀如故。

【民国三十七年《高要县志》卷十三"礼俗"】

(二) 祠宇

太尉宫。在西厢印顶上。

龙头庙。在贺江口。万历四十七年,耆民等募缘重建。知县方尚祖记。

大梁庙。在文德乡扶谷村。

莲都庙。在文德乡茸村。

【天启《封川县志》卷六"建置志二"】

东岳行祠。在西厢,光孝寺东。

【天启《封川县志》卷二十二"杂事志"】

太中祠。旧名陆大夫祠。在锦石山江岸上,旧在山下。洪迈《夷坚志》:汉贾使南越尉佗,与之泛舟至此。贾默祷曰:我若说越王肯称臣,当以锦里石为山灵报。使还,遂募人植花卉以代锦,后人因立祠祀之。宋乾道间,梁竑入都,舣舟石下,夜梦一客,自称陆大夫,云:我抑郁于此千余岁矣,君幸见临,愿留一诗。竑遂题诗于壁而去。诗曰:刘郎辛苦逐秦鹿,尚欲长鞭及马腹。蛮夷大长梦不惊,海边椎髻乘黄屋。江淮貔狐始闲暇,忍使驱令度箐竹。陆生手持丈二组,唤起老子同分肉。诗书尚晓骂儒翁,岂忧杰骜难羁束。筑坛再拜受王印,雄辨泠泠听不足。当时未有北人辅,留寓年深染污俗。乍闻高论耳目清,如掩笙篁奏冰玉。境中胜处应共履,更沂余湟到山麓。大夫何独越人重,汉廷公卿自神伏。陈平奇计须深念,张子全身甘辟谷。此外侯王希识字,带砺功存半诛戮。惟君坐使将相欢,燕喜优游刘氏福。年少终军学高步,空有英称命难续。乃知智者应世间,妙似庖丁奏刀熟。往事浮云变灭尽,越水悠悠浸山绿。荒祠寂寞傍僧居,日暮饥鸦噪乔木。我来三叹重迟留,为酌寒泉荐秋菊。

宋郡守吴士彦诗:锦里禅庐枕碧澜,铃风松韵几时闲。千寻灵迹石长在,万里濯江人未还。俗客维舟烟浪里,骄臣步障世途间。陆侯精冕知何处,雾霭年年毁莽山。

元经历刘中孚诗:临江佛顶石巍巍,曾记当初衣锦时。五岭云开天使下,九重恩重老臣知。俎豆尚稽周典礼,衣冠复见汉威仪。如今何限囊金者,难买人间去后思。

李穆诗:云根千尺倚苍旻,苔藓斓煽锦里新。使节南来能掉舌,赵佗百拜远称臣。千年伟绩传编简,一片残碑卧棘榛。过客临风遥致敬,匆匆不及荐秋萍。

庙久废。嘉靖十五年,知州陆舜臣重建于锦石滨江,去旧址一里许。郎中陆时雍记：肇之德庆，西五十里都城乡锦石下，旧有汉太中大夫陆贾祠。岁久倾圮，且宅□阻，父老恻然，念大中于越有恩，乃闻于州守陆君师皋，请葺之。君曰：是诚在我。遂诹日率义民彭昭等往，相度得今祠址。负山俯江，土刚面阳，风气爽垲，可以妥灵。于是师皋捐缩浮费，伐材鸠工，创屋一区，而迁祀之用不侈，故公私无与闻。落成于嘉靖丙申九月十八日，期月师皋走仓使吴珊以书币来谒记。余辞以非史氏作家，且罪废多病之。余笔砚荒落，固却之。先是，余自海北还广，始识师皋于舟次。既而书来，谓余与大中命氏之同，且余过而祠适成，若期焉者，幸纪岁月，俾来者有考。余始执笔叹曰：天下事成于同，岂惟是哉。夫大中贤，而能使民修报，其祠废，阅数十年，得师皋为太守奉之，余识之。吾三人偶同一姓，而相值如此，非同之谓耶，推是则四海一家也。四海之内，凡事之巨细，皆吾家政也，协而理之，吾问一家者之责也，而况于一祠焉已哉。按史与志，大中，楚人，以客从高祖，常使诸侯。汉得天下，大中亦与有劳。时中国初定，赵尉佗自王于南粤，汉使大中赐佗印，至则佗弗为礼，大中凛然折其鸷气，佗竦然起尊汉。又时时论理道，佗悦，留大中与饮。数月后，孝文即位，大中复使越，说佗去黄屋、称制，令比请侯①，则大中不但遗惠于越已也。洪迈《夷坚志》谓：大中与佗泛舟至此，默祷曰：我若说越王肯称臣，当以锦里石为山灵报。使还，募人植花卉以代锦。后人因以名石，或谓佗设锦步障于石上，与大中登饮。宋乾道间，梁竑舣舟山下，夜梦客自称陆大夫，云：我抑郁于此千余岁矣，君幸临，愿留诗识。今竑诗见于志，可考也。大都奇瑰卓荦之士，生策勋，死庙食，其精神必有所会之地。况大中功名光显，伟在使越，而是方之民独德其劳。既没而思，思而尸祝之，尸祝而大中来歆之，焉可诬也。使当时大中说不力，虽力而辞气弗能动佗，佗称帝，汉将听之乎？弗听，则越民死于锋镝必矣。越今有遗黎，而生聚者未必非大中一说之留也。老大中所□，可谓有施于民者，然犹私祠而未载祀典，岂或以大中徒口辩，而嫌于受金耶。余惟圣门四科，其次言语，人有不为而后可有为。汉去战国未远，群雄得扰土者，皆有高可为六国之心，而佗恃险远，尤未易驯，时为使者亦艰矣，一言弗当，则烹醢随之，而尚安所事金乎。传称，大中于王诸吕，日度不能争，乃病免出□使越，装卖千金，分给诸子为娱具，则大中亦能达者矣。况所持仅旅之资斧，而非直受其金也。若大中苟于受而多欲，则无以起佗之敬礼，又奚望使事之成耶。使固赞大中位止大夫，致仕而能从容于平勃之间，约欢将相以疆社稷，身名俱荣，则其为人可知也。使大中惟有昔者使越之利，而竟无后日安刘之功，则天下后世鄙之为贪夫，即如大中有知，亦当叹服无辞矣。噫！使不辱命，惠流于国，廉而不激，圣人所贵。或者易视大中，余固因祠记而阐其□，以俟观风者采焉，不然则余与师皋固污也。敢以同宗，故阿所好而废天于之公耶。旧名陆大夫祠，余易今称从其秩名也。州守讳舜臣，字师皋，浙嘉兴人，横州籍，其他政绩可录，因是可类见云。舜臣诗：使节归来越国平，锦山山下酹先生。也知三寸诗书

---

① 《史记》陆贾传作"诸侯"。《史记·郦生陆贾列传第三十七》，《史记》第八册，中华书局1959年版，第2701页。《汉书·郦陆朱刘叔孙传第十三》，《汉书》第七册，中华书局1962年版，第2116页。

舌，绝胜百千貔虎兵。杜宇魂高孤月白，鹧鸪声尽一峰青。古来兴废知多少，江水江祠相映明。七岩陈辂诗：独持黄纸傅天语，万里归朝感尉佗。南海共宜新庙宇，晋康非但汉山河。春风此地闻箫鼓，锦石千年洗薛萝。满眼绿林烟雨里，尚怀清论息干戈。嘉靖十五年十二月，舜臣申请祭典于带管提学佥事古冲李公，蒙批：陆大中，使越者再，虽锦石之说，事出传闻，然州人尊祀已久，实一方明神也。依拟动支官银，春秋奉祀如仪。祭文：修词服越，义代干戈。深计安刘，忠扶社稷。惠流岭海，名耀汗青。锦石千年，过化不泯。

  以上俱载祀典，其诸祠建自往昔，民祀既久者亦列焉。其不经者置之。

  兴化祠。俗呼为兵马庙。旧志：距州北六十里金林乡高赠村。初，陈頵仕隋唐，间有功及民，乡人于所居立祠祀之。每遇旱潦，州司遣人祷之，辄应。正统间，乡民姚升募众民重建。语在人物。

  龙母庙。一名孝通庙。在州东一百里灵陵水口南。粤志：秦时温媪者，居悦城之南岸，一日浣于江侧，得卵大如斗。怀归数日，出五物，如守宫，豢养渐长，放于江，能入水取鱼。媪往观，辄以鱼置温侧而去，媪因治鱼水滨，挥刀中一尾。遂去，数年乃还。媪曰：龙子复来耶。后媪殒，瘗于水口之地，一夕风雨，乃前守宫化为五龙移于北岸，壅沙成墓。今在灵陵水口，其神灵莫侧，代以为龙母，因立孝通庙于墓右祀之。凡遇水淹浸墓前，周围皆溷，而近墓数尺独清。四乡皆有行祠，累朝封赠，各有诰命。洪武初，封曰程溪龙母之神，每岁五月初八日，有司祭之。洪武十八年，罢其祭。朝宇累代兴废不一。本府同知梁全重修。永乐十一年，知州黄广、同知李纶谕、乡民梁富文等募建，给事中陈铎书"孝通庙"三字。永乐十三年，本州判官徐行始赴任，晚抵悦城，泊舟。夜梦老妪面垢色，衣裳褴褛，语曰：愿乞金。忽觉，莫晓其故。迟明登岸，见庙神俨如梦中。阅其历代诰敕碑文，感其灵异，乃制衣而饬其像。旧碑数座，或断或□，皆不可考。正统十三年，悦城巡检刘秉恒偕耆民梁尚彬募众，新创仪门三间。十三年，都指挥佥事王清于仪门内创立坊牌，扁曰感应。本州新任官经此，皆先祀以牲礼，凡往来祈祷皆验云。宋署知军州事邓桓记：晋康郡悦城之龙母，闻于天下旧矣。自秦屹今，盖千数百年，其神灵如在。凡仕宦之南北，商旅之往来者，靡不乞灵于祠下。顷者过焉，因筦修殿事，西庑下石碑，岁久剥裂，无可读者，徒叹恨而去。今象恩守土，求之民间，得庙记二，皆非善本而字多舛谬，因以意是正，其不能辨者，则因其旧本。观夫人之事发迹于程溪，以圣母有鞠育之仁恩，而群龙有劬劳之孝报，示今迁墓之地，左右山川，气象雄伟，逮非人之所能卜，而有是也。其早岁有致雨以泽一方，故能享圣朝封号之典。今其族类蕃衍，出入变化于四方万里之外，亦惊动祸福，故能据形胜以建其庙，则血食之奉益广而无穷者，自兹庙而始。然古今之记述，不可以无传。旧记文繁，因稍芟去，命工并刻之行宫。张君维所为记，并镵于石，以垂悠久，使来者有考焉。吴揆记：龙王始末，图经与赵令则、李景休二石所载详矣。祠宇建立，其来绵远。唐天祐初载始封龙母温永安郡夫人。越明年，改永宁郡。国朝元丰戊午，敕其额曰永济，封永济夫人。大观戊子诏，以孝通为额，盖取卜地移坟意也。坟祠俱在悦城，北岸舟人往来蠲吃祭享，讫无惊波怒涛覆溺之患。每以水旱疾疫祈祷，随叩随应。自秦迄今几二千载，康人德神之惠，愈久愈深，而庙食愈盛，出入变化，显见示人，罔有常形。鸣乎，异哉！戊子赐今额，星霜凡一十九换，碑碣尚缺。揆代匦郡事，始请文以志，岂因循苟且未遑暇耶，抑神意有待也。揆不敢默。靖康元年丙午八月既望。

东岳行祠。在州治北二里香山上，创自宋政和间。昔其地有黄气，郡守傅泰光异之，登北楼望拜，因置东岳行祠于其下。建炎间高宗即位，康为潜藩人谓此验。乾道间，郴峒贼犯晋康，至城下，郡守莆阳吴公率父老士民北向焚香，再拜祝曰：以神之灵，俾贼退，愿修祠宇以答神贶。越七日围解，公遂重修。朱教授黄适记：晋康东岳庙，去城二里，在郡主山之南麓。政和间太守傅太光始为之。历年既久，随葺随坏，无所考识。隆兴甲申夏，莆阳吴公来镇是邦，下车未几，百废具奉，独是岳祠，功用浩繁。方俟农隙，无何郴洞贼起。明年春，贼犯晋康，至城下，父老士民北向焚香，再拜祝曰：以神之灵，俾贼退却，愿修祠宇，以答神贶。越七日围解，是秋贼平。公独念曰：祷而应，神之赐大矣。祈而弗报，非所以事神也。然民，神之主，复业未安，责之营缔，亦非所以事神也。询之父老，得旧□香社余财百二十缗，乃度材鸠徒，揆日葳事，百姓愿助者，日以数十计，公命饮食之。瓦甓木石，册漆工匠，各还其市直，不足则以私帑继之，一铢一粒，无取于民。经始于乙酉仲冬，明年三月告成。殿宇门庑，悉仍其旧制而鼎新之，且筑垣以周防。其外捧土为像，以补坏失，其存者则加绮焉，而庙式备矣。公乃率僚属大合乐以享焉，郡之士女来观者，千百人无不以手加额，德神之赐而乐公之不扰也。是迷而事神明而爱人，一奉而二物得，于是乎书。岁久圮坏。洪武二十九年，镇抚韦有安、吏目徐孟惠改创正祠。永乐十一年知州黄广、同知李纶谕、耆民赵彦徽募缘，创揽秀楼一座，参政赵次进书览秀二字。景泰四年，知州周冕、成化五年都指挥扬璟、知州李瑛、同知黄浩俱重修。今废。

【嘉靖《德庆州志》卷十一"秩祀"】

天妃庙。在东厢。其神，福建莆田新安里渭州人，唐都孙巡检林愿女也。宋天圣宣和间，屡有封号。国朝永乐初，封号弘仁普济天妃，立庙致祭，或遣官出使琉球等国，率以祭告，祈祷为常。今江海之间，应若影响。行祠各省皆有之。东厢朔望行乡约之所。

东山洪圣宫。在东山之麓。

三龙庙。在东厢攀桂坊。

圣妃宫。在归仁乡麒麟山，大班石之下。

【天启《封川县志》卷六"建置志二"】

孝通庙。在州东一百里灵陵水口，即龙母庙，基在庙左。汉高帝十二年敕建崇祀，敕封护国通天惠济显德龙母娘娘。明洪武初，封曰程溪龙母之神，每岁五月初八日有司祭之。洪武十八年，罢其祭。庙宇累代兴废不一。元本路同知梁全重修。永乐十一年，知州黄广、同知李纶谕、乡民梁尚文等募建。给事中陈铎书"孝通庙"三守。永乐十三年，本州判官徐行始赴任□□悦城治舟，夜梦老妪面垢色，衣裳褴褛，语曰：愿乞金。忽觉，莫晓其故。迟明登岸，见庙神像俨如梦中，阅其历代敕诰碑文，感其灵异，乃制衣而饰其像。旧碑数座或断或灭，皆不可考。正统三年，悦城巡检刘秉恒偕耆民梁尚彬募修仪门三间。十三年，都指挥王清于仪门内□立牌坊，扁曰感应。本州新官到此皆先致祭，往来祈祷悉验。康熙五年，知州秦世科□绅衿商民重建，详外志，有传记，见艺文。

东岳庙。在州治□九里香山寺，创自宋乾道间。郡守蒲阳吴公重修，教授黄通记，见艺文。洪武二十九年，镇府常有安、吏目徐孟□□□。国朝康熙五年，知州秦世科重修，详提封香山注。

北帝庙。在三元塔□，今废。

西庙。即永济行宫。在城西五里白石泉。今毁，有记，见艺文。

天妃庙。在州东五里登云桥左。唐天宝建，今圮。

金花宫。即司生祠。在城隍庙东。顺治十六年，知州饶崇秩建。

洪圣祠。在州东十里。顺治丙戌重建，今存。

【康熙《德庆州志》卷六"建置"】

石峒庙。郡北十余里，于星岩别为一岩，岩中有孔，广阔约丈余，左右两旁，四石屹立，高八九尺，天然如绣。宋吕成建。有祀。见艺文。

晏公庙。城西南景星坊。明洪武间建。天顺六年，西寇逼境，以其近城撤之，后迁水关门左。国朝顺治四年，西贼犯城，岭西巡道李光垣令迁于西城外牛眠冈白衣庵左。

圣妃顺济庙。城东擢英坊。宋太守朱显之建。国朝顺治十八年，士民重修。

洪圣庙。其神受明朝敕祭，盖南滨之尊也。今州县郡庙而奉焉。旧志载小石头一座，今废。

兰陵庙。城东擢英坊。宋郡守李麟建。其神，邑人妇也，姓王氏，居东厢兰陵巷，性贞烈，宋封兰明惠夫人。今废。

明直庙。城东升后坊。宋庆历建。神，邑人，姓梁，兄弟四人以明直称。元毁于火。今为民居。

龙母庙。龙潭都。宋咸淳建，以奉蒲媪，居民相继修葺。明万历中，郡守郑一麟别建于黄江沙，后因西潦冲毁。今乡人移建堤上，祠龙母者，固不一而足也。

　　杨舍庙。城南滨江。元延祐建。其神，广州人，姓杨名顺溺。江水死尸浮向城南岸，推之复逆流回，如是三四，且数日不朽。郡人以为神，衣冠葬之，因立为庙。今废。

　　赤水庙。桂林都。宋咸淳建。其神，邑人，姓莫行三，平生勇敢。草寇劫掠，有捍御功，人感祀之。

　　金花庙。北门城外。

　　灵龟庙。长利都。元至正建。其神，本都人，姓卢名僧，遇乱能保障乡里，乡人祀之。

　　古洪圣庙。水坑都。今庙宇所在都有。岭南人庙祀，唯此最多。

【康熙《高要县志》卷十九"外志"】

　　飞来庙。汉尉佗归汉时，里人立庙于州西五里许，上名牛头湾，以事佗。至明神宗间，忽遇风雨。越数里而飞于王树岗谭石乡，民遂饬神宇而崇祀焉。其旧钟、旧炉所未飞来者，数请入庙而数去，竟不可留。里人谭殷荣乃别请以奉焉。

【康熙《罗定州志》卷十"古迹志"】

　　北帝庙，一在北城上，一在南门外。

　　天妃庙，在东门外。

　　盘古庙，在城南一里，今圮。

　　龙母庙，在城南。

　　药王庙，在城东外，知县王锟新建。

【康熙五十七年《西宁县志》卷一"舆地志"】

本州

　　福济庙。二。祀都御史杨信民，以有保障功。一在谭含埠，明成化十二年，耆民陈永海等建，俗呼福济庙。一在赤圮，嘉靖十八年，千户陈宗鎏等重修，俗称大人庙，俱有灵应。

　　天妃庙。在南征书院右，明天启五年兵备祭善继建。

　　神滩庙。在州南河旁，祀敕封护国神滩侯王，凡官民有祷辄应。

　　亭子庙。在建水乡潭石围。士民建，祀南海洪圣大王、东山感化大王、西山白马大王、江口入敛陈大王、李大王、燕赐帝内夫人，其神有求皆应。签课尤为有准，读之如耳提面命。若贡生黎光曦廷试，回祈功名，签课云：

"读书正好出儒林，好向龙门列缙绅。"后五年报任，果授龙门训。又如州督捕于公治赋，失宪犯往，作福祈祷，课云："自有水边人报信。"后报获果梁大泽。其余乡人所求，更有奇者，种种不可胜纪。

东安县

天妃庙。在六都河岸，有香灯田八亩。

李公祠。祀李文芳，有惠政，邑士民祠之玉皇殿左，有记。

西宁县

北帝庙二，一在北城上，一在南门外。

天妃庙。在城东门外。

盘古庙。在城南一里。

龙母庙。在城南。

【雍正《罗定州志部汇考》"祠庙考"】

太岁宫，在城内米仓巷。康熙四十五年，总督赵宏灿建。

【道光《高要县志》卷七"建置略·坛庙"】

天后宫。在县前锦衣坊。嘉庆二十年，奉行春秋致祭。二十三年，绅民重修。俱同上。

【道光《封川县志》卷二"建置"】

东岳楼。在城东百余步。

冯都庙。在城东南，万历年建。

天后宫。在城东北。崇祯十七年，知县吴寿雷建。

【道光《东安县志》卷四"外纪"】

龙母庙。在城南。张志。明代建，万历二十五年修，国朝雍正六年重修，吴一璜有记。乾隆五十年又重修。罗光斗有记。采访册。

药王庙。在东城外。康熙四十八年，知县王琨建，李志。嘉庆二年重修。香火田九亩五分。采访册。李志载田在大茜埔邓。

文武二帝庙。在城东三里沈公祠后。嘉庆十二年建。香火田三十五亩余。俱同上。知县沈宝善捐置东门外天后庙前田一十亩零六分六厘，文桥头田一亩二分三厘七毫，又一亩七分六厘三毫拨充小封门，早坑黄茅坪田一十九亩二分三厘五毫四丝，阖邑捐置埔旁田二亩五分。

盘古庙。在城南一里，后圮。李志。乾隆五十一年重修。采访册。

按：任昉《述异记》载，南海有盘古氏墓，亘三百余里，俗云后人追葬盘古之魂也。又阮《通志》引旧志称，两广洞蛮多相传为盘瓠之后，或讹为盘古云。考任氏所称南海犹南粤也，非专指今之南海县，故云亘三百余里。然则此方有盘古庙由来久矣，其或讹盘瓠为盘古，说颇近是。

灵威庙。在县西北十五里桂墟侧。道光三年，邑绅刘仁守等同乡人会资建。一在县西北十四里百担灵坪山，邑绅黎士琮等同乡人捐建。神邓氏事迹详《岑溪县志》。嘉庆年间，邑多虎患，俗以神能伏虎，建祠祀之，患寻止。《岑溪县志》：邓清，字子真，正统间羽士也。其先荆州人，宦梧，卒于官。清父迁岑邑逍遥村。清习瑜伽教，法行精虔，符咒灵验。一日，雷神击物，遇秽堕地。清为咒水洒洗，雷神飞升。自是道术益进，复慕善邺山岩多胜，迁居其下。常聚仙于峰顶，羽化后，乡人为祠尸祝。凡水旱疾疫，祷辄应。其子明亦有道行。

【道光《西宁县志》卷五"建置下"】

太岁宫，旧在米仓巷县学后街。复城后，署府郭汝诚、知县黄庆萱与局绅合议迁建西门外天后宫之右，费金千两有奇。旧址改为宾兴馆。同治二年夏，又议改为昭忠祠，以奉大宪奏准文行入祀绅民殉难者，祠未落成。先附记于此。

【咸丰《高要县续志》卷一"建置略"】

晏公庙在四甲，旧志明太祖洪武十八年乙丑建，神讳成仔，显应于江湖。知县姜真一赴任，道经鄱阳湖，风浪大作，祷神得免。莅任后，乃于兴贤都立庙祀之。明世宗嘉靖四十三年癸亥，乡人叶兴等重修。国朝仁宗嘉庆五年庚申，宣宗道光十九年己亥叠修，皆有碑记。穆宗同治四年乙丑岁，里人叶以和等重修。

按：《路史》：晏公名成仔，时为文锦堂局长，登舟尸解。明洪武初，封平浪侯。《七修类稿》：神助明太祖破常州张士诚，并助筑海塘，因封之。蔡懋昭《上海晏公碑记》亦称神数显灵江湖间云。

社山庙，在庙边铺海边坊，原在旧接龙桥东。高宗乾隆间沦没于江，五十六年辛亥，迁建。里人王国才有记。

盖闻明禋之典创自先民，而祀事之修隆于当代，业已御菑而捍患，自当秋报而春祈，得非以处兹土者，无藉乎人力而藉乎神力哉？社山古庙，由来旧矣。向之相土经营，特峙乎古桥之下，以为方域锁钥，高其闬闳，厚其墉垣，以永垂不朽。孰是有更旧制，议变迁之思，乃无何而水患频兴，庙宇半属倾圮，神灵莫妥，堂基渐以骞崩。自是相沿，维有历年，乡之人莫不谓营筑修葺，缵乃旧服，刻不容缓矣。不谓辛亥之夏，水障横决，庙地片土无存，神像飘零，与波上下。幸明威之显赫，惓念生灵，乃溯回以旁求，敬迎拂拭，暂寄迹于里社，待创建于兹。斯时欲仍故墟以缔造，徘徊顾瞻，尽成溪谷，或者神不乐栖乎此，而俾之无可藉手，是亦未可知。爰聚众而谋，度地卜宅，相阴阳，观流泉，遂宅中，以为一坊之镇，于是拾土木于飘荡之余，议捐资于旦夕之下，鸠工庀村，秋尽乃成。第庙浅狭，大王之主尚无所妥尔，乃复行签题，再拟董事。而大王之庙相为接连者，至除夕而工亦告竣，岂人之竞劝以至此欤？抑亦神灵爽式凭而为之默相也？然则庆乐成者，虽不得谓增其式廓，有光前烈，而迁地为良，丕基永奠，由是赫声濯灵，引于勿替，占晴课雨，惠我无疆，以是为永记于不谖云尔。时乾隆十六年辛亥冬日庙丁，己酉科举人拣选知县王国才撰。

盘古庙，在三登铺盘古巷。相传自宋迄今，李姓八老十老系新路坊人，配享于庙。明天启辛酉年重建，邑举人李芳春有记。国朝嘉庆十二年重修，邑举人李家馨有记。今上光绪二十年甲午重修。芳春记，旧志未载，载家馨记。

吾乡前临绥水，后枕银山。林木阴森，廛居栉比，固胜地也。近山之麓，有庙翼然，中祀盘古帝王之神，旁以八老十老配享。又于前门之侧建观音堂，盖创自有宋，以迄今日，不知几兴废矣。历年久远，风霜剥蚀，楹庑日就朽坏，乡之人谋重新之未遑也。会前岁六月河水泛滥，神像倾颓，遂踊跃捐资倡议修复，合铺内客商并远迩好义绅士，共签题银两，鸠工庀村，经始前年十一月，阅今年三月而工竣，规模仍旧，而润色辉煌，且于头门内添设香亭一座，示敬也。既乐成，乡父老嘱予为文，勒石以垂永久。余惟史称盘古氏首出御世，功参天地，然已荒远难稽，八老十老只传为乡之人，文献无征，典型已邈，大抵行谊堪为矜式。又或有一二事有功于吾乡者，故仿古人祀社之义，岂曰无因？若夫世尊灵迹，遍满十方，皈依之诚，又岂独吾乡焉尔乎？虽然，余更有进焉，夫鬼神为德，体物不遗，无分于古今，亦无分于圣凡，固皆聪明正直而一者也。其福善祸淫，毫发不爽。《诗》曰："相在尔室，尚不愧于屋漏。"又曰："不可度思，矧可斁思。"是以古先哲王神道设教，凡以使民迁善远罪，不知谁为之者，意至深远也。今日之举，岂惟邀福于神，徒作此崇奉之虚文已哉？吾顾谒是庙者，矢曰明曰旦之诚，察降祥降殃之本，恐惧修省，夙夜钦承，将见户尽，可封人皆古处，敦孝弟而重力田，尚廉耻而远伪诈。君子观于乡而知王道之易易者，此也，岂不休哉？是为序。时嘉庆十二年十一月吉旦。

洪圣庙，在城外西北隅。旧志但云在北门外新路庙前，有洪圣古道、衣冠胜地、牌坊，而不言创建年代。高宗乾隆五十九年甲寅重修，因严姓送地增广之，邑人高超伦有记。文宗咸丰间毁于兵燹，穆宗同治六年丁卯重建。

吾绥距南海不二百里，亦水乡也。旧依县城之北，有洪圣庙以祀南海之神。其地居人稠密，商旅麇至，咸藉庇于是庙。其所以奉事者，甚虔，与广郡诸方无异。岁在甲寅，客斯地者既庶且饶，首事等以是庙历年久远，金碧漫漶，规模卑狭，未副肃恭之意，乃商之乡之人及近乡好义者，相与起而新之。会仓山严君礼以所置庙旁地出捐，赞成是举，于是更相协力，不吝巨费，扩其旧规，添建堂庭数楹，旁置斋庐二座，不数月间，大工告峻，因而请记于余。余惟古者五岳视三公，四渎视诸侯，至南海神唐天宝中独册尊为广利王。韩昌黎云：海于天地间为物最巨，而南海神次最贵，在北东西三神河伯之上。余尝至扶胥口，观其所为神庙者，见昌黎碑，岿然具存。而其殿宇壮丽，前瞰沧溟，乾坤沈浮，云物变现，称乎其为朝廷命祀之区。今于下邑偏隅，纵极扬厉铺张，岂能拟其一二？独是神号广利，固以神之功用广利无方者也。况绥江为西北之襟，朝宗未远，千数百年商旅获舟楫之安，居人无昏垫之患，以清以晏，共乐太平，非夫神功之利赖其，孰使之然耶？享其□者隆其报，增华踵事，随力所至，谁曰不宜？且神之广利者不遗兹，则神之歆养者亦不遗兹。庙貌聿新，明禋勿替，即方之朝廷命祀，讵以僭渎为嫌。余故不辞固陋，述其崇奉增建所由而为之记。乡进士知甘肃西宁府大通县事，邑人高超伦拜撰。己酉岁，恩科举人即选县知县里人李家馨敬书。庙地原税三分九厘九毫。信绅严礼思智、思信、思和，敬将庙左边税地一段，东至罗姓塘，西至海边，南至清水濠，北至庙地，载税一亩二分三厘五毫，送入庙建造，永垂不朽。

按：庙临绥江。洪圣古道坊在庙右，正对新路街。衣冠胜地坊又在古道坊之左水步上，正对北门横街。旧志欠清晰。

盘古坛，旧志在铁场铺将军岭脚罗塘口，祷雨祈晴辄应。

镇安堂，在下甲，祀北帝。旧志云，北帝殿即镇安堂。相传宋时有知县霍姓者，精堪舆，因铺内民物不安，令于此地建北帝庙，颜曰镇安堂。铺果获安，祈祷辄应。国朝仁宗嘉靖十二年丁卯修，邑庠生陆际时有记。未载。穆宗同治二年丙子修。

按：旧志秩官篇，宋知县无霍姓者，殆日久失传矣。

仙灵坛，在下铺北坑口洞内，祀北帝，祷雨皆应。

盘古庙，在涌桥塔冈之麓。旧志云一在封冈者，指此。高宗乾隆五十年乙巳修，知县董文驹有记。

余莅绥之明年，倡捐修复对冈文塔，及建造三元祠。既落成，同事之荐绅酌酒酬神，以报成功，邀余主鬯。既毕事，旋署。适有近乡之绅士耆老环舆吁请，词称山下之盘古庙同为邑之门户，日久倾圮，乞并为修复，以重守捍，以壮观瞻。余即循山北麓，见薜荔缘墙，藤萝覆瓦，蛛丝尘网中，始见欹斜神像。不觉怦然心动，遂复捐俸首倡而修塔，诸君亦复踊跃从事。城厢内外以及附近各乡莫不乐助签题，积有成数，遂选料需材，卜吉运造。经始于四十七年之冬，越六月而始竣厥事。董其事者同谒余，乞言勒石以垂永久。余惟盘古氏阔远无稽，考道原刘氏外史以及秦博士有天皇、地皇、人皇之号，荒邈无征。即汉儒孔安国暨《吕氏春秋》三皇五帝之议，亦颇支离附会，至《通志》所载盘古墓在南海蛮夷洞中，亘三百余步。相传后人追葬盘古之魂，故两广蛮洞多为盘瓠之后，或谬为盘古。此本《述异记》，更不足深信。抑以见我夫子删书，断自唐虞，诚为万世不易之论也。但案是庙之建，倚山临水，古人相度地宜，原与文塔、三元祠相为依附，为通邑下关巨镇，其关系甚重大，非他处庙宇止为一乡一村者所可同日而语，故历时修建代有其人，碑碣可考。今既修复落成，整肃宏敞，赫然焕然，与塔祠巍然鼎峙。下而波光云影，水天一碧；上而古木参天，浓阴匝地，风帆停泊，舆马往来，无不肃然瞻仰。而且附近之父老子弟，偃息其间，相与量晴课雨，闲话桑麻，岁时伏腊，祈禳报赛，同藉神庥。年丰人寿，熙熙皡皡，实足绘太平之景象，为盛世之休征，此古昔帝王神道设教之深意，其可以阔远无稽，遂置之弗讲可乎？余故濡笔而为之记，并将乐捐姓氏勒于碑阴，以风示后人，且为将来之修是庙者劝。是为序。时乾隆五十年乙巳仲冬谷旦。

今上光绪十年甲申修于其右，添建姜公祠。旧志又云一在寺冈，今寺冈已属涌桥铺，而《采访册》无两盘古庙也。

上廉侯庙，在河西铺上甲独冈寨边，创建年代无考。国朝宣宗道光七年丁亥重修，邑人刘遵有记。

节录。廉侯庙建在独冈者，乃河傍七寨香火之区也。余居与七乡相邻，尝搜剔旧碑，考其年代。廉候神始于宋端平间，兄弟五人各司其土，故庙貌不一而足，而独冈之庙建造最先，由来已久。贞山峙其前，绥水环其后，左右树木青葱，居民旋拱，形胜极佳。

弼婆庙。在二甲嘉村上，明穆宗隆庆五年辛未创建，自神宗万历十二年甲申，迄国朝仁宗嘉庆二十四年己卯，经修六次。今上光绪十四年戊子重修，乡人有记。

邑人李能茂联云：扫罗山几处妖氛，弟兄鼎立；享双冈千秋庙祀，夫妇神通。

按：庙所祀不知何神。旧志载李君联，似亦撮举其事迹者，究未得其详也。今《采访册》据乡人碑记云，神乃粤西贵兴县人，娶弼氏兄弟三人。楚汉间，扫除罗山坑口、双冈等处贼寇，民得安居乐业。殁而享祀双冈，称罗圣天王。前明隆庆五年辛未，有马姓童女忽口称我弼婆也，长兄镇守独石，二伯兄镇守严口，我与丈夫镇守此地，庇尔村民，宜为我立庙。乡父老诚信创建，此弼婆庙所由来也。然粤西无贵兴县，楚汉乃秦二世时，并无所谓粤西者，乡人但以父老传闻若此云尔。庙中仍祀罗圣兄弟三人，而祀弼氏夫人于其右庙，以弼婆名，殆因其降神而记其所自始欤？

三圣宫，旧志在田东，《采访册》在三甲地豆墟东南，香火甚盛。凡乡民冠婚建造之卜日者，疾病之求方者，远迩咸集焉。

仙女庙，在三甲马鬃并山顶，祷雨祈晴各著灵应。乡人称仙女娘娘。

镇源庙，在四甲孔洞岭下，宣宗道光四年甲申建，邑人吴大猷有捐置醮产记。

田东四甲之有镇源庙也，道光四年始信形家之说，水聚为财，审体势之宜源，开者利度，鲜原而启宇，依高埠以为基，蠲吉程功，规模大备，事神如在灵爽式凭。盖中祀真武帝及文武二帝君，六十七年于兹矣。枌榆报赛，既祀事之。孔明桑梓，钦承复醮，期之特设，三年大举，百族同趋，固已联我乡情为故事。独是醵钱为会，虽汉世所常行，酺饮成欢，亦唐时所不禁。然而极盛恐难为继踵事，未免增华。当夫八景铺扬，三灵胦蟹，结佳枝而延盼，申椒醑以相要。听在和平，有丝竹管弦之盛，思其嗜好，备牲牷酒醴之供。惟服教而畏神，费斯勿惜，乃降祥而锡暇，福有攸归，诸父老以为头会，指数未免攫取之多劳也。家给户输，曷若善余之靡竭也。爰集同人特筹良法，各先捐银若干，共得四百余两，为置产取息，以供醵祭之需焉。今而后如大比之兴贤，敬而无失，如计偕之，报最用之，则行所由呵护有灵，祷祈立应。甘雨时至，则屡颂丰年，惠风告和，则咸休安宅。遍为尔德，恒在于斯。况乎水德绵长，源头活泼？阴骘之文有训，忠义之气常昭。凡四甲之同荷姘㩻、仰承惠泽者，可不临事而勿惭，对越居常而共勉醇良也哉。猷忝属邑人，未瞻庙貌，获闻乎善举，思勉以箴言，适门下士潘子近光请记其缘起，俾刻石以垂永久，因并之。姓字备书，固为其德不忘之义，情辞过切，犹是与人为善之心云尔。光绪十有七年，岁次辛卯，仲冬吉旦。

　　二圣庙，在东楼乡，创建年代无考。国朝屡修，今上光绪六年庚辰复修，邑优廪生区子玭有记。

　　今夫德不足以感万民者，其食报必不隆也。功不足以及后世者，其享祀必不永也。庚辰岁，余适主讲于龙田书院，暇时与其乡之父老游，访遗闻，谈轶事，佥曰："东楼乡向有二圣感应大王庙，验非常。"其庙不知创自何时，而康熙、乾隆、嘉庆年间迭经重修，虽至今乡之人。犹不忍忘其功德而飨祀有加焉。相传立庙之始，因斯土有龙潭为祟，每岁必取一人为轮祭，二圣大王爰奋獬触之威，除龙潭之怪，乡之人赖以安焉，立庙祀之，灵爽式凭。历有年所。余闻斯言也，深叹神之伏魔息妖不亦勇乎？除暴安良，不亦仁乎？赫声濯灵，其应如响，不亦知乎？神之得隆其食报，永其享祀也，宜矣。余心焉感之，方欲道扬盛德而未有比也。适是岁仲秋之月，其乡人以庙颇有残缺，捐资重修，集狐腋以成裘，乃鸠工而启宇，规模仍旧，栋宇维新。时当落成，值事某某等因吾友曾玉堂致意于余，俾为之序，以志其事。夫神之行迹，神之显应，与其庙宇之巍峨，乡人之感戴前人，已详言之矣。又何容余之复赘一词哉？然余窃有感焉，盖以庙之立也，距今数百余年矣，其中之断础残垣泯灭不彰者，何可胜道。而斯庙乃亘古如新，于今为烈者，抑独何欤？观于此，益叹神之功德，所被流泽孔长而乡人铭感之靡既也，况从今而后神之默佑于是乡，乡之藉庇于斯神者，更未有艾哉。青山在望，如瞻圣德之崇高，绿水旁流，长沐圣恩之汪秽，神之灵也，乡之幸也。仅曰崇垣埔，壮观瞻，曾何足云，曾何足云。光绪六年，岁次庚辰，季秋，吉日，邑人优廪生区子玭熏沐拜撰。

　　按：此庙《采访册》未报，各铺亦无东楼村。附载于此。

　　唐圣庙，在旧村，为内六乡共祀，灵应异常。事迹别详古迹志圣坑山。

　　通龙庙，在坑尾山之最高处，祷雨必应，俗呼求水物。

　　水源庙，在龙头铺，世宗雍正三年乙巳建，仁宗嘉庆五年庚申重修，里人卢应中有记。

乡之水源庙，钟扶峰之灵，毓龙溪之秀，兴雪降雨，流泽孔长，但使楹桷依，然钟口无恙。生兹土者，煦妪涵育于其间，室家饶裕，人物雍熙，亦共相忘于山高水远之际而已矣。乃当岁时伏腊，问雨课晴，忽不禁周览坛壝而有感也。诚以吾侪食德饮和非一日矣，纵不能美奂美轮，壮厥王居，而乃竟令昔日之珠宫丹陛，竟尽零落于荒烟蔓草之中，岂王泽之既竭乎？抑何坐视其湮没而不为之所也。孰意冥冥漠漠，若启若翼，一人倡之，百人和之，鸠工庀材，不日之间，重新庙貌。夫岂人力所能为哉，亦惟是王灵弗替，息之深深，达之亹亹，阴佑默相，而使时和年丰，人民康乐，以至于此。至此，而益叹浩浩乎其源愈远，而其流愈长也。爰刻石以记一时之盛云。嘉庆五年，岁次庚申，仲秋，原任潮州府揭阳县教谕卢应中敬撰。监生卢其琨书丹。

庇民庙，在罗源铺一甲金鸡径口，祀陈邓二公，捍灾御寇，迭著威灵，乡人多藉庇焉，因以为名。

聚源庙，在七甲铁坑水口，祀冯陈冯三元帅。相传前明平土寇后得道者，土人有祷必应，故庙祀之云。

逍遥庙，在鹿鸣铺一股耽村，祀白马大王，一在三股上塘村，一在下塘村，均祀逍遥大王。

逍遥庙，在三股白贯村，高宗乾隆十五年庚午修，里人张炳超记。仁宗嘉庆四年己未。宣宗道光二年壬午三十年庚戌重修。

节录张记。易有之圣人以神道设教而天下服，是知古先圣王虽务勤民，未尝不致力于神也。而求声灵赫濯，感应昭著，则莫过于我铺古庙焉。于惟敕封逍遥浮化感应大王，功重前朝，恩覃陆海，庙宇之设，由来旧矣。独是历年久远，风飘雨蚀，因而瓦毁垣颓。己卯初春，赵君楚琚倡其议，李君梧、胡君永海持事，诸首事协力董其成，勒簿劝捐重修，不数月间而厥功告成。于是见人心之可与有为而叹我神之感人者深也。乾隆十五年庚午仲冬，贡生张炳超、邑庠生李遇英同勒石。

前山庙，在芙蓉铺上甲狮子鼻，一在下甲聚村西，一在白水口。相传兄弟三人同时得道，乡人各建一庙祀焉。

黎侯庙在冈头，旧志作冈头庙，祷雨祈晴，灵验最著。今上光绪十二年丙戌重修，两旁添建厢房，中间添建香亭。

五岳庙，旧志在庶富铺，今为富溪铺，《采访册》在村心门前，即古三级石也。楹左祀黄太姑，详"杂事志·轶事"篇。

墟主李公庙，在黄冈墟与舟官社并祀。高宗乾隆五十七年壬子修，陈其荣有记。今上光绪十五年己丑修，张文林有记。

闻之社祭土而答阴灵，先王所以神地道也。舟官市有社坊焉，自来一李公耄年启化居之场，兴复古迹。岁时修美报之典，建启坛场。维时公普其休，人歌其德，阅数年而公亦逝矣。近地陈公菊轩溯开创之艰，不忘本始，思精魂之恋，未忍沦湮，乃立社于市前之阳，而以李公列诸其右。自是舟官愈盈三珠之藏，商人益感千秋之泽。前者癸未之岁,曾因倾圮而重修。及今王子复顾凋零,而再感菊轩陈公嗣孙,欲使廛肆永邀神贶,长沐恩膏,爰同阖市,捐资鸠工修葺。正使质其傍者,赫然见社公之神爽临其地者,悠然慰李公之清灵,而我商人捐资者,亦同勒碑以垂不朽焉。乾隆五十七年,岁次壬子,庙丁陈其荣拜记并书。

原夫舟官市之设也,创自来一李公,继而起焉,又有菊轩陈公,实受其业,承税数十余亩。公思开疆辟土,创于前者,不畏其艰,承业蒙庥,踵厥后者,当思其本,于是将税地而建墟主庙。李公与社公并域而居焉,自后铺户日增,市廛益盛,此亦社与李公之灵爽式凭,商与贾之谋为顺遂也。初,乾隆年间癸未壬子,越道光戊申,经三次重修,可知庙历多年,由来已古。不料光绪十一年五月河水涨大,附近基堤崩缺,此庙岁旧址犹存,而墙壁瓦面多有倾覆朽烂。兹墟主及合市公议捐资重修,鸠工庀材,不日成之,固宜勒碑,以垂永久焉。光绪十五年,岁次己丑冬。张文林记。

五谷坛,旧志在隆伏铺洞心,为乡人祈报之所。仁宗嘉庆二十三年戊寅重修。

按:旧志又注,相传天宝间田中尝出金腰米进贡,因号其田为禾坡坜,祀五谷大仙云云,语殊不经。

【光绪《四会县志》编二"建置志"】

龙母庙,一在伦埇村,一在三洲墟下马头冈,一在大唐美村东坐癸向丁,一在龙潭村西巽干向。

【光绪《高明县志》卷十六"杂志·寺观"】

天后庙。群祀。岁以春秋仲月上癸日致祭。祭品未有定例,仪注与文昌庙同。

《祝文》:惟后配天立极,护国征祥。河清海晏,物阜民康。保安斯土,福庇无疆。千秋巩固,万载灵长。神恩斯报,圣泽难忘。虔修祭事,恭荐馨香。士民一德,俎豆同堂。仰维昭格,鉴(此)蒸尝。尚飨。

龙王庙。群祀。春秋仲月上辰日致祭。

风神庙。群祀。春秋仲月天干之己日致祭。

【民国二十七年《高要县志》卷九"经政篇二·典礼"】

水火二帝庙。道光间,知县袁如凯倡建。袁如凯序:"古之伟人封为上公,祀为贵神,社稷五祀是尊是奉。水、火、金、木、土、谷,各有专司。司水火者,实与社稷并重焉。况以水德王者,其帝颛顼;以火德王者,其帝炎帝,又皆生有圣德,受天命而为天子者哉。吾怀水火二帝殿向在城隍庙西遍,宽不逾丈,甚非所以崇先圣,重民命也。爰捐廉银二百以为倡,怀人士固能知此意也，咸踊跃从事，择址于朝天宫之左右，分建专祠。自创始以迄告成，凡百日。"

解元祠，在县治后，祀谷神高解元。邑人以苏忞主祀于高像前。崇祯十六年，知县李盘委阴阳官刘睿明重修，移苏主于前楹。李盘记云："按祀典，能御大灾及以死勤事者，皆在妥侑之列，以崇报也。盖其精爽之感通，忠愤之郁勃，或动天子睹听，或贻里闾兴思。礼因情设，有必不可磨灭者。怀邑所祀神不多载史乘，而高解元之神则甚灵异。神讳显忠，凇山人。元至正间，尝白日见朝自陈涔水书生赍志以殁，愿得一宫，敕赐南山解元，司人间祀续事。是夜坏邑之三宿岭，百花丛馥处神遣飙霆，破山而垒宫焉，遂于县治后立祠祀之。凡邑中黄冠为民祈后者必以神为盟主，则神之功名道德足以血食而不衰矣。逮皇明宣德壬子，苏公讳忞者领乡荐第一，为楚靖州守，适寇燹逼疆，擐甲帅其民，三白度桥拒战，屡挫贼锋，力匮无援，死于七里坡前。靖州其死节之乡，怀邑其降生之地，靖州既有庙祀，怀邑不宜独无，邑人以高公解元、苏公亦解元，遂于高解元神座下祀苏公木主。余莅怀遍览丛祠，于斯而叹祀典无稽，虽以祀两解元，实以渎两解元。夫先后之时既殊，世数不相近也；幽明之理亦异，名号不相蒙也。以靖州公之贤，若麟角螭珠，竞为瑞宝，英风义气足焕豆登，乃无佑以妥主，无楹以肆筵，无丹艧以示灿藻，无阶□以别尊卑，无供具以告备物，无涂墍以御飘摇。而高之像肃爽巍峨，苏之主卑栖席地，不惟苏公隐存怨恫，即高公顾此倒置无伦、杂处无别，何以居歆？余欲专祠苏公，虽于定基、措费，复念两公世虽不相近尘中，后先百岁，神如旦暮遇之。名号虽不相蒙，然高公遗形涔水，结想燕云，生前未上苹筵，殁后犹沾桂禄，今代榜首焜耀于怀阳，谓非高公之开其先而翊其盛乎？宁必苏公为真，高公为幻乎？幸祠屋有二进，祀高公于后，前虚数椽，若天留以待苏公者。余捐资，诹日，鸠工，设龛塑像，俎豆苏公于中，分其祀而合其祠，扁曰两解元祠。彼驭风云，此骑箕尾，聪明之性与正直之灵互答于苍梧，交乘于气运。怀之丰税绥和，两解元所共界；怀之寇攘水旱，两解元所齐祛；怀之淑慝贞淫，两解元所徧照面降。吉凶祸福同功，而上下其位有轩有轾，名虽合而实分，同功而先后其祠，并举并隆，名虽分而实合，如必规规然。执百禩为二时，泥幽明为二理，则为迂愚之论。已，修饰告成，谨志数言于片石，以明祀典之宜。"

靖州知州伍玑诗："早领乡魁握郡符，誓芟苗寇此捐躯。威名一代贤州牧，忠义千秋烈丈夫。士气激昂今可少？圣恩襃宠未应无。封章万里驰天升，一点精忠片月孤。"

知县李盘诗："杳然故国鹧鸪班，守土贞臣生不还。帜别城阴当落日，陂横阵势格群蛮。猖声湘水从军曲，鸱尾怀祠报主颜。"梦草，草名，出靖州。带之能瘖。至今风下警英魂，犹恋马王山。靖州有飞山，乃马王平寇处。

顺德黎冕诗："断云残照接三湘，七里坡前旧战场。太守何惭真烈士，靖州原是古洞乡。科名一代风云外，节义千年日月光。砥柱中流知有几，史臣端为表纲常。"

邑人陈禄诗："凶苗几度瞰孤城，太守亲提五百兵。抚郡忍令民独死？矢天不与贼俱生。三千里外英雄壮，四十年来祀典明。凛凛睢阳祠庙在，愿因褒诏励忠贞。"

西界庙，县治西北七十里。西界，开建神灵，显赫仕宦，入境必祭。咸丰元年辛亥，贼逼冈坪，望西界。松山旌旗蔽日，寻退。知县李萱挂匾纪恩，祀以太牢。同治甲子，庙左建上清坛，刻天师真相，下为梅花亭，又为望岳亭。亭之上即五云阁，阁外万山拱揖，忠悦、齐岳前后列峙。金鹅水曲折西来，入花石洞而去，即赤水也。前明庙建山顶。雍正壬子，举人莫待移建山麓。乾隆壬子，廪生莫蚑倡修。咸丰壬子，举人曾宏仁倡修。己未，毁于贼。同治三年甲子，举人梁彭、曾佩璁倡修。

大庙，在广宁县接界处。仕商往来者多祭之。旧系坐东向西。万历中，改易坐向。崇祯十六年，知县李盘修复还旧。李盘记："祀典之兴，古今无异。天神、人鬼、地祇、物魅，其类不可胜穷。降福垂庥，御灾捍患，其功不可遍述，而墨绶长吏，白屋编氓，即一方之所灵应，新其庙貌，广其祈弭，积诚以荐，馨香循分，以昭美报，皆其愿力所共勤者。由怀集而东若干里有大庙，为敕封顾江侯王三圣之庙，其地则广宁也。以怀集而祀神于广宁，得无非其所祭而祭之欤？然三圣之中有南山解元高十六官，相传为怀邑之人，怀亦多有解元庙，而大庙去怀甚近，礼宜祀之。庙复当怀之顺流，邑中齐岳诸山之水汇于南溪，经大庙回环拱抱，乃绵绵徐逝达于南海。一邑之人文秀杰毓聚而尝多蕴含而不竭，皆三圣幽赞其灵也。仕宦往来，商旅骈接，居怀者为乐土，入怀者为安澜，皆三圣默扶其旺也。三圣之庙食于广宁，而并庇于怀集，为日久矣。怀之人民、商旅而不知美报，令于斯者而不知萃民人商旅以荐声，何以仰答神贶乎？且东粤之地而尽于广宁，西粤之地东迄于怀集，三圣列其中，诚五岭之祥光，两粤之灵境。庙之基后枕崇隆者为龙山，前揖岐嶷者为虎山，庙中神将有伏虎先师，每朔望则群虎夜渡横波入庙拜舞，乘丹穴长离之地脉，应心尾参代之星文，其灵爽之大如是，洵宜以大庙名哉！又非特两邑之蒙嘉祥也。某庚辰之岁来令怀邑，尝舣舟而奠酒浆。辛巳之秋，谒制府于端州，取道三水，返县治复经其下，询之士人、贾贩，佥云旧址背东面西，自万历十六年始移今处，易旧向矣。余目击衡宇摧颓，墙垣倾圮，亟图所以新之。又思旧址背东而面西，水流自西而向东，则逆受水势，合于堪舆之理，乃眷西顾，并协三圣兼庇怀邑之灵。卜之而吉。客岁某月，倡议鸠工。今岁某月，峻事。壮丽峥嵘，大其规制，两地之民人就而祝焉。九州岛之客子过而问焉，庶以彰莫大之灵爽。因记于石，而为之铭。曰：肃肃灵仪，山川纠会。古树阴森，白云为带。天锡崇封，顾江泽沛，伏虎扰龙，凝威至大。两粤一区，冥感无外，福庇群黎，及于商侩。庙貌重辉，悠扬神旆。木德高居，金峰爽籁。吉祥是求，凶灾以禬。雨顺青畴，波恬素濑。牲醴粢盛，遍陈香霭。伏腊岁时，咸歌清泰。"

【民国《怀集县志》卷十"祠庙"】

龙母庙，在白沙堤。光绪八年，知府绍荣详请大宪奏准加封广阴坊。采访册。

赤水庙，在桂林郡都。宋咸淳间建。神，邑人，姓莫，行三，平生勇敢，草寇劫掠，有捍御功，都人咸德祀之。府志。

龙母庙，在禄步虚新市街外。同治二年，张远昌集众倡［建］。九年，前座毁于火，后经街众复修。俱同上。

五舍庙，在新桥墟，神为马、赵、廖、伍、利等结义兄弟五人。旧名老人庙。明熹宗天启七年丁卯，阳信王弘福见《明史》，鲁荒王檀十世孙。征老香山土匪，道经新桥，阴霾昼晦，舟不能行，定柁江干，舍舟登岸。见老人庙，入而展谒，默祷于神，许以胜贼凯旋为神请敕。俄而迷雾四散，即抵香山贼垒，一战遂捷。旋师时，请旨赠以护国庇民匾额，题曰："敕封义勇五舍大将军上款，钦册阳信王奉酬下款。"此匾今存。

太保庙，在长利都。神为本都人，庐姓名僧，又名伟，府志。生宋末间。尝为乡人捍患，后因立庙于灵龟，地方亦号为灵龟庙。元仁宗延祐朝，始太赐保封号。至清嘉庆道咸间，屡著灵应。同治九年，该都官绅请巡抚李福泰由礼部转奏，吁恳敕锡，奉旨依议，钤出"威祐"二字。具详庙碑。采访册。

白石庙，在白石村。宋元祐二年建，明末附祀村人马真人。清乾嘉道间，村中居民尚数百家，咸丰毁于贼，夷为邱虚，无复片宇，惟庙独存。

洪圣庙，在横石冈顶。顺治间创建。光绪三十四年，潦水大涨。西围鼎继冈麓基堤已决，乡人惶恐，连卜于神，皆吉，遂竭力抢救，卒获保存。

康公庙,在茅冈村。颜曰"灵真堂"。其建设未详,祀宋名将康元帅。乾隆间建,屡著灵应。光绪十一年,西潦暴涨,围堤倾卸,危险万分。围董迎神置堤上,倾卸至神桌前而止。于是乘机抢救,堤卒无恙。光绪十四年重修。

相公庙,在金东围东庆村。相传明代端州陈太守四子奉委督修基堤,驻扎于此,而终焉。村人以为有功于民,筑亭立像以祀之。清嘉庆十二年乃增斯庙。俱同上。

【民国二十七年《高要县志》卷六"营建篇一"】

兰陵庙,在城东攫英坊,郡守李麟建。神为县贞妇王,居城东兰陵巷,封兰陵明惠夫人,庙废已久。旧志。

岑圣庙,在城西外西北隅,亦名十王庙。相传神阳江人,岑姓,兄弟十人,辅宋封北将军,宋末同殉节于此。明初封忠勇侯。府志。

【民国二十七年《高要县志》卷七"营建篇二·古迹"】

(三) 著述

方尚祖:《重建龙头庙碑记》

邑之西十里许有大村墟,曰江口,相传为旧县治云,受西粤漓、郁、黔、贺诸水,即汉驰义侯橄夜郎,兵下牂牁,会路伏波,出番禺,及伪汉刘龑命苏章沉铁环败楚军处也。万顷浩淼,中涵灵洲,怪石嵯峨,能与波上下,因是得名。两岸瓯堤如线,绿榕翠竹交加而竞秀。层峰叠嶂,互对而争耸。客艘鱼艇之所维泊,西东财货之所贸迁。诚临封之奥区,交广之咽吭也。瞰江有龙头庙,余于乙巳春奉简命莅兹土,以读法谕俗。至其中,询知神之灵异。凡遇冯夷肆虐,旱祲乖沴,居民及往来舟楫有祷必应,如度量衡之不我欺也。瞻仰徘徊,见岁久榱桷榱檽,蠹齿欲绝,殊觉荒顿。余念神能为民御灾捍患,若是慨然亟葺之。因文庙、黉宫、楼堞、馆传俱厄,西涨没旧观,指帑空虚,难任此繁縻。爰捐俸次第举修未逮,固心衔而默待也。至戊午冬间,诸役告成,政欲移余功于此。乃乡下父老已募金□庀而请记于余,乃嗒尔自笑,世亦有早计若余也,而靳于一叙述耶。余观江口一喉吞西省四大水,距南海数百里而遥,崇山峻峡,重错盘阻,不下千曲折,澒荡弥天之势难杀,即龙门壶口之险莫逾。吾民充自完而永利者,似凭神贶也,英爽讵渺茫哉。以此谕之。神之得庙食于江口也,宜矣。鲜丹臒之漫漶，钟垣墉之圮塌，坦级堿之欹倾。计工费共若干缗，肇事于万历戊午冬至，近月讫功。由是飞栋曾甍，切云标汉，绮窗曲槛，临虚流丹，江净澜回，神妥民安。行道之人，倚棹之旅，谁不举手加额，称伟壮哉。职其事，某等凡若干人，为文而纪其事以彰神功者，封川令莆阳方子也。时万历四十七年己未岁重阳日。

【天启《封川县志》卷二〇"艺文志一"】

方尚祖论曰：往籍有云，蠹鱼啗真文而作仙神，蠕动聆说法而得解脱。故梵经宝笈倾信各流，精舍丛林遍古胜地，乃拔宅飞升，证果菩提之论，均有所服膺而超悟也。虽言不轨于世教，人不侔于圣哲，第方外幽栖，蒲团入定，贤于逐物婴情者远矣。夫函谷之文五千，卤来之典三乘，道总在黜邪妄桌性命，归于空中，得一法亦最要，约而曰丹灶药炉，龙虎铅汞，恒河彼岸，慈筏莲台者，寓言也，皆自吾心上取譬耳。厥后黄冠缁衣之流，溺其旨而昧其宗，创符咒醮忏之术，恢张通神，幻化光景，以簧鼓愚夫愚妇，为事愈奇，叛正愈甚。故尊生羽士采药求丹，鲜见驭鹤以翀举，禅诵净侣茹素佞佛，未闻传钵而理槃。岂自盩夫法门不觉哉？盖至人餐霞吸露，入水火不濡灭，世多诞之，不知吾心自有阴阳造化也。吾人之学，自养气尽性而至位天地育万物，皆分内能事也。此三教之道源同流异，但有省有不省耳。余兹取于巴玉白云，非厌中庸，侈谈隐怪，欲以破世迷扶俗谛，胡伤乎！

【天启《封川县志》卷二二"杂事志"】

《护国通天惠济显德龙母娘娘传》

敕封护国通天惠济显德龙母娘娘温氏者，晋康郡之程溪人也。其先广西藤县人，父天尝宦游南海，娶程溪梁氏，遂家焉。生女三，龙母其仲也。诞卜楚怀王，辛未岁五月初八日，甫生时发长竟尺，仪容瑰玮丰下。稍长，结邻姬与其姊妹为七人，慨然有利泽天下之心，常于稠人中望空，似有他应，答问有以出入询者，辄中人祸福，时人目为神女。且多病，不食旬日，面不改色，尤工女红。一日浣纱于江，拾得卵大如斗，光芒射人，怀归藏之珍玩不置，遂于七月二十一日出五物，如守宫豢养。渐长，放之水，能取鱼。母每往观，辄以鱼置其侧而去。母因治鱼水滨，挥刀中一尾，遂去。数年乃还，头角峥嵘，身皆鳞甲，文分五色，见者惊异。母喜曰："吾子犹龙，今复来也。"郡守上其事于朝，始皇三十六年春，遣中使赍黄金白□来聘，母固辞，使者强就道。旬日，舟至始安郡，一夕龙引所乘船还程水，使者疑之，复督拥舟去，龙复引归。凡数四，乃知龙子之所为。使者具闻始皇，乃止。母遂复与姊妹邻姬渡物放生，发狂行乐。性喜白鹿，常豢之，以乘出入。农人恶其害稼，母断一足放之南麓山。母一日渡江观鹿，适舟覆，母为之溺，次日，母带所随之人归，乡里往询之。曰："若从儿曹家来耳。"逾年果以疾殒，乃前守宫化为五秀士，乘一苇东来，如执亲丧。丧具之物无不毕给，既葬于南岸青旗山后。一夕大风雷雨，怒浪奔涛，有鼓乐号泣之声。黎明视之，江北潦地拥成陵阜，而母移墓在焉，远近来观者莫不神之。其立庙于墓右，能呼吸风雨变现万象，凡水旱疾疫，随叩随应，往来仕者商者咸沐其庥。时有白鹿与黄猿守墓，朝夕叫号者竟年。又有二大蛇常在庙中，三蛇常在墓侧，与之酒则饮，闻乐益饮。乡人第为五龙庙，庙之左曰黄旗山，有夜游石，夜半放光，形如宝鸭并游。右曰青旗山，巨木丛茂，闻有盗伐其木者，群蛇叠至，人即暴亡。有三足鹿，即母所豢者，善鸣，鸣辄验。如在山上隅鸣者，贵宦诣庙，自上来，下隅鸣者，则自下至，迄今一鸣不爽。有猿、有白鹇、有麂、有野牛迭出，并无一人敢问者，故鼎革以后，大江山木濯濯，独此山葱郁不改，则神灵之显赫从可知也。后拥金鸡岭，旧志云："金鸡岭后啼，娘娘护国还。"前有二贵人捧诰峰，近则灵陵水玉带潆洄，远则杨柳水万顷汪洋。山川秀丽，当不下罗浮诸名胜。本州四乡二百寨皆有行祠，别郡行祠难以枚举，累朝封赠各有诰敕。汉高十二年封为程溪夫人，并谕葬。唐天佑二年封永安夫人，又封为永宁夫人。罗隐南游至庙，作签语八十以彰灵验，户部侍郎李绅被谤贬端州司马，历封康，间濑险涩，惟乘涨流，乃济康州，有□□□旧传能致云雨，绅以书祷，俄而大涨至端，所赋诗有"音书断绝听蛮鹊，风水多虞祝媪龙"之句。宋熙宁九年，安南招讨使郭逵奉上征交趾，兵甲粮馈之运，舟尾相继，未尝有风波之虞，凯旋表言："龙母有功于国，宜加敕奖。"越明年，诏赠龙母为永济夫人，又加封灵济崇福圣妃，长龙为显济广泽助顺侯，二龙为佑济助泽广惠侯，三龙为助济普泽敷润侯，四龙为友济顺泽广福侯，五龙为协济敷泽嗣□侯，其姊为柔泽翊惠赞灵夫人，妹为美泽昭惠协顺夫人，邻姬魏氏、王氏、许氏、邓氏俱封夫人，赐庙额曰"永济"。既而转运使马公复奏改额曰"孝通"，盖取龙子卜地移坟之义。元至正间，悦城民董熙作乱，本路总管梁全统兵讨之，诣庙祷曰："事苟捷，当有以报。"于是乘夜直捣其穴，擒厥渠魁，民获安堵。全遂捐金重建龙楼，并置银卦，以便四方祈请。明洪武元年，遣征南将军平章廖永忠下岭南间关，波涛险阻，常梦五龙呵护其舟，果无覆溺之患，乃表言娘娘与五龙护国庇民。八年，封为程溪龙母崇福圣妃，九年，又封为护国通天惠济显德龙母娘娘，五龙五泽侯俱晋封王爵，每岁五月八日，谕遣官致祭。洪武十八年，知州潘□文以往返劳民，奏请罢祭。诏赐居民得以附近山泽之利为递年代祭华诞之资。永乐十一年，知州黄广、同知李纶谕、耆民梁尚文、陈王政等募建，给事中陈铎大书"孝通庙"三字。永乐十三年，本州判官徐行始赴任，晚抵悦城泊舟，夜梦老妪面垢色，衣裳褴褛，语曰愿乞金。忽觉，莫晓其故，黎明登岸见庙神像俨如梦中，阅其历代诰敕碑文，感其灵异，乃制衣而饰其像。正统三年，悦城巡检刘秉恒偕耆民梁尚彬募修仪门三间。十三年，都指挥王清于仪门内创立牌坊，扁曰"感应"。嘉靖二十四年，两广都御史张公岳调汉达官兵征封川獞贼，舟抵悦城，观庙，叹地杰神灵。及至封川□□剿贼，忽见一朱衣夫人执钺以麾，俄而不见，遂擒贼首。苏公乐等因感母阴助，命知州方用大修庙貌，重建仪门，礼祭以报焉。以下博士梁正宸详识。

国朝顺治十七年，总镇高雷廉等处都督同知栗养志有边事，惶惧，诣庙祷曰："苟叨神恩，当修庙以报。"果高迁，捐俸三十金送肇庆陈水师，以为之倡。十八年，知州饶崇秩、署州事林英、南海进士陈显忠、东莞进士莫梦吕、高明进士区简臣先后出序捐资，与本州乡绅梁正宸、陈志皋募建三座。工费浩繁，复请知州秦世科出序募助。康熙七年，始获告成。是年八月二十六，娘娘升殿之晨，是时，五龙归朝，巨风大浪，拥高二丈，官商莫不称异。八年十月，两广都御史正二品加四级周讳有德诣庙致祭。十年，娘娘行相，州中绅衿士民复卜地，仁寿里建庙二座而奉祀焉。

【康熙《德庆州志》卷八"人物·外志附"】

张维：《重修永济夫人行宫记》

永济夫人龙母温氏者，晋康郡之程溪人也，其先不可得考记。秦始皇时，夫人瀚于江侧，得卵如斗，异焉。持归，藏于器中。后有物如守宫。破卵而出，长数尺，性喜水，嬉游自适。夫人每往观，辄以鱼置其侧而去。一日，夫人治鱼，误挥刀斩其尾，遂不复见。久之复来，遍身生文鳞，有五色头，有双角，夫人与乡里始以为龙。郡守以上闻，秦皇帝遣中使尽礼致聘，将纳夫人于宫。夫人不乐，使者敦逼上道，数旬至始安郡。一夕，龙引所乘船还程水。使者复还，龙复引归，凡数四。夫人果以疾损，既葬西源上。后大风雨，其墓忽移江北，即今悦城也。合境畜乘皆汗而疲，昼夜号哭，有声如人，远近神之。共立庙于墓旁，祈祷应答如响。始有二大蛇常在庙中，与之酒则饮，闻乐益饮。又有三蛇从二蛇游，乡人第为五龙。其大者谓之橛尾龙，尤变化不测。唐大和中，李景休、会昌赵令则刻文于碑，详矣。大宗熙宁丙辰岁，交贼犯顺，皇师致讨。兵甲粮馈之运，舟尾相继，未尝有风波之虞。使者具言夫人有功于国，宜在祀典。戊午，诏赠龙母为永济夫人，委官增修悦城庙貌楼居，宏壮甚盛。州之西南隅，夫人行宫枕江，下临石迹。其居高爽，而栋宇颓圮，风雨莫蔽。郡人徐晓、王恩、陈京等议，欲率众营构一新，众意未齐。会维以罪来隶郡籍，因为文出钱以倡，众皆奉行。率钱得六十五万，鸠工聚材，逾年告成。祀堂邃深，拜阁巍峨，门厨、廊庑俨然有序，制度不侈不广，而木石精粹，可以延永，望者莫不伟焉。

邓桓显：《孝通庙记》

晋康郡悦城之龙母，闻于天下矣。自秦讫今，盖千数百年，其感神灵享如在。凡仕宦之南北、商旅之往来者，靡不乞灵于祠。桓显过之，因究修庙一事。西庑下石碑，岁久剥裂，无可读者，徒叹恨而去。今蒙恩守土，求之民间，得庙记二。观夫人之事，发迹于程溪，以圣母有鞠育之仁恩，而五龙有劬劳之孝报。视今迁奉之地，前后左右，山川气象雄伟，殆非人之能卜而有是也，以旱岁有数雨，以泽四方。故能历享圣朝封诰之典。今其族类繁衍，出入变化于万里之外，惊动祸福，故多据形势以建其庙，则血食之奉益广而无穷者，自兹庙始。然古今之记述不可以无传，旧记文繁，因稍芟去，令工并郡之行官张君维所记，并镌于石以垂攸久，使来者有考焉。

黄适：《重修东岳行宫记》

晋康东岳庙，去城三里，在郡之主山南麓。政和间，太守傅泰光始为之。历年既久，随葺随坏，无所考识。隆兴甲申夏，莆阳吴公来镇是邦，下车未几，百兴具举，独东岳祠土木浩繁。方候农隙，无何郴洞贼起。明年春，贼犯晋康，至城下。父老士民北向焚香再拜，祝曰：以神之灵，俾贼退却，愿修祠宇以答神贶。越七日，围解。是秋，贼平。公独念曰：祷而应，神之赐大矣。祈而弗报，非所以事神也。询之父老，得旧献香社余财百二十缗。乃度材鸠徒，揆日庀事。百姓愿助者，日以数十计。公命饮食之，瓦甓、木石、丹漆、工匠各还其常直，不足则以私帑继之，一铢一粒无取于民。经始于乙酉仲冬，明年三月告成。殿宇、门庑仍其旧制，而鼎新之。且筑垣以周防其外，捧土为象，以补坏失，其存者则加绚焉。又绘七十二司于庑间，而庙备矣。公乃率僚属大合乐以享焉，郡之士女来观者千百人，无不以手加额，德神之赐而乐公之不扰也。是幽而事神明而爱人，一举而二美具。于是乎书。

【康熙《德庆州志》卷九"艺文一"】

秦世科：《重建龙母庙》

凡夫寺庙之神，崇而祀之者，必非无故而然也，然求如敕赐封建，历祀数千年，永守弗替，更不易得。苟非其丰功伟泽上辅朝廷，下保黎庶，精英壮气发扬乎天地之间，亘万世而不磨者，曷克致此？如州城之东越百里有龙母庙，自秦而汉而晋而唐宋元明，膺封数十朝，享祀二千载，迄今颂其功称其德，咸啧啧不置者，岂偶然也耶？及披晋康志知，龙母温氏族于程溪，秦始皇时以豢龙著。汉高帝封为程溪夫人，唐封为永安夫人，又封为永宁夫人。迨宋之兴也，护招讨郭公军全师克济，太宗嘉其功，封为永济夫人。明之始也，又护平章廖公军，海不扬波，太祖嘉其功，封为龙母崇福圣妃，又封为护国通天惠济显德龙母娘娘，每岁五月八日，遣官致祭。盖其忠贞之气，匡君辅国，福善祸淫，凛凛如生，是以祀典崇之，百代享之，使永守不替，以报其功也。无何而明季兵燹频仍，致遭烬毁，使如在之诚，罔所凭依。幸我前任饶公感龙母之英灵不可泯没，纠乡绅梁正辰、陈志皋等聿修废堕以图创复，然而土木浩繁，资费不易，经营五载，功成未半，所谓图成者难于董始，而有始者又必赖于有终。予不才，滥竽州牧，乙巳桂月领符莅任，舟次悦城水口，讯之途人，曰：此康州交界也，上有龙母庙，敕封久远，应答如响，阖郡生灵于焉托庇。余登岸谒之，第见山水盘旋，茂林葱郁，古迹已毁，新工未就，不禁流连感慨，而有继前任饶公之志也。惟望同志之士，乐然好义，共襄盛举，告厥成功，则龙母有灵，亦必赐之以福，保我元元也。予不敏，惟敬而听之。是为序。

【康熙《德庆州志》卷十"艺文二"】

刘中孝：《龙母佳城》

阿婆埋骨白沙堆，五颗骊珠去复回。雄剑不藏城底狱，神梭已化泽中雷。郁葱气合祥云起，溟漠魂归细雨来，别有马跑滕氏室，谁知灵塚亦龙媒。

沐世阶：《谒龙母庙》

层崖青黛映长空，庙集仙姬姊妹同。歌听玉箫云缥缈，书传丹凤月朦胧。十人箓授三天籍，千里舟乘一夜风。安得愿灵频缩地，片时移我到南中。

【康熙《德庆州志》卷十二"艺文四"】

吕成：《石峒神祠记》

石峒神周氏，高要人，唐贞观初封贞正公，刘汉加王爵。宋初避禧朝讳曰秉正。神威德之显，郡人建祠于洞中，去府城北十里，将军岭之东，七星岩之北。其洞侧一峰，虎踞岩穴，天开南北二门，上虚通天；四旁异石，仿佛舆马徒御，供列呵护。异禽鸣啸出没，空处声传，恍若神语。遇潦水涨溢，人迹罕至，狂风怒涛，则洞有龙归，世传谓神还宫。是岁，即五谷熟，人厌鲜食，今洞有歇龙池是也。皇祐四年，侬寇至，合城阴祷，其寇不终夕遁去，人民安堵。宜奉祀，永永不替。盖有功则祀之，周典也。乃作迎送之诗曰：

神之游兮何所，为祥风兮甘雨。人偈灵兮恍闻神语，于千万年兮䟆嵷。兹土神之归兮洞中，蔼瑞气兮融融。人荷神休兮年谷斯丰，仺观玲珑兮加神之封。

瑞平二年长至日
【康熙《高要县志》卷二十一"艺文志"】

金光绶：《重修天后宫碑记》

天后，闽之莆人，其族林氏。生而灵异，既没，尝有所显应。莆人以神祠之，其详载于莆之邑乘与林氏家谱。俗相传谓后多效灵于海，因尊之为海神。嗣是闽粤间近海之区，而祠事日浸盛。余思神也者，灵之所积而能通者也。凡可以庇人民、利耕稼、畜鸡犬、滋桑麻、祸盗贼、却崇殁，则所在皆可祀之，讵必拘于海哉？吾宁建自万历四年，祠后于城东半里，四山环拱，二水夹潆，地气钟灵。祈祷多应者，非一日矣。至国朝初，西寇犯城，环攻一月。守将陷，贼以急不得入祷于后，求必克且以答卜其期，后弗许。贼怒，遂折后之像一指而去，围益力。时西省有警急，我师云集于苍梧之界，将讨之，未进发。宁人有潜出请援者，悉为贼逻卒所获，不得达，固未知贼之围宁也。忽一夕，日初昏，星月微明，见一女子驾小舸溯流而上，缟衣椎髻，若渔妇然。呼于军，曰："贼犯西宁城，围且急矣。弗援，行将破。"陴者以其事白于帅，帅疑弗实，命疾艘追询之，令必致报者。旋两舟相逐而卒弗得及，会并失其所。众奇之，因请发兵以赴宁。及舟师次罗旁，而宁围果窘。于是，督兵登岸分道而入，与贼战于城之东隅。顷而，城中知援至，亦并出而夹攻之。遂大破贼军，而围乃解。洎犒师时，来帅语其事。众皆错愕，因出贼阵所获之俘鞫之，始尽得其祷于后之状。群相惊顾曰："是神之活我曹耶。"于是，隆其飨以赛之，于今五十年矣。凡有所祷，靡不叩之如响。兹以庙庭颓敝，里人敛资购料修葺而广大之，因属序于余。余思后之声灵所在赫濯，未能条计，仅举其福于吾宁之大者，盖亦就宁论宁，俾宁人知所以祠奉之意云尔。

【康熙五十七年《西宁县志》卷一一"艺文志二"】

天后宫，在范洲林氏宗祠左。道光二十二年，林姓建。光绪十七年，平基重建。

邑人林宜煊记："天后钟灵于福建莆田县，显应于唐宋元明以迄国朝，历代褒封，传记可考。吾祖自始迁以来，家有其衔，曰天后祖姑。夫固朝夕礼之而忧乐祝之矣。稽之家乘，吾始祖晚第公自新会沙冈乡迁居于此，沙冈森祖来自莆田天后祖蕴公，森公祖蔠公，蕴蔠同出披公，以家堂所称，合之家乘，其为吾祖之姑，可以无疑。每逢诞辰，设祭于祠之中堂，亦有年。所后议建庙，而十五世占荣公力倡此举，十六世庭鉴公乃献斯地，合族之力，共捐白金四百有奇，而上下两座巍乎焕乎，非人心之钦乎神灵，神灵之感乎人心，当不如是易易。或谓天后之显灵于莆田者，推吾林姓为最。今吾族去莆田不下数千里，岂必居歆于此？不知后德配天，仰之即见，感之即通，谓神不在此，岂举头不见天耶？后道同地，居之而安，履之而泰，谓神不在此，岂举足不投地?！然则，天后之神不独吾姓祀之而应，即一乡祀之而罔弗应也。不独吾乡祀之而应，即天下邻乡祀之而罔不应也。故亲之则曰祖姑，尊之则曰天后。其不曰祖姑祠而曰天后宫者，亲不敌尊，且以明建之虽在吾族，祀之则在世人也。是举也，经始于道光二十二年八月十六日，落成于是年十二月十一日。越年地基巩固，收阁备物，乃盥手而为之记。董事者、捐资者皆得附录于后，以见累世奉祀之忱，至是而毕得伸云。

【光绪《高明县志》卷十六"杂志·寺观"】

谭元扬：《水边圣母庙碑》

天包乎地，地之外皆水也。水之大者，南条江、北条河。而江河淮济等皆朝宗于海，故海为百谷王。顾水之流而行险也，必有神以司之，乃可利济。在昔唐玄宗时，始册封四海神为王，然亦王其号而已，未有专神也。宋宣和间，遣使如高丽，偕闽人往，中遭风波之变，舟人震恐，赖商之言以免，于是始知湄洲屿之神之灵著也。语云神甚显灵，其及物之功尤著于海。其遭风呼号而求救也，则必有灯光掠水而至，若救之不及，则凌虚中绣辇雕幰，微闻其环佩钗钏璆然有声，神烟庆云拥护后先，仿佛如飞。令出于鱼龙至幽之中，而人自得于坦夷康庄之外，以故舟人商贾行旅出烟波浩淼中者，咸尸祝之不懈。

吾粤与闽邻，皆泽国也，其事神也尤谨。水边地际溪滨为恩开水陆要冲，其上有神庙，经始于万历癸巳，岁久风雨崩颓，雀鼠穿漏。众惧不足以揭虔妥灵，相与葺而修之。以岁之癸丑月奉神入享，爰载其事于碑神。

林氏，福建莆田人，宋林公愿女。生而预知人祸福，没而灵应，因庙祀于湄洲屿，香火称盛。宋绍兴始封灵惠夫人，绍禧中加封妃号。元人海运，配之以天。明永乐时，造巨舰通西夷，封护国庇民妙灵昭应弘仁普济天妃。至国朝屡著灵异，累赠英烈明著显神赞顺圣母元君云。

知直隶阜城县事里人谭元扬汝赓氏敬记。嘉庆七年岁次壬戌仲秋立。右刻在水边乡圣母庙。

乾隆五十一年岁次丙午七月□日立。右刻在县城学宫。

谭元扬：《长沙洪圣庙碑记》

古圣人神道设教，凡山林川谷丘陵，能出云为风雨，见怪物皆曰神，爰崇祀以报其功。而神在天地间，为功最巨莫若海。是以春秋言三望必曰海，三王祭川亦必有事于海，典顾不重欤？长沙一所，四面滨海，为往来要冲。据开平上游，走恩平而通新宁，三县河流奔赴而来，至此若朝宗焉，若归壑焉。商贾辐辏，货物毕集，一水陆统会也。其地旧有洪圣广利昭明龙王庙，尸祝以来，不知几易世矣。宫墙崩颓，庙貌剥落，众客谋改作之。谨按，广利王为南海神，昌黎氏言之甚详。职司南海，以水德王者也。物有其官，实列受氏姓，祀为贵神，于以各修其职，王此一方。且以海之百灵秘怪，蟉虬逶迤，瑗璏云布，百色妖露，若海童邀路，马衔当蹊，天吴乍见，而仿佛蜩象暂晓而闪尸，不有神以阴司之，安在其能海氛灭息，庆安澜而快利涉也哉？

吾越地当南，交星应鹑火，秦皇帝置郡，始名南海。而神乃位乎坎，相见乎离，号为祝融。职修元冥流而不盈南土，是保此神所为以南海著也。记曰："五岳视三公，四渎视诸侯。"唐天宝中谓"南海神为最贵，位在东西北三河伯之上，爵不可以侯"等因，封为广利王。嗣是历宋元明，各有封号，至于今不废。况我士民，其敢亵诸？且往者小腆诞敢鄙我民矣。当斯时也，震惊子弟，忧患父老，倏尔神从空来，声震江河之上，遏攸灼之势而挫其锋锐，首者倒步退却，人马辟易数里，一市获安。自是闻风股栗，地不被寇者数十年于斯，非神其孰能全之。

圣天子百神是主，加号昭明龙王。盖其润物之功于是乎大，而报称之典亦于是为至矣。今神祀典遍海隅，固不独长沙一所蒙休已也。传曰："衣服冠冕，水木本源。"神之在今日，如衣服之有冠冕，水木之有本源也。若冠冕而毁裂之，本源而拔塞之，报德报功之谓何？

岁之丁丑七月始议新王庙，十二月告成。众客人欲勒石纪事，问序于予。予谓："铺张宏休，扬励伟绩，此韩子之言。唯文者能之，予抱惭未能。"且神德浩浩荡荡，累言莫穷，姑记所闻以应众客之请。嘉庆二十二年丁丑季冬，知直隶阜城县事里人谭元扬谨记。右刻在长沙埠洪圣庙。

【民国《开平县志》卷四十二"金石"】

刘斯组：《修厚载祠记》

厚载祠者，塔下一福地前，景侯所建，奉佛、镇妖、保堤、庇民者也。景侯治兹邑，一切善政，准古良吏所为，不涂饰士民耳目作无益功果，以广福田。其留心民事，凡河堤水窦、旱涝蓄泄之所关，赋命充诎之所系，则切切注神，明务为缓急，有恃绸缪无失之计。虽积疑事幻形，亦据为信端而预为之所，兹祠之所由建也。

旧塔下一小滩，类鹅颈，号飞鹅嘴，下为白莲塘。历传有鹅怪伏塘内，白日出，引颈攫谷食、溺人舟。乘西涝辄陷堤，坏人庐墓、田畴。居民患之，白其状于景侯。时正夏涝，惧堤塌，侯命下谷祷于水，得无恙。是岁大稔，因建祠其上，塑大士佛像镇之，并刻鹅状印其背，祝曰："自今依佛，毋得复为民害。"乃拨鱼苗三埠，豁其征给，僧奉香供。自是鹅患不作，民以永宁。众名祠为飞鹅祠。又念侯之福民者大，从其姓而颜之曰"景福"。"景福"二大字摹星岩石洞所镌唐李北海遗笔。

异哉！由唐迄今相距千有余岁，北海一时之笔何以若预为祠设，而以待景侯来也，岂偶然哉？侯后入为少宗伯，越今三十余年，墟长每岁于此议堤事，辄颂侯弗衰。顷，祠久渐颓，众请于今顾侯而谋修之。顾侯谓："民事之重恃此堤，堤事之集，所藉以议者此祠。祠之兴废关堤之安危，况景侯遗爱所存而圣朝万年巩固之祝，盖因以昭景贶修之，不宜亟乎。"经始雍正十年壬子冬，迄癸丑夏，祠乃重新。

按：祠在景福围来紫坊下，康熙间知县景日昣建，邑人即祠旁建崧崖书院祀景公焉。道光己亥，水大堤决，祠塌碑没。邑人请官修复，补刻祠记，今尚岿然也。

瑞宝：《重建景福祠记》

粤稽景福祠，原名厚载，建造于景福围面，乃少宗伯东旸景公宰邑时所建。景福围者，护城堤也，去城数里，相传江中为飞鹅潭，有物能为祟。

康熙四十年五月大水，堤裂四十余丈，堤内皆成沼泽，泛滥不可遏。景公奔救，祈誓江神，愿以身代民命，万众随之号泣版锸，堤赖不溃。至夜，乃下决黄江村，坏庐舍二万六百余所，淹田地七千九百余顷。景公载米往赈，全活男妇二万余人。水退，鳖石八百余艘，四阅月而障成，遂建祠于上，以压水怪，刻石为飞鹅形。又以七星岩有李北海所书"景福"二字，于姓相合，因以名祠。所以禳水灾、镇鹅怪、安商旅、固堤防者，皆藉斯祠，关系甚巨，非细故也。

溯自康熙辛巳祠成，越今道光己亥，垂一百三十九年，而祠圮于水。圮以前，岁时伏腊尸祝如新，及其一旦倾颓，谁弗思其兴复？乃今围堤复故，祠宇尚湮，父老儿童报赛，无所不议重建，众志奚孚？

岁壬寅春，余来宰斯邑，征文考献，溯稽往昔，诸如城池、仓库、祠坛、津梁以及兵刑、钱谷、农桑、水利等，务凡有关地方政事、民间疾苦者，其沿革建置，罔不悉心讲求，以冀兴废举坠，上修政教，下裨民生。随据地方绅耆以重建斯祠为请，余即转请道府宪，均允为倡率捐修，并选邑中孝廉梁以时、张大德、莫京达、拔贡黄登瀛、汤盘、张其维等董其事，广为劝输，共得白金若干两。及时鸠工庀料，兴工于癸卯年八月廿八日，至甲辰二年廿七日告竣。从此，庙貌重新，神明普佑，江堤永固，民物阜康，阖境既已久安，奕世自应载福。爰泐石以志不忘，并载其颠末云。

【民国二十七年《高要县志》附志下篇"文征二"】

黄金从：《巡庙宰庙志》

县治之西，旧有巡宰庙，故老相传欧阳氏曾官巡宰，署治，其故庐也。殁，著灵迹，邑人构其旁，尸祝之。其在于今，岁祀必盼虿焉，不忘本也。岁丁卯，降神，孟尉若为我言邑主，主能祠我，尉以言白予。予曰，《礼》，法施于民则祀之，以劳定国则祀之。宰有功于兹邑，宜载祀典，予捐资为经营之。相其原址，偏洿而西向，问地于守御，车公嘅然首诺，遂改建而南面焉。庀材鸠工，其墼垣朴斫、堂皇门庑，尉复侬襄所不逮，不数月而栋宇巍崇，轮奂灿然。邑人士欢然庆，源本之获报而馨香之弗替也，亦相率捐擎。既落而颜之，因语孟尉曰，人固在克自树立哉！今天下巍爵渥藏，累累若若，当时则荣没则已焉，沉没于寒烟衰草者不知凡几。而欧阳辖微一宰，独能使邑人祠祀之，百余年俎豆不衰，即庙宇颓圮，犹能自言，以致庙貌之鼎新，功德在民，英灵在世，乌可不阐而扬之，以永示来兹也，尉亦顾笑，遂搦管而纪之。

李本洁：《重建北帝庙记》

邑城东门外不二里，在新楼、大雾二寨之间，名曰东墟，土人旧建北帝庙祀之。询诸父老，云始自有明之季，乡之人以其佑庥斯土，岁时涓埃报赛，盖百余年于兹矣。历时渐久，风雨感摇，薛苔剥蚀，几于坍废，里社黎庶咸思有以新之。戊辰岁，卒踊跃以上其事于余。余曰，北帝之着灵于天下，而尤着灵于粤地，也久矣。如南海、佛山为岭海都会之亚，而祖庙威灵赫赫奕奕，凡其地居民、童叟，四方往来羁人、估客，上逮绅宦，靡不森森凛凛，洗心虔事。其他处崇置庙宇、称扬显迹者不可枚举，又何独尔宁人之议欲重构此庙也？亦诚有由焉矣。余因是思之，天地之位，四与中央而为五，各一其行以配乎时。北之行水而主乎冬，以《月令》考之，其帝则颛顼也。余少览《北游传》而惑焉，其叙北帝之出处与三十六天将所由屈服说从之故，大抵仗法力符宝以与妖氛相角，几几乎摧灭于魔恶之手而后底定，其所称述虽皆有功宇宙之事，要其书怪诞鄙俚，若诸凡南游西游记总所谓不经之说，世之浅夫子每执以为据。噫，何其陋而妄也。然则北帝之着灵于天下，而尤着灵于粤者，何也？气者，民之所由生也。分而为阴阳，运而为五行。五行之精，郁郁勃勃，凝聚周流，以圣以神，庇于下土，况夫北属水，水得天一之气，居五行之先，故其神独盛而为五方之帝之最尊。其在文王之卦，正北为坎，《易》之说卦曰"劳乎坎"。夫劳者，慰劳之义也。万物于此，得慰劳焉，则其鸿荫之在人，又何如欤？且粤地，南也。南为火，后天卦位为离。火者，水之妃也。水得其妃，而精英之气合而益显，坎离之用益神，此北帝之威灵所以在粤为尤著者也。虽然，传有之古者圣王先成民，而后致力于神。不佞莅宁以来，惟兢兢焉尔妇子衣食教化之是，急其祀典所秩而外，不遑及焉。然今承平之际，幸托国家之福，时和年丰，而馨香顶祝，上及尊神者比比皆是。夫酬报明虔，犹是斯民之善意。以北帝之灵濯濯粤地，又复值室家和平之日尔，宁人顾瞻庙貌，氅而饬之，用答宾庥。不佞亦岂惜此薄资而不乐捐，以为之助也哉。工事既竣，里民复请于余以记其事，将以镌之珉碑。余慨然允之，然余更有嘱者。黍稷非馨，明德惟馨。北帝非人，实亲也。自今以往，各勤尔职，以承天庥。不然，渎于祭祀，以干帝之谴，又何如不建兹庙之为愈也耶？余乐尔邑人之能尊祀北帝，而因虑其不知所以尊也，故并及之，以贞于石时。乾隆己巳仲春吉日。

【道光《广宁县志》卷十五"艺文"】

七　族群习性

广东西江地区多山，山民众多，他们的生活方式、语言习俗与平地居民相差很大。自宋至明，不断与王朝发生冲突和战争，最为著名的是宋朝的侬智高之乱和明朝的多次"瑶乱"。这些居民今天被称为少数民族瑶、壮等。明代平定"瑶乱"后，设县分治，瑶汉杂处，明清时期又设社学，对瑶壮幼童施以教化，将其变成齐民。从历史上看，明朝"民"与"猺""獞"的划分，主要是里甲制，登记在里甲内的，就是皇帝的臣民；未被登记到里甲的，在南方就被称为"猺"或"獞"。清朝将"民"定义为"汉人"，其成员被打上了族群标签。而蛋因缴纳渔业税，虽被视为贱民，但毕竟还在民的范围内，雍正七年的上谕专门指出蛋本良民。关于瑶、壮、蛋民的起源，方志中记载较多，有的已为大家所熟悉，有的则未见利用。这些资料对于了解明清时期广东西江地区居民的生活状况和族群的复杂性是有帮助的，也是讨论历史上王朝政权和民间社会融合的重要资料。涉及这些族群的风俗习惯，分瑶、壮、蛋、俍、僚予以收录，原始文献中出现的带有歧视性的称呼如"猺""獞""蛋""狼""獠"等，全部改为现在通行称呼。

（一）瑶

东、西二山，瑶人种数不一。负山阻谷，依木为居。刀耕火种，皆窳偷生。有砂仁、红豆、楠漆、黄藤之利。无甚积蓄，居亦无定，食尽一方，辄复移去。其配合多因赛神，男女聚会唱歌，适意而成。卉衣椎髻，环耳跣足。登走岩如履平地，言语侏离。喜则人，怒则兽。或忿争，虽至亲，亦必相刃复仇报怨，视死如归。出入常挟弩腰箭，暇则相聚捕猎，沉湎酒食，击长鼓歌舞以为乐。然其性多犷桀，小有所激，辄复为乱。其所居巢穴，万山联络，东连清远，西接苍梧，南通高、雷、电白。自前代往往啸聚劫掠，未能平服。而泷水、七寮、红豆山瑶刘第三等自元末为害，非一日矣。洪武二十六年，聚众劫掠本州，具闻朝廷，命总兵率指挥刘备等征之。焚烈山泽，倾覆巢穴，斩首数百级，余党悉平。三十一年，西山瑶人盘穷肠等复为害，又命指挥王霄等领兵平之。永乐六年，州民陈朵朵、陈大奴、陈八蛮招抚瑶首盘永用等向化贡献，仍令回山，招抚瑶人，计七百有奇，山名五十有四。五年，石城县吏冯原泰亦招泷水山瑶赵第二等向化，蒙钦授原泰、泷水县丞管之。永乐十年，升德庆判官，专事抚绥诸瑶。比年，贡献楠漆等物，遂授各瑶敕谕，令共为编氓，永享太平之乐。敕谕曰：皇帝敕谕：广东肇庆府德庆州古逢、下台等山瑶头周八十、刘大，恁每都是好百姓，比先只为军卫有司官不才，苦害恁上头，恁每害怕了，不肯出来。如今听得朝廷差人来招谕，便都一心向化，出来朝见，都赏赐回去。今后，恁村峒人民都不要供应，差发从便，女生乐业，享太平的福。但是军卫、有司、官吏、军民人等非法生事扰害恁的，便将着这敕谕直到京城来奏，我将大法度治他。故谕。

正统十一年，泷水瑶贼赵音旺等纠约晋康瑶贼凤广山作乱，民人张孟曙招抚向化。景泰四年，复为民害，副都御史马公调两广官军俍兵，分为二道，直抵巢穴，斩首二千级，遂平。天顺元年，凤弟吉等纠约各山瑶贼，攻破泷水县治。佥都御史叶公、少监阮公调兵生擒凤弟吉八十人，仍统俍兵平之。天顺三年，各瑶仍复猖獗，据截河道，都御史叶公招抚化之。成化间，仍出为害，右都御史韩公喻、同知黄浩招化之。以后叛服不常，节蒙抚按守巡设法防御，仅稍敛戢。然其狼子野心屡招屡叛，阳曰服招，阴实为恶。近来袭杀指挥李松、州判陈琚于墟市，公然无忌。烧毁村乡，杀掳人畜，占荒田地，村落十空八九。嘉靖十二年，都御史陶公剿平东山，招抚余党，虽称小康，而种类尚繁。荒田未复，畜毒待螫，民未宁居。经斯世者，固宜动心也。易曰：田有禽，利执言。其斯之谓与？

一种平瑶，居州北金悦二乡山峒，刀耕火种，听约束而不为盗。

一种壮类，古未有之。后因瑶贼劫掳乡村，各田主招集前来伴民耕种纳租，听调而无差。与瑶不相合，道路相遇必敌杀。近年渐渍瑶山日久，多有与瑶交通结党激变，减半田租者矣。

知州陆舜臣《议地方事略》：窃惟本州之害，莫大于瑶夷。查得通州原额六十三里，分为三厢四乡。除三厢附郭外，四乡一曰金林，二曰悦城，三曰晋康，四曰都城。金林、悦城在大江之北，晋康、都城在大江之南，各有瑶夷杂处。在金林、悦城者仅有数山，种类零落，向化日久，不足为虑。在晋康、都城者，盖自前代已尝为患。至洪武二十六年，指挥刘备领军平之。三十六年，指挥王霄复领军平之。永乐元年，向化贡献。朝廷授以敕谕，自是皆佃耕民田而输纳租米。故在洪武、永乐以后都、晋二乡一田皆百姓之有，一山皆百姓之利，一瑶皆百姓之役使。行旅之往来，樵牧之出入，无虑无虞，而本州土地无乾没之患。当是时，百姓之买田者，必曰都、晋二乡，盖以其膏腴尤胜他处也。至正统十一年，泷水瑶贼赵音旺纠合晋康瑶贼凤广山等首猖祸乱。当时未能剿灭，而姑事招抚。至景泰四年复乱，都御史马公调兵征之，斩首二千级，夷患稍息。天顺元年复乱，攻烧泷水县治，都御史叶公调兵征之，生擒贼首八十余人，然未能殄灭也。至三年仍复猖獗，阻截河道，烧劫乡村，无岁无之。当时，兵力未裕，暂从招抚。然而狼子野心面从心异，鱼盐之赏方罢，而劫掠之警复闻。虽以都御史韩公之军威所向无前，当时经略广西诸峒未暇及此，而亦从抚处，日积月累，而瑶益滋蔓，侵占我土地，割据我山场，虔刘我百姓。田亩陷入者二千顷，税银荒贩者过六千石。本州土地失去者中分之半，而里分减耗者三分之一。其所存者，仅四十四里而已。当时奏勘停征荒粮，民困稍苏。成化十九年，同知贺恕承委踏勘荒田，畏贼不敢入山，复逼民供熟三千余石。自是民贩不前，有父子同日而缢死者，有妻及子女俱卖者，有卖见在田以贩荒，粮田既尽而虚粮悬户不止五六十石者，有全户而逃窜者，有尽村而绝灭者。于是，都、晋二乡一里三四户者有之，一二户者有之，空存里分而无里甲者有之，户有田粮一二百石而一贫彻骨者有之。循名责实，又仅可三十里而已，以原额计之，不啻灭去太半，然广西瑶夷嵚峒其地原非我有，得失不足较也。至于都、晋二乡则以舆图有定之田而陷入夷僚，以版籍有额之税而没于□题。且又肆为劫掠，无所忌惮，兵既未加而反事招抚。上损朝廷之威，下失百姓之望，岂所以示威于夷狄哉？本州疆界至都城七十里，下至杨柳一百五十里。江以北为民，江以南为瑶。一水之间，民瑶攸判。立州厅而南望，问其山，则曰案山也。问其有，则曰瑶有也。樵夫牧儿莫敢过其地，渔人疍子莫敢近其岸。故尝譬本州如半身不遂之人，其形虽全，而实则一半不属于我，岂不可为邑也哉？且上为梧州巨镇，二府居之，下为肇庆巨府，二司居之，乃声名文物之地也，而侏离小丑乃错然昇据乎。其中使客商旅之往来者未至，而先有忧虑之色，既至而复有警惧之色，既过而乃有喜慰之色，岂不重为屏翰之色之忧哉？呜呼，度瑶之众为数不过五千，径瑶之穴为里不过二百，岂以两广数十万之兵，数千里之地而反不能得志于一区区小丑哉？借曰：招之已久，不可轻动，以劳民费财也。然其□我王制之地，使其世世称臣，犹当问罪。况于劫掠靡常，随招随叛乎？弘治四年，都御史秦公曾征东山，瑶寇几毙，不幸遇后山有警，掣兵大旱，种类复滋。正德元年，劫杀都城巡检牟智、千户林熙、高谦、生员梁元镐、千长严明、黎瑾，杀死军民不计其数。十五年，纠合叛壮劫掠封川，杀掳三千人及指挥张鼎、千户王谦、达官马骥等数百人。十六年，复劫金林上容峒，杀掳男妇四百六十人。又劫悦城等乡，杀男妇千余人。嘉靖四年，复杀指挥李松、州判陈琚，此乃百姓世世之仇也。我师既未能剿灭及其退也。虑其复出，又从而招之。瑶复贪我牛、酒、鱼、盐之利也，又忻然而受之。然今日受之，而明日劫掠如故，百姓之害何时而已乎？及使人问之，则曰：非我服招瑶人之罪也，乃某山不服招之瑶人也。盖瑶人狙诈之计其来已久，又同一山峒相联也。欲全不招，则无以通我鱼盐器用之利，售彼漆口皮张之产。欲全服招，则劫掠之性不能一日而忘，又无以自解于我。故凡曰招者必以数山出招，数山不出招，得以为其藏奸之窟、借口之地。故自古以来未有尽招之山，而招之未有全善之策，凡以此也。为今之计，征之为上，调上兵住种。次之招者不得已而为之也。然征之不难，征之而守为难。今日之计，如欲计征必先计守，如徒征而不能守，不如不征之为愈也。如徒守而不能久，不如不守之为愈也。盖本州与泷水之瑶，其在西山曰罗傍、下城、大力、小力、石龟、百片、古蓬、逍遥、力峒，在东山曰大台、尖底、思药、道洲、火烧、黄泥、石狗、车峒、逢远、降水，在泷水曰永信、云稍、新乐、思虑。东界高要、新兴县，东南界阳春县，南界电白县，西南界信宜县，西界岑溪、封川县，北界大江。中分以泷水，小江自东至西南乡，二日可至连滩，连滩一日可至都城，自北至南，南渡五日可至泷水，泷水二日可至电白界。欲专征西山，当用师五万。欲兼征东山，当用师十万。欲东西二山、泷水并举，当用师二十万。先奉一处固易为力，但恐贻其藏奸之窟，而反得为潜身之地。欲除贼而贼未除，徒费财力而无益也。盖三处之贼，山川相联，声势相倚，有事则互为逋逃主萃渊薮，故必兼举并戮，然后焚山而田，狡兽无投林之想；绝流而渔，巨鱼无漏网之幸，而后贼可除也。既征之后，然所以必欲守之者。盖两广之瑶，大抵散处无常，无百家之寨，无久定之居。啸聚则蚋集蝇攒，遇警则鸟惊鱼散，兵退则蜂屯如故。且两广之兵，非有素畜可以朝调而夕至也。必资之土兵，或取之雇募。然必经时累月，然后可集。且又刷掳船只遍浦州县，搬运糗粮，连于远近，山川险易，访之通山，路道出入，资之乡导。我未及动，而细人奸徒先已泄露消息于彼。虽不剿之山，彼自知其有罪，莫不预为躲避之计，先为其妻、子、牛、羊之所。大兵一至，而徒得空巢者有之，虽或结寨，而妇女先去者有之。我师失利，则乘势而反为追逐之暴。我师得志，则望风而为伏窜之举。盖其犬羊之种，登岩险如走兽，生长于彼，谙山路如熟由。凡要路，我师日能把截矣。彼之所走者出于要路之外，盖其层山叠水，无非走路。我师虽欲尽把截之，而势力有所不能也。其陷入网中者，不过十中之一二耳。贼既逃窜，师不收功。于是，将官诱取附近良民、良壮村分一鼓而尽戮之，以图塞责，以图升赏。有冤无诉，天地惨凄。及至五六月之间，天炎疫蒸，师老财匮，土兵思归，人无斗志。于是下令班师，我兵朝旋，而贼已久入，田土、山场依然复非我之所有也。故尝譬之穴旁狡鼠，人虽惊之，而嗑物自如。大兵一至，则跳入穴中，莫可谁何，兵退则复出嗑物如故，果何有损于彼？呜呼，兴数十万之兵，费数十万之财，不能剿绝一山，而徒得数十首之首级，升数十百之武夫，于朝廷，于百姓何有分毫之益哉？故曰：徒能征而不能守，不如不征之为愈也。为今之计，既征之后，罗傍等峒当留兵五千，永信等峒亦留兵五千，东山等峒当留兵三千，给以牛具、种子，资以数月之粮，使其且耕且守。及至秋收，罢给粮饷。凡江道各堡、南乡各营募之打手、调戍之旗军，一切撤而不用，省其工食粮饷，移以资给所留之兵。凡山之竹水，纵其得伐而卖；山之漆货，纵其得采而卖。凡山之材木，招四方之人而尽伐之，每十分而税其一分。一得以资军饷之用，二得以撤瑶夷之险。及至次年春耕，兵食不继，复照名给以粮饷，大招百姓而填实其中，与并兵同耕。罗傍等处撤去兵二千，止留三千；永信等处撤去兵二千，止留三千；东山等处撤去兵一千，止留二千。凡有贼窃入则追逐截杀，使无还路。如此守之五年，则贼之逃窜者衣食无依，辗转饿死。日积月累，减耗大半。虽有存者寄食于人，势孤援寡，力无能为。我民人耕者，集聚日多，基脚日固，道路日熟，胆气日壮，可以自耕自守。罗傍等处可以撤兵二千，止留一千；永信等处亦可撤去二千，止留一千；东山等处可撤去兵一千，亦留一千。如此又复五年，则贼之逃窜者日益零散，在各处寄食者心亦安之，时移势改，心死望绝，无复来归之意，留守之兵可以尽撤而不用。如此则山山皆王土，在在皆王民，瑶夷屏迹，痛疽频消，除天地以来未除之患，复正统以后未复之土，一费永省，一劳永逸，中国无复夷狄之扰，而百姓永享太平之福也。其功岂小小哉？若徒守之一二年，则彼之种类尚在，归来之意未忘，一旦合势并力攻我新复之民，其不土崩瓦解、骈死锋刃者鲜矣，其谁敢与之敌者哉？则土地复为其所有，荼毒有甚于旧日。前日之守，不见其有功，而徒见其有害矣，故曰：徒能守而不能久，不如不守之为愈也。然征之固为上策，但两广地方频年用兵，力疲财尽，且又瑶种非一，警服不常，东征而西乱，南伏而北起。罗傍一方之贼，欲专理之，而财有所不及；欲常守之，而势有所不可。不得已而为权宜之计，罗傍等处选调青壮士兵一万，使之尽携妻子而来，统以头目数人，给以牛具种子，资以一年之粮缎。其先入一山扑瑶之穴，而为之居，夺瑶之田而为之业。一半耕作，一半护守，赭其山木，探其蹊径。稍有暇力，或乘暮夜或出不意，烧邻近之瑶村而倾其巢，掳其耕牛，以绝其生；夺其储畜，遏其耕耘，以竭其食；俘其男女，以孤其党。或因其禾之将熟也，掩而刈之，以资我之粮，绝彼之望。一山既殄，复及一山，由近以及远，由弱以及强，所谓如蚕食叶，不□自尽，久之则我之威力日张，彼之气势日促，虽不杀之而自饿而死，虽不逐之而自弃而走，虽不招之而自哀而来，然后宥其残党，散处于民俍之间。如今之安插达官，杂一二于千百，譬如置虎于陷阱，彼且摇尾乞怜之不服，而何暇于抟噬哉？罗傍既平，然后及于东山；东山既平，然后及于泷水。如此行之数年，则瑶之种类可灭，我之疆土可复，里分可以复旧，税粮可以足额，而何荒贩流离之足忧哉？然百姓之田陷于瑶贼其来已久，子孙无复识别。既平之后，又须清查丈量，随粮拨给，将亡绝田土尽数拨与土兵。见在者拨与一半，立籍承税，但纳粮而不当差，使之常守地方，以减募兵之费。以一半给还百姓，使之纳粮当差，以免贩纳之苦。如此则地方可保长久而无患，百姓可保安生而不逃矣。故曰：调士兵住种次之。然而土兵住种之说，百姓往往不利，或倡为俍毒于瑶之说，或倡为尾大不掉之说，或倡为引夷狄入中国之说。何也？其故有二：一则百姓痴愚，惟望大征尽复田土，而不肯分田于俍；一则间有一二大户，田本不荒，先年一概作荒停征，或包占小民田土。在户惟恐今日太平清查分给，则不惟不能益田而反丧其田，不能减税而反增其税也。殊不知大征既未可举，则田上终不可复，与其岁贩粮差，日就穷窘，孰若且复一半，免其贩纳之苦乎？大户之得利者，不过一二小民之受害者，十常八九。但知一己之利，而不顾千百人之害，其忍心害理，何至于此乎？设使士兵果可虑，则广西调士兵住种在在有之，何至今竟不见有作乱者乎？若曰俍为夷狄入中国，则瑶独非夷狄乎？俍犹有君臣，听约束，比之瑶不犹愈乎？若曰尾大不掉，则广东诸郡尽为流官，而一士兵杂其中，犬牙相制之势明矣，何能为乎？虽然，士兵住种蚕食之说是矣，然而兽穷则搏，鸟穷则攫。瑶既穷促，料其必死，使其合势并力，劫掠我孤独乡村，攻打我邻近城池，则又主一患矣。又须招抚一半，示以可生之路，使之无合党之谋，多立营堡，伏藏要路，以断其出入之径；聚集兵俍，严固城池，以防其冲突之患。然后意外之虞不生，而跳梁之计不得以逞也。所谓策之次者也。然又或兵力不继，时势未可，则亦且从今之招抚，设立招主，相信依期接济，以其所有易其所无。丁宁省谕，使之不出劫掠。江道营堡照旧防守不懈，间有出劫，则督令军兵同手协力雕剿，使之有所畏而不出，则亦可保一时之安也。故曰：招者不得已而为之也。然三者之计，顾势力之何如，而运用之机，又在抚按藩臬重臣随时而酌处也。

【嘉靖《德庆州志》卷一六"夷情外传"】

瑶，南岸瑶人明万历五年，割属罗定州，今不属。北岸瑶人在金林、悦城二乡，谓之平地瑶。

备考：瑶自言，其先盘瓠之苗裔也，产于湖北、湖南溪峒，即古长沙黔中五溪之蛮。其后生齿日蕃，播于两粤。其在肇庆，惟高明东临大海，余州县往往有瑶，东连中宿，西接苍梧，南抵高凉，北通浈水，绵亘千里。言语侏离，椎发跣足，衣斑斓布褐，依林积木以居，刀耕火种。其货则砂仁、红豆、楠漆、皮藤，无积聚，濯则又徙一山。其俗喜仇杀猜忍，轻死能饥，行斗上下，山坂若辈。其兵刀弩长戟，长戟前却不常以卫弩。弩者，口衔刀而手射人。敌或冒刃逼之，长戟无所施则释弩而取口中刀，奋击以救。又多毒矢，中则应弦而倒。进整行列，退必伏弩，与之角技争地利，往往不能决胜也。儿能行则烙其跖使顽厚，故能履棘次而不伤。其婚姻多于赛祠男女唱和。其丧葬则作乐，酾歌为之暖丧。暇则相聚，射猎饮酒，沉湎击长鼓歌舞为乐。喜则人，怒则兽，攻盗剽掠，其天性也。其居浅山洞中，听约束而不为盗，衣服饮食渐习齐民。则德庆金林、悦城，高要顶湖诸山多有之，谓之平瑶。壮性粗悍，露撮跣足，斑衣短裳，鸟言彝面，自耕而食，又谓之山人，亦出湖南溪峒，其后稍入粤西古田诸县。佃作草田，聚种稍多，因胁田主据乡落，遂蔓延而东。其初尚以招徕为多，佃田输租，与瑶壮类不同，时相仇杀。有司、田主颇赖其力捍瑶，后亦与瑶无异。自汉五溪蛮后，安帝时，苍梧、合浦蛮反，其后或叛或服，不可得而记云。至元孔棘，世祖灭宋之岁，德庆泷水瑶乱其后。成宗大德八年，瑶李宗起寇新州。仁宗延祐六年，而南恩新州瑶龙郎庚起为寇。泰定帝泰定二年，则海北瑶盘古祥寇阳春。至明朝洪武二十二年，德庆泷水瑶复乱，命总兵指挥刘备讨平之。三十一年，德庆西山瑶盘穷肠复乱，命指挥王濬讨平之，立瑶首，瑶甲来朝者，赐之钞币。永乐四年，石城县吏冯原泰遂以泷水瑶目赵第二来朝，而命原泰为泷水抚瑶县丞。六年，德庆州人陈朵朵以瑶首盘永用来朝。八年，泷水抚瑶县丞冯原泰又以新落山瑶目骆二弟来朝。十年,进原泰为德庆判官,抚德庆泷水诸瑶,岁贡楠漆,赐敕谕曰:皇帝敕谕广东肇庆府德庆州古蓬下台等山瑶头周八十、刘大,恁每都是好百姓,比先只为军卫、有司官不才,苦害恁上头,恁每害怕了,不肯出来。如今听得朝廷差人来招谕,便都一心向化出来朝见。都赏赐回去,今后恁村峒人民都不要供应差拨,从便安生乐业,享太平的福。但是,军卫、有司、官吏、军民人等非法生事扰害恁的,便将这敕谕直到京城来奏,我将大法度治他。故谕。十一年,肇庆府学生廖谦以新兴县瑶目梁福寿来朝,命谦为新兴典史。三十年,德庆州瑶首周八十来朝。十四年,高要县瑶首周四歌来朝。宣德复赐敕谕,稍得宁谧。其乱则自阮能,阮能者,正统间镇守内官也,因瑶朝贡多索方物,于是寇贼四起。十一年,泷水瑶赵音旺与德庆瑶凤广山作乱,抚瑶判官冯述死之。述,原泰子也。自是民田多陷没矣。既而广山听抚,音旺合诸叛瑶大肆杀掠,至都御史冯昂,乃克平之。景泰初,设总兵参将。三年,左都御史王翱总督两广,招抚瑶老壮老人等,令归峒生业,岭海肃清。四年,巡按御史盛杲谕降泷水县瑶。天顺元年,泷水县瑶凤广山之子弟吉作乱,巡抚都御史叶盛讨平之。二年,阳江县南河都官峒山瑶彭震来朝。其秋,阳江县瑶黄胜富、高要县瑶邓越来朝,新春瑶叛,知府黄瑜抚而用之。三年,鸡笼岭壮合广西流贼陷开建县,杀知县朱琼、典史苏善,盗库金而去。诏总兵刘深、副总兵欧信讨贼。成化初,佥都御史韩雍至,瑶人畏服,郡县赖以安。其后立秋调法,用俍兵雕剿。肇庆自罗旁、绿水至怀集要害皆置戍兵,贼出没即雕剿,或捣其穴,或要其归,法至善。雍去,遂废。十五年,瑶寇阳春,佥事陶鲁来援。弘治十四年,泷水知县翟观令壮立寨御瑶。十五年,瑶入阳春,总旗徐洪战死,十六年始设岭西兵备于肇庆。正德以后,盗贼益炽。元年,德庆瑶寇都城,杀千户林熙、高谦、巡检牟智。六年,瑶劫新兴县库。七年,分巡岭西道佥事汪鈜讨阳春瑶,以石绿壮为导,壮与瑶通,引入深险,杀伤甚众,始知为其所卖,自是不敢言兵矣。十年,白饭坑担板岭瑶梗道杀人,阳春知县黄宽讨灭之,道始通。十二年,瑶掠新兴西郭。十六年,瑶寇高明,封川、开建瑶乱,提督都御史萧翀、总镇太监王堂、总兵官抚宁侯朱麒讨平之。封川归仁乡壮陈公镜、蒙公高叛,嘉靖元年,都御史张顶讨封川叛壮,降之。其秋,瑶贼合浪贼掠新兴南郭。二年,瑶掠阳春,兵备副使黄大用分守,参政罗侨擒之。德庆大学生陈天华上疏请讨瑶贼,事下督府谪戍死。三年,参政罗侨招复阳春瑶目梁乌皮等三百余家,副使王大用讨新兴瑶贼、浪贼,歼之。四年,瑶赵木子袭杀德庆守备李松、判官陈琚。六年,阳春大风雨,瑶再崩溺,死三百余,瑶畜产千计。七年,分巡佥事李香招抚从瑶二千余人。八年，封川石砚山瑶乱，提督都御史林富、总镇太监张赐、总兵官咸宁侯仇鸾讨平之。十年，阳春瑶赵林花等攻陷高州，提督都御史陶谐、总兵官咸宁侯仇鸾讨平之，实以良民一千余家、名田一百三十九顷九十一亩。二十二年，讨德庆叛壮郑公音，参将武鸾受赂，竟抚之。二十三年，封川壮目苏公乐、张公蒞叛。明年，都御史张岳、平江伯陈圭讨平之。二十七年，都御史欧阳必进严山禁。三十三年，德庆瑶贼肆掠。其明年，德庆作游鱼舟，移戍于南岸水口。三十八年，都御史郑纲、巡按御史潘季驯始税瑶山物货以补虚税。四十四年，德庆上下江刊木置戍。隆庆三年，瑶陷海朗所，大□瑶既犷悍，四方亡命，又从而纠合之。□□凶虐，谓之瑶贼。攻城邑，掠吏民，系子女□赎，截江梗道，商旅不通。水道则罗旁上下二百余里，陆则二十四山及独鹤、恩金、莲塘、乐安，蜂屯蚁聚，越货杀人，四方响应，民不聊生。万历四年，都御史殷正茂请于朝，凌云翼继之，奉命狙瑶，犁其□穴，立二县一州一道，张□材官分布戍卒，桴鼓不鸣，民始室家之乐矣。出外志。

【康熙《德庆州志》卷八"外志"】

臣州六十四里，以寇故减之一。都城、晋康二乡被罗旁瑶贼据田，府同知贺恕强占民税二千石，民益困。彭坚父子三人同日经死，陈本妻女卖商人，一子卖州学训导奴焉。以虚税典鬻妻子家产者，难以枚举。弘治四年辛亥，征东山南乡，两越月，瑶贼几毙，不幸兵退。速又令曰勿擒余贼，致得假息，复纵奸民济贼粮糗，以是益滋蔓。正德元年丙寅，贼势大，肆都城。巡检牟智、千户林熙、高谦、庠生梁元锜、千夫长严明、黎瑾军、陈亚瑶亡于寇刃，徒为沟渎之鬼。商有尽船被戮者，村寨有尽亡锋刃者，冤民吁诉，守土之臣隐焉，反杖之。由是百姓冤苦虽深，九重万里谁能走诉。正德十四年，郑公厚、韦公丙僭称通天通地大王，掠尚峒等村，官军不能御且抚之。十五年，郑公厚越江而北，封川壮贼蒙公高亦僭称铲平王，劫封川，掳三千人。肇庆知府王援、同知徐钟淮束手无策，指挥张鼎敌死，反曰坠马。千户王谦达官□□数百人死寇，俱不以闻。十六年，贼劫□□□□峒，杀掳李庆等四百六十人。劫悦城等乡，杀孔宗等千余人。无剿捕者，惟俟寇退，责里正牛酒犒贼而已。堂堂府州不能遏寇而又赏之，不可羞乎。详见本传记。

【康熙《德庆州志》卷九"艺文一"】

古者不臣其人，不享其贽，禁贪也，亦以正乱焉。盖人有贪心，然后有争心，有争心，然后有忿心，忿心起而乱作矣。是乱之作，作于贪也。况瑶壮者，民之未隶乎籍，而僚又蛮之别种，随代异名，不可以民网羁，不可以礼教律。依山附水，刀耕火耨，跳梁跃冶，固其素也。为之上者，来则拒，去勿追，如畜禽兽然。任其飞走天地间耳。曩明内臣阮能因其入朝，而重索以方物，激而生变，势所必然，又何怪乎？幸而命将兴师，有以讨平之，不然虽统以州县，彼亦何以狐蹲鼠伏散之畎亩中哉。奈何承平日久，大吏复有麋豹之征，而乘机恫喝，凌噬百端，则我之困彼，诚哉甚于彼之困我。如之何？其不纠此乌合之众以拒我，虽曰桀骜之子，其性则异，而利之所在，起而趋之，未有不同者也。苟能鉴已往之覆辙，为未雨之先图，将必清心寡欲，塞诛求之路，杜恐吓之门，则彼之衣食足而礼义兴，贪者去而乱者息矣。况今圣天子在上，群百执在下，山陬海噬尽入版章。赫声濯灵，宣昭义问，蠢尔黔蛮，安在其不革面革心，脱椎结之陋，修鱼雅之容也。钟志伊识。

【康熙《高要县志》卷十九"外志"】

瑶，即古长沙、黔中五溪之蛮，生齿繁衍，播于两粤，诸郡邑皆有，多盘姓，自言盘瓠之裔。其在要邑者，东连中宿，西接苍梧，南抵高凉，北通浈水，绵亘千里。言语侏离，椎结跣足，短衣斑斑，依林积木以居，刀耕火种，以砂仁、豆、芋、楠、漆、皮、藤为利，至地力竭，又徙他山，家未有储蓄也。性剽悍轻生，能忍饥行斗，登历崖险，如履平地，出入持弩，腰刀多药矢，中之立毙。儿始学步，烧铁石烙其跟使钝，故能践棘茨不伤。其顽犷，幼已成性。隆冬鲜被，夜则爇柴蓺火，群向藉暖。不善曲蘖机杼，暴雨烈日不顶笠，惟覆以葵叶。暇则相聚捕兽、饮酒沉面，击长鼓以为乐。男女婚姻多赛于祠，或□相合则任意成婚。至忿争之际，虽至亲，亦手刃复仇。往往啸聚剽掠，历代为患。其居浅山者，听约束，事猎耕，衣服饮食与齐民相近，诸山多有之，谓之平瑶。豫旧志纂入，今不复然。

【康熙《高要县志》卷十九"外志"】

瑶本盘瓠种，地界湖蜀溪洞间，即长沙黔中五溪蛮。后滋蔓绵亘数千里，两粤在在有之。至宋始称蛮瑶。其在罗属者有三种，曰高山，曰花肚，曰平地。性皆剽悍，轻生好斗。椎结跣足，短衣斑斑，言语侏离。暇则射猎，儿初学步，烙其跟使钝，故能践荆棘不伤，涉险若履坦途。出入挟刀，弩多药矢，中之立毙。随山散处，结竹木，障覆居，息，为□，故称瑶所止曰□。刀耕火种，开畲植禾、豆芋、漆树为利。至地力竭，徙他山，家未有储蓄也。隆冬鲜被盖，夜必爇柴炭床下藉暖。不善机杼。烈日暴雨不顶笠，惟覆以葵叶。男女婚姻多赛于祠，自度衣带，或褐歌，相合则从。即逃去三四年，方回见父母面。高山、花肚皆然。平地之瑶居浅山听约束，与齐民略相近也。盖瑶言语皆不相通。高山、花肚绝不识字，甚畏官讼。人有讼之者，多窜匿。亦不知官之大小、上下。或有见官者回常道，中间坐的不怕，只怕两旁鸡毛官，谓皁戴也。自信为狗王后，家有画像，犬首人眼，岁时祝祭。其姓为盘、蓝、雷、钟、苟，瑶有长有下。明朝设抚瑶土官领之，俾略输山赋，赋论刀为准，羁縻而已。万历初作乱，上有抚瑶之令。州民冯圣恩、欧希凤、梁韬、陈绍儒、谢洪胜、邓举、钟元、蒯贵安、陈庆、谭天成、彭尚明、盘太真、陈太保、张可畏、谭文化、张汝玄等一十六人，咸愿领命招抚各山。上乃详授抚瑶把总职名，给示前入各山招抚。圣恩等各以上之德威化谕，各瑶遂平。上遂令恩等永管各山之瑶，今为抚瑶招主，其尚有各山之瑶，圣恩等所管不及者，则听山主蓝元贞、陈万善、尹信让、陈扞、陈君玉等约束之。递年春秋二丁，俱在招主轮流办鹿祭圣。倘奉上司行取山物，即招主、山主互同采办答应。

论曰：史之修也，非徒撰一时之闻，见饬当代之文物而已。盖以述古传旧、镜往事于将来，不使今日之人诘往事如坐冥夜。罗阳郡邑自晋唐以来几经改治，或置诸晋康，或置诸顺仁，或置诸平窦，或置诸开阳，其间胜概、名岩、古物、仙迹，与夫陵庙、亭宅之类随郡邑为更置，夫岂无足志者，为今史之搜括乎？况属内向有瑶、壮之流，或顺或逆，抚治之方又志外所当备述，夫乌可以其小而漏？故皆搜往牒而稽求之，以备太史之谘询云耳。

【康熙《罗定州志》卷一〇"古迹志·附外志"】

按府志，即古长沙、黔中五溪之峦，生齿繁衍，播于两粤。自言盘瓠之裔，言语侏离，椎结跣足，短衣斑褊，依林积木以居。刀耕火种，以姜豆芋藤为利，至地力竭，又徙他山。性剽悍，轻生能忍饥行斗，登历崖险如履平地，出入腰刀，持弩多毒矢。儿能行，烧铁石烙其跟使钝，践棘茨不伤。暇则相聚捕兽，饮酒击长鼓以为乐。男女婚姻多赛于祠，或踏歌相合，则任意成婚。至忿争，虽至亲亦手刃。往往啸聚剽掠。其居浅山者，听约束，事猎耕，衣服饮食，与齐民相近，谓之平瑶。

……

论曰：瑶之为寇，自古已然。上之人诚有抚循而煦休之，自摄服声教弗能外。若主管虐其民，而府县复有艰苦等差，则耕凿不恬而耳易嚣。虽号平瑶,能保其不为奸宄所诱,而为邑外藩哉。君子当慎,所以抚之矣。棠梨木瑶山所无,虽有亦小不合用。前奉上司牌取,俱广城买办,每百有十两之费,且交纳为艰。活鹿虽山中所有,群百人而逐之,亦可捷足而得。然不服水草难活。府牌取供祭祀,亦广城宦家所养驯,十金余始货得。二事为最苦,故志之此。

  旧志姚舜牧曰:瑶亦人类也,皆依其族。湖南北溪峒,岂能播于粤地哉。粤地之瑶,即粤产也。粤固山峒深阻不及文教,其种自生聚,刀耕火种,戟弩自卫,与齐民别。齐民以异类畜,彼亦以异类安。稍违其性,遂敢为攻拒剽掠,若异时罗旁诸寇。其尤黠者,耳如新兴诸瑶。衣服饮食与齐民等。据梁文简称,伊祖且率此瑶人捍御广西流贼,浪贼至今胥服约束无叛者,则府志之所谓平瑶也。有司抚之若齐民,则瑶民即我民也,可与故罗旁诸瑶同日语哉？

  按:瑶有甲有丁。宣德年攒造尚载瑶户五十六,嗣后不一载,岂以其异类哉？今据瑶官,各开报瑶甲,共丁一百七十有七,其生齿盖亦繁矣。此类不著册籍,独其畲田米一十三石三斗八升三合,寄附近排年名下,每石止编粮料银五钱二分一厘零四,差不编,谓其田多瘠欤？亦以瑶故优养之也。

【(康熙二十六年)《新兴县志》卷八"赋役"】

  瑶。南岸瑶人,明万历五年,割□罗定州。北岸瑶人,□□□□□谓之平地瑶。

  备考:瑶自言其先槃瓠之苗裔也,产于湖北、湖南溪峒,即古长沙黔中五溪之蛮,其后生齿日繁,播于两粤。其在肇庆,惟高明东临大海,余州县往往有瑶,东连中宿,西接苍梧,南抵高凉,北通浈水,绵亘千里,言语侏离,椎髻跣衣,斑斓布褐,依林积木以为居,刀耕火种。其货则砂仁、红豆、楠漆、皮藤,无积聚,濯则又徙一山,其俗喜仇杀,猜忍轻死,耐饥行斗,上下山坂若輩。其兵刀弩长戟,长戟前却不常以卫弩,弩者口衔刀而手射人,敌或冒刃逼之,长戟无所施则释弩而取口中刀,奋击以救。又多毒矢,中则应弦而倒。进整行列,退必伏弩,与之角技争地利,往往不能决胜也。儿能行则烙其□使顽厚,故能履棘茨而不伤。其婚姻多于赛祠男女唱和,其丧葬则作乐酬歌,谓之暖丧。暇则相聚射猎饮酒,沉湎击长鼓,歌舞为乐。喜则人,怒则兽。攻盗剽掠,其天性也。其居浅山洞中者,听约束而不为盗,衣服饮食渐习齐民,则德庆□□、悦城、高要顶湖诸山多有之,谓之平瑶。壮性粗悍,露椎跣足,斑衣短裳,鸟言彝面,自耕而食,又谓之山人,亦出湖南溪峒,其后稍入粤西古田诸县,佃作草田,聚种稍多，因胁田主据乡落，遂蔓延而东。其初尚以招徕为名，佃田输租，与瑶类不同，时相仇杀，有司、田主颇赖其力捍瑶，后亦与瑶无异。自汉五溪蛮后，安帝时苍梧、合浦蛮反，其后或叛或服，不可得而记云。至元孔棘，世祖灭宋之岁，德庆泷水瑶乱，其后成宗大德八年，瑶李宗起寇新州。仁宗延祐六年，而南恩新州瑶龙郎庚起为寇。泰定帝泰定二年，则海北瑶盘古祥寇阳春。至明朝洪武二十二年，德庆泷水瑶复乱，命总兵指挥刘备讨平之。三十一年，德庆西山瑶盘穷肠复乱，命指挥王浚讨平之，立瑶首瑶甲，来朝者赐之钞币。永乐四年，石城县吏冯原泰遂以泷水瑶目赵第二来朝，而命原泰为泷水抚瑶县丞。六年，德庆州人陈朵朵以瑶首盘永用来朝。八年，泷水□□□□冯原泰又以新落山瑶目骆二弟来朝，十□□□□□德庆判官抚德庆泷水诸瑶，岁贡楠漆□□□□□帝敕谕，广东肇庆府德庆州古篷下□□山瑶头周八十、刘天，恁每都是好百姓，比先□□军卫有司官不才，苦害恁上头，恁每害怕了不肯出来，如今听得朝廷差人来招谕，便都一心向化，出来朝见都赏赐回去，今后恁村峒人民都不要供应，差拨从便，安生乐业享太平的福，但是军卫有司官吏军民人等非法生事扰害恁的，便将这敕谕直到京城来奏我，将大法度治他。故谕。十一年肇庆府学生廖谦以新兴县瑶目梁福寿来朝，命谦为新兴典史。三十年，德庆州瑶首周八十来朝。十四年，高要县瑶首周四歌来朝。宣德复赐敕谕，稍得宁谧，其乱则自阮能。阮能者，正统间镇守内官也，因瑶朝贡多索方物，于是寇贼四起。十一年，泷水瑶赵音旺与德庆瑶凤广山作乱，抚瑶判官冯述死之。述，原泰子也。自是民田多陷没矣。既而广山听抚，音旺合诸叛瑶大肆杀掠，至都御史马昂乃克平之。景泰初，设总兵参将。三年，左都御史王翱总督两广，招抚瑶老壮老人等，令归峒生业，岭海肃清。四年，巡按御史盛昊谕降□□□□。天顺元年，泷水瑶凤广山之子弟吉作乱，巡抚都御史叶盛讨平之。二年，阳江县南河都官峒山瑶彭震来朝，其秋，阳江县瑶黄胜富、高要县瑶邓□来朝。新春瑶叛，知府黄□抚而用之。三年，鸡笼岭壮合广西流贼陷开建县，杀知县朱琼、典史苏善，盗库金而去。诏总兵刘深、副总兵欧信讨贼。成化初金都御史韩雍至，瑶人畏服，郡县赖以安。其后立秋调法用俍兵雕剿，肇庆自罗旁、绿水至怀集，要害皆置成兵，贼出没即雕剿，或捣其穴或要其归，法至善。雍去，遂废。十五年，瑶寇阳春，佥事陶鲁来援。弘治十四年，泷水知县翟观令壮立寨御瑶。十五年，瑶人入阳春，总旗徐洪战死。十六年，始设岭西兵备于肇庆。正德以后，盗贼益炽。元年，德庆瑶寇都城，杀千户林熙、高谦，巡检牟智。六年，瑶劫新兴县库。七年，分巡岭西道佥事汪铉讨阳春瑶，以石绿壮为导。壮与瑶通，引入深险，杀伤甚众，始知为其所卖，自是不敢言兵矣。十年，白饭坑担板岭瑶梗道杀人，阳春县知县黄宽讨灭之，道始通。十二年，瑶掠新兴西郭。十□年，瑶寇高明。封川、开建瑶乱，提督御史萧翀、总镇太监王堂、总兵官抚宁侯朱麒讨平之。封川归仁乡壮陈公镜、蒙公高叛。嘉靖元年，都御史张顺顶讨封川叛壮，降之。其秋，瑶贼合浪贼掠新兴南郭。二年，瑶掠阳春，兵备副使黄大用、分守参政罗侨擒之。德庆太学生陈天华上疏请讨瑶贼，事下督府谪戍死。三年，参政罗侨招复阳春瑶目梁乌皮等三百余家，副使黄大用讨新兴瑶贼浪贼歼之。四年，瑶赵木子袭杀德庆守备李松、判官陈琚。六年，阳春大风雨，瑶山崩溺，死三百余，瑶畜产千计。七年，分巡佥事李香招抚从瑶二千余人。八年，封川石砚山瑶乱，提督都御史林富、总镇太监张赐、总兵官咸宁侯仇鸾讨平之。十年，阳春瑶赵林花等攻陷高州，提督都御史陶谐、总兵官咸宁侯仇鸾讨平之，实以良民一千余家、名田一百三十九顷九十一亩。二十二年，讨德庆叛壮郑公音，参将武鸾受赂竟抚之。二十三年，封川壮目苏公乐、张公蕴叛。明年，都御史张岳、平江伯陈圭讨平之。二十七年，都御史欧阳必进严山禁。三十三年，德庆瑶贼肆□，其明年，德庆作游鱼舟，移戍于南岸水口。三十八年都御史郑纲、巡按御史潘季驯始税瑶山货物，以补虚税。四十四年，德庆上下江刊木置戍。嘉庆三年，瑶陷海朗所，大氐瑶既犷悍，四方亡命又从而纠合之，助其凶虐，谓之俍贼，攻城邑掠吏民，系子女卖赎。截江梗道，商旅不通。水则罗旁上下二百余里，陆则二十四山及独鹤、恩平、莲塘、乐安、峰屯蚁聚，越货杀人，四方响应，民不聊生。万历四年，都御史殷正茂请于朝，凌云翼继之，奉命徂征，犁其窟穴，立二县一州一道，张设材官，分布戍卒，桴鼓不鸣，民有室家之乐矣。

【乾隆《德庆州志》卷一六"杂记"】

瑶，即古长沙、黔中五溪之蛮，其后蕃衍蔓于二广。在高要者，东连中宿，西接苍梧，南抵高凉，北通浈水。旧志。县境瑶山，曰林田、曰大㞧、曰陆湖、曰花顶、曰石狗、曰牛岭、曰大台、曰榄坑、曰老香，《通志》。曰金盘、曰官板、曰三马坑、曰东坑崀、曰云志、曰阳路。依林木以居，刀耕火种，以蓣砂、豆芋、楠、漆、皮、藤为利，食尽一山又徙一山。喜仇杀，轻死，能忍饥行斗，上下山险若飞，多药矢，中人立毙，啸聚剽掠，历代为患，今不复然。其居浅山者，听约束，事耕猎，衣服饮食与齐民相近，谓之平瑶。明景泰四年，水坑人谢守信招抚高要、四会、广宁、德庆诸山叛瑶梁有全等三百六十八户。明年十二月，以瑶人周细五等来贡方物，命守信世为抚瑶官，辖四县瑶壮。旧志。传袭至国朝，先后五十余人，今废。《谢氏族谱》。

《天下郡国利病书》："瑶，椎髻跣足，左腰长刀，右负大弩，手长枪。战则一弩一枪，相将而前。执枪者前却，不常以卫弩。执弩者，口衔刀而手射人，或冒刃逼之，枪无所施，释弩取口中刀奋击，以救危险。整其行列遁去，必有伏弩主军，弓手辈与之角技争地利，往往不能胜也。儿始能行，烧铁石烙其跟，跖使顽木不仁，故能履棘茨而不伤。"

按：明景泰时，未设广宁县，旧志所云乃自据撰志之时言之。又有壮、獠二篇，皆泛记种族，无高要事，故不著。

【道光《高要县志》卷二一"列传二"】

瑶人所居，惟依林积水，刀耕火种为生，以砂仁、红豆、楠漆、黄藤为利，无甚积蓄，食尽一方则移居别境，去来无定。其配合多以赛神酬愿，男女聚会，面觋唱歌，适意腹婚。衣斑斓布褐，椎髻跣足，言语侏离，登历崖险如履平地，出入持弩、腰刀，多药矢，中之必毙。又能忍饥行斗，儿始能行，烧铁石，烙其跟跖，使顽木不仁，故能履棘茨而不伤，其顽犷幼已成性。丧葬则作乐、歌唱，谓之暖丧。暇则相聚捕兽，饮酒沉湎，击长鼓、歌舞以为乐。喜则人，怒则兽，或奋争之际，虽至亲亦手刃。复仇报冤，视死如归，往往啸聚劫掠，自昔为患江邑。自明永乐年间，瑶人黄福铭率众归化，授抚瑶主簿，职衔世袭。国朝则以瑶目承袭。向载瑶山十有三处，随峒、翼峒、马衔、合沟、秀石、合门、那峒、香炉、苏峒、南坑、杏峒、二龙、温径，今散布村落，与齐民一体耕输，为寨四十有六，计五百五十九户，共九百三十六丁。

【道光《阳江县志》卷一"风俗"】

瑶本古盘瓠之裔，其类有二，一曰板瑶，一曰民瑶。瑶与壮异类，瑶则僻处深山，不伍乡俗，不谙文字，不事田亩，不服征徭，惟采山斫木以为生。不事冠带，男女布服，扣绒为花，中以裹首，獿性鸟言，木床板屋，嫁娶必同类，不与人通婚。喜斗杀，善射药弩，故深山僻处，不畏虎豹，惟惧患痘，有出而染者，不得复入。嘉客有过者，杀猪牛为享食。火炙酒醑，则出其妇或妹之最丽色者，皆令侑酒，务期客醉为欢，然可狎而不可乱也。壮与民言迥异，采山耕田，常以布帛勒额，衣左衽，食薯芋，朴野鄙陋，田无赋税，多附税于大户，而纳其租焉。大户管租不管田，谓之锹镈。田惟递年输纳圆桁浮炭等物，其俗以四月八日采嫩枫叶浸水饮饭，杂以油盐，谓之乌饭。旧传其祖于是日为蝇噆死，故后人以乌饭吊之。其说颇荒唐无稽。建邑地邻粤西忠谠象元，以及一都小玉等山高峰峻、岭深箐篁，旧多瑶壮杂处，采山伐木以为生。自乾隆年间象元等山瑶人犹有负瑶巾瑶布木器出长安、金装两圩交易，至嘉庆二十四年绝迹不见。大抵瑶人来往无常，每以山木盛衰为去住，至于瑶多住小玉山，然今亦无几。惟何、廖、韦、李、莫、覃、卢、倪数姓犹属其裔，所称八甲是也，其余多隶齐民。盖我国家声教四讫，海瀸山陬，翕然规划。建虽僻处，久已摩义渐仁，彼瑶、壮亦具血气，心知有不喁喁向风，共凛尊亲之戴者哉？

论曰：世之观政者，多以地沃民凋、人物富庶为足尚，然而重名空负而风会日趋日下，菁华所产，日益艰甚，非守土者之所乐闻也。建邑幅员褊小，山十之九，水十之一，陇亩畛隰，不过三之耳。而明礼让者共敦古处，安耕凿者无或失时，虽向有瑶壮獉狉之伦杂处，其间而食力受廛久已，畏神服教，无昔日跋扈跳梁之患。他如谷粟以资养，葛纻以资衣，竹木之材，鸡豚之畜，采于山者美可茹，钓于水者鲜可食，吹豳养老，击鼓祈年，可以厚风俗，生之者众，为之者疾，可以成家，加以司牧之仁慈，则林林总总，游以天和，熙熙攘攘，用之不竭，所谓瘠土之民响义，获益良巨矣，又何多求之足云。

【道光《开建县志》卷七"风俗志·瑶壮"】

县属瑶山有九，曰大人，曰君子，曰茶，曰天露，凡四山抚瑶，吴茂桂主之。曰白鹤水，抚瑶谢国惠主之。曰良车田，抚瑶冯宏元主之。曰西坑、曰凤凰、曰榄根，抚瑶梁姓者主之。先有良瑶二百二十户，耕田听调，其后增减莫定，遂无成数。其俗椎结跣足，短衣斑斑，依林积木以居。言语侏□，不与齐民通。力耕火种以自食，所种惟砂仁、荁芋、楠漆、皮藤之属。地力竭则徙他处，无常所。性慓悍，轻生，能忍饥，相斗忿争之际，虽至亲手刃弗顾。出入带刀，持弩多毒矢，中之立毙。儿始学步，烧铁石烙足，故践棘茨不伤，履险仄如平地。隆冬不履被，蒸火以向暖。烈日暴雨不戴笠，以葵叶覆其首。暇则相聚，捕兽为食，饮酒沈湎，击长鼓为乐。婚不论同姓，或赛于祠，以歌相合。居深山者往往啸聚剽掠，其浅山者事耕猎，听约束，服食与齐民近，谓之平瑶。康熙二十七年，上水上峒有抚瑶梁荣章、冯尔雅，上水下峒有抚瑶吴业，高官陂抚瑶有谢道灼，皆良瑶也。乾隆二十一年，以瑶民向化日久，瑶目可以不设，详请裁革编入保甲，与齐民一体稽查。

【道光《恩平县志》卷十五"风俗"】

苟有关于政教，虽小必志以其内也。外此而人不齿乎政教之列，迹不存乎政教之中，滥为志焉，厥失则庞。乃人不齿乎政教，而政教足以化之。迹不存乎政教，而政教足以治之。外也，抑进乎内矣。不志则略志，别于内事详乎外，以我政教之所及而志之，亦以彼之初未得乎政教而外之也。志外事。

瑶人，本盘瓠种，即长沙黔中五溪之蛮。性剽悍，轻生好斗。椎结跣足，短衣斑斑，言语侏离。儿初学步，烙其跟跖使顽钝，故能践荆棘不伤。其顽犷自幼已成，出入挟刀，弩多药矢，中之立毙。随山散处，结竹木，障覆居息，谓之曰畲。刀耕火种，植豆芋，楠漆为利，至地力竭，徙他山，家未有储蓄也。隆冬鲜被褥，夜则爇柴蓺火，群向借暖。不善机杼，烈日暴雨不顶笠，惟覆以葵叶。暇则相聚捕兽，饮酒沉湎，击长鼓以为乐。男女婚姻多赛于祠，或踢歌相合则从，而逃去三四年，方回见父母面。至忿争之际，虽至亲亦手刃复仇，盖喜则人，怒则兽，往往啸聚剽掠为患。其姓为盘、蓝、雷、钟、苟。前明设抚瑶土官领之，俾略输山赋，羁縻而已。万历初复作乱，会师大征，十道分剿。所余残孽在东者，设瑶官四名，瑶总一名，瑶甲二十三名，瑶众四百六十四名，居二十二峒。自后渐染民俗，生齿日繁，至有事读诵而列子衿者。然往往有奸民窜入瑶籍，紊乱旧章，故厘正宜亟也。

按：世传盘瓠氏为狗种，妻高辛氏之女，生男女各六，转相配偶，实繁育瑶种。不知帝女下偶非类，此理所必无，而世多言之，即其种亦以自疑。存而勿论可也。查县属旧有分路瑶目四名，南路上下二股瑶目二名。自万历初年，随陈璘征剿罗旁叛寇有功，详请世袭抚瑶主簿职衔，钤束瑶丁。今北路瑶目已革，编甲约束。现年南路上下二股及西路瑶目共三名，云廉、云容瑶总各一名，岁给工食。余瑶众散处各路，有事则檄，令协守城池，无事则归耕云。

【道光《东安县志》卷四"外纪"】

万历初，两广之寇之剧者曰罗旁瑶，瑶每出劫人，挟单竹三竿以桐油，涉江则编合为筏，所向轻疾，号为五花贼。其峰有九星岩，一石窍深二尺许，瑶辄吹之，以号为众。又有石，其底空洞，撞之，渊渊作鼓声，瑶亦以为号。其谣曰：撞石鼓，万家为我房。吹石角，我兵齐宰剥。而罗旁水口有辣石，状若兜鍪，高百仞。瑶每夜隔江呼石将军，石应则出，劫无患；不应，则否。将军陈璘以此石为贼响哨，妖甚，烧夷石，顶有血迸流，其怪遂绝，盖鬼物之所凭焉。瑶故多妖术，又所居深山丛菁乱石，易以走险，谣曰：官有万兵，我有万山；兵来我去，兵去我还。其大绀天马诸山尤险峻，陈璘常以马不能鞍，人不能甲为虑。大征时，勤兵二十万，部分十道，凡两逾月乃荡平，覆其巢穴八十余，斩获数千万。今东西山尚有云榄、云洋诸种人，率短小跷捷，上下如猱玃。带三短刀，持铁力木弩，弩长二尺，重百斤，头作双槽，钉以燋铜错铁，药箭长仅尺许。无事射猎为生，有事则鸣小铛，举众蜂起，以杀人为戏乐。虽设有瑶官、俍目以主之，然薄税轻徭，示以羁縻而已。瑶、俍以语音相别，瑶主而俍客，俍稍驯。初，大征罗旁，调广西俍兵为前哨，今居山西者有二百余丁，其后裔也。诸瑶率盘姓，有三种，曰高山，曰花肚，曰平地。平地者良。岁七月十四拜年，以盘古为始祖，盘瓠为大宗。其非盘姓者，初本汉人，以避夫役，潜窜其中，习与性成，遂为真瑶。袁昌祚云：罗旁之地，土著之民多质悍，利入瑶为雄长；客籍之民多文巧，利出瑶为圉夺。兹固长蘖之媒也，则备诸瑶当自齐民始。《广东新语》。

　　罗旁瑶，其稍驯者听约束，与齐民无异，从不入城。有见官长者，还语其类，谓不畏中间坐者，但畏左右鸡毛官，谓皂吏也。妇人皆著黑裙，裙脚以白粉绘画，作花卉水波纹，壮则以红绒刺绣。瑶贞而壮淫，瑶之妇女不可犯，壮妇女无人与狎，则其夫必怒而去之。瑶欲娶妇，入山见樵采女，辄夺其衫带以归，度己之衫带长短相等，乃往寻求其女负之，女父母乃往婿家使成亲。否则女仍处子，不敢犯也。西宁、东安诸生瑶亦然。邝露谓，瑶人以十月祭都贝大王，男女连裾而舞，谓之踏瑶。相悦则男腾跃跳踊，背女而去，此西粤之瑶俗也。又谓壮人当娶日，其女即还母家，与邻女作处，间与其夫野合。既有身，乃潜告其夫，作栏以待，生子后始称为妇。妇曰丁妇，男曰壮丁，官曰峒官。峒官之家，婚姻以豪侈相尚，婿来就亲，女家于五里外以香草花枝结为庐，号曰入寮。鼓乐导男女入寮，盛兵为备，小有言，则啸兵相麈。成亲后，妇之婢媵稍忤意，即手刃之。能杀婢媵多者，妻方畏惮。半年始与婿归，盛兵陈乐，马上飞枪走毬，鸣铙角伎，名曰出寮舞，婿归则止。三十里外，遣瑶觋持篮迎之，脱妇中裆，贮篮中，命曰收魂。盖欲其妻悸畏，而无他念也。瑶觋者，巫也，其人名曰壮牯老，与瑶不同。同上。

　　广东有瑶、壮二种，瑶乃荆蛮，壮则旧越人也。顾绛《天下郡国利病书》。瑶椎发跣足，刀耕火种，食尽一山则移一山，喜仇杀，轻死，又能忍饥行斗，左腰长刀，右负大弩，手长枪，上下山险若飞。战则一弩一枪，相将而前，执枪者前却不常以卫，执弩者口衔刀而手射人，或冒刃逼之，枪无施释弩，取口中刀，夺击以救度险。整其行列，遁去，必有伏弩。主军弓手辈，与之角技争地利，往往不能胜也。儿始能行，烧铁石烙其跟跖，使顽木不仁，故能履棘茨而不伤。

瑶人一种，惟盘姓八十余户为真瑶，皆盘瓠之裔。别姓八十余户，大都皆性悍鸟言，今亦有渐习华言者。旧传有板瑶一种，戴板于首，采山为生，无板者曰民瑶。今居西宁境内者，率民瑶，板瑶则无……瑶则僻居深山，不伍乡俗，不谙文字，不服征。瑶不火而食，男女布服，扣绒为花，性尤顽犷，喜斗好杀，善射，药弩，并生息蕃盛过于佷壮。时出劫掠，最惧患痘，有出而染痘者，不得复入。嘉客有过者，杀牛为享，始用火炙。就席则出其妇，或姊若妹，多是丽色者，皆令侑酒，妇等衔酒饮客，又嚼牛肉唾以啖客，则谓之敬。客如不饮不食，逢其怒矣。又其妇虽狎不得而乱也，或涉嬲戏，必且召祸。此蛮先经倡乱盘踞，后奉征平，仍复散居七山、六十三山、上下西山等处，依山为窟。时出为患，寇垣墙，窃牛马，往往而罹法亦伏其辜。然其地接连广右，山洞穷深，易相勾引，非方略禁之，恐未易息肩也。《张志》。

世传盘瓠氏为狗种，妻高辛氏之女，生男女各六，转相配偶，实繁育瑶种。不知帝女下偶非类，此理之所必无，而世多言之，即其种亦以自疑。呜呼，古今匪远，今岂有人而匹异类者乎？此不唯诬盘瓠并诬高辛矣。度盘瓠不过帝高辛之不才子婿，屏若南荒，渐远声教，后遂身猩秽，而□侏离耳。今既世窟山峒，距人稍近，若被以礼乐，诱以诗书，瑶人亦吾人也，岂与夫教马以舞、被猴以冠首者同日语哉？同上。

西宁县瑶峒二十八，郝《通志》。今无所考。王《州志》。

诸瑶设有瑶目约束。阮《通志》。

【道光《西宁县志》卷一二"杂志"】

吴《府志》"瑶俗"一条云：古长沙、黔中五溪之蛮，生齿蕃衍，播于南粤，诸郡皆有。多盘姓，自言槃瓠之裔。其在肇郡者，东连中宿，西接苍梧，南抵高凉，北通浈水。绵亘千里，言语侏离，椎结跣足，短衣斑斑，依深山以居，刀耕火种，以砂仁、豆芋、楠漆、皮藤为利，至地力竭又徙他山。家无储蓄，性剽悍轻生，能忍饥行斗，登历崖险如履平地，出入持弩，腰弓多药矢，中人立毙。儿始学步，烧铁石烙其跟使钝，故能践棘茨不伤，其顽犷自幼已成。隆冬鲜被，夜则爇柴蓺火，群向藉暖，不善曲蘖机杼，暴雨烈日不顶笠，惟覆以葵叶。暇则相聚捕兽饮酒，击长鼓为乐。男女婚姻，多赛于祠，或蹋于歌，相合则任意成婚。其居浅山者，衣服饮食，与齐民相近，谓之平瑶。

其"瑶山"下一条云：各属瑶民，旧设瑶目管辖。后因高要、德庆、四会、广宁瑶目谢守信子孙承袭纷争，骚扰滋事，且瑶民向化日久，各安耕凿，与齐民无异，瑶目可以不设，于高宗乾隆二十一年，详请裁革瑶民，编入各村寨保甲，与齐民一体稽查。

其"瑶山"一条引郝《通志》：四会县，瑶山五十八，而辨其与广宁混而为一，因别白之，谓自东至旧石康县界瑶山三十一，曰芦荻坑、曰那禾、曰平坡、曰水袁、曰木麻、曰张公、曰白沙、曰䔆蒲、曰新庄、曰到句、曰横塘、曰云巢、曰木头、曰统平、曰旱峒、曰奈向、曰竹蒙、曰石预团、曰西林、曰苏村、曰䔆䔆、曰枫木、曰李村、曰六才、曰六难、曰贾村、曰大果、曰那围、曰土地塘、曰夹口、曰木村，乃四会之瑶山。又《府志》瑶山数目地名，与郝《通志》不同，盖康熙至乾隆朝，有绝逃之户、裁并之地，所以多寡不同，地名互易也。

按：旧志录前一条而不录后二条，令读者几疑邑本无瑶，胡为云尔矣。又石康旧县在今廉州府合浦县东北，郝《通志》误。䔆，字典所无，音义未详。

【光绪《四会县志》编一"舆地志·瑶疍"】

瑶俗有三种：曰盘龙，曰戴板，曰平地，皆姓盘氏。刊木为业，畲禾为生，婚姻不拘同姓，住谠山、白带、大凹、鸡头、哆啰及开建界金口等处。在深居高山者，风气不固，丁口不蕃，其性稍漓。有与戴板、平地杂踞牛栏、古城、铜钟、金鹅湖、必等山者，其性强悍，无礼义，易于为乱，比外峒杂居者不同。近石角、漄峒诸瑶交通连州八排瑶为害。

【民国《怀集县志》卷十"瑶壮"】

八排瑶。八排瑶，未详所始。土人云，自古连阳无瑶。宋末连州乡官廖颙秉臬西粤，为剿瑶监军。既抚之后，问瑶作何生业？瑶云，精于耕山。颙云，连州有山可耕，随带十余家回，安置油岭。邵、欧二姓，颙妹夫也。有军寮火烧二山，见其种类渐多，遂分一半入内，旧未立县，县治在宜善司。天顺年间，为贼破败，始迁于此。目今，廖姓尚为瑶山主，语似可信。然唐刘梦得刺连州，有《瑶咏》云："腰刀上高山，意行无旧地。"则知连瑶所从来矣。蛮瑶皆祖盘瓠，军寮山顶有所祀之神，俱属古貌，俗传为盘古庙，疑即盘瓠。八排延袤二千余里，而军寮油岭界于其中，势若长蛇，首尾相应。

内五排，隶连山县，离城仅五六里，可望而见。一曰大掌岭，一曰火烧坪，一曰里八峒，一曰马箭，一曰军寮，独军寮最强悍，兼高紫流寇窜入千人为羽翼。连山县内七峒乡民、宜善司外七峒壮民皆五排蚕食之地，西抵广西贺县、昭平、富川，南抵怀集，北抵湖广蓝山县锦田所，皆五排流劫之地。

外三排，隶连州，离城三十里，一曰油岭，一曰行墙（又曰南冈），一曰横坑。独油岭最强悍，楚寇窜入亦繁。有徒瑶山，背抵阳山县萧陀、白芒、三坑壮民，前一路通圆陂，达三江口营及高良、上水、塘冲、十里坪、猪尾冲，至红锣营。中一路通芩菜塘、小伞、涧头、小水、大庙营、龙口、沙子冈营。上一路通九陂、相思峒、大分，直抵南营。下一路通军峒、同管、水七、拱桥，抵阳山。皆三排蚕食之地。南抵怀集，东南至清远，北至连州，通星子司，抵湖广临武达章界乳源，皆三排流劫之地。

【民国《怀集县志》卷十"瑶壮"】

（二）壮

壮人。本州各乡具有。

【康熙《德庆州志》卷八"外志"】

壮与瑶异种，而跳梁黠骜之性一也。花衣短裙，鸟言彝面，产湖南溪峒，其先入粤西古田诸邑，佃种荒田，后聚众稍多，因逼胁田主据乡落，蔓延入广东。初，亦以听招为名，佃田输租，时与瑶相仇杀，有司及管田之家颇藉其力，以捍瑶人。及后势众，遂与瑶人无异，然自经剿之后，又别是一番情状矣。俱据旧志纂。

【康熙《高要县志》卷十九"外志"】

壮人性质粗悍，露顶跣足，花衣短褐，鸟言人面，自耕而食，产湖南溪洞。其先入粤西古田诸邑佃作，后种类稍多，因协田主据村落，遂延蔓而东，亦以佃田输租为名，生聚日繁，遂分各乡间，亦有入版籍者。男以花幔加于首，女衣裳多绣五采。居常畏法，无异平地。及其恶念横生，则杀人如刈芥。嘉靖二十三年倡乱，为祸最烈。后大征，剿绝残党，招抚尚存二三百丁。今又至千余，分拆东安、西宁，耕者过半矣。州中之壮多居三都，近皆佃耕输租，答应公务，听各田主约束。

【康熙《罗定州志》卷一〇"古迹志附外志"】

壮俗。性喜攻击撞突，故曰壮。俗与瑶略同，而性特剽悍，魋结贯耳。富者，男女皆以银作大圈加颈。男衣短窄，裂布束颈，出入常佩刀。女衣不掩膝，长裙细褶，缀五色绒于襟袂、裙幅闲。男女齿等，以衣带相赠遗，谓之结同年。葺茅作屋而不涂，衡板为楼上以栖止，下顿牛畜。搏饭以食，掬水以饮，盛夏露处，冬则围炉达旦。宴客以肉盛木具或竹箕，均人数而分置之，罢则各携所余去。分肉或不均，衔之终身莫解。有所要约，必以酒肉。得肉少许、酒半酣，虽行劫斗狠，无不愿往也。又好掠缚人入山谷中，刳木中凿为窍，纳一足械之，索资听赎，伏草射人，攻剽村落，为患于民。广西省志。

【道光《开建县志》卷一"风俗志"】

壮性质粗悍，露顶跣足，花衣短裙，自耕而食，又谓之山人。出湖南溪洞，后稍如广西，佃种荒田，聚众稍多，遂蔓延入广东。初来尚以听招名色，佃田纳租。与瑶人种类不同，时相仇杀。有司及管田之家颇赖其力，以捍瑶人，及后势众，亦与瑶人无异矣。俱同上。

【道光《西宁县志》卷一二"杂志"】

壮与瑶异种，瑶则裹首以布，壮则无之，布帛束额而已。广西半壮，宁邑地界广西，故境内多壮。

【道光《西宁县志》卷一二"杂志"】

壮人性质粗悍，露顶跣足，斑衣短裙，鸟言鹄面。产自湖南溪洞，先入粤西古田诸邑佃作。后聚众稍多，因胁田主据村落，遂延蔓而东。初亦以佃田输租为名，生聚日繁，遂分各乡，间亦有入版籍者。男以花幔加于首，女衣裳多绣五采。居常畏法，不异平民。及其恶念横生，则杀人如刈艾。初时与瑶人相仇杀，有司及管田之家颇借其力，以捍瑶人。后势重，遂与瑶人无异。嘉靖二十三年，倡乱为祸最烈。后大征，剿绝残党，招抚尚存二三百丁，分拆东安。日久渐衰，间有一二亦且混而为民矣。

【道光《东安县志》卷四"外纪"】

壮俗轻悍犷戾，椎髻炙□，刻木为契，不事诗书，男女裙衫多以绒绣，治木货以供日食。居外峒者，与民杂。居深山者，与瑶杂，易于纠合生乱，近虽稍变蛮习，供税县官，目颇识字，然狡猾难化，梗性犹存焉。

【民国《怀集县志》卷十"瑶壮"】

（三）疍

疍，其种不可知考。秦始皇使尉屠睢统五军，监禄凿河通道，杀西瓯王，越人皆入丛薄中，与禽兽处，莫肯为秦意者。此即入丛薄中遗民耶？以舟楫为宅，捕鱼为业，见水色则知有龙，故又曰"龙户"，齐民则目为疍家。洪武初，编户立长属河治所，岁收渔课。然无冠履，礼貌不谙，文字不自记，此其异也。肇庆惟高明、恩平、广宁无疍，高要、四会、阳江、德庆、封川河泊所皆裁革矣。高要、德庆摄于崧台寿康驿，仍听差遣，四会立图于舟官圃都，只辨鱼课，不入民额，各县皆县征，犹系河泊所云。

【康熙《德庆州志》卷八"外志"】

疍以网罟为利，分户计丁，少供鱼课。自明季海寇扰乱，日无宁居，近则江防严紧，加以风雨不时，难免冻馁之苦。所望良司牧抚慰有方，若辈常款乃于水绿山青之地，则海滨亦沾仁泽矣。黄士贵识。

疍之种不可考，倚舟楫为宅，事网钓为生，见水色则知有龙，故又曰龙户，齐民则目为疍家。性粗蠢，无冠履礼貌，不谙文字，能入水不没。客舶有遗物于水者，必命此辈探取之。且耐寒，虽隆冬霜霰，亦跣足单衣，无瘴瘃色。婚娶率以酒相馈遗，群妇子饮于洲坞岸侧。是夕两姓聊舟多至数十艇，男妇互歌，大率以江间风月、网鱼多寡为话柄。好事者或买舟听之，亦水滨一笑事也。明洪武初，编户立长，属河泊所，岁征鱼课。然性畏见官，豪右有讼之者，则飘窜不出。其捕鱼之利，惟春末夏初，西潦泛溢，稍可博一饱。贪乏者一叶之蓬，不蔽其身。百结之衣，难掩其体。岸上豪蠹，复从而凌轹鱼肉之。海滨之叫号，殆无虚日矣。

【康熙《高要县志》卷十九"外志"】

按：府志，疍其来莫可考。秦始皇使尉屠睢统五军，监史录〈禄〉凿渠通道，杀西瓯王，越人皆入丛薄中，莫肯为秦。意者即此丛薄遗民耶？以舟楫为宅，捕鱼为业，见水色则知有龙，故又曰龙户。齐民则目为疍家。明洪武间，编户立长，属河伯所，收鱼课。

按：旧志，本州疍户一十八户，因郡邑差遣频并，元至顺间逃亡别籍为生。元统乙亥，州守薛里吉思多方招诱，始得复业。至明朝拆立船丁，新增至三十二户，不知何时增至三百余户，岁课鱼米银三十五两一钱五分九厘，大征以后，疍户逃亡，而课额仍旧。万历二十二年，见存疍户三十三户。课征详"赋役志"。

论曰：疍户，捕鱼为业者也。新兴河浅，水涸太清无鱼，其为疍户，大都驾船为生，装载客货，取工钱以活口，原与近海捕鱼不同。既籍名在县，例应当差，而洞口、河下、高要、南海等船鳞集载货，新疍受差之苦，而客船受货之利，似为不均，于是疍户告帮。今高要县船户愿籍官当差，至南海各船，动称鱼苗纳饷，抢载客货，致中途劫掠，皆因名不在官，无可稽核。新江一带视为畏途，不申请以控制之，恐河寇未有极也。崇祯志。

论曰：新兴处万山之中，溪峻流急，鱼鳖鲜育，龙户浮家宜无停泊矣。然而亦有之者，或向日深水，诸疍漂流至此。按，旧志，宋明间为户仅一十八，旋增至三十有二，不知几何时，遂益至三百余口，厥后税累逃散至乌程。姚公始为之程其税课，悬其缺额。水宅之民，庶其有廖，无奈差遣频仍，亏削停误，然犹有一叶之舟，以守其业，有事则溯洄应付，无事则往来新桥洞口间。力乘客货，以一篙自给，逮至明末。

国初鼠狐侵冒，踞埠夺开，谓其船曰饷渡，曰章程，故渔利属之奸徒追呼，仍归疍户。疍户当此人入山，唯恐不深，结茨编茅，颠连失业，其子若孙渐有不识舟楫为何物者。今幸屡奉宪檄，逐棍还民，诚宜乘机体行，悉心招集，抚翼生聚以仰副上台垂念溪泽至意，毋使奸巧因循，有疍之名，无疍之实。细考厥故，皆因一二狡疍背众私勾，专享其利，遂令无依。余疍颠连如故、失业如故，含凄而望复又如故，是彼奸滑者，终以此辈为寄居之鹦，而失业疍民犹未免为惟巢之鹊䲸。念民瘼者，尚其问诸水滨？

【康熙二十六年《新兴县志》卷八"赋役·疍户考"】

疍，其种不可考。秦始皇使尉屠睢统五军，监禄凿河通道，杀西瓯王，越人皆入丛薄中，与禽兽处，莫肯为秦意者。此即丛薄中遗民耶？以舟楫为宅，以捕鱼为业，见水色则知有龙，故又曰龙户，齐民则目为疍家。明洪武初，编户立长，属河泊所，岁收渔课，然无冠履礼貌，不谙文字，不自记年庚，此其异也。肇庆唯高明、恩平、广宁无疍，高要、四会、阳江、德庆、封开河泊所皆裁革矣。高要、德庆摄于崧台驿，仍听差遣。四会立图于舟官圃都，只办渔课，不入民类，各县皆县□，犹系河泊所云。□晋康驿今亦裁。国朝雍正七年，恩命疍户听其登岸居住。

【乾隆《德庆州志》卷一六"杂记"】

疍户，其种不可考，倚舟楫为家，捕鱼为业。晋时，不宾服者，五万余户。自唐以来，计丁输粮。郝氏《通志》。明洪武初，编户立里长，属河伯所，岁征鱼课。崇祯间，高要河伯所废，更隶嵩台驿，国朝纳课于县。其人耐寒，能入水不没。客舶有遗物于水，必令探取之。旧志。土人目为疍家，不与通婚，亦不许陆居，朝夕惟跼蹐舟中，所得鱼仅充一饱，男女衣不盖肤。郝氏《通志》。每岁春末夏初为鱼花节，县境自羚羊峡以上，鱼步八十七；峡以下，九十四。有疍步，有民步，民步则疍往佣为捞鱼，疍步则疍户自输官租佃于民，还为之佣。当赤贫时，垄断者贱价居之，先与数年直，疍人得佃价救寒饿不给，于是官赋积欠。采访册。性愚蠢，不谙文字，畏见官，豪民蠹胥交鱼肉之。旧志。无赖、游手视渔艇为囷廪，以渔娃为衽席，无敢出一言者。采访册。

雍正七年上谕："闻粤东地方四民之外，另有一种，名为疍户，即瑶蛮之类，以船为家，以捕鱼为业，通省河路，俱有疍船。生齿繁多，不可数计。粤民视疍户为卑贱之流，不容登岸居住，疍户亦不敢与平民抗衡，畏威隐忍，跼蹐舟中，终身不获安居之乐，深可悯恻。疍户本属良民，无可轻贱摈弃之处，且彼输纳鱼课与齐民一体，安得因地方积习强为区别，而使之飘荡靡宁乎？著该督抚等转饬有司，通行晓谕，凡无力之疍户，听其在船自便，不必强令登岸。如有力能建造房屋及搭棚栖身者，准其在于近水村庄居住，与齐民一同编列甲户，以便稽查，势豪土棍不得借端欺凌驱逐。并令有司劝令疍户，开垦荒地，播种力田，为务本之人，以副朕一视同仁之至意。"

《广东新语》："弘治间，各水疍户流亡，所遗课米数千石。总制刘大夏上疏，将西江两岸河阜，上自封川，下至都含，召九江乡民承为鱼阜，分别水势，上者纳银五钱，下者二钱五分，贮肇庆府。给帖照船捞鱼，永著令典。其后，总制凌云翼荡平泷东、西两山，复开罗旁，并都含下诸处鱼阜，岁饷约有千金，所谓鱼阜者，鱼花步也。"

郝氏《通志》："疍家有男未聘，则置盆草于梢；女未受聘，则置盆花于梢，以致媒妁，婚时以蛮歌相迎其女。大曰鱼姊，小曰蚬妹，以鱼大而蚬小也。妇女皆嗜生鱼，能泅泙，昔时称为龙户。其户有大罾、小罾、手罾、罾门、竹箔、篓箔、大箔、小箔、大河箔、小河箔、背风箔、方纲、辏网、竹艻、布艻、鱼篮、蟹篮、大罟、竹箄等一十九名色。"

【道光《高要县志》卷二一"列传二"】

疍，其种不可考。舟楫为宅，钓网为生，无冠履，不谙文字，性耐寒，虽隆冬霜霰，亦跣足单衣，无皲瘃色。婚娶率以酒相馈遗，妇子饮于洲岸。是夕，两姓联舟，多至数十艇，赓唱迭和以为乐。洪武初年，设立河泊所，岁征鱼课，然性畏见官，豪右有讼之者则飘窜不出。其捕鱼之利，仅博一饱。贫乏者，一叶之篷不蔽其身，百结之衣难掩其骱。江邑因奉海禁，逃亡殆尽。展界后，稍稍复回。康熙四十六年，增入盐课，渔户籍以资给。乾隆十年奉文，渔课于大、中二号渔艇匀摊，而后江干穷疍永免派累矣。

【道光《阳江县志》卷一"风俗"】

  疍户浮家泛宅为业。以县城分上水下江之界，上水者只渡县河以上之货物，下江者专接县河以下之客商，不相涉也。每岁无鱼米课，男女粗蠢不谙礼数。婚姻以酒食相馈，联舟群饮于洲潋，齐民无与联姻者。

  又，鱼疍只捕鱼度活，随波上下，遇深阔处编舟联网，浅狭处孤舟独钓。大约春夏水潦鱼多，则资息稍裕，冬寒几难自存。

  昔秦始皇使尉屠睢统五军监禄，杀西瓯王。越人皆入丛薄中，与禽兽处。此类殆即入丛薄之遗民欤？

【道光《恩平县志》卷十五"风俗"】

  疍人以船为家，以渔为业。性逐水草，不喜陆处，其即丛薄之遗民耶。东邑向无疍籍，而界连高要、德庆之间，往来小艇，飘泊江上。捕鱼虾易米度日，盖异籍之人居多。旧有鱼苗笭埠，除业户告承及详请赏给近附贫民外，尚存无主数埠，就近查给本籍疍民资生，编户列册，亦稽查之一道也。

【道光《东安县志》卷四"外纪"】

  疍户，其种不可考，以舟楫为家，捕鱼为业。晋时，不宾服者五万余户，自唐以来，计丁输粮。明洪武初，编户立里长，属河泊所，岁收鱼课，东莞、增城、新会、香山以至惠潮尤多，雷琼则少。愚蠢不谙文字，不记年岁，土人目为疍家，不与通婚，亦不许陆居。朝夕惟踢蹋舟中，所得鱼仅充一饱，男女衣不盖肤。疍家有男未聘，则置盆草于梢；女未受聘，则置盆花于梢，以致媒妁。婚时以蛮歌相迎，其女大曰鱼姊，小曰蚬妹，以鱼大而蚬小也。妇女皆嗜生鱼，能泅汙。昔时称为龙户者，以其入水輒绣面文身，如蛟龙状，行水中三四十里不遭物害。其户有大罾、小罾、手罾、罾门、竹箔、篓箔、摊箔、大箔、小箔、大河箔、小河箔、背风箔、方网、辌网、竹芰、布芰、鱼篮、蟹篮、大罟、竹篗等一十九名色。郝《通志》。

  按：瑶、壮二种自明以迄国朝，节次剿除，间有孑遗，皆驯服向化，食德服畴，侪于齐民。疍户久奉谕旨，听其登岸，居住一体，编列甲户。俍人在明时调征有功，旧志谓其不事诗书，习尚粗鄙，今多彬彬向学，趋向礼仪，更不得歧视。故今于都里中，凡瑶甲壮寨，不复分别，以昭圣朝一视同仁，岭蛮归化之盛。然旧志所载又未便径删，致无可考，故附录于此。

【道光《西宁县志》卷一二"杂志"】

沿江有疍家，其男未聘则置盘草于梢，女未受聘则置盘花于梢，以致媒妁。《广东新语》。婚时旗灯照耀，宴客则别驾方舟，谓之"洒艇"。小洲疍户恒养童媳，长而结婚，谓之"转髻"。采访册。

【民国二十七年《高要县志》卷五"地理篇五"】

疍户。其种不可考，倚舟楫为宅，事网钓为生，见水色则知有龙，故又曰龙户。性粗蠢，无冠履，不谙文字，能入水不没，客船有遗物于水者，必命此辈探取之。且耐寒，虽隆冬霜霰，亦赤足单衣，无皲瘃色。婚娶以酒相馈，群妇子饮于州坞岸侧，是夕两姓联舟，多至数十男妇互歌。性畏见官，豪右有讼之者，则飘窜不出。其捕鱼之利，惟春末夏初，西潦泛溢，稍可博一饱。贫乏者，一叶之蓬不蔽其身，百结之衣难掩其骭。岸上豪蠹复从而陵轹之，海滨之叫号无虚日矣。四会立疍于舟，官都止办鱼课，不入民额，课由县征。此旧志录吴府志语也。今据采访册别详于后。

邑疍户分两埠，一金鸡埠，止张黄石三姓，俱操挞沙船，岁纳鱼税银两四十两。一诗书埠，亦称杂埠，姓不一，船亦不一。有挞沙船、斗楼船、晾蓬船，亦名加桨船，无鱼税。两埠之船，皆五年一换照，皆要当官差。县有船头差营，有船头馆，分管文武传差。封船事武，定额二十五船，一船开差津贴银，二十四船匀派，文无定额。两埠各船每船岁轮船头，差银二两，各船开差，仍无津贴，或且提扣，此两埠之大略也。大抵挞沙船宜载货，斗楼船宜送客，然亦可互用，各有索取焉已耳。晾蓬船比斗楼船略小，而无马门。当马门处盖以软蓬晾之使高，以便出入。同治间，当武差，载兵勇上广宁之桂口，被贼焚毁后遂无装此式样者。苍冈排艇，亦疍户操之，而不入两埠。竹木排多用此艇寓排客居人，亦有雇用往来。近地者又一种坑艇、板艇，故土著乡民自装以载货而自撑之，亦有雇用疍民驾驶者，固不得以操舟，故而概目为疍户。近二十年来，载客往来者有白土艇，此则更非疍户矣。盖清塘铺白土村民多出江网鱼，其艇扒以短桡行甚速，或取其速而雇之，嫌其无蓬也，则织拱蓬以盖之，雇者多则扒者亦多，不知而目为疍民，则误也。

按：疍户不知所自始，《苍梧县志》谓秦始皇使尉屠睢、监史禄凿渠通粤，杀西瓯王，粤人皆入丛薄中，莫肯为秦，意此即其移民，亦想当然语耳。其人不敢与齐民齿，然往往有致富饶而贿同姓土著，冒充民籍者，不知煌煌上谕原准疍户登岸著籍为民，正不必为此掩耳盗铃也。上谕已恭载编首。

【光绪《四会县志》编一"舆地志·瑶疍"】

（四）俍

俍人原属粤西土州。俍兵向有俍总一名。万历初年，调剿罗旁瑶贼有功，给以抚俍千总衔，钤束俍人，仍给俍田四十六顷耕赡。遇地方有警，调令裹粮听遣，无事则安耕为民。今县之西北歌村十三峒，即其世居也。俗粗鄙，信巫尚鬼。迩来渐染风化，咸知礼义。耕作诵读，婚姻往来，与齐民伍。斯则其俍习之渐驯矣。

【道光《东安县志》卷四"外纪"】

粤东惟罗定东安、西宁有俍人，盖从粤西调至征戍。罗旁者，族凡数万，每人岁纳刀税三钱于所管州县，为之守城池，洒扫官廨，供给薪炭，性颇驯，畏法。《广东新语》。

俍与壮，皆广西之俍人也。成化间，都御史韩雍以高郡多盗魁，招往各隘口，拨荒田以俾之耕，而蠲其徭役，无事则耕，有事则调遣。郝《通志》。

内寨俍甲曰中村、柏木上村、岭嘴大水坑、柏木苘、永安、栗子、迳心、外寨、白芒、黄梅、小寨、康塘、大埇、相思、三了塘。十四都俍甲曰息村、栗子冈、石头冈、野塘、金密、黎埇、西岸、知鼻、神坦、高垠、罗村、木林、木榴、神勒、新寨共十五处。八山瑶甲曰大曲、龙湾、小洞、厂头、鹅参、甘竹、白水、白马、上下脉、蒲岗、云岭、杨梅、木栏。《乾隆二十二年县册》。

内外寨俍长一名，管俍丁一百二十四名，计居九峒寨。十四都俍长一名，管俍丁一百十九名，计居十九峒寨。张志。

十四都新寨、麻埇、息村等处，俍人所居；内外寨、迳心、鹿窝、白芒、上下沙、庵罗等处，俍人所居；南涌、排埠，瑶人所居；都门、南赖，壮人所居。王《州志》。

【道光《西宁县志》卷一二"杂志"】

俍又瑶壮之外别是一种，受廛耕种，与齐民无异，且性最恭顺。往昔开辟罗旁，实借其力，今亦籍隶俍兵守城守衙，效顺居多。然俍壮二种，皆不事诗书，好为觋巫，习尚粗鄙，鲜知礼义。旧有指挥刘元威曾请建社学于葵岭，劝各就学，每考请分壮俍童一案，恳学道恕取，以寓鼓劝，后亦有一二进庠者。

【道光《西宁县志》卷一二"杂志"】

（五）僚

僚，盖蛮之别种。往代初出自梁、益之间，其在岭南，则隋唐时为患孔棘。仁寿元年，冯盎讨平成等五州之僚。武德七年，李光度讨平泷扶之僚。贞观间，冯盎又讨平窦州之僚。其后复叛，广州总管党仁弘坐是贬南，扶州废，而以县属泷者再，复为州者再，皆僚之故也，然是时叛，不言瑶。自宋以后，又不言瑶，意其类已合，随时异名耳。

【康熙《高要县志》卷十九"外志"】

八　节庆

　　岁时节庆反映了基层社会的生活状况，体现了民众价值观念、民俗心理和文化精神。广东西江地区居民素重节庆，从元旦到除夕，节日众多，其中含有占卜、祭神、驱鬼、择吉、祓禊、禁忌等各种礼俗，祀土地、祀祖是其重要内容，这些节庆日大多在家庭、家庙、祠堂、社区举行，具有全国性的特点，也具有地方性特点。比如，道光《阳江县志》《东安县志》记载的"跳禾楼"，延请女巫庆祝丰收，是独特的民俗，而（民国三十七年）《高要县志》还考核节日源流，将广东西江地区的节日与《后汉书》《荆楚岁时记》的有关记载相等比较，为广东西江地区节庆的历史源流提供了依据。考虑到这些节庆的记载都以农历月份为顺序，层次清晰，所以收录时未予分类。

　　节序。立春前一日，厢中各行例扮杂剧，为春景游。于东郊祭芒神，历各街，然后入城。自南门入县，男女□观至各门，洒以□谷，谓之祈丰年、消痘疹。春日行鞭春礼，邑人竞取土归作灶，俗传六畜生成也。元旦洁衣冠，早拜先祖香火，俟尊辈起拜贺，以次及于亲朋至亲之属。携酒肴往来，饮春酒。上元张放花灯，人家皆然。清明男女郊行，扫墓多用牲品，端午竞渡，间有角黍，插艾，犹然古风。中元俗最尚，为目莲节。祖魂归家，自十一日起，每日三荐，至十四晚，方具冥衣送之，谓之送寒衣。中秋赏月，重阳登高，此风尚存。除夕，扫舍宇，易门符，烧纸炮贺春，家人聚饮，谓之守岁。

　　【康熙三十一年《开建县志》卷七"风俗志"】

　　每岁元旦。礼家庙毕，即往来庆贺。
　　迎春日。有司循典装办土牛，郊外劝春，令行户装办杂剧以壮春色。稚儿辈具五谷撒牛，以祈丰年。
　　上元。各方社庙沿街结彩张灯，烧放火花，笙歌叙乐。
　　春社。祀祭，以祈五谷。

清明。插柳上坟,祭扫至四月八日乃止,云闭墓矣。

端午。饮菖艾酒,食角黍。自朔至五,结彩莲舡,以观竞渡。至末夜,鸣金击鼓,迎神,逐殁〈疫〉。

七夕。儿女备诸果品,夜向天孙乞巧。

中元。先一日,具衣资、果酒、三牲,祀先祖,名曰盂兰节。

中秋宴客赏月,儿童以砾垒塔,举火烧红为戏。剥芋展柚以赏,间制柚子花灯,燃点游行。

秋社。报祀,以赛丰年。

重阳。郊外登高,戏放风筝,饮菊花酒。

孟冬。里社傩祭。

冬至。祀先祖。

正月二十四夜。谢灶,谓之小年夜。

除夕。洒扫室宇,更换桃符。老少乐饮,团年,烧爆燃炬达旦,谓守岁云。

【康熙《罗定州志》卷一"舆地志"】

元旦。夙兴,□天地□祖,□□□酒、粉饵、□□、帛及□香于坛庙,男妇行贺年礼。□□于亲长及执友相厚者,携果酒致敬,数日乃已。

迎春。先日妆戏剧鼓吹,迎土牛于皆春亭,今观者塞途,幼者以豆掷牛,可稀痘疹。

元夜。坊舍各燃鳌山、企角、人物、花草诸灯达曙。幼童办戏剧及狮、象、麟、鹤为乐,箫鼓喧阗。游人歌唱以花筒烟火角胜童子,手击小鼓,谓之拍鼓。乡落亦然。十六夜,妇人相与出游,谓之采青。

春社。祈谷、醵钱,市猪酒、祝神,聚而群饮。秋社亦然。

清明。上坟自节日始。是日,男女皆插柳。

端午。饟角黍,饮菖蒲酒,缚艾虎于门。男女插朱书篆符,曰辟邪。竞龙舟,视先后为胜负。

七夕。人家晒书及衣。其夜,女儿罗果酒祀牛女以乞巧。

中元。以十四日为节。备酒馔荐楮衣,以冬叶裹粉作饼,名曰架桥,以祀先祖,谓之鬼节。

中秋。士民具酒馔,荐芋、栗、月饼,邀亲朋赏月。

重阳。挈茗治觞,拉亲友选胜处高阜以游乐焉。儿童多放纸鸢风筝,以较高下。

十月朔旦。备楮衣、香帛、酒馔,诣墓致奠,谓之送寒衣。

冬至。祀先祖,家自燕饮,不相拜贺。

小年夜。十二月二十四夜祀灶神，烧爆竹。

除夕。扫屋宇，易门神，具牲醴馔食，以祀先祖。通宵宴乐，谓之守岁。

【康熙《德庆州志》卷二"风俗"】

正月。元旦，五鼓，祭天地、祖先毕，男女各拜家长，以次递拜，然后出拜亲友，邂逅为礼于途，及门多不相及。

立春。先一日，县官率属迎春，士女纵亲。上元，张灯三夜，人家粉糯米裹珍错为圆，彼此相饷，曰送元宵。二月二日，豆汁摊饼以食，又铛煎枣糕，曰熏虫。三月，清明祭扫先茔。五月五日，亲戚作角黍相馈送。八月一日，糊窗，曰冬月房中不冻望，日月饼、西瓜相饷，便家张筵赏月，即贫者亦勉营食物，合家饮啖。九月九日，无菊，亦无登高者。十月朔日，墓祭，剪五色纸为衣，焚之，曰烧寒衣。十一月，冬至拜冬，惟官长行之。十二月八日，取杂色米菽，错以珍果同炊，曰吃腊八粥。二十三日夜，祀灶神。除夕，属官拜上台，卑幼拜尊长，曰辞岁。

【康熙《广宁县志》卷四"典礼志"】

元旦，五鼓，起炷香，拜天地、神祇，祀先以粉饵、果酒，化楮财、烧爆竹、送于庵堂。男妇行拜年礼，卑幼携果酒致敬于亲长。除夕前，炊熟米面之可供数日用。亲友往来为拜年。迎春，预置土牛、芒神。是日，县官率僚属，陈鼓吹春色，迎春于东郊，远近老幼聚观，俗谓幼者以豆撒牛，可以稀痘。亲朋招邀吃春饼、生菜。

元宵，城市张灯，年前生子，必送花灯于庙观。初十、十一晚开灯，十六晚散灯，各用牲酒、楮财告神，毕，邀亲朋聚饮，谓之饮灯酒。好事子弟于数日前装扮狮子龙灯，灯色故事，涂歌巷舞。元夜，箫鼓喧阗，沿门庆演，竟放火花庆灯筵席，鸡鸣始散。十六夜，小家妇女相邀出门外遣步片时，谓之走百病。贪婪之辈借采青而拔人之园，间亦有之慎行者，羞与为伍。春社，闾里醵钱祀神祈报，设席聚会。秋社，亦然。

清明，展墓，自是日为始，至谷雨止，谓之铲青醮山。亲朋相陪，馂余以为乐。

端午，解角黍，吃菖蒲艾酒，插蒲艾于门。男女带辟兵符，自五月一日至五日，江中棹龙舟，箫鼓喧扬，亲友相邀，结彩游玩，备采物放锦标，令舟子竞夺为乐。江岸老幼聚观，至晚始散。

七夕，女子罗酒果，乞巧。先于午时晒衣服及书籍各物。

中元以十四日为节，备酒馔、楮衣，以祀先。

中秋，以果饼新芋荐先。亲朋招邀饮玩，谓之赏月。

重阳，以枣糕、菊酒祀先。亲友相邀郊外，登高放纸鸢，为鸟兽、蛱蝶之状。有名抬云者，悬藤弓其巅，半空声响嘹亮，晚落始息。

冬至，以粉糍及酒祀先，燕饮，不行拜节礼。

小年，十二月二十四晚，以果酒、楮财祀灶。

除夕，先日换门神，贴春联、门钱。是晚，祀先，炬爆竹。长幼宴集，谓之守岁。不行辞年礼。

【康熙《阳江县志》卷一"风俗"】

正月元日。人无贵贱贫富，皆五鼓而兴，严洁厅宇，鸣钲击鼓，烧爆竹，陈果酒，焚楮币，以祀其先，及上下神祇。毕，序拜称觞，祝尊者寿，然后出拜宗族乡邻，往反更谒，谓之贺新，正初五乃止。

立春。设土牛官吏，出东郊迎春。民间扮春色，穷极侈丽，或用铁梗盛装，以求奇胜。在凤山堂，导迎入县。次日鞭春，茹春饼，作春花。

元夜。先期结灯棚于繁闹处，十一夕即试灯，灯用楮或纱，剪凿细审，错以五色，穷极精巧。又有鳌山灯张于神祠道观，四境子弟装扮杂剧，儿童各提拍鼓，数十为群，沿歌街巷。士人设酒为会，或相聚较智，猜灯谜为乐，十六日止。

二月花朝。士人各携酒肴，郊外踏青，乡人赛神祭社，岁立一社首，谓之福头，三月上巳亦然。

清明日。凡儿童男女俱插柳，并悬柳于门，具牲酒，展坟墓，遇有损坏，即日修整，无忌。

五月五日。取菖蒲、艾草悬之门户，裹角黍，祀先祖，遗亲友。水乡竞渡龙舟，坐首者具酒肉以养其众，以四月二十五、二十八，五月初一、初三、初五日，共竞于龙萃寺前及龙江水。凌波鼓棹，旌旗蔽空，少年设酒采进，乘舟观赏。

七月七夕。女子各陈茶酒瓜果于庭，为乞巧会。

七月十五，中元节。俗以为地官赦罪之辰。十四夜，洒扫祠堂，启神匮，具酒馔，以迎先祖，焚楮衣。

八月十五，中秋节。士夫宴会玩月，作柚子灯。小儿聚瓦石作塔明灯，设果饼，望月而拜，致词谓之请月姑。

九月重阳节。士夫携酒登高宴赏，饮菊花酒以延年，插茱萸以辟恶。乡人宰猪为会，以养土神。

十一月冬至。具酒馔，以祀先祖，作米果以相馈。

十二月二十四，谓之小年夜。各祀灶，除夜扫屋，谓之除旧布新。具酒馔，拜先祖，张灯作乐，放火炮，群饮欢娱，谓之守岁。写春帖，易门神，谓之从新。

【康熙二十七年《四会县志》卷十三"风俗"】

元旦。夙典，拜天地先祖，罗设果酒粉饵，焚楮帛，及送香于坛庙，男妇行贺年礼，卑幼于亲长及挚友相厚者，携果酒致敬，数日乃已。

迎春。先日妆戏剧鼓吹，迎土牛于市，观者塞途。俗谓幼者以豆掷牛，可无恙。亲友相邀啖春饼生菜。

元夜。城市作灯结栈，通衢有鱼龙走马，花毯琉璃，鳌山诸灯，燃爇达曙。旷处作秋千，又以纸龙灯平地曲折，盘旋为九曲灯。男妇恣游其间，箫鼓宣阗，游人歌唱以花筒相胜。童子则手击小鼓，声相应响，谓之拍鼓，乡落亦然。十六夜，夫人相与出游，俗呼为走百病。

春社。祈谷，醵钱市酒肴祀神，聚而群饮乃罢。秋社亦然。

清明。上墓，自节日始，谓之踏青。是日，男女皆插柳。

端午。馕角黍，饮菖蒲，缚艾虎于门，男女用朱书篆符，曰辟邪。竞龙舟，视先后为胜负。或有溺者。

七夕。人家晒衣及书，其夜女儿有罗罘酒乞巧及请厕神者。

中元。以十四日为节，备酒肴，荐楮衣祀先祖，谓之鬼节。

中秋。士民具酒馔，荐新芋，邀亲朋赏月，凡数夕不辍。

重阳。登高，用糕荐先。出郊，放纸鸢，或为鸟兽鱼虫之状。

冬至。祀先祖，燕饮，然不交贺。

小年夜。十二月二十四日，是夜，烧爆竹，祀灶神。

除夕。扫屋宇，易门神，贴门钱。至夜，具香烛酒肴，奉先祖。烧爆爇炬，聚宴通夕，谓之守岁。

里傩。每岁冬月盛为法事，谓之禳灾，又谓之保境。坐一小船鼓吹，沿门经过，送之江。率三岁一举。

【康熙《高要县志》卷四"地理志一"】

正旦。五鼓夙兴，备各色糕果、茶酒，诣家堂礼奠，接神祀祖，爆竹声不绝，随启户焚香拜天。毕，男女序拜其尊长。黎明，男子盛服诣亲友门，行礼贺岁。各以盒酒相款三杯，起诣别家，如此或三二日，相贺始完。又自初二日起，各以牲醴祀先，谓之开年。借福宴集酬酢，至灯节后乃已。

立春。先一日，官寮〈僚〉迎春东郊，各里铺行艺术人等例装春色，共数十架，及狮、犀等戏，尽鸣锣随之，声彻数里。先出郊外候官临，鱼贯前导回城。闾里无贵贱少长及近村男妇尽出，集通衢遮道游观，亦治具招其亲友，谓之饮春酒。

立春日。祀芒神，鞭土牛。毕，民争取土牛之泥回泥其灶，谓养猪畜如牛肥，花匠具土牛，鼓吹送县衙。

元宵。自初八九起，通衢每间十家或八九家高架一棚，各巷及乡村则从社前搭棚。尽张彩悬花灯，或作烟楼、月殿、鳌山、银海之类，处处宴集，谓之庆灯。高歌管弦，或彻竟夜。又有演装各项故事，及龙、凤、麟、狮、犀、象之类，诣富厚家戏舞。又官衙前并富厚家或放烟火花筒，至十四五晚益弛禁，纵民偕乐，男女游观塞道，十六晚止。

社日。乡有社，以祀谷神。城有社，以祀土神。均于是日合祀饮福。

二月二日。俗谓土地神诞日，纠会敛银，置神衣、火爆等物诣庙醮奠。

花朝。或备酒馔，出郊游春。

上巳。亦有雅士携樽相招，临流祓禊者。

清明。家插柳于门，男女老少插于首。具酒馔省墓，或请道士醮墓，各携所亲到山噉饮，亦曰踏青。自此一月之内，俗谓之墓门开，任便往省，过月则闭墓云。

端阳日。以角黍相馈遗，门悬蒲艾，小儿系彩缕于臂。仍设牲醴，切蒲艾，磨雄磺以荐。男妇长幼各饮雄磺酒，些须乃招亲友享之。其采药、合药亦多用是日。

夏至。或烹狗集饷，谓一阴生，用热物以胜之云。

七月七夕。雅士相宴集，处子陈瓜果乞巧，五鼓各取河水收藏之，云可经岁不坏，用作酒醋大佳，故醋亦谓之七醋。

七月十五日。古谓中元，俗谓之鬼节。家家于十四或十三日剪彩楮为衣，或卷帛具荤馔预祀先祖。至十五日乃用素馔祀神，复荐其祖。亦有合金延僧，或就庵作盂兰会设醮以祭殇鬼，名曰施食，祈超祖庇生云。

中秋。宴集啖月饼，赏月，管弦或两夜不止。

重阳。或登高，或在家俱佩萸泛菊，儿童竞放风筝为戏。

九月二十九日。俗谓本县城隍诞日，阴阳官暨各乡老各具牲醴诣庙朝贺，设戏棚，金鼓闹神为庆。

冬至。祀先，仍相遗角黍，招饮不贺。

十二月二十五日。世称灶神上天，家家于二十四晚具糕果素馔祀之。是夕，爆竹大震。

除夕。先净扫屋宇，俟各务完，乃贴红楮钱，名曰利市。又贴吉语及对联于门楣两旁，并家庙、门神、土地、灶神等处俱换利市。吉兆一新，然后祀神荐祖。其爆竹远近膈膊之声相闻不绝。送神已，则阖门集少长欢饮，曰团年。有终夜围炉而坐者，曰守岁。

【康熙五十七年《西宁县志》卷一"舆地志"】

罗定州风俗考

州总

元旦。礼家庙毕，即往来庆贺。

迎春日。有司循典装办土牛，郊外劝春，令行户装扮杂剧以壮春色，稚儿辈具五谷，撒牛以祈丰年。

上元。各方社庙沿街结彩张灯，放花火，笙歌叙乐。

春社。祀祭，以祈五谷。

清明。插柳，上坟祭扫，至四月八日乃止，云闭墓矣。

端午。饮菖艾酒，食角黍，自朔至午结彩莲船，以观竞渡。至末夜，鸣金击鼓，迎神逐疫。

七夕。儿女备诸果品，夜向天孙乞巧。

中元。先一日，具衣资果酒、三牲祀先祖，名曰孟兰节。

中秋。宴客赏月，儿童以砾垒塔，举火烧红为戏，剥芋展柚以赏，间制柚子花灯，燃点游行。

秋社。报祀，以赛丰年。

重阳。郊外登高，戏，放风筝，饮菊花酒。

孟冬。里社傩祭。

冬至。祀先祖。

腊月二十四日夜，谢灶，谓之小年夜。

除夕。洒扫室宇，更换桃符。老少饮，团年，烧爆燃炬达旦，谓守岁云。

【雍正《罗定州志部汇考》"风俗考"】

每岁元旦，五鼓夙兴，礼家庙。毕，则往来庆贺。

立春先一日，有司循旧典装办土牛，郊外劝春，令行户装办杂剧以壮春色。至日，祀芒神，鞭土牛。毕，民争取土牛之泥，归泥其灶，谓养猪畜肥如牛。

上元。各方社庙沿街结彩张灯，烧放火花，笙歌叙乐，至十六晚止。

春社。各祀社神，以祈五谷。

清明。插柳，上坟祭扫，至四月八日乃止，云闭墓矣。

端午。饮菖艾酒，食角黍。自朔至五，结彩莲船以观竞渡。至末夜，鸣金击鼓迎神，逐殁。

五月二十八日，俗谓本州城隍诞日，士民具牲醴诣庙致祭，演戏庆祝。

七夕。儿女备诸果品，夜向天孙乞巧。

中元。先一日，具衣资果酒、三牲，祀先祖，名曰盂兰节。

中秋宴客，啖月饼赏月。儿童以砾垒塔，举火烧红为戏。剥芋展柚，间制柚子花灯，燃之游行。

秋社。各祀社神，以报年丰。

重阳。郊外登高，戏放风筝，饮菊花酒。

冬至。祀先祖，不相贺。腊月二十四夜谢灶，谓之小年夜。

除夕。洒扫室宇，更换桃符。老少乐饮，团坐，烧爆燃炬达旦，谓守岁云。

【雍正《罗定州志》卷一"舆地"】

元旦。官绅、士民皆夙兴，盛服，具香案，拜天地。次祖先，次家长，次本坊神庙、社坛，拈香点烛，拜贺。至明，谒拜官长、亲族，往来各家。贴宜春，放爆竹，以迎新禧。家中预设酒肴，以延宾客。

立春。前一日，知县率僚属迎土牛于东郊，颁送春花鞭及小土牛，铺行扮春色抬阁故事前导，满城内外迎遍，观者鲜服塞途。是日饮会，设春饼、生菜。其童稚炒豆米，撒土牛，云兆取痘疹稀少。

元宵。报赛醮筵，多趁佳夜。旧例，县官命里长迎六祖及诸神于龙兴寺庆贺，祈年岁丰登。今龙兴寺建万寿亭，为朝贺之所，听里民各就本乡自建坛祈福。是夕，悬灯银烛，沿街灿烂，狮象鱼龙，跳舞喧阗。壮者戏要秋千，文人猜射灯谜，竞放花筒，馈遗筵饮。乡落有上、下元，并有十一月、十二月延僧建醮、演戏祈年者。

清明。上巳修禊，此事鲜举。惟各诣祖墓，铲草致祭。是日，家家门前插柳。

四月八日，浴佛会。有用蕉叶裹糜以贻姻亲者。

端午。往者龙舟竞胜夺标，今已绝响。惟家家裹糯米、角黍，门插蒲艾。切以泛酒杂雄黄，午饮，禳灾患。

七月七日，人家于是日晒书籍及衣服。至夜，童子焚香，诸女子焚麻缕，酹以果酒，曰乞巧。十五日，盂兰盆会。家设酒食、楮衣，以祀其先。亦有延僧荐度者。

八月三日，六祖涅槃之辰。人赴龙山进香。

中秋，作月饼，煮芋魁，具肴酒，饮会赏月。儿童有烧梵塔、舞火鬼之戏。

重阳，登高，插茱萸，携壶选胜，放纸鸢，高者侵云。

冬至，官府行拜贺礼，民间设筵祀先祖。

腊月，二十四日为小年。家修果酒，祀灶神。

除夕。先择日扫舍宇，腊尽乃贴利市钱、门符、门神、对联，烧爆竹，祀先人，设酒聚饮，谓之辞年。是夕，童稚夜分乃眠，曰守岁。家具油粉、煮团，谓之煎堆；研米和糖作饼，为元旦相馈之具。虽贫无有缺者。

【乾隆《新兴县志》卷二十七"风俗志"】

元日晨兴，供神祀祖。卑幼拜见尊长，致祝词，尊长答以温语，出而遍拜乡党，亲友交贺，三四日乃已，谓之拜年。

春日装扮杂剧，迎土牛芒神，所经过处，男女簇观，以芒神为太岁，争撒菽粟，谓之祈丰年，散痘疫。是日以姜葱拌生菜啖之，以迓生意。

初四至十六，坊乡神庙结彩张灯，鼓吹达曙。互相邀饮，或装扮春色，行游乡落，所至之处，皆有花红果酒以谢之。盖借是以洽乡邻，使童叟欢忻和睦也。

十三夜，妇女皆观灯，谓之走百病。各取青叶怀归，谓之取青。巨家则否，二月上戊，烹豚醑酒祭社祈谷，卜筊以课晴问雨，聚饮而归，各携遗肉，秋社亦如之。

清明日，门插青柳，或戴于首。前三日即有事于墓祭，草木旅生墓次者，芟薙扫除，故亦谓之观青。乡皆有北极庙，上巳为牲醴粢盛致祀，以祓除不祥。

四月八日，禅门以香汤浴佛，人间用蕉叶裹糜，分送姻戚。结藤枣佩之，以辟邪恶。

五月一日，为蒲艾酒角黍，祀毕，群饮馈遗亲邻。至五日，各书砆符佩之，集观竞渡。夏至，磔狗以除阴气。相聚擘荔枝，谓之赏荔。

七月七日，曝经书衣裳。女子陈瓜果花卉于庭阶，祀天孙乞巧。置蜘蛛盒中，次早观其结网疏密，其密者众以得巧贺之。是日汲井水贮之，谓之仙水，永不生虫，可以已百病。月半为盂兰会，设酒食楮衣以祀其先。各以圆眼相馈，谓之结缘。

中秋相赠月饼各物，设糖塔糖鸡，蹲鸱以供儿童玩弄。儿童取瓦砾成浮屠样，空其中，实薪焚之，谓之烧梵塔。妇人以柚子刳去其肉，刻花卉人物，燃灯其中，谓之赛柚灯。好事者以是集试乡中少妇巧拙而甲乙之。

九日登高饮茱萸酒。童子于初一日各放纸鸢，至此日投诸水火。

冬至祭始祖，贺长至各家聚妇子，以山药和肉羹，环坐而食，谓之打边炉。天气和暖，则食鱼脍。

腊月二十四日，为小年夜。人皆祀灶，曰送神朝。大除日扫舍宇，易桃符，悬红橘于门，以占吉兆。门厨井灶以及祖祢边祭之。墓近则祭墓，谓之送年饭。具油粉煮团，谓之煎堆。研米和糖作饼，为元旦相馈之具，虽贫无缺者。

【乾隆《鹤山县志》卷一"风俗"】

元旦。祈年贺新。

立春。先日演春色，迎土牛东郊，观者以米豆撒牛，用祈丰稔。厥明，有司率官吏人等鞭春，人争取其土以归。是日食春菜，饮春酒。

上元。自十二日至望日，辄张灯、放烟花、舞狮龙，箫鼓喧闹，游者达旦。

春社。坊里之民各推轮社首，烹豚醴酒，祭社祈谷，聚而群饮。秋亦如之。

清明。折柳插髻插门，上墓挂钱致祭先世。其大族有蒸尝田者，聚族而祭。

四月八日。鸣箫鼓，起龙舟。

端午。解角黍，泛蒲艾。龙渡竞戏，好事者插花红，先者得之，谓之夺锦。

中元七月望日。盂兰会。各家祭祀其先。

中秋。熟芋，剥柚，弦歌，赏月。

重阳。泛菊酒，登高。小孩放纸鸢为戏。

冬至。祀祖致祭。

腊月。二十四日为小年夜，祀灶，扫屋宇。

除夕。易门神、桃符，爆竹，爇炬，蒸米为岁饭，盛馔荐先。阖室团饮，守岁。

【嘉庆《三水县志》卷一"风俗"】

正月，元旦。五鼓起，肃衣冠，拜室神、先祖，次至祠堂，或更至各庙。卑幼拜其亲长，凡执友戚属相厚者，各携果酒致敬为欢，里党亦交相拜贺，数日乃已。

立春，先一日，预置土牛芒神，街坊各妆点春色，齐赴县堂点验。各官朝服迎春于东郊先农坛，老幼聚观，俗谓幼者以豆撒牛，可以稀痘。亲朋邀饮饮春酒，啖春菜，食春饼，记时物也。元夕，城市张灯。年前生子，必送花灯于祖祠及各庙观。大约就初旬吉日开灯，至十五散灯，是夜，幼小男女或三或五，向各圃偷菜，谓之偷青。

　　二月二日，土神诞，各家陈牲醴享祭，庆贺祈报。

　　三月一日，妇女禁针刺，不工作。男或招童冠数人，就近游玩，谓之耍禁。择清泉盥漱，殆亦古人上巳祓除之意云。清明日，妇人折柳以戴小儿，子孙于是日展墓，谓之划青。其族有宗祠者，如期祭祖，祭后仍诣祖墓致祭。如族小，无宗祠，于是日必盛陈牲醴、果品、饼食，集子姓、兄弟诣祖坟，享祀先公祖，而后私亲，以次而遍，名曰拜清。阖邑皆然，自清明日始，至谷雨日乃止。

　　五月初五，插蒲艾，书朱符，以五色缕系小儿臂，并置小囊里葛蒲、雄黄，佩之云可解疫。以粉糍角黍相馈遗。自初一至初五，各坊儿童迎神出游，系鼓鸣锣，此来彼往。河边诸神亦乘龙舟周游河上，沿河村市焚香迎接，谓之迓圣。

　　六月，村落建小棚，延巫者歌舞其上，名曰跳禾楼，用以祈年。

　　七月七日，晒书籍、衣物。其夜，训小学生，罗列酒食、斋果，烧字对纸。女子亦有乞巧、请紫姑者。七月十四，无论贫富皆剪楮衣、陈牲醴祭先。是夜，以宝烛、楮帛、酒食，就近享无祀鬼神。

　　七月十五，中元节。各处寺僧先期向各乡签钱，是夜礼忏开焰，祭幽宣郁，曰盂兰会。

　　八月十五，中秋节。各家以牲醴、月饼、橘柚荐，亲朋亦以饼柚等物相馈送。是夜，亲朋邀饮赏月，时或分韵赋诗，至月影沉西，乃罢。儿童戏用瓦砾结塔，实柴薪烧之以为乐，亦竟夕不眠。

　　九月九日，重阳节。士人结伴登高，饮菊花酒。童子放纸鸢，或鹰，或燕，或蝶，或人物。有名响弓者，用藤削薄，屈而为弓，悬于其首，半空嘹亮，响彻云霄。是日，各族诣祠行秋祭礼，视春祭时稍杀。是日，北帝诞辰，居民街坊各具牲醴，诣庙致祭，每十年大建道场一次。先期，举首事数人，赴各处签题，至期即于福星观内开设醮会，亦有演戏庆祝者。北帝出游驾銮，舆列仪卫，锦幡炫耀，音乐铿锵，周游城市然后归庙。相传如期，恭祝城市永无火灾云。

　　冬至。各家办糍餐、具牲醴祀先，不行拜节礼。

　　腊月二十四，扫舍宇，设酒果、斋仪、饼食、糖，祀灶神，俗以是夕为灶君上天庭奏事云。今亦有二十三夕祀灶君，行饯送礼者。

除夕。换门神，更春联，贴红钱，备牲醴，祭各神，告岁功成也。是夕，长幼宴乐，通宵不寐，曰守岁。

【道光《广宁县志》卷十二"风俗志"】

立春。为杂剧，饰姣童，旋转翻舞，专以鼓乐，随有司逆勾芒土牛。勾芒名拗春。童着帽则春暖，否则春寒。土牛色红则旱，黑则水。儿童妇女竞以红豆、五色米洒之，以消一岁疾疹，取土牛泥涂灶，以肥六畜。

元日。烧爆竹，啖年糕，挂蒜于门以辟恶。亲友相拜贺，数日乃已。元夕结彩张灯，有鱼龙、走马、花球、琉璃诸灯。各乡设灯寮庆神，舞狮象龙鸾诸戏。歌吹群饮，锣鼓喧阗，彻夜不绝。十五晚，烧吐珠花炮，争拾炮头，以为得采炮。盖则以五彩结为楼阁人物，层层互映，极其工致。是夜城不禁，儿女走百病，撷取园中生菜，名曰偷青。

二月社日。设酒豚祭社祈谷。乡人聚饮，分肉小儿，食之使能言。社后田功毕作。谚曰：懒人防社。

上巳。食青精饭，临流被禊。

清明。插柳于门，上塚铲草培土，谓之踏青，亦曰拜青。新茔必以清明日祭，曰应清。挂白纸，子孙盛者堆如积雪。

四月八日浮屠浴佛。以斋果分送诸檀越家，作糍以啖小儿。

端阳。饮蒲酒，馕角黍，镂艾虎，书朱符为儿女佩，或悬诸门。采莲竞渡，夺标较胜。

夏至。挈荔荐祖考，磔犬以辟阴气，御蛊毒。农再播种，曰晚禾。小暑小获，大暑大获，随获随莳，皆及百日而收。

七月七日。汲圣水，曝衣裳。女儿以菉豆、小豆、小麦浸磁器内生芽，以彩缕束之，谓之种生。陈瓜果为七娘会，穿针乞巧，卜喜藏蛛。或有延巫僧设道场，竟夕拜乞者。此俗今已渐弭。

中元。祭先祠厉，为盂兰胜会。城市村落各设斋醮，用五色纸扎为龙伞幢幡，宝盖金银山，抛斋饭，焚楮衣，梵音笛韵，三日三夜而后已，名曰施幽。

中秋赏月。以月饼相馈遗，剥芋食螺，打秋□。儿童累瓦为梵塔，燃之，持柚子灯，踏歌于道，曰：洒乐仔，洒乐儿，无咋糜。

重阳。放风筝纸鸢，载花糕，携萸酒登高，群饮城东北鳌山之麓。旧日幰帝如云，游尘蔽野。松涛诗社尤为胜会。此日登临，颇有今昔之异。

下元会。举火星醮，作筐船，沿门掷以秽物，送之江，谓之栏火社。

是月也，天乃寒，人始释其荃葛，农再登稼，吹田了，饼菜以饷牛。为寮榨甘蔗作糖，为箕簸花生作油，此邑人之利也。

冬至。作粉丸祀祖，食鲙为家宴，以腥膻腊味杂烹，环鼎而食，谓之吃火锅，即东坡所谓骨董羹也。凡遇天寒、召客皆用之。

腊月念四日。为小除。祀灶，遍扫屋宇，以花豆洒屋。岁除榜门联，换桃符，挂利市，烧爆竹，祀宅神及祖先。灯炬不息，饮团圞酒，长幼咸集，谓之团年。

岁占

立春微雨兆有年。谚曰：最喜立春晴一日，农夫不用力耕田。谚曰：春寒春雨，春暖春晴。又曰：春寒春暖，春暖春寒。又曰：春晴一春晴，春阴一春阴。

元日雨，主一月多雨。是日宜北风、西北风、东北风，不宜南风。以是日权水，水重则雨多，轻则雨少。

占风分早晚子午。谚曰：朝一暮七午，风回不半日，子夜翻风日又日。

二月值三卯主丰稔。

三月朔忌风雨。是日晴和，民无疾病。

清明日南风，大有年。

四月八日宜晴，占百果熟。是月值甲子庚辰日，忌雷鸣，鸣则主蝗。

夏至日西北风，主瓜蔬不熟。

小暑后辰日曰分龙，宜雨，否则歉。

六月十二俗谓彭子忌，必有大风，舟行忌之。

秋分忌雷鸣。谚曰：雷打秋，一半收。

寒露风，晚稻忌之。谚曰：人怕老来穷，禾怕寒露风。

冬至日宜阴，主来岁稔。

【道光《恩平县志》卷十五"风俗"】

立春，前一日，各官迎春东郊，祭芒神，设土牛，或扮杂剧彩龙，以壮春色。历游各街，然后入衙，四民拥观，不加鞭逐取，与民同乐之意。农人竞争土牛鼻，欲耕牛性驯，易于驱叱。立春鞭土牛毕，民争取土牛腹中子归，至家中则六畜生成。

正月，朔旦，洁衣冠，拜家中先祖，香火灶神。旋诣宗祠及附近寺观焚香，爆竹之声不绝。

上元，前五日，各乡宗祠、寺观设立灯棚，每夕宴会，谓之庆灯。又有演装各项故事，及龙凤、麟狮、鹿鹤之类，诣各家戏舞，谓之舞狮担高照。二月二日，为土地神诞，醵钱享祀饮福。又制花爆，高至丈余者，举邑争拾炮头，以取利市，观者如堵。

社日，祀谷神，各乡宰牲饮福，每人取社粥、福胙以归，盖取陈平宰肉之意也。清明前后数日，各具牲仪省墓。或倩巫设醮，或谨具衣冠拜具远祖，子孙多至数百者，共到墓处叙饮，男女别席，谓之拜清。

端阳日，各家沿门插蒲艾，饮蒲酒；又用朱砂书红票，贴于门首，以消灾氛。间用角黍相馈，县城之西时有龙舟竞渡。然邑中庆节，或于初一早，或于上月三十晚，不必定以五日。相传昔遭草寇，曾先期庆节以避难，遂相沿成俗。

中元，俗谓之鬼节。各家以粉餐角黍相饷。先数日前具馔，祀先祖，早晚不辍。迨十四日，剪绿楮为衣，烧化，谓之烧衣。或于兰若作盂兰会以祭鬼，名曰赈幽。

中秋，治鱼脍宴，饮至久，陈列月饼赏月。仍具馔，祀先祖。

重阳，多携糕结伴，采菊，登高，茱萸酒，即景赋诗，抵暮方回，犹效侯桓景避灾故事。仲冬前后，各乡赛神，鸣金鼓，树旗旄，扮杂剧，经游各村庄及城市。所到之处，列品物、肃衣冠以迎之，经月始罢。

十二月。二十四，旧传灶神升天。是日各家焚香、印马致送，即扫除内外务使洁净，以迎新岁。

十一月。冬至，治具蒸餐，享先祖。有宗祠者，聚族祀祖会饮，谓之贺冬。

除夕，各家用红楮贴门楣，名曰利市钱。又用刊刻神荼郁垒贴两扉，曰门神，并书春联吉语于户庭间。晚具牲醴、柑桔、菱角以荐先祖、明神。是夕，上下村庄竞响爆竹，以惊山魈。

【道光《开建县志》卷一"风俗志"】

春正月。元旦，五鼓起，拜神祇、祖先，烧爆竹，卑幼于亲长及执友相厚者各果酒致敬为欢。戚里交相拜贺。立春，先一日预置土牛、芒神，装点春色、杂剧。有司迎春于东郊。俗谓幼者以豆撒牛，可以稀痘。亲朋招饮，啖春饼、生菜。元夕，城市张灯。年前生子，必送花灯于祖堂、庙观。初十、十一晚开灯，十六晚散灯，各邀亲友聚饮，谓之饮灯酒。好事子弟装成彩龙、凤诸色物类，沿门庆演，谓之贺元宵。间或扮故事，装采莲船，以姣童饰为采莲女，花灯千百计，锣鼓喧天，遨游城市，观者填衢塞路，彻夜始散，谓之闹元宵。

二月二日，传为土神诞日，各处庆贺祈年，设席聚会。秋社亦然。

清明日，士女游郊，曰踏青。子孙展墓，曰划青。自是日起，至谷雨乃止。

夏五月五日，天中节，插蒲艾，书采符，以五色缕系小儿臂，并置小荷囊，裹菖蒲雄黄，佩之。又取渍酒而饮，以舟荔、角黍互相馈送。江中自初一至初五棹龙舟，箫鼓喧阗，亲友相邀，结彩船游玩，备采物放锦标，视先似为胜负。两岸老幼聚观，至晚始散。乡人于城西相打冈，分上下方，掷石角胜。闻往昔海寇入掠，乡民拒之，恃掷石以为长技，寇不敢犯。或俗以此为肆武之端然，而不可为训。五月二十八日，相沿为城隍诞日，官民具牲醴，诣庙致祭，演剧庆祝。

六月，村落中各建一小棚，延巫女歌舞其上，名曰跳禾楼，用以祈年。

秋七月七夕，是日，晒书籍、衣物。其夜，女子有罗酒果乞巧及请紫姑者。

中元，前一日，无论贫富，皆剪楮衣，陈牲醴，祭先祖。又或村社敛资，延僧礼忏，曰盂兰会。

八月十五日，中秋节。以果饼、新芋荐先。亲朋互相馈遗，招邀饮玩，至月影沉西乃罢。儿童以瓦砾垒塔，实柴薪烧之，剧观为乐。

九月九日，重阳节。士人结伴登高，饮菊花酒。童子放纸鸢，或悬藤弓其上，半空嘹唳，响彻云衢。

冬至，以粉糍及酒馔祀先，燕饮，不行拜节礼。

腊月二十四日，扫舍宇，设果酒、斋仪、饧糖以祀灶。

除夕，换门神，更新联，贴红钱，祭各神，告岁功成也。是晚，长幼宴集，有通宵不寐者，曰守岁。

【道光《阳江县志》卷一"风俗"】

春。

正月元日。陈酒果祀祖，卑幼以次拜尊长戚里。交相拜贺，名曰拜年。酒肴相邀，名曰年酒。

立春。先一日，县官率僚属具鼓乐，迎芒神、土牛于东郊坊厢。装演杂剧，以壮春色。至日，祀芒神，鞭土牛。民争取其泥置豕笠，谓畜豕大如牛云。

上元日。生子之家，先于祖堂庙社张挂花灯，亲族以礼致贺。延之宴饮，各处笙歌鼓乐，饰故事人物，秉烛夜游，曰闹元宵。

二月二日。土神诞。各处庆贺，兼祈五谷，烧花爆，饮社酒。

清明日。家皆插柳，或戴少许挈榼郊游，曰踏青。子孙上坟挂帛，至四月初八日乃止。

夏。

四月八日。采百草木叶，合米为糍，能疗百病。戚友过访，必令饱餐，亦有彼此相馈遗者。

五月五日。天中节。插蒲艾，书朱符，以五色缕系小儿臂，并制小囊裹菖蒲节及雄黄佩之。又取浸酒而饮，丹荔、角黍互相馈送。

五月二十八日。城隍诞。官民具牲醴，诣庙致祭，演剧庆祝。

六月六日。墨客出版籍，红女出针绣，各曝于庭，以祛蠹焉。

秋。

七月七夕。妇女陈瓜果以乞巧。是日，鸡鸣汲水，贮经年味不变。渴热，人饮之立愈，且可酿醋。

中元。前一日，无论贫富皆剪楮衣，陈牲醴，祭先祖。又或村社敛资延僧礼忏，曰盂兰大会。

八月十五日。中秋节。亲友馈送月饼、瓜果、糖饴等物，团聚飞觞，至月影沉西乃罢。儿童以瓦砾垒塔，实柴薪烧之，剧观为乐。

九月九日。士人结伴登高，饮菊花酒，童子放风筝。

冬十日。田功告成，村落中各设醮报赛。另建一小棚，高二丈许。巫易女服，歌舞其上，名曰跳禾楼。散斋颁胙，剧饮为欢，亦农家之乐也。

冬至日。以冬叶裹米作粽，或作汤，备牲醴祀祖先，不相拜贺。

腊月二十四日。扫舍宇，设果酒，斋仪饧糖，以祀灶。

除日。换桃符，贴红钱，更新联，祭各神，告岁周也。是夕，合家团饮，烧爆竹，燃蜡炬，通宵不寐，谓之守岁。

【道光《东安县志》卷二"风俗"】

元日。礼神贺节，烧爆竹，啖煎堆、白饼，饮柏酒。二日后，择吉日祀先，谓之开年。采访册。

七日。谓人日。作粉糍，以祀先。

元夕。张灯彩嬉游，饮春酒。为谜语悬中衢，曰打灯谜。或舞狮象，饰童男女为故事，什百为群，春灯火毬彻于通衢。妇女撷取园中生菜，曰采青。

春社。醵钱，祭神，秋社亦然。俱同上。祭祀分肉，小儿食之使能言。入社后，田功毕作。郝《通志》。

二月二日。俗谓土地神诞日。纠会敛银，置神衣、火爆等，诣庙醮奠。张志。

三月三日。以枫叶作乌米饭祭祖，采访册。亦有雅士携樽相招，临流祓禊者。张志。《广东新语》：西宁之俗，岁三月以青枫乌桕嫩叶浸之信宿，以其胶液和糯蒸为饭，色黑而香。枫一名乌饭木，故用之以相饷。

清明日。插柳于门，或戴于鬟髻。一月中，俗谓墓门开。扫墓郊行，谓之踏青，又曰拜清、曰拜山。以楮置墓上，谓之挂白。采访册。宗姓盛者堆如积雪，岭南杂记。至四月八日止，谓闭墓云。李志。

四月八日。浮屠浴佛。郝《通志》。

五月五日。祀祖先，饮蒲酒，擘荔，以竹叶作角黍相馈遗，谓之灰水粽。缕艾虎、书朱符，为儿女佩，观竞渡。采访册。采药、合药亦多用是日张志，至夜，鸣金击鼓，迎神逐疫。采访册。

夏至日。或烹狗集饷，谓一阴生，用热物以胜之。张志。

六月。早禾熟，用寅卯日作新米饭，祀先尝新。采访册。

七月七日。曝衣书。五更汲井华水，或河水贮之，以备酒浆药饵，名曰七夕水，同上。经岁不坏。雅士相宴集，处子陈瓜果乞巧。张志。

十四日。浮屠盂兰盆会。剪五彩纸为衣，以祀先。采访册。十五日，用素馔祀神，复荐其祖。亦有合金延僧，或就庵观作盂兰会，设醮以祭殇鬼，名曰施食。张志。

八月望。啖月饼，煮芋、剥栗、剖橘，以赏月。儿童以砾垒浮屠，实薪烧之以为戏。间制柚子花灯，燃之夜行。采访册。

九月九日。佩茱萸，登高，饮菊酒，放纸鸢，亦有祀祖者。

九月二十九日。俗谓本县城隍诞日，耆老咸诣庙贺诞。

冬至日。以柊叶包粽，祀先祖，相馈遗。间有祭墓者，谓送寒衣。

腊月二十四日。以黄柑、乌菱、饴糖祀灶，谓之小年夜。

除夕。扫室宇，易门符，祀神祭祖，烧爆竹，张灯聚饮，谓之团年。团坐达旦，曰守岁。俱同上。

【道光《西宁县志》卷三"舆地下"】①

立春前一日，有司出东郊迎春，三班人役办春色。城乡来观者，儿童竞买春牛鞭，以色纸糊篾为之，或上安风车迎风旋转，名春牛棒，亦曰春花。

正月元日，人无贵贱贫富，皆严洁厅事，陈年果、燃香烛、焚楮帛、放爆竹，以祀家神先祖。毕，乃以次拜尊者，寿新妇，献糖茶。祀神必检

---

① 民国志关于岁时节序的记载与此相同。

通书，取吉时。勤者且上庙烛香以致敬。向明后出拜宗族，乡邻往返更谒，谓之拜年。旬日乃止。

按：乾嘉间，士大夫出拜年必具衣冠步行，今则非。报谒地方官，不具衣冠，具衣冠无不乘轿者矣。

初二日以牲醴祀神，曰开年。先祭灶神，曰接灶君，谓灶君于小除夕上天奏报人家善恶，是日归也。接灶君以早为贵，开年后合家宴叙，铺户更欢呼畅饮。

按：乾嘉间，开年后到铺户拜年，必饮以酒，小碟盛肴以款之。谚云"鸡三肉四慈姑七"，谓此也。

人日前后，各祠庙择吉开灯，与份者各出钱，交灯首备席。家家相约饮灯酒，十六日完灯。

正月内各庙择吉，调神日中变。符有纸符，有桃符，男巫以生鸡血点之。次日接灯饮调神酒，如灯酒例。办事者谓之值事，来年值事调神日预卜诸神。

元夜妇女步月至人家，撷菜少许，曰偷青。或撕取人家门前春联，曰偷红。或到神庙摘灯带怀归，置床簀下，云宜男。

二十六日为禁日，妇人停针线相约出游，曰耍禁。

按：二事今不甚行。又，禁日，旧志作二十五日。

二月社日祭社，各入钱于社首，社首出社糍数斤，并社肉分派与祭者，以粉和糖印作饼，曰社糍。以社肉食小儿女，使能言云。秋社亦如之。社首皆预卜，入社后田功毕作。谚云：懒人傍社。

十九日为观音诞，家家作粉糍以祀之。

清明日悬柳于门，童男女或插戴具牲醴展墓，墓有损坏，即日修治无忌。

四月八日，采鸡趾藤擂汁和糖粉作糍食之，云却病。

五月五日悬菖蒲、艾叶于门，细切菖蒲根，杂以朱砂、雄黄和酒，具角黍以祀神。老少饮菖蒲酒，以酒底朱黄向午书辟蚊符，其辞不止辟蚊也。或以朱黄涂小儿女额前眉心、前后心，辟疮痧，饮节酒后观竞渡。

按：五月竞渡，旧志侈言其盛，今不多见。间有斗龙艇者，则不限五月节也。

六月夏至，多磔犬以扶阳气，然戒牛犬者不敢尝。

七月七日曝衣晒书，汲长流水储之，可治病，谓之七月七水。其夕女子陈瓜果于庭，祀织女以乞巧。不知何时移此会于六夕，而七夕乃男子祀牛郎矣。

十四日具牲醴楮锭纸衣，以祀先祖，曰烧衣。夜向前门致祭，曰烧街衣。家家无敢缺者，谓此节最重也。或设盂兰会延僧道诵施食，以慰幽魂，使不为厉。

八月十五为中秋节，以月饼、柚子相馈遗。具牲醴、果饼祀神及祖。夜祀月，谓之拜月光，对月饮酒，食石螺、芋丝、饼柚等，谓之赏月。为小儿女剥熟芋，抛弃之曰剥疵癞。儿童竞赛柚灯、烧番塔、打锣鼓，各乐其乐焉。

九月九日重九节，亦曰重阳，士大夫为登高会。有扫墓者，儿童放纸鸢。此日毕，各坊打火星醮，以禳名，曰送火灾。

十月朔，以三敛子芥菜煮汤食之，以辟寒气。谚又云十月火归脏。或取芥之辛、敛子之酸，一散一敛，以卫脏气欤？

十一月冬至日，具牲醴作糍食，以祀神及先祖。食鱼生助阴气，各祠有举行冬祭者。

十二月检通书，择日扫舍宇。

二十四为小除夕，俗称年小晚。以牲醴祀灶，谓送灶上西天也。然今多于廿三日祀灶者。谚又云：官三民四。绅衿家不欲与齐民伍也。

小除前后，家家从事于年果。有煎堆，俗称辘堆，意谓其圆可辘也。其有馅者，曰有心辘堆。以豆沙猪肉等为馅，外不上麻以别之。有粉片，俗称猪䐑皮，其名殊不文，殆象形也。有米枣以糖粉，团如枣，外密黏芝麻。有春枣以鸡子和粉，亦切如枣形，其曰春者，俗谓卵为春也。有角仔、有沙壅，亦曰沙堆，饼有茶泡，以上皆油煮之。有松糕糯、三粳七粉和糖水屑，而盛于盘，蒸熟薄切而曝干之。有白诺水浸糯粉，和糖蒸熟，切如指头大，炒之中通。有米饼，糯粳粉相杂炒入糖，置方圆印中，敲击之，使坚如石，最耐久。有酵糕矣，发酵而后蒸之。有粽，以苓叶裹糯米炊之，即角黍类也。家不必备，少亦数种以相馈遗，曰送年果。

按：每岁小除后，各家须预买鸡、猪、鱼、蒜、鹅、鸭、蔬菜、酒酱诸品，富家冬至后即腌猪肉，酿肠鹅鸭等，候风日干之储备，元旦后数日之用。盖初七日始开市，谓之年价开。此风道光初尚然，今则初二开年，诸物无不上市者矣。

除日具牲醴礼神祀祖，曰团年。通夕然灯照暗陬，曰照虚耗。俗乃云老鼠嫁女，不察之甚者也。门帖神衔，除旧更新意也。达旦不能寐，曰守岁，然鲜有行之者矣。

按：府志省志，皆有撮举一岁之事，以纪土风者，旧志因之，然与今俗多异。故就今所尚者，备纪如右，而以旧志所载知县陈公一元《绥俗考》

附载篇末,以志世变风移之概焉。

邑人徐文驹《绥江竹枝词》：四面城悬三面溪,闲来凭眺上金鸡。隔江旧是繁华地,袅袅竹枝青满堤。元宵剧饮酒初醒,坐听更阑户半扃。一十五桥明月夜,偷红才罢复偷青。一度龙桥两渡湾,渡头斜倚盼郎还。半江帆影飞来急,问是西南是佛山。双塔层层杳霭中,登高人欲步虚空。闻君最好窑头鹘,直上丹宵趁好风。

邑人吴一鸣《绥江竹枝词》：锁断江流塔影双,长江东去日淙淙。郎心莫学洲前水,半入西江半北江。春衫裁就越绫鲜,气候温和耍禁天。一十五桥风景好,三三两两画栏边。（原注：正月二十五为禁日,士女出游曰耍禁。）良时吉日礼初成,选得佳儿代婿行。女伴等闲相赚久,香舆多听晓鸡声。（原注：新妇于归常至漏尽。）绣幕珠帘处处垂,看春人拥日初迟。儿童共喜鞭春去,个个春花买一支。满城神庙彩灯开,城北城南踏青来。何处麝兰人一簇,袖笼灯带夜深回。（原注：俗云灯带可宜男。）

【光绪《四会县志》编一"舆地志·舆地八风俗"】

元旦。夙兴,设祖先牌及遗像,长幼于当天叩祝,复拜牌,悬祖像。少者向尊者祝遐龄,尊者赐少者吉祥语。爆竹声喧,亲朋以糍果、饼食酒往还相馈,称贺相晤,各道吉祥,谓之贺年。

立春。前一日,迎春,装戏剧,鼓吹。是日,礼房雇夫役,扛彩舆,迎土牛于县东门外塔脚。观者塞途,各妇女以谷米、粟豆撒掷土牛,以兆丰年而已时恙。

元宵。夜悬花灯,酌酒聚赏,各村献剧,箫鼓歌讴,灯光达旦。十六日及除夕,各家田园蔬菜任人夜撷不禁,谓之偷青。春社,二月上戊,各乡剧钱,奉牺牲、香楮,祀社稷神,以祈谷。秋社,亦然。祭社,分胙,俾小儿食之,语言聪慧。

清明。家家门前皆插柳,并戴于鬓髻。各上祖坟,以白楮压坟头。具牲醴、香楮、果酒、饭团,墓祭。寒食曰压纸,又曰扫墓。其族大、家富者至,满山俱白,如隆冬雪片。是日,妇女携伴郊游拾翠,曰踏青。

四月八日,农家祀牛王及田神,采香藤取叶,杂糖米,舂粉作糕饼,以藤挂门楣,以辟疫气。香藤有二种,一名皆治藤,一名白面藤,俱已风疾,止冷汗,辟疫气。

端午。饮菖蒲艾酒,食麻蛋、角黍,观竞渡,以先后为胜负。朱书符及艾蒲贴门楣,妇女以朱砂、生铁、苍术杂蒲艾诸香屑,用布帛作香包,面书吉祥语,俾小儿佩,以辟不祥。

夏至。烹狗以压阴气,群小儿携角黍往水滨,抛掷沐浴,以祓除不祥。

七月七日,人家晒衣及书,不蛀。夜则妇女荐瓜果,巧制相斗,以乞巧。俗以是日取水贮缸,谓之七月七水,浸物不变。

中元。以七月十四为节，备酒馔，荐楮衣，祀先祖。妇女以圆眼各果相馈遗，曰结缘。沿乡延僧道作盂兰会，超度无主者，故又曰鬼节。龙眼，俗名圆眼。

中秋。家家市月饼及芋团、柚柿各果，祀月。亲朋竞以月饼、柚芋往来互赠。是夜，各家设酒肴，月下畅饮，名曰赏月。

重阳。登高饮菊酒，谒祀祖坟。小儿放鸢为乐，将霜降，小儿相聚拾瓦片砌成梵塔，空其中薪烧，火光从瓦隙激射万道星光，如浮屠金碧辉煌。烧红毁塔，以煨芋，谓之打芋煲。两手执瓦片，叮当相击，口中呢喃似咒，走出村外，将瓦片弃去，曰送芋鬼。

冬至。食鱼脍，压阳气。是日舂粉及米，经年不蛀。

十二月二十四，谓小年。晚，人家以酒馔、果品祀灶神。竹枝扫屋宇。

除夕。贴门神、红纸钱，具香烛、酒馔，奉先祖及各庙社，曰分岁。家家用米粉作条，宰牲飨神，合老少畅饮，谓之团年。妇女晚出街巷，听言语美恶以卜吉凶，谓之听谶。小儿竞放爆竹，持花灯，沿街唤卖虱、卖呆。农家浸谷种于灶上，验谷生芽多寡，以卜来年各谷宜忌。又以谷十二粒祝灶神，用碗覆于灶上，视谷动静，以占来年每月米价贵贱。

【光绪《高明县志》卷二"风俗"】

元日，以物本乎天，人本乎祖，焚香祝拜，燃放爆竹相庆，长幼以次拜贺，尊亲戚友各以名刺相投，谓之拜年。

按：爆竹始于晋《荆楚岁时记》。正月一日爆竹以辟山臊恶鬼，其制以竹，着火中，令烞烨有声耳，与今异。

三日，以败坏物临流投弃，谓之送穷。诹吉，祀神作事，谓之开年。人日以粉糍祀神，为酒食家宴，各村落架竹为棚，凡生男者出彩灯悬其上，儿童击鼓燃爆为乐。

上元夜，采青菜煮食，云可明目。连夜舞狮龙，演技击；或饰童男女，演古人故事，百十为群，铙鼓喧天，彩灯火球，照耀衢巷。二月二日，谓之土地诞，醵钱祝神，田功方起。社日，祈年秋，亦如之。三月三日，门前插枫叶以驱蝇，或仿修禊故事，临流洗濯。四月八日，浴佛节，采百草和饴为糍，祀神而食，以解百毒。五月朔日，农家刀斧、犁锄等铁器禁暴露于外，分龙日亦如之。为角黍粉糍祀先，门悬蒲艾以辟不祥，社坛鸣鼓至五日，谓之龙船鼓。采杂药，佩香囊。近泷流者观竞渡，其苹塘等处山居者登洞清岩，谓之登高，以端阳当重阳，以菖蒲酒作菊花酒，醉傲其间，亦趣事也。

夏至烹狗,以扶阳气。七月七夕,女子乞巧,陈瓜果于庭,捉蜘蛛以器覆之,视牵丝多者为得巧。是日,汲水谓之天孙圣水,以备醯酱、药饵之用。十五日,为盂兰会,杀牲祀先,剪花纸为衣,杂楮币,夜焚于门外,谓之烧衣。

中秋,以月饼相饷遗。其夜,并杂陈香芋、橘柚,拜月。儿童削竹糊纸为长圆形而空其下,中贮膏蜡,火燃气腾,高升天空,灿若列星,仰视拍掌以为戏,谓之孔明灯。重阳,登高放纸鸢,缀以响弓,风吹成韵,喧于半空,三区人于是月以纸竹、灰炭制为鸟囮,诱捕鹤鹭、石燕以为食。

十月,田功既毕,架木为棚,上叠禾稿,中高而四垂,牛息其下,仰首啮稿,以代刍养。村落报赛田租,各建小棚坛,击社鼓,延巫者饰为女装,名曰禾花夫人,置之高座,手舞足蹈,唱丰年歌,观者互相赠答以为乐。唱毕,以禾穗分赠,俗谓之跳禾楼。此风近城市间已不复见,惟建醮赛会,或期以三年,或数年一举。梨园歌舞,结彩张灯,昼则舁神出游,箫鼓喧阗,旗幡照耀,所过社坛各具牲醴迎迓;夜则灯光人影,来往如织,主会者或出隐语,悬于灯下,令人猜度,中者有赏,谓之灯谜。

冬至,食鱼脍以达阴气。春粉蒸姜曝于日,谓之冬粉冬姜,人无老幼,天寒则以火笼贮炭,提以自温。腊月二十三日,具牲酒,杂以姜糖、葱蒜,祀灶。除夕,扫室宇,易门符,帖写宜春,祀神、祭祖、聚饮,谓之团年。坐以达旦,曰守岁。张灯澈室,谓之照虚耗。

【民国《罗定志》"地理志第一"】

立春。前一日,厢里各扮杂剧,曰迎春。集文昌书院,祭芒神,导土牛从东门来,道经西门,转由南门,至县。男女簇观,多撒粟,祈丰年,消痘疹。厥明,行鞭春礼。

元旦。设香烛,盛服拜神,亲友交贺。三日,酌以春酒。上元灯会自初七、八至既望,结棚悬彩,烧花爆,办戏剧,笙鼓之声暄衢达旦。亲友挈榼,游郊野踏青,俗名走百病,至二十日乃止。

三月,上戊,乡民祭社,作会祈谷,置酒群饮。秋社如之。上巳,为北帝诞日。士民毕集,登云观,贺神酬愿。清明,插柳门楣,扫封茔,少长咸集,饮于墓所。头每簪花,谓之记年。

端阳,悬艾,制龙舟竞渡,为夺标戏;又造角黍,饮菖蒲酒,调以雄黄,曰辟灾毒。

中元,俗呼为目连节,荐祖考,裁冥衣楮钱,化之。

中秋,设肴置酒,为玩月会。

重阳，登高，俱集登云观。是日为真武得道之辰，少长倾城而出，赛神酬愿，皆用爆竹，作会饮酒，抵暮方散，较上已更盛。此观于民国四年毁。

孟冬朔日，祀先，如中元仪。冬至，则士大夫相庆贺。腊月廿四日为小年夜，扫舍宇，祀灶神，俗云送神朝天。除夜，人家多渍米和糖，为年糕，以相馈；改易桃符。是夕，祀先毕，家众燕饮燃灯，守岁不寐，爆竹之声达旦。

【民国《怀集县志》卷一"风俗"】

岁元旦。昧爽谒家祠，礼神祇。用素菜酒果拜见亲族邻里，亘为履端之贺，曰拜年。庭前烧爆竹，乐饮为欢，既而涓日召饮，谓之年酒。

迎春日。竞看土牛，或洒米豆，名曰消疹。啖生菜春酒，以迎生气。初三四以后，各村迎神庆灯，饮新婚新丁标酒，或搭小棚延傀儡子弟歌舞于上，曰跳楼戏。十三夜，小家妇女间出，撷取园中青菜，谓之采青。十五夜，张灯烧火树为狮象鱼龙百戏，或以隐语体物张之灯，间如射覆然，谓之灯谜，能中者有持赠。十六夜，妇女出游，谓之走百病。

二月二日祭社祈谷。寒食不禁火。

清明，皆插柳于门，有事于墓，自始祖以下皆扫祭之。草木之旅生于墓者，芟薙扫除，谓之铲青。《读礼通考》论墓祭曰：礼经无祭墓之文，故先儒云古不墓祭。墓祭自东汉明帝始，原夫古所以不墓祭者，人之死也，骨肉归于土，而魂气无不之，魂依于主魄藏于圹，魂有灵而魄无知。故圣人祭魂于庙，而不祭魄于墓。然曾子曰：椎牛而祭墓，不如鸡豚逮亲存也。孟子云：东郭潘闲之祭，则墓之有祭，由来已久。此亦礼之缘情以生、由义以起者故。蔡邕谓：上陵之礼虽烦，而不可省。而《朱子家礼》亦载寒食祭墓曰：有其举之，莫敢废也。必欲废千年通行之事，以求合于古经，岂仁人孝子不忍死其亲之心哉？所可怪者，末俗相沿，流失日甚，或假上墓之便，召客宴会，乐其所哀，君子以为有人心焉者，宜于此焉变矣。李济翁《资暇录》言：当时寒食拜扫，多白衣麻鞋。朱子称湖南风俗犹有古意，人家上冢，往往哭尽哀。今纵不必尔，亦当致其怵惕凄怆之意，行坟茔、省封树、剪荆棘、培土壤。近者旋反，远者托旁舍一饭而去，不用饮福。祭时并戒爆竹，是为礼之变而不失其正者。

三月三日为糍食。

四月八日浴佛。僧尼相遗以汤，谓之佛汤。用蕉叶裹糜，分送姻戚。

五月五日，饮蒲艾雄黄酒，以辟不祥。食角黍。为龙舟竞渡。或以草为龙，以纸为舟，鸣鼓唱歌游衢巷，谓之旱龙。

夏至日，磔狗食以辟阴，云可解疟。

夏至，一阴生即以盛阳之畜辟之，适与履霜之戒，系柅之占相符。

七月七日曝衣裳。前一日妇女结彩，陈瓜果于庭，以乞巧。晨汲潮水贮之，谓之仙水。十五日，浮屠氏为盂兰会。供花衣多在初十以前，十六以后，中间六日。俗云祖先赶赴盂兰会，不在家也。

八月二日祭社报赛。

中秋赏月。儿童设月饼、糖鸡、鸥蹲为供奉，取瓦砾砌塔，实薪焚之，谓之烧梵塔。或为秋千之戏。十五月出有迟早，以望之迟早不同也。十五为望，此就大概言之耳。依历推算，有望在上六，有望在十七，时宪书多列明之。望在十五，月出早。望在十六七，月出迟。

九月初旬，小儿放纸鸢。有声者曰响鹞，又曰风筝。九日登高。自九月至十月城埠举火星醮，以禳回禄。

冬至作丸糍。

腊月祭墓，曰送年饭。又醵钱作平安醮，持符提剑鸣锣鼓，沿门逐疫。又有暖龙忏灯诸醮。廿三日设饴糖果酒，以祀灶，谓之小年晚。阮《通志》则云：廿四日，古例然也。宋范致能《祭灶诗》云：古传腊月二十四，灶君上天欲言事。云车风马少留连，家有怀盘丰典祀。

除夕祭祀，换桃符，烧爆竹。长少咸集，陈酒脯，谓之团年。爇炬通宵，围坐达旦，谓之守岁。转子时，小儿鸣锣，爆竹声喧，皆唱好禾，以兆一岁之丰收也。以上全录王志，添夹注。

按：此皆阴历之事。自阴历改阳历，则孔子所谓行夏之时者，始于太初，止于民元，岁时一大转局。惟必抚今而追昔，然后可以竟委而穷源。况周正建子而行夏之见于周诗及春秋传者不少，《周礼》并声言夏时为正岁，盖农事物候非参之夏时，不能与二十四气相应。朝廷取画一，民间顺习惯。《豳风》《月令》诸书，于正朔之养无悖也。

【民国《开平县志》卷五"舆地略四·风俗"】

迎春日，太守率僚属迎春于东郊，竞看土牛，或洒菽稻，名曰消疹。啖生菜、春饼，以迎生气。

元日，礼神贺节，罗设果酒、粉饵，送香于坛庙。亲友相厚者，携节物致敬，数日乃已。并旧志。

正月二日，祀先祈神，曰开年。

正月六日，县花灯于社坛及祖祠，曰开灯。设宴聚饮，曰灯酒。至十六日，各携竹篮置油盏二，向花灯分火，曰接灯，亦曰传灯。并采访册。

上元观灯，或作秋千、百戏，以花爆相胜。童子击小鼓相应，谓之柏鼓，乡落亦然。

十六夜，避人撷园蔬，曰偷青。城中妇女出游，谓之走百病。

春社醵钱祀神，秋社亦然。祭社分肉，小儿食之使能言。入社后，田功毕作。并旧志。

清明门前插柳并戴于发髻。一月中扫墓郊行，谓之踏青。以楮置坟上，曰压纸。宗孙盛者，堆积如雪。旧志。是日，出嫁女不得宿于母家。采访册。

四月八日，采香藤之叶，杂糖米、舂粉，作糕糍祀牛王及田神。采访册。

夏至烹狗，以压阴气。

端午饷角黍，饮菖蒲酒，镂艾虎朱书符为儿女佩。竞龙舟，视先后为胜负。

七夕曝衣书。入夜，女儿乞巧请紫姑。家汲井华水，贮之以备酒浆，曰七夕水。并旧志。

七月十四日，盂兰盆会，剪纸为衣以祀先，谓之鬼节。旧志。妇女以龙眼各果相馈遗，曰结缘。采访册。

中秋赏月，以月饼相馈饷。儿童拾瓦砾砌浮屠，空其中，实薪焚之，谓之烧梵塔。

重阳登高、放纸鸢。

十月朔日，以五敛杂芥菜食，云辟寒气。并旧志。

冬至日，祀祖先。燕饮食鱼脍。旧志。家家舂粉。采访册。

十二月二十四日为小年夜，祀灶，扫舍宇。

除夕易门符，具香烛设馔，祀先。烧爆，爇炬聚饮，曰团年。围坐达旦，曰守岁。相遗以物，曰馈岁。以语言美恶卜周岁吉凶，谓之听谶。

每岁冬月盛为法事，谓之禳灾，又谓之保境。作纸船，鼓吹送之江。

【民国二十七年《高要县志》卷五"地理篇五"】

阴历元旦。民国肇兴，倡兴阳历，而阴历之元旦，已奉令废止。惟民间犹沿旧习，桃符改岁，爆竹迎神。民俗统一之风，无逾此者。袁政府时，尝定是日为春节，后亦废止。而女士嬉春，与前无异。

元宵。阴历正月十五日为上元。上元之夜为元夜，亦称元宵。旧俗是夜张灯为戏，故又曰花灯节。民间颇多游乐之举。前志云：上元观灯或作秋千百戏，以花爆相胜，童子击小鼓相应，谓之拘鼓。乡落亦然。或取他人园蔬，名曰偷青。

上巳。阴历三月上旬之巳日，自古有修禊之俗。《后汉书·礼仪志》：三月上巳，官民皆洁于东流水上，谓可被除不祥，去垢也。自魏以后，但用三月三日为之，不复用巳日，但仍沿上巳之称。邑俗有是日用白麻、香藤等叶和他草药研烂杂糖水、米粉煎之，名曰马矢团，谓食之可除百病云。

清明。节气名。《淮南子》：春分后十五日，斗指乙为清明。在国历四月五日或六日，政府特定是日休假一天。俗以是日门前插柳，祀祖或祠祭。一月中或至四月八日止，家家扫墓郊行，谓之踏青。

四月八日，名浴佛节。相传为佛诞生之日，《荆楚岁时记》：四月八日，诸寺香汤浴佛，共作龙华会，以为弥勒下生之征云。又乡俗中或以是日作糕，飨牛王及田神。

端午。《风土记》云：仲夏端午，端始也，谓五月五日也。盖夏正建寅，五月为午月，故五日亦称为午日，谓之重午。五、午均阳数，故又名端阳。民国初尝定是日为夏节，后废止。令〈今〉民间犹行，俗于是日饮菖蒲酒，镂艾泥朱书符为儿女佩带，以菰叶裹糯米炊之，形如三角，古谓之角黍，今名曰稷。食时以糖和之，或以相赠馈为节礼云。

七夕。《荆楚岁时记》云：织女许嫁牵牛，每年七月七日夜渡河一会。说至无稽。而自汉唐以来，视此夕为嘉时令节，谓之七夕。庭陈瓜果，乞巧穿针。见于诗人之咏歌，传为女儿之韵事。民国后，女子知识渐开通，祈拜双星之举，已多不行，而乡俗妇女尚有为之者。

中元。《道经》以七月十五日为中元节，而佛教于每年是日起盂兰法会，故又称盂兰节。盂兰，盆者，梵语倒悬之义。七月十五日施佛及僧，功德无量，可救先亡倒悬之苦云。而俗先于七月十四为之，剪纸为衣以祀先，谓之鬼节。

中秋。阴历八月十五日为中秋节，以其居秋季之中，故名。民国初定是日为秋节。十九年，国民政府公布将旧历节日一律改用国历，惟一中秋无改。前人诗云"月到中秋分外明"，是夜家家赏月，或悬旗灯，或奏乐，名曰庆贺中秋。

重阳。阴历九月九日为重阳节，以日月皆值阳数，故名，亦谓之重九。俗喜于是日为登高之会，七星岩与龟顶山，游人络绎不绝。

冬至。民国初，以是日为冬节，并举行祀天典礼，旋废止。民间是日家家礼神祀祖，谓之做冬。

十九年内政、教育两部会呈，以废止旧历严厉执行，所有旧历一切节目，亦因之连带消灭。惟念移风易俗，宜取渐衰渐胜之道。孰因孰革，或张或弛，自当权衡轻重，斟酌变通，以期无碍推行。查元宵、上巳、端阳、七夕、中元、中秋、重阳、腊八等，民间习俗相沿，由来已久，恒以此类节目为休息或娱乐之期，而端阳、中秋尤为一般民众所重视。良以我国社会习惯，除公共机关及团体外，目前尚未尽采用星期休息制。一般民众终岁勤勤，不于相当期间，定若干休息及娱乐日期，以资调节，生活既过感机械，工作效率亦复不宏。谨拟办法，除中秋外，将旧历节日一律改用国历月日计算。即以国历一月一日为元旦，十五日为元宵，三月三日为上巳，五月五日为端阳，七月七日为七夕，十五日为中元，九月九日为重阳，十二月八日为腊八。至于中秋，则改用最近秋分之望日（最早九月九日，最迟十月七日）。凡民间于沿用旧历时所有之观灯、修禊、竞渡、乞巧、祀祖、赏月、登高等娱乐及休息之风习，均听其依时举行。似此一转移间，于推行国历之中，仍寓酌存旧俗之意。因革张弛，并顾兼筹，似有合于渐衰渐胜之道。且节日改定以后，当由各级党部会同各地方政府及所在地机关团体等悉力提倡，举行各种应时之娱乐，可以使民众注意。而从此移转，不再依恋旧历，亦未始非推力国历之一助云。

附文官处签呈《审查替代节日之意见》，于节日源流，考核颇详，录之以资参考。

元宵。《史记·乐书》：汉家常以正月上辛祠太乙甘泉，以昏夜祠，到明而终。《初学记》注：今人正月望日夜游观灯，是其遗事。《汉志》：执金吾掌禁夜行，惟正月十五日敕许弛禁前后各一日，谓之放夜。按元宵之为令节，因元旦而有。今元旦既改，自可因而转移，其名称似可易为上元，与后中元相应。

上巳。上巳修禊由来最古。《论语》"浴沂"，《月令》"备舟"，周公《羽觞》之诗，郑国秉兰之俗，皆其权舆。汉称元巳，见《南都赋》。亦称除巳，见蔡邕文。《续汉书》：三月上巳，官人皆禊于东流水上。《风俗通》曰：《周礼》女巫掌岁时，祓除疫病，禊者，洁也，于水上盥洁。巳者，祉也。邪病已去，祈介祉也。汉晋以来，修禊皆以三月三日。按上巳正当春暮，兼有祓除污秽与时行乐之义。移于国历，正当阴历二月二日，亦有花朝旧节，其为娱乐同也。但已为支干固定之字，似可易为禊辰，于提倡卫生，似尤相合。

端阳。《史记·孟尝君传》：文以五月五日生，婴告其母曰无举。是古以五月五日为不祥日。《大戴礼》：五月蓄兰为沐浴之具。《楚辞》：浴兰汤。《前汉纪·郊志》：五月五日为枭汤以赐百官。《后汉·礼仪志》：五月五日朱索五色印为门户饰。皆有辟恶辟兵之义。至吊屈原之说，《隋书·地理志》：屈原以五月五日赴汨罗，土人习以相传为竞渡之戏。又吴均《续齐谐记》：楚人五日以竹筒贮米投水祭屈原，后作粽。一说越王勾践教习水战，始倡竞渡。至《隋书·王邵传》"五月五日合天地中数"，则本于易理。按，竞渡寓尚武之义，最可提倡。至辟恶、辟邪则以五月阳气极盛，蕴隆歊郁，疾疫易生之时，宜事防卫。改为国历正当阴历四月，亦阳气极盛之时，仍无甚出入。名称易为重五，似更适合。

七夕。牵牛织女皆列宿缠次。《大东》所咏，辞致婉娈，《离骚》幽思，每寄灵匹。《离骚》：与织女以合婚。后人附会，遂有下嫁渡河之说。明知其诞，以资吟咏而已。旧有乞愿、乞巧、设果及曝书诸风俗，杂见《尔雅翼》《西京杂记》《荆楚岁时记》《世说》等书，自汉晋已然。按，七夕在诸令节中，最为不经。曝衣，今俗亦必是日，似可不列。

中元。《荆楚岁时记》：七月十五日，僧尼道俗悉营盆奉诸佛。本《盂兰盆经》：佛告木连，七月十五日当为七代父母度厄难，中具百果五菜，供养十方。道书：以为大庆之日。旧有河灯、水嬉诸风俗，杂见传记。按中元之名，同于上元。本无关于迷信，虽释道两家以为节会。然考《学庵笔记》云：故都残暑不过七月中旬，俗以望日素馔祀先。盖即古尝祭之遗。今人以是日祀祖，通行南北，似不可废。宜即改为国历七月十五日，藉旧俗报本之意，推行新历，似无不可。

中秋。原呈拟用最近秋分之望日，自属适当，且于推行国历，并无窒碍，似可如议办理。

重阳。登山临水，见于《楚辞》。《西京杂记》：贾佩兰在宫时，九月九日佩茱萸，饮菊酒。则汉时已有之。晋宋间尤盛。见晋齐诸书。按，九日登高，取秋高气爽，宜于登临，亦今人秋日避暑旅行之意。移之国历九月九日，似无问题。惟名称可易为重九，更觉适合。

腊八。《礼记》：孟冬腊先祖五祀。似在十月。《说文》：冬至后三戌为腊。则在阴历十二月上中旬间。《史记》：始皇更腊为嘉平。《杨恽传》：岁时伏腊。《风俗通》：夏曰嘉平，殷曰清祀，周曰大蜡。汉改为蜡，则已有此祭。至腊八日，《荆楚岁时记》：十二月八日为腊八。谚言：腊鼓鸣，春草生。《梦华录》：是日诸佛寺作浴佛会，并进七宝五味粥与门徒，谓之腊八粥。人家以诸果煮粥，亦以相馈。相馈，见陆诗注。按，腊八日食粥及以粥相馈，今俗犹然。且据《岁时》腊八日即腊日，来其即古，非关迷信。移至国历，似无不可。

其后国民政府明令公布，旧节日一律改用国历。一月一日为元旦，十五日为上元，三月三日为禊辰，五月五日为重五，七月十五日为中元，九月九日为重九，十二月八日为腊八。中秋则用最近秋分之望日，俾民间于此等节日，则过度劳动，得资调节云。惟民间除元旦、中秋外，其余亦鲜有行之者。

【民国三十七年《高要县志》卷十三"礼俗"】

新节日

国历元旦。民国改元,肇行阳历,以冬至后十日为岁首,是为元旦,即一月一日也,为我国改用世界历之始。而是日实为中华民国成立纪念日,全国悬旗庆祝,休业一天至三天。本县各官署、机关、团体、学校,莫不热烈举行庆祝,集会演讲,或宴饮游乐,而商店、民居亦多有悬旗志庆者。

农民节。三十二年元月,农林、社会两部公布,定每年二月五日为农民节。其纪念办法,省县乡镇各开纪念大会,举行仪式。(一)宣传农民节之意义。(二)宣传农业推广粮食增产,乡镇造产及发展农村经济之意义与办法。(三)举办农产展览会。(四)举办农产或家畜比赛会。(五)举行游艺及联欢会等。各级主持机关,对于农产畜产比赛优胜者,及组织健全、成绩优良之农民团体,暨热心农运而有成绩表现之负责人员,酌予名誉奖或发给奖品,以资鼓励。

植树节。植树节权兴于美(西历一八七二年,美内布拉斯加州所创,瞬即风行全国。为法定节日或学校节日之一。而日期各地不同,北方诸州定四月或五月,南方二月一日或十二月,及期各举行植树),各国多踵效之。我国纪元四年,农商部始定以清明日为植树节。十九年,又改于国父逝世纪念日行之,即三月十二日也。二十五年,奉国民政府令,以南方天气较暖,每到三月树木早经萌芽,移植过迟,不易成活,由二十六年起将植树节式日期提前,改于二月二十日举行。本县每年在南较场集会举行植树礼式,党政军学各界均参加,而学生尤众,联往龟顶山或七星岩附近诸山植树摄影而返。

国际妇女节。三月八日为妇女节,又名三八节,亦称国际妇女纪念日。始于西历一九一〇年,万国妇女社会主义者开会议三次于丹麦京城,决定以每年三月八日为国际妇女节,要求解放或示威巡行。其后东西各国,均先后承认是日为国际妇女节运动日。我国尝举行妇女解放运动,亦定是日为妇女节。县属妇女及中小学校女教员、学生,每于是日集会纪念,为联合巡行与游艺之举。

美术节。中华全国美术会于二十九年五月举行第一届年会,议决以每年九月九日为美术节。其后社会、教育两部以美术关系国民精神生活至巨,抗战以还全国美术界人士本其爱国热心,努力抗战宣传工作,殊多贡献,乃于三十二年公布明定三月二十五日为美术节,以资纪念也。

革命先烈纪念日。中华民国纪元前一年辛亥三月二十九日,为黄花岗七十二烈士在广州举义失败殉国之纪念日。诸烈士既殉国,丛葬黄花岗,故每年是日,广州各界人士联往黄花岗展祭。而各地亦以是日集会纪念,与罗字。又如求金九醉师使垂因之类，则广较正，伟科化域挥咏赐麟之类，则肇较正。若训责屈及水荣雄级之类，则二郡胥失其正。肇发词指事多曰那个，自称则曰依云，称人为若。仆婢称其主父、主母曰治头公、治头婆。治讹音痴。称父为爹，或为爸，母为妈，或为娘，或以子女难育，改称父母为叔婶哥嫂者。祖父母为公婆，兄为哥，子为仔，女为妹，各加一亚字。侄亦为孙，妇为几嫂，从其夫之行。外祖父母曰公底、婆底，外父母曰老官、亚妈。婿曰郎家。凡称宗祖及神祇，俱曰亚公。称教官曰师傅，称工商亦曰师傅，称教读曰先生，道流亦曰先生。男子好吟咏，妇人亦或能歌，男子引其声以约。律诗婉雅悠扬，高下缓急有序，谓之越吟，足以畅情发志。江南之人，喜闻之。

按：《通志》，肇庆居东粤，上游控江带山，民重涡塘簋罝海错果实，端城土瘠民贫，赋役繁兴。男事渔樵，女勤纺绩，仅能自给。士业诗书，民鲜末技，农力田亩，火耕水耨，饭稻羹鱼，岁虽再登，粒食亦不狼戾。衣冠民物，颇近会城。乡村男女多椎髻跣足，懒巾乌曳木屐，以避湿气。习尚简朴，器用无华，鱼米蔬果所产亦庶。民间虽无重资，而用恒足，盖操利易而物价平也。富者少连阡陌，亦不至县，馨年虽凶，不流亡，重于怀土。然幕府所驻，故俗具五民。募卒市狙，阛阓相半，性尤偏狭，易相凌悴，斗殴不胜，每服胡蔓草相诬。东南数都图与高明接壤，气习亦往往相近。士学书不成者，去为胥吏。自南韶雷廉及八桂土州，抱牍弄墨皆此辈也。至以扶留叶蛤灰，合嚼槟榔，不间朝夕，客至以此致敬，则各州邑皆然，非专为御瘴设也。旧志。

【康熙《高要县志》卷四"地理志一"】

俗尚质朴，不好华靡，茅屋土壁什之六七。自改县升州，风运聿变。民淳不好讼，执业非读则耕，工商技艺悉外境人为之。属内有翁源、英德两邑之人，插杂充州隶役，悉属此徒，于州民无有也。婚姻丧祭。士夫之家，礼制一本文公。婚则称家，丧则重本，祭惟循分称情。其齐民之家，不免稍异。如婚论聘饰、丧尚浮屠、祭用工祝之类，微有雅俗之分。又如求医疗病、灸火退寒，是皆调剂之正，风土所宜。乡落无识之徒，专用茅山邪教，立坛跺跳，以谓驱邪救难。稍无定见，犹有惑之。妄诞不经，诚为可哂。山谷之间，有瑶壮二种，盖又不同。其性顽梗无知，即礼法亦所难及。万历初崇祯末，俱经踞叛抚而后平，是皆衅有自起，势有所驱。在上者得其要而治之，可百年无事矣。

东安

县治当初辟之时，民瑶杂处。茅屋土阶十之六七，古风详在省志。迩来闽广附籍居多，俗尚各异。然县饶山林，大抵男务耕稼，女务织作。或以伐山为业，或以渔猎为利，率皆勤啬治生。近县居民，言语衣服，与省会无异。然信巫而事鬼，渎礼而任情，疾病不用药而事祈祷，居丧不由礼而尚浮屠。男女婚嫁，贫者用槟榔、牲酒，富者益以财帛，以当委禽，少用聘书，多以白镪为牌，镌年庚其上。任情真率，不事仪文。乡落中犹有尺布包头，不知节候者，此犹淳朴质素之遗。若未琢之璞，未绳之木，虽粗厉顽硬而椎斧尚可施也。独岁稍丰稔，喜为戏剧，未免费出无经。若夫主持风教，朴而示之以文，奢而示之以俭，因其俗而利导之，是又师帅者之责也。

西宁

按稽西宁县治，昔为瑶壮窃据，俗皆侏离。开辟以来，闽蒲插居，广肇附籍，士农工贾，各司其业。附廓者衣裳楚楚，唔咿之声，遍于间闾□。间有翁源、封川之民，旧俗犹未丕变。婚不待时，字不及笄，治丧尚屠，祛病信觋鬼。兼以田荒土旷，民习皆窳，或登山茹蕨，或罟水食鲜，挨日以度，宁毋终岁之蓄，抱拙株守不事他营。即书皂隶役，亦悉外境滑稽为之。坏法贪毒，悉属此徒。近虽畏戢于中，亦尚未尽革也。语曰"慈母有败子，严家无格虏"者，则以罚之加焉。必也，后之图治者留意焉。

【康熙《罗定州志》卷一"舆地志"】

罗定州俗质朴，不好华靡，茅屋土壁什之六七。执业非读则耕，工商技艺类外境人为之。又属内有翁源、英德人插居充州隶役，悉属此徒，于州民无有也。婚姻丧祭。士夫之家，婚不论财，祭则置宗祠设祭田，虽贫者亦以中厅为祖堂，斗种之田为蒸尝。此俗之美也。然乡风聘娶不用婚启，往往执纸条庚帖为信，有未通名用币即称已经许合者，辄兴争讼。丧家过信堪舆，动称触犯相诘告。又凡亲丧，棺葬二三载，复启视，刷洗析骨入瓶，另葬他所。甚则屡迁不已，以求吉穴。习久成风，贤者不免矣。且疾病不信医药，专事觋鬼。立坛跃跳，以谓驱邪救难，妄诞不经。此其敝俗之大者，不仅罗阳一郡然也。政教兼举，移风易俗，在上者宜得其要而治之。

东安

县治初辟，民瑶杂处，类皆茅房土壁。迩来附籍者多，俗尚各因地异。其平畴衍旷之所，人家三□□□，赖山林土田之饶。男务耕作，女事织作。余或以伐山为业，或以渔猎为利。大抵俱勤啬，治生知务本业。然信巫而事鬼，渎礼而任情。疾病不用药而事祈祷，居丧不由礼而尚浮屠。男女婚嫁少用聘书，贫者类以槟榔、牲酒当委禽焉，富者亦只以白镪为聘，镌年庚其上而已。乡落中犹有尺布裹头，不知节候者，此其淳朴质素之遗也。独岁稍丰稔，喜为戏剧，未免费出无经。夫朴而示之以文，奢而示之以俭。因其俗而利导之，岂非师帅者之责哉。

西宁

自设县后数被兵燹，土著者希，五方之民麋然杂处。然山川之气浑朴未凿，俗尚简素，器用不饰。其地山多田少，民资樵采之利等于耕殖。虽有黄藤、青麻、姜、芋等产，然不能成货，惟肩挑以易盐物而已。西北诸乡近苍梧，性颇醇而能忍，不喜斗殴。然遇小忿，辄服胡蔓草轻生图赖。东南诸乡近本州，性多鸷而喜事，故健讼常有之。若其婚不待时，字不及笄，治丧尚浮屠，祛病信觋鬼。旧俗犹未丕变，惟书皂隶役亦外境滑稽为之，土著少见也。

【雍正《罗定州志》卷一"舆地"】

新兴土薄，阳气浮而不敛，一岁之中暑热过半，晨多雾湿，四时常花，晴即御葛，阴即寒凝。谚云：四时俱是夏，一雨便成秋。信然！又春夏湿气熏蒸，多霉黫，生白蚁，衣服须不时晒晾。

正月桃始华；二月蝼蝈鸣，蚯蚓出，王瓜生，苦菜秀。然生而不力，十月禾乃登，水始涸，若蛰虫闭户，草木黄落，见者以为瑞。

瘴疠之气，近郭及村落平旷处俱无，惟山林翁翳处间尚有之。瘴气始于三月，盛于五、六月，消于九、十月。有青草、黄茅、桂花、菊花之名，饮食不调，嗜欲不慎，每为所中。日中酷暑，骤雨冷风，阴阳之气交蚀，草木蒸郁，最易感触，起居服食加意珍重。

《隋书》：人性轻悍，质直任信。

元省志：地无旷原沃壤，刀耕火种最为勤苦。

孙蕡《广州歌》：广南富贵天下闻，四时风景长如春。

郡志：肆地山包水络，风气遒聚，其人旧称简朴有余，仪文不足。士务诗书，农专畎亩，工商各守其业，妇女咸勤纺绩。熏习以来，文礼渐茂。至肆江而南，镇南诸都终崇朴质，族党相尚，不事纨绮。其北为西南诸都，颇事华饰，而朴质之意犹存。

【嘉庆《三水县志》卷一"风俗"】

俗尚门第，矜气节，慷慨好义，不甘诡屈。学校之士颇重实学，不逐虚名。邑长衙署，虽公事亦罕至。

惠潮来民多农鲜贾，依山而居，以薪炭耕作为业，故其俗朴而淳，与土著差异。土著之民，多商鲜农，贫者亦习工技以治生，故其俗文而巧。

【乾隆《鹤山县志》卷一"风俗"】

俗淳朴有古风。宫室少雕绘，衣服多布素。民务耕凿鲜逐末，商贾工技必取资于新顺。妇女重名分，不为人妾，守闺门不轻出，出必障面。男女别途，即贫寒下户，内外之分井如也。俗信堪舆，农隙度冈越岭以求吉壤。尚巫祝，夜间铙角喧嚣，名曰设鬼。尤好赛会，演戏观剧虽浩费不辞。亲友贫乏，有如越人视秦人之肥瘠弗顾者近多。惠潮嘉人来寄籍，勤耕读，知向上，土著视之无分畛域。其桀黠者则好斗健讼，无知之徒从而效之。民风不古，岂尽民故哉？吏斯土者当思有以化之。

士风。邑自海忠介以五规训方，唐宗实以三纲型俗，而后士多重气节，敦礼教，宦游者以清操自持，林居者以干谒为耻。经生茂才，惟群居讲学，足迹鲜入公门。但土瘠民贫，横经之士半属寒素，千里问道之资已乏，八口营生之计亦窘，所以俊秀多弃中途，胶庠半终枯槁也。然各姓多立书田以给膏火，自岁科大比迄礼闱祖尝，皆有资助。或年节聚而考课，至秋冬间，各村乡会尤多。前列者给赏冠履纸笔，亦栽培奖励之一术也。

民俗。《太平寰宇记》云：恩州风俗与广州同，人以采甲香为业。今则人鲜采香，专务耕种。自十月获毕，即起土晒霜，谓之犁晒。草萎霜冽，故田不用多粪而五谷自生。立春后播谷，清明前后分秧插田。四月既耘，妇女种络，谓之下麻。六月收早造，刈毕复插。九月收菽麦、薯芋、果蓏之属。山居者采蓝牧畜，水居者结网治纶。草衣粝食，胼手胝足，鲜有暇时。地不宜蚕，无栽桑之利。妇女专务纺绩，月影灯光之下，弄机声与打稻声往往相应，虽豳风之勤无以过之。俗素安土重迁，鲜流寓，然生齿日繁，近颇有赁春服贾赢縢，裹粮谋食于殊方异域者矣。

【道光《恩平县志》卷十五"风俗"】

邑滨于海，自展界后，土膏之美侔于内地，即园廛亦资为利，加之鱼盐、蜃蛤之生生不已者，所在咸有，苟非窳惰衰疾之夫，皆足以衣食，其力而自谋其生，衣食足而礼义兴。

士之奋发以起者往往争自濯磨，一二老师、宿儒读书植品，以时督课其子弟。值县试，童子之数以千计，鱼贯而入，敛手以出，雍容进退，鲜浮嚣凌竞之习。虽帖括诗文，不必尽入于彀，而亦未尝无纯茂谈迈之士翘然杰出于其间。

殷富者每任恤其亲族，岁荒，即出米施粥，以赈饥者。见义则为，众擎而举，凡夫合力醵钱，累百盈千，呼吸可办，斯其骎骎乎正行谊而明礼让者欤？

妇女鲜蚕织之能，然亦无嬉游之习。乡里服勤，以女流分任耕樵，不以为瘁。诗礼之家出必蒙面，妻弟者与夫兄不相见，相值必避。虽饥寒切身，耻鬻其女为人婢妾。炎荒之俗，斯为美矣。顾富庶之家每近于奢，嫁女以资粧相耀。或恐其嫁之足以耗财，至有生女而不举者，不又矫枉过正耶？岁偶不登，贫而悍者率男妇千百为群，沿门告助，以分饥荒为名目。其名不知始自何时？而习为固然，肆扰之害，无异强梁。噫嘻，甚哉，何其敝也。

按：江俗安土重迁，值岁饥则不免坐受其困，其始出资推食，或由于富者之好行其德，后则相习成风，倡为分饥荒名目。米贵即聚集，贫人沿门托钵，不遂其欲，辄肆攫取，不胜其害。富家多分寄家资，扃门匿避。若无所措其手足，甚则有家仅中资，而并罹惨祸者也。沄甫莅兹土，其时斗米三四百文，此风为炽，每捕其为首之桀骜者，重治之。余亦必分别惩创，因议为铁枪禁锢之法，次则荷校以惩。上其事于大吏，奉议报可。夫任恤亲族之谊，宁非所望于吾民，然出于与者之本意，则为善行；而出自受者之强人所难，即属强梁，况有非亲非族而附和以图非分者乎！旨哉，杨椒山先生之言曰："救荒自有长策，何至纵民为盗！"《周礼》以保息六养万民。有曰恤贫，亦曰安富，是在司牧之有心惠养，而弗事姑息养奸者矣。

【道光《阳江县志》卷一"风俗"】

村落。宁邑崇山复岭，地少开阳，乡落居民多近林，或呼为寨、为坪、为村、为坊。大约一坊一寨，烟火百数十家者居多，少或四五十家，或三二十家，至三四百家、五六百家，则邑中不过十数乡而已。

宫□。康熙、雍正年间，□宇质朴。迩来，山田广辟，物产之利数倍于前，附城富室陶砖砌石，丹楹刻桷，一屋动费多金。乡村富户大略类是，其次多用土砖，略加粉饰。贫民则茅茨竹篱，仍前俭朴。然自城市以至乡村，无不比屋而居者。

饮食。朝夕饔飧，以稻米饭为常，酒多家酿，亦有沽于市者。鸡豚之畜，比户皆然，而庶士之家非宴会不皆肉食，以其价值贵也，鹅鸭之价亦然。邑俗多凿池塘养鱼，多而且美。鱼与肉或鲜，或鲊，或腌，惟主中馈，以代庖者随时用之。山果园蔬种类不一，皆佐食之常品也。邑地宜竹，四时皆有笋可食，其最佳者文笋、甜笋。常有塾师戏吟曰："一心咒笋莫成竹，锦绣诗肠受几何？若使昔贤游此地，天然佳味四时多。"亦可以见食物之饶，而口之于味有同嗜也。

衣服。夏葛、冬裘，俗无可异。邑中衣服之用，丰俭从宜，凡搢绅殷富之家居常多衣布素。至冠婚、祭祀与凡庆贺，则必盛其服饰，男女皆然，肃礼容也。其贫家妇女夏月缉蕉麻为布，有染乌、染蓝等色。冬月用绵类，皆贸自市廛，以地不产绵故也。

器用。邑俗向来崇俭。康熙、雍正以前，富室椅棹多用黎木，或沙鸠，皆就地取材，求其朴素浑坚而已。乾隆以后，风尚日殊，椅棹多以力木为之，即花梨嵌文石，及方圆鬼棹所在多有，其余器物大率类然，风气之日趋于文有如此者。

交际。邑俗凡亲朋冠昏、喜庆，必具花红、壶盒相贺，余物随人厚薄。受者他日设席邀饮，惟入学、选拔科甲受花红者必盛服登门拜谢。又富家宦族时或有大宴会，则杯盘之供，仆御之侍，必铺陈盛美，而执爵送馔节文繁缛，加以弦竹侑觞，备极欢洽，亦礼有以多为贵者欤。

……

邑中士习素号循谨，其能讲求学问文章者，亦复不乏。迩来风气日开，益多奋志科名，留心经籍，暇则雅好临池书法，渐多能手。各父兄以课子弟读书为首务，故从前应童子试者才三四百人，今至七八百人。现在重修书院，众莫不欢欣踊跃，亦可卜文风之将日盛也。

邑中农民多向富室佃耕，有祖孙相继不易者，又有新起家而仍自力作者。农有二类：在山者为山农，种旱禾，种蓝靛，种姜，种瓜，种薯芋；或高山有泉涌出，亦有山田而可艺稻者。耕水田者为平地农，止以种禾为事，岁两熟，俗呼双方，早造六月收，晚造十月收，亦有岁止一收者。树秧时，多用牛骨烧灰沁秧根而后插。其灌田也，多藉陂水，当山峡溪间累石障水以资荫注；间有田高于水者，则作车系筒，旁设木槽，车轮因水激荡旋转如环其筒，下则平能贮水，上则所贮之水倾入木槽，因而顺流灌田，一车之利可及数十亩。又邑中之田多在山峡，无围基之筑，岁或旱潦，被害恒轻。

业工者多本地人。乾隆以前，邑中少学艺者，木匠、泥水诸工多来自外县，烧砖，则江西客；织布，三水人居多。乾隆以后，人多学习，凡木匠、泥水及烧砖、烧瓦、织布、打银，专治而精者甚众，惟石工皆惠、潮人，土人无学之者。

商多南海、顺德、三水、高要人，城垣墟市皆是。懋迁货物如绸缎、布匹以及山珍、海错，与各色服食之需，皆从省会、佛山、西南陈村各埠运至，非本土所有，故其取值视他处较多。至于邑中山多田少，其利多出于山，而柴商竹客则皆土人为之，亦其俗之相沿者久也。

四民而外，凡贫民妇女率以破竹谋食。其贫而犹有竹业之家，留其大者发卖，竹客日斩其细小之竹，令家人妇子剖破为篾，即可入市换米食，而其弃余又足以供薪火。其贫无竹业者，各铺户买竹常多需人不少，就近男妇多赴焉，以故村落山庄群聚而破竹者所在，多有习于勤劳，不见异而迁，其亦俗之近古者欤。

【道光《广宁县志》卷十二"风俗志"】

建之俗尚质朴，恶奢华，务农业，少经商，土愿民悫，犹近于古，旧志已绘其略。惟邑处肇西鄙，声教渐远，椎鲁不免。俗尚素，多用绵葛，少衣绮罗。饮食粗粝，器用不饰，忿争多听人排解，不致斗杀，故讼狱与命案俱少。酬酢多称家有无，不肯斗靡，故贫富殊而礼制无缺。居山者种树牧养，滨水者网结垂纶，作苦少暇，无淫逸游荡之习。病疾，少延医，好用巫觋祈祷。

……

妇女不脂粉，不艳妆，不入寺烧香。春夏治田，则夫耕妇馌。秋冬纺绩，夜以继日，缫车之响、笑语之声每相杂于灯光人影间，所谓理则劳，劳则思，思则善心生，于此可见焉。若早输国课，不烦催科；素憬刑章，少有流为窃盗。竭力奉公，贫苦自守，有足多者。惟地界粤西，闲有愚蒙为外来匪人煽惑，或听其簸弄，是在有以别白而严禁之。

士习。建邑士重廉耻，敦礼让。宦游以清操自持，居恒以干谒为耻。虽经生、茂才，惟群聚讲学，足迹不入有司之门。至微比之年，甘与齐民为伍，诚如旧志所云。苦志犹有未尽者，盖土瘠民贫，读书之士半属清淡。自孟春至仲夏，数月弦歌；迨季夏、孟冬两时届收获，多分身于农事，一年中横经、负耒每参半焉。然多有潜心好学之士，砥砺廉隅，品谊较他邑不逊也。官斯邑者培养有方，以振起之，棫朴菁莪安知不高掇巍科，登显仕，以步仲节莫公之后乎？予日望之。

【道光《开建县志》卷一"风俗志"】

房屋之制，大率平实。多用筒瓦，涂以蜃灰，防飓风也。

按：飓风起夏秋间，甚者拔木发屋，人遇之辄扑地。风起东者，转西南得止。《字书》具四方之风为飓，良是。以海气腥，或啸及断虹犁头云为验。凤池《岭南杂咏》云："谁跨鲸鲵斩断虹，海波飞入阵云空。阇婆真腊船收澳，知是来朝起飓风。"又云："挐船尽入沙湾泊，为避犁头海上云。"盖海舶尤惮之。

【道光《阳江县志》卷一"风俗"】

　　古者遣史氏采诗，陈之太师，轩车四出以求方言，观民风重民俗也。唐虞雍熙尚已，成周化洽，睢麟非其嗣响耶。东邑风俗去古犹未太远，因势利导，随时转移，不难登上理焉。管子曰：国奢示俭，国俭示礼。其师帅者之责也夫。志风俗。

　　士。矜气节，任质朴。贫或兼耕，嗜古尚学，不袭时趋。故科目仕宦不甚显，间有一二奔竞人，咸訾之。然绝无鼓众劫持，伺议时政者，绰有古淳风焉。

　　农。邑民逐末者少，力田者多。山林隙壤，日就垦辟。但土田硗确，近海无围基。西潦时浸，故鲜丰饶。语曰：腏之斯瘠，抚之斯腴。为民牧者可勿慎乎。至若信巫事神，虽狃于土俗，亦节用之一耗也。

　　工。邑介万山中，技巧不聚。工匠朴拙，自食其力。然所获无几，世习者亦多别业矣。

　　商。粤东擅盐铁之利，东邑山多产铁，向设炉座，或煽或停。盐则归总埠，销、售二者，皆非土著之民。其余菽、粟、布、帛、鸡、豚、酒、蔬之属，不过趁墟贸易，以谋朝夕。

【道光《东安县志》卷二"风俗"】

　　泷水罗旁之地，环亘千里，霍与瑕《建儒学记》。南接信宜，西连岑溪，山深而险，穷乡远村，瑶壮错杂，而深山大谷之中悉为其巢穴，自古为民患。尹凤岐《建泷水县城记》。万历丙子，大征荡平，开创善后，陈万年《开西山大路记》。清田里、辟封疆、筑城堡、兴学校、募民占籍、分地建官，为久安长治之计。庞尚鹏《建罗定兵备道碑》。其俗椎朴，其习固陋。其民军兵杂处，喜争而好斗。其士多遴之他邑，得售则去，青衿落落如晨星。谢天申《典学书院记》。牧兹土者殚心怀柔，因其俗宜而顺导之，简其赋税而率育之，疏其节目而悦安之。何维柏《建县治碑记》。然后易茅茨而连云，易呻吟而弦诵，易带牛佩犊而轩冕黼黻。此必世而仁之一验。庞一德《城隍庙记》。

　　明欧大任《连滩寨讯罗定风土寄王兵宪索平蛮碑》诗："兴尽非关道路难，两山烽息久平安。游人茉莉簪藤帽，上客槟榔荐竹盘。疆理更开周日月，井闾今有汉衣冠。西行不索图经去，愿借韩陵片石看。"区大相《入罗旁水》诗："井邑新安集，间阎杂汉瑶。火耕春伐木，山猎夜归樵。潮响蛮溪合，林光瘴雾消。直须勤抚字，勿使困征瑶。"

夷僚相杂，牛羊横山谷，耒耜遍原野。东西水陆昼夜行，不复知为罗旁。大清《一统志》。

西宁自设县后数被兵燹，土著者希，五方之民麇然杂处。然山川之气浑朴未凿，俗尚简素，器用不饰。其地山多田少，民资樵采之利等于耕殖。虽有黄藤、青麻、姜、芋等产，然不能成货，惟肩挑以易盐物而已。西北诸乡近苍梧，性颇醇而能忍，不喜斗殴。然遇小忿辄服胡蔓草，轻生图赖。东南诸乡近本州，性多鸷而喜事，故健讼常有之。若其婚不待时，字不及笄。治丧尚浮屠，祛病信觋鬼，旧俗犹未丕变。惟书皂隶役亦外境滑稽为之，土著少见也。王《州志》。

邑居万山之中，无珍异之产。农工商贾各勤其业，士敦气节尚功名。农一岁再举，男女作息相共，村落茅屋土壁仅蔽风雨。工无淫巧，商乏重资。俗尚俭约，虽士夫之家亦敦朴素。近多趋尚礼仪，风俗丕变。服饰、居处、衣冠、文物，骎骎乎与会城颉颃矣。采访册。

新泷等州山田，拣荒平处锄为町畦，伺春雨，丘中聚水，买鲩鱼子散于田内。一二年后，鱼儿长大食草根并尽。既为熟田，又收鱼利。及种稻且无稗草，乃齐民之上术。《岭表录异》。

邑山峦如织，地鲜平原，凡乡村城市，悉棋布于重冈叠嶂之间。民无他技，力田为多。田之等有六，附郭及附近村市之田，曰洞面田。平畴衍旷，水源深远。其土沃，一岁再熟，如三熟粘、黄降粘、香粳西粘之属皆宜。峒溪赤卤之田，曰山埔田。其土硗确，一岁再熟，宜黄降粘、赤粘之属。山间低下泞泥之所，曰涩埌田，亦一岁再熟，种之所宜，与山埔田同，曰大造田。如《岭表录异》所云："春月养鱼，秋月种稻者，其土沮洳。岁一熟，宜赤粘、白粘、须稻。"王苓臣谓"薄田宜早"是也。其近西江之地，常为西潦淹浸者，曰低水田。土沃而圩，凡稻咸宜。濒江之地，不可为田，俗曰地面。谷宜赤撒，宜大小麦、荞麦、油菜、落花生、甘薯、甘蔗。又曰畲田。凡贫民无恒产者于斜崖陡壁之际，芟杀草木，燔烧根株，俟土脂熟透，徐转积灰种以山禾，李德裕诗所谓"五月畲田收火米"是也。或种薯芋以为杂粮，终岁之勤仅足自给。土瘠弃之，更伐一山。此则无粪种，无水源，全赖雨泽矣。采访册。

邑田赋分新旧图。旧图之赋割自德庆，田窄而赋重，民间置售多以虚弓，间有垦溢，亦山涧硗确之地。新图之赋多平瑶后垦复，田宽而赋轻。当清丈时，榛芜未尽辟，今日垦日多，故赎产夺耕、抢割争界之讼，时时有之。至西南、镇南诸都，计粮不计亩，田更宽，讼更甚。

【道光《西宁县志》卷三"舆地下"】

　　乾嘉以前，俗尚敦朴，富者守田业，贫者勤职事，物价不昂，家易给足，民无越境以谋生者。士之藉授徒以糊口者，亦上至广宁而止。嘉庆末年，乃有遣子弟学工艺，佐懋迁于佛山、省城者，已固讳言之。亲友亦私相谓曰："某近果切干耶，何使其子弟出外学生意也。"盖俗谓贫曰切干，谋生曰做生意也。道光之初，俗渐奢华，富者日贫，贫者益不给，遂相率往佛山、省城以图生计。而士亦多就馆于省镇、南海各乡。洎乎各口通商而后，之上海、之福州、之天津、之九江、之汉口者，实繁有徒。父诏其子，兄勉其弟，皆以洋务为汲汲，而读书应试之人日少。即青衿中，亦有舍本业而从事于斯者。同治以来，更远赴外洋各埠矣。男既轻去其乡，妇亦从而效之。而奢华之习，乃日甚一日，至于今为极。还醇返朴，未知何时，有心人不禁皋然高望者矣。

　　乾嘉时，衣服皆以布，有顶带者具袍褂，亦以布朝蓝袍京青套二语。道光末，故老犹侈为美谈。若今人服此，鲜不疑为居忧矣。纳妇时，亦为子置绸绉衣一袭，然非盛会不轻服，至老出诸箧，针线犹新。今则童稚亦衣绸绉，甚且备小毛皮服矣。妇人首饰皆以银，非大富家无具金珠者。旧志谓嫁女多至罄产，此语殊未然，至今日容有之耳。

　　饮食亦甘淡薄昏祭，以九碗□盛馔，谓之九簋。今必曰热炒果碟矣。热炒者，九簋外加炒盅，或六或八果碟者，四冷晕、四生果、四干果也。家纵清寒，昏宴亦需六炒盅八果碟，非此则以为失体面，民恶得不贫。

　　粤俗之侈莫甚于洋商。道光间，邑人有充洋商者，十三行中所称严兴泰行者是也。衣服饮食习惯自然，见者争相慕效，靡然成风，俗遂渐趋于侈。

　　途间旧无赌博，有之，自道光间军犯鄢四色笭始。色笭者，以竹笭盛生果、糖味、饼食等类。笭面设板杂陈各物，中置色砵，以赌口食，间或赌钱而已。色以骨为之，大如豆，形正方，六面刓点，自一至六，以三颗掷砵中，先客后主，点多者胜，即古之骰子。温庭筠诗所谓"玲珑骰子安红豆"是也。后专用以赌钱，则名目繁多，不能尽悉矣。自时厥后，色砵之外有骨牌场、有番摊场，官虽严禁，每窃为之，或舍大趋小，未易尽绝。

　　乾嘉以前，文会最多，各乡皆有之，附城且不止一处。谢教甚轻，首名不过百钱，故易举而作者重在课文，不以为薄也。今则同治间吴戬宜堂文会、绥江文会而外不再见矣。诗会亦多，今则几如《广陵散》，提唱风雅，遂无其人，盖不仅偏隅小邑矣。道光以来，又有对会，今亦鲜行之者。

……

儿童嬉戏之事，如元旦前后放爆竹，俗谓烧爆象。《该闻录》载：李畋邻家为山魈所祟，畋令除夕于庭中爆竹数十竿至晓，寂然安帖。今之纸卷硝磺，加引轰放，正以象爆竹声象字，甚有意义，其谓之鞭爆，则以串爆连放，有似殿阶上静鞭声也。然其类不一，串爆外有白圻、班炮、黄烟、菱角仔、水老鼠、水鸭仔、夜明珠、滴滴金、金盘、起月、小起火、小花筒等，杂货铺色色皆备，或设摊专卖此者。八月十五夜赛灯，灯以木瓜柚子去其瓤、镂其皮，中然油盏，灯光映耀，则花草人物之形毕现，或錾纸为俭者，乃画鸭卵壳然之。灯皆有盖，以竹篾三条交互为顶，顶下垂铁线，以悬灯篾端六出，各缀灯带，带皱五色纸为小管线穿之，间以托木，缀以穟或花叶。灯皆妇女手制，盖则购于市上者也。八月放纸鸢，俗谓放鹞，然多为飞鸟之象，不独鹞也。或为胡蝶，俗名飞扬。若为鱼虫，则讥其不类飞鸟。中尤重鹞仔。鹞，鹰属。放必雌雄各一，从线端丈许分两歧，至空中两两盘旋如生，斯为上矣。放必以花缦丝线，线架以酸枝为之，或以茅竹。凡鹞皆父兄自扎或倩人扎，父兄亦不禁其买诸市上。如九江鹰、鸦、鹊等则不足贵，至如广州之双鲤鱼、花篮、八卦美人，上安响弓，放须广线者，亦无有，以非儿童事也。放至重阳而止，至日，则系寸香于线端，然断则听其流去，收线而回。父兄之闲雅者，相率携子弟登高看流鹞焉。今则烧爆象放鹞，尚仅有之，然已无讲究。扎鹞者若赛灯，则久已无闻，后生且不知有此韵事矣。

屈翁山《广东新语》谓：广州儿童有赌蔗斗柑之戏。蔗以刀自尾至首破之不偏，一黍又一破，直至蔗首者为胜，柑以核多为胜。此戏吾邑今犹尚之，以其近于赌也。他如打榄、丢鸡、踢燕诸者戏，鲜为之者，辘钱虽属赌，亦不多见。

按：踢燕，省志作"踢䋻"，查字典无"䋻"字，以象形言正当作燕。

……

俗知耕而不知织。乡间妇女皆力田，绅衿家人亦为之，故鲜裹脚者。经咸丰间发逆之乱，虽城厢大家妇女，亦多不裹脚矣。城厢妇女不尽工针黹，每肩挑博升斗，佐男子作家，故各步头有担妇无担夫也。蚕桑亦少，惟邑西南各村间有之，故邑无丝市。缫毕，则往西南以求售，然不得善价云。止可打线，不堪织绸，岂工作不及人欤，疑潮不入江，其水逊南顺也。

邑有僧无尼，僧亦多自他丛林来，各庙司香火，其接法事者惟龙华寺。然受戒开单等事，亦无有也。女巫降神，问家宅事者，谓之问米婆，俗颇尚之。凡病久不愈，则问米。先于家堂香火前致告，谓之安米盘。无道士，若有事于祈禳，则以火居道士为之。地方官祷雨祷晴等，亦火居道士充役，故城乡间道馆甚多，俗谓之男巫先生公，或曰喃魔，意即南无之讹，然习俗相沿，不求甚解，即道士讽经毕，亦曰喃一□魔矣。道士中必有一人充道纪，司道会者，则各道馆及女巫皆归其管辖。争讼之事，乡多于厢，然旬期所收，不过十余纸或三数纸而已。若上控，则岁不一二见，盖状师之名士人所耻，故邑鲜工刀笔者。官斯土者，亦无事汲汲然访拏讼棍也。

乡风敦睦，土客相安，强陵弱众暴寡，事所罕闻。近年始有仓丰围内林寨不许下布铺凶器过境，聚殴伤人涉讼示禁事。又罗湖铺不许樟树凶器过境，亦几成讼。人心不古，俗渐偷薄，有心人方深江河日下之惧。

《汉书·郊祀志》：粤人勇之言，粤人俗鬼。昔东欧王敬鬼，寿百六十岁。师古注：勇之越人，名俗鬼。言其土俗尚鬼神之事，今吾粤神祠香火特盛，神诞日必赛会或演戏。又有三年、五年、十年、三十年，一举以酬神者，吾邑亦沿其俗。各神诞赛会演戏外，复于子午卯酉年建大会，第五日备鼓乐仪仗会，首具衣冠到各庙进香，曰行香，然但城厢事耳。咸丰元年辛亥会起，万人缘会合一邑五十二铺之人，各出银若干，分幡首、绿首、表首，正份以别多寡，交会总办理，届期毕会聚饮，皆素筵，曰食斋。嗣后辛酉辛未，皆踵行之，新巳乃不复举。兵燹后，城厢各街又于正月初间为阮佛建贺诞醮会。演戏行香，悉沿故事，然近十年来，会景渐形冷淡，则物力之艰可知矣。

《广东新语》载佛山真武庙神爆之盛，而云此诚陋俗，为有识之所笑者，不知此风近且无处不然。三水之胥江祖庙，其尤著者也。吾邑兵燹后，亦多行之，以陶塘莲花寺为最，谓拾得爆首，其人必添丁发财。次年还爆，每侈陈鼓乐仪仗，以耸观听。烧爆日遂多有纠党争夺，以期必得者，虽致伤无悔，惟东门翰伯庙爆，则以灵珓决于神，吉珓多者得。洵良法也。

元旦后祖祠神庙，皆择吉开灯，中设大灯一，四旁缀以灯带，围以灯群，下悬小灯，一曰灯仔。有新丁者为灯首，新婚者亦为灯首，谓之预报。同办开灯事，宴毕，送灯仔于望丁者之家，或私取灯带归放床篑下，冀来年为灯首云。

正月各庙开灯后，择吉调神，夜迎神巡行本境，谓之游乐。人家迎神入香火堂，谓之过门。道士随行晋祝，谓之唱贺歌，此亦乡摊之遗意欤。若跳禾楼，则乡间始有之，且举于获稻后，所以报赛田事也。

按：调神亦作跳神。道光间尚有办云洞者，男巫作女装，登坛遣将，捉四方邪鬼归，缴令邀赏。其将皆少年选事者为之，久已厉禁不行。

敝俗亦有四：一霸耕，一踞铺，一索赖非命，一逼醮抢遗孀。前三敝皆经示禁在案，后一敝村民习见不怪，故虽节妇不愿改醮，亦未闻有以被逼控告者。然地方官不可不知乡绅衿，尤不可不思所以移易之也。

乡音惟下路绥江之右各铺与省话通，附城及上路各铺则否，然无不习省话者。河西柑榄两铺，兼习高要话，以壤地相接故。上路各铺兼习客家话，以土客杂居故。若官话则习者罕矣，安得童蒙入塾，俱教读正音书乎？

按：省志、府志皆有方言，一则与吾乡多同，其不同者，亦属无多且无关典要，故不载。

【光绪《四会县志》编一"舆地志·舆地八风俗"】

士习简朴，业诗书，尚礼文。家有税户、耕户之分，人有头首、细民之别，名分昭焉。务耕织，少工商，节义廉耻出于天性，但循分自安，无远略，亦其地气使然也。我国家承平日久，渐染涵濡，风俗丕变，彬彬乎醇厚矣。

【光绪《高明县志》卷二"风俗"】

俗好斗画眉，以其为本地出产，虽士夫亦畜之，城乡各设斗场，集者如市。其斗，以能持久者为胜，谓之头笼。余皆如斗鹑，斗蟀，胜负不下千金，故畜之者不贵善鸣，而贵善斗。

妇女务耕织，近益以蚕桑。出门操作，以麦秆制为圆帽，中通容发，布周四围，以蔽风日。或以帕蒙首，遇男子辄避道左。非赴宴，不著新衣，其勤俭如此。惟信鬼巫，有事辄问休咎，谓之问花、问米，往往为巫觋所诓。

俗为儿女择配，半在幼年，贫家或抱养他姓童女为媳，及长乃卜吉成婚，谓之权娶，然甚少也。

【民国《罗定志》"地理志第一"】

吴录《地理志》曰："苍梧、高要县郡下，人避瘴气，乘筏来停此。六月来，十月去，岁岁如此。"《太平御览》。

大江横前，环抱逶迤，原野疏旷，无瘴癞之侵，俗尚简朴，梗化者亦复间见。比年以来号为易治，政平讼理，囹圄空虚，公无负租，民安其业。王揆《包公祠记》。

市无陶瓦，土荒民疲，耕织仅以自给，俗尚简朴，居丧之礼不脱衰绖。郭《通志》。

土风淳厚，民物夥繁，土旷民惰，不力于耕。地当两广冲要，民重涡塘、麓囷、海错、果实。清《一统志》。

衣冠文物颇近会城，乡落男女多椎髻跣足，著木屐以避湿气。习尚简朴，器用无华，鱼米蔬果足以自给。乡民愚朴，输役稍疲。每为奸民齮龁，胥卒操切。《府志》。按阮《通志》引《府志》"有病少服药，好事巫祝，名曰设鬼。贫民与富民斗，力不能胜，常复胡蔓草致死以诬之"等语。今《府志》无之，殆所引者吴志，而新志以旧俗已革而删之欤。

男子好吟咏，妇人亦能歌，引其类以歌律诗，高下缓急有序。娶妇后多析爨居处。富家多用铁木，其质如铁。《通志》《府志》，并引旧县志。今县志无之，按铁木当是铁力木，疑脱"力"字。凡前时风俗，自应依次备载，所以觇人群之进化与风气之变迁，以其与时不和而删之，非也。

士素重气节，尚廉耻，安贫守约，类多授徒自给，其文风往往视书院为转移。光绪间，番禺梁鼎芬、义乌朱一新两先生相继主讲端溪，番禺陶邵学先生主讲星岩，由是以古学相励。自书院废，学校兴，而道德文艺已有今昔之感矣。

妇女最重贞洁，否则邻里不齿。少者罕出门户，其教育惟恃家庭。自光宣间女学肇兴，服饰始尚时宜，而礼闲则如故也。

西北山场多客籍，俗至简朴。客至，款以酒食，只一人陪之，余皆操作如故，弗预宴也。并采访册。

肇庆有西水自广西来，每岁夏至后，淫雨暴涨，谚云：水浸钓鱼台，上下不得来。钓鱼台，峡中山名。又云：西水漫漫，鱼蟹满盘。旧志。

宋隆地底，莳晚稻迟于他处，九月方华最忌风，谚云：禾怕霜降风，人怕老来穷。又忌秋潦，谚又云：白露水，无益人。《半帆楼杂记》。

俗多忌讳。如姓黄者改称黄牛为沙牛；姓罗者改称萝卜为白瓜。采访册。又谓猪肝为猪润，以"肝"与"干"同音也；谓竹杠为竹升，以"杠"与"降"同音也；谓通书为通胜，谓读书为读赢，以"书"与"输"同音也。亏蚀之蚀，俗读若"舌"，遂谓舌为"利"，如猪利、牛利是也。其他忌讳多类此。《南村草堂笔记》。

【民国二十七年《高要县志》卷五"地理篇五"】

男务耕耘，女勤纺织。器用俭朴，少雕缋之饰，衣裳布素，无锦绣之文。此素风大变于光绪中叶以来。又男多出洋，女司耕作。古者男耕女织，夫耕妇馌，无以妇女沾体涂足，杂作于田间者。北省至今犹古也。北人南来，初以妇女裸足不袜为异事，何况裸足至两膝以上，今不独田间然矣。

妇人不轻出，出必以扇障面，男女异途而行。《礼》：男子由右，女子由左。本来男左女右，于道路独不然者，道路属地，地道尊右，故以由右尊男子也。嫂叔非岁时庆贺不相见，非疾病患难，不相授受不交言，闺房之肃也。《礼》：嫂叔不通问。并不制服。自唐始制嫂叔之服为小功五月，后世因之。四民相参读，不废耕。水习网罟，山业樵薪。童子幼时，必就蒙馆受读。故虽农人贩夫皆能解书识字。自改学堂，须多开贫民教育，方能普及。百工手艺为于农隙之时，不尚淫巧末伎。贫者或绩麻编竹以为业，无徒食者。今则麻竹等物徒为淫巧者之原料。

地多产谷，贩粜间出新会甘竹。其余布帛、缕苎、蔗糖、青蒟等类，以本地所产，贸易携金作贾，赴江浙则稀矣。邑中作贾于各省者，司徒族人为多。余或向美洲发展，则又工富商贫，以货税太重难获利也。

生徒分严，请业则起讲，必立侍。《礼》：坐侍右立侍左。立则着地，其侍左亦以地道尊右，不敢当尊故也。富者多自延师教读，贫者或联合窗友就公所，延师以便肄习。今则指为私塾，而干涉之矣。传业亦讲者立，听者坐。

科举时代，乡会试有中式者，捷报则鸣铜鼓，亲友咸致燔豚为贺。入泮亦然。学堂毕业，亦有致燔入贺者，独鸣铜鼓则臧以为笑。

疾病不愈者延巫人，用三牲祭于门，以米筛盛而送之，谓之设鬼。亦谓之扛米筛。

俗喜争山，常有挖骨之控。今奉例，四丈之外勿许占踞，争端稍息。又有诬告命案，往往牵累无辜，以致被控之人破家荡产，屡经惩治，此风渐革矣。

按：坟山之案，由于误信风水。诬命之案，由于讼棍摆唆。独不思以他人祖宗之坟墓为己有，于心何安？昧心理而求地理山川，岂肯效灵乎？若系无主之墓，被人毁占其地，不吉可知。又何必犯发冢，严禁置其亲于绝地乎？至于投缳溺水，本是轻生，乃即居为奇货，或借端勒索银钱，或迫令破产殡葬，专以家之肥瘦为诈贿之重轻，桀黠构煽，遇事风生，其为小民之害，尤非浅鲜。若地方官遇此等事件能明以察之，严以惩之，庶几有瘳乎？以上全录王志，添入夹注。

……

称寿重十，亦间有重一者。七十一八十一，然后称寿也。俗又云：男重齐头女重一。至举行双寿，以男之年月日为定。如男七十、女或少数年多数年，均可谓之双寿，妻从夫之义应然尔。

择继多滥，由来久矣。从今以后，宜择其至亲者，取昭穆之相承。若无至亲，可择要，择其同宗者，甚或同姓不宗，未为无说。《春秋》襄六年：

莒人灭鄫。《公羊传》及《五代史·义儿传》宜读也。又按，一子承二祧，为乾隆间特制之条。其礼意当是入继时，本生父母别有子，入继后本生父母之子死，父母无继，则前之入继他人者，然后行兼祧之事。服色相等非本来独子之子，可以继也。道光九年，独子之子亦可分祧两房，礼意又一变矣。择继者生择死应，无子之夫妇但有一在，生以何人为继，由其自择，是为生择。两人均死，及早未尝择定，则按定次序，以其最亲之昭穆，应继者继之。无得以意为进退，是为死应，以防交争也。世俗往往因家产之垂涎，争继致讼者多矣。俗又有所谓任斗拨者，斗作全间屋。见下方言注。绝其举家之嗣，忍而入继，不惟有愧良心，抑亦为招奸引盗之媒，不可不戒。以上本王志修。

……

居处。屋式多横过三间，富厚之家自一进至数进不等。中为厅堂，上起平阁，以奉神祖。两边为房，上皆置平阁，以避水湿。屋内开天窗以透日光，屋上密排木桁以防盗贼。厅前三面以瓦为檐，谓之廊。天光下射如井，谓之天井。置门多于左右廊，不开前垣。其有由前启门别起围墙环之者，曰兜金。仕宦之祠，于屋脊上竖之高砖，烧成人物、花卉、鳌鱼之形，谓之鳌头。或依竹树高园，别造成亭馆书房，谓之别墅。立柱架板，结屋于塘上，曰塘寮。塘寮，守鱼也。搭蓬于田上而居，曰禾寮。禾寮，防禾稻也。枕山旁水，搭葵结茅而居，曰茅寮。植椿于水上建平台，周围以护栏干，谓之后栏。村落无井，近河便于汲水也。远水之村有井，否则汲池塘之水以为爨。王志。此全是旧式居处。方向不一，门巷参差，四壁不通风。有所谓燕子门，无窗，亦无天井，闭塞尤甚。近年新建之村，颇革前弊，然尚沿三间两廊之旧。若稍事变更，便为村中干涉，谓其有碍风水。自时局纷更，匪风大炽，富家用铁枝、石子、士敏土建三四层楼以自卫，其艰于资者，亦集合多家而成一楼。先后二十年间，全邑有楼千余座。

器用。凡犁，后欲轻而前欲锐。后轻而前锐，则入土深而动捷。凡锄，端薄而上曲，以锄高田水田，谓之铹。散田之器曰耙。屈铗以为干，排铁以为牙。割禾，夏用钩镰冬用手镰。担禾曰禾镞，压禾曰禾□，打禾曰禾打，夹禾脱谷曰禾夹。水车木为之足踏取水，其用数人。吊箪竹为之绳牵取水，其用二人。戽斗蔑为之手提取水，其用一人。除草之器谓之抓。结葵负于背以蔽雨日，曰葵屏。稼器。网之类有五，以纲系目曰撒网。织为方系以竹，沉水捕鱼曰罾。植于海中，截流而取曰□门。系于柄以取鱼曰鱼缴。取禾虫曰禾虫罾。笱之类有三，编竹为之，迎流取鱼曰鱼笱。两端有口，顺逆流皆可取，曰鱼笼。植竹如墙，乘潮落取，鱼曰鱼箔。叉之类一曰蟮划。钓之类一曰鱼钓。鱼器。拨谷曰篸。晒谷曰篙。扬谷曰箕。担谷曰箩。

贮谷曰筥。研谷曰磨。舂米曰碓。谷米器。以上皆王志。

按，今非昔比，昔之器用多资考古云尔。稼器、鱼器、谷米器于器用亦十不当一，聊资举隅云尔。易下系传言，制器者十三卦，于稼器曰斫木为耜，揉木为耒。盖取诸益。于鱼器曰结为网罟，以佃以渔。盖取诸离。于谷米器曰断木为杵，掘地为臼。盖取小过。迟任谓器，非求旧惟新。系传则惟新仍不忘旧，两意相资为用也。

【民国《开平县志》卷五"舆地略四·风俗"】

《风俗改良统一办法案》

第三，关于迷信及其他陋习者

（一）建醮、迎神、放炮一律禁止，违者处罚。至原有款项者，则拨归办学。

（二）神庙药方一律毁弃，擅制造者，定予拘究。

（三）道巫鬼政府早禁，自应由乡村奉行。

（四）各种赛会既属伤财，尤易起斗争，如龙船会、瑞狮会、大王会、北帝会、公益土地会、盂兰盆会等等，均应一律革除，各该会如有款者，应该归该村学校。

（五）调解争执，自是村子、乡长责任，即可调解者，亦自有正当办法，所有食大餐，煮大镬饭等，应严行禁止。

……

人民生活及新生活

吾县素著贫瘠，自昔人民生活良苦，其间非无席丰履厚及贵显之家，饮食衣服、宫室车马不与人同，移气移体足为宗族交游光宠者，其他则饔飧不给，衣履不完，房屋卑陋，道路难行，比比皆是，而人民亦安之若素也。鼎革以还百废具兴，文明日启，社会之风习浸移，而人民之生事亦渐裕，于是口体之养，居处之安，服物器用之华，行旅交通之便，亦日事讲求矣。然或奢而无节，或俭不中程，或不适卫生，或不由规序，亦比比然也。近年来政府乃有新生活运动之提倡，所谓新生活运动者，欲涤除我国国民不合时代、不适环境之性，使趋向于适合时代与环境之生活。质言之，即求国民之生活合理化，而以中华民国故有之德性——礼义廉耻为基准也。国民生活如何始得高尚？曰生活艺术化。如何始得富足？曰生活生产化。如何始得巩固？曰生活军事化。三者实现，是谓生活合理化。合理化所赖以实现之事项，曰衣食住行。使我国国民以礼义廉耻为规律，实现于食衣住行之中，如是则生活之内容充足、条件具备，即谓之新生活（语本《新生活运动纲要》)。新生活者,二十二年二月十九日,总裁蒋公始倡于南昌行营,翌年二月通令全国施行。本县于二十五年组织新生活运动促进会推行之,于是人民亦多有讲求新生活者。兹本县人民生活之事项——食衣住行,与推行新生活之规律——礼义廉耻,一一举述如下,以觇其概焉。

食

洪范八政,其一曰:食。食为民天,故言生活者,当以食为首。

县人所食以稻为主,一日再食,习以为常。而稻有早谷晚谷之分,早谷为早禾谷,晚谷为包衣或办粘谷。然早谷晚谷,又皆有油粘谷。油粘谷最上,其他晚谷次之,早谷又次之。生须谷、撒谷与大禾谷则为酿酒之原料,而乡民亦以为食。贫者不能粒食,或以薯芋充饥。佐食之品以鱼肉蔬菜瓜豆为多。鱼类甚富,详宣统志"物产"篇。而以羚羊峡上之嘉鱼最鲜美,称鱼中第一,余如白溪麦塘文㞏塱之鲤亦均著名。肉以豕肉为最普通食品,牛羊次之。而鸡鸭之属,亦多豢养以充庖厨。蔬菜瓜豆,其类甚繁,不能备举,亦详见宣统志"物产"篇。而菜又可制为腌菜、菜干;瓜可制为酱瓜、糖瓜,及密溃瓜英之属;豆可制为豆酱、豆干、豆腐、酱油、腐乳,其用尤广,皆吾人所常食者也。至如人工所制食品,不一而足,面类若干品饼包类属之、米类若干品裹蒸粽类属之、米粉若干品杂资类属之、脯肉炙肉类各若干品、干果类各若干品,其他糖制、盐制、醋制及油炸又各若干品,不胜枚举。而以裹蒸、柚片二物为颇著名,制裹蒸之法以糯米洗净约十之五六,绿豆半研水淘去衣约十之四五,中藏肥豕肉及其他物料,外用多叶裹之,以草缚扎为方形,置锅中炊约七八时许,解而食之,颇甘美。岁阑或正月多用以馈送亲友。柚片创自鼎湖寺僧,以未成熟之柚子切为片,以糖制之,名曰鼎湖柚片。外邑人多喜之,与沥湖之芡实并称为肇庆土产。"茨"本作"芡"音,俭俗误作"茨""慈"音。

其属于嗜好品而为人所常用者有三焉。

一、酒茶类。酒名甚夥,而以山西汾酒为最醇美,各色露酒次之。而官场中多喜用绍兴酒,近日洋酒输入,宴会时或用之。而土人所自酿者名曰吉酒,有双蒸、三蒸、料半各种之别。近年有名六饭者,味尤酿厚。酒有麻醉性,饮之能使人精神兴奋,故人多嗜之。然久饮过量,亦能使人神经衰弱,肝质变硬,有害于卫生也。故禹恶旨酒,谓其能亡人国者,此也。古无"茶"字,本作"荼",味苦。《尔雅》:"槚,苦荼是也。"唐时始制以充饮(《尔雅》注:"荼可作羹饮。"然古时用之者稀。盖唐以前人所常饮者,如孟子所云,冬日则饮汤,夏日则饮水,犹今之饮开水是也)。《唐书·陆羽传》:"陆羽嗜茶,注经三篇,言茶之原、之法、之具。"自此后

"茶"字减少，一盖为"茶"云。茶有绿茶、红茶二种，制法不同。茶之佳者曰龙井、水仙、六安普洱之属，人多嗜之。而本土所出产者有大湾禄步之山茶，鼎湖之龙口茶。而七星岩之鸡蛋花茶能消暑、解渴、治痢，游客多喜之。又有汽水一种名曰荷兰水，以碳酸气及酒石酸或枸橼酸加糖及他种果汁制成者，如柠檬水之类皆是。吾国初称西洋货物多曰荷兰，故沿称"荷兰水"，实非荷兰人所创，亦非始自荷兰也。以其甜美略带酸味，清凉可口，故人多喜饮之，食洋餐者必用之。

二、槟榔。槟榔本草名大腹子，产于热带地，为常绿乔木，高三丈余，五年始结实，实成房出于叶中，每房簇生数百。陶□居云，尖长而有紫纹者曰槟，圆而矮者曰榔。出交州者小而味甘，出广州者大而味涩。交州，今法属安南也。《南史》："刘穆之以金盘盛槟榔，宴妻兄弟。"则此品六朝时已尚之。粤人以蚌灰和青□叶包而食之，每一包谓之一口。《北户录》（唐段公路撰）称："梁陆倕谢安成王，赐槟榔一千口。"槟榔称口本此。食时满口咀嚼，吐汁鲜红，状如血，明丘璿五羊太守诗所为刺也。诗云："口中浓血吐槟榔。"往昔人士极耽好之，且以奉客，与今人烟茶视为不可缺，而举行婚礼时尤必用之。今旧式婚俗妆奁中必有槟榔盒一具，以锡制成，婚期前遣价邀请亲友观礼必用槟榔，以盒盛之表示敬意，新妇见客必献茶与槟榔。其为俗所尚如此。

三、烟类。烟有鸦片、卷烟、鼻烟三种。鸦片本名"阿芙蓉"，亦称"罂粟"——《本草纲目·谷部》。阿芙蓉一名"阿片"，俗作鸦片，是罂粟花之津液云。盖鸦片取罂粟未成熟果实之汁制成，含吗啡等毒质，生吞之能杀人。以火烧而吸之，习乃成癖。能使人孱弱肢体，废弃百事，为害至烈。清初由印度输入中国，以其有定痛安眠之效，本为药品，故有"洋药"之称。道光时输入额锐增，尝一度施禁无效。同光年间为杜漏卮计，于陕、甘、川、湘、云、贵等省相继栽种，名为土药，对洋药而言也。国产既盛，吸食者众，流毒愈广。今国民政府严定禁令："吸食、栽植、贩卖者，均处以极刑。"嗜此者日渐稀矣。卷烟之原料名"烟草"，"烟"本作"菸"，亦作"菸草"，一名"淡巴菰"，为一年生草，高三尺许，叶无柄，卵形花作石青色，成漏斗状，其叶可制卷烟及烟丝、鼻烟等。制法：先采叶曝干，又令温润发酵而生香味，所含重要之质，一为尼古丁，即放辣味者；一为油质，即放香味者。他如糖质、枸橼、酸林、擒酸等几十余种，以其有麻醉之性，故能解疲劳，故人多嗜之。今已普遍于社会，几于无人不吸食者。其种于明代，由吕宋传入中国，今各省多种之，福建及关东所产尤为著名。然含尼古丁毒质，甚害卫生，故各国皆禁未成年吸食。吾国亦明令严禁青年吸食，而学校施禁尤严。惟吸食者溺于积习，亦往往不能绝也。

按：烟之有害卫生，不惟尼古丁毒质，而直接所吸收之火气，其害亦甚焉。《素问》：黄帝言"壮火散气，少火生气"。昆山顾氏以为季春出火，贵其新者少火之义。又言"古人用火必取之于木"，而复有四时五行之变（春取榆柳，夏取枣杏，季夏取桑柘，秋取柞楢，冬取槐檀之类），今人一切取之于石，其性猛烈而不宜人，疾疢之多，年寿之减，有自来矣。此所谓壮火散气者也。夫火用之于烹饪，有甑釜之隔，薪刍之移，其性之猛烈者，犹足以损人。而况今之吸食纸烟者，其所用之火，取之磷寸，性尤毒烈，而直接吸之。且昔之吸烟者，或用水烟袋，而以水济火，或用长烟杆，距唇约三四尺，而火气尤远于人。今之纸烟长仅寸许，衔之口中，吸之至尽，直与唇接，上烘于脑，下烁于肺，日日如此且时时不离。凡物用力之有恒者，其效率不可思拟，阶石至坚也，檐溜滴之，久乃成洼，而况人身匪石可比，脑汁脂肪均属有限。而日以有恒之火力煎烁之，烘炙之，有不日就枯竭者乎，而况又有尼古丁毒质以阶之厉乎。此讲卫生者，宜知所戒矣。

鼻烟者，以鼻吸取之烟也，来自大西洋意大利亚国。明万历九年，利玛窦泛海入广东，旋至京师献方物，自此传入中国。清初洋人，屡以入贡，朝廷颁赐大臣，故朝臣嗜此者甚多。状如屑末，杂以花露。红色者玫瑰露也；绿色者葡萄露也；白色者梅花露也。或曰："其品以飞烟为上，鸭头绿次之。"吸时不用火，入鼻即嚏，有明目祛疾之功。故有清一代，人多嗜之。盛烟之瓶谓之鼻烟壶，旧以五色玻璃为之，后有用美玉或宝石者，雕镂极精，视为珍品。入民国后，纸烟最盛行，而嗜鼻烟之风浸稀矣。

衣

中华民国新颁服制：男子礼服，分大礼服、常礼服二种。而大礼服，常礼服均有昼用、晚用二式之别。昼用大礼服式长与膝齐，袖与手脉齐，前对襟，后下端开。晚用大礼服式长前与腹齐，后与膝齐，前对襟，下端开。昼用甲种常礼服式长过胯，前对襟，后下端开，服式与昼用大礼服同。晚用甲种常礼服。常礼服又分甲种、乙种。甲种略同大礼服式，乙种为短褂长袍式，色均用黑。女子礼服长与膝齐，袖与手脉齐，对襟，左右及后下端开。与男子大礼服式略同，惟有领及周身得加绣饰，下裳式男用裤女用裙。大礼服料用本国丝织品，常礼服用本国丝织品或棉织品，如本国有相当之毛织品时得适用之。本县衣之原料，丝织、毛织、棉织各品咸备，然多为外来物，而非出自土制者。虽织布及织毛巾等厂，城乡均颇有之，而原料之棉纱，实自舶来，利权外溢所不免也。

衣以章身，亦以蔽体。孔子曾非法服不敢服，传曰："服之不衷，身之灾也。"邑人服式多沿旧习，尚鲜淫靡奢侈诡异之风。士绅多穿长衣，亦有服西装者，公务员、教师、学生多穿制服，所称中山装者是。学生制服寒季用黑色或蓝色，暑季用白色或灰色。军警人员、士兵则穿军警制服，不分冬夏，用黄色或灰色，各有佩带胸、臂章以为徽识。乡民则短衣犊鼻裤而已。妇女衣饰间习时髦，然大体尚为朴俭。女学生制服布衣短裙，裙用黑色，衣则寒季用黑色或蓝色，暑季用白或灰色。近年来高中生受军事训练，穿军服，初中生受童军训，穿童子军服，女子高初中生受军训暨童训者亦一律穿军训、童训制服，然亦有穿看护衣及旗袍式者，多袖短不及肘云。

冠为元服，其式不一，有礼帽、毡帽、操帽、草帽、卜帽、冷织帽各种之别，或有仍戴旧式之小帽者。礼帽有二：大礼帽顶平，式稍高，常礼帽顶圆，高稍杀，均下沿略形椭圆。大礼帽料用本国丝织品，常礼帽用本国丝织品或毛织品，色均用黑。毡帽为毛织品，式略如常礼帽，用黑色或灰褐色均有之，顶圆，戴时稍折入之。操帽或称唣帽，军警、公务人员、学生均适用之。草帽用台湾草制，白色，式与毡帽同。草帽用于夏，毡帽多用于冬。卜帽用木制，外以黄或白或其他色布为饰，式椭圆而拱，冬夏均适用之。冷织帽冬寒时妇孺用之者为多。

凡足所穿者皆曰履，而履有鞋（即鞋子）、靴、屐各种之别。考履始于黄帝时于则所作，殷时伊尹为草履，即今之草鞋。《释名》：草曰履，木曰屐。木屐始于晋文公之时，"介之推逃禄，自隐抱树而死，公抚木哀叹，遂以为履，每思从亡之功，辄俯视其履曰：悲乎足下！"足下之称，自此始也。靴始于赵，本胡服，赵武灵王好胡服，始用之。今礼有礼靴，分甲、乙种。甲种有二：其一昼用，色黑，长过踝，前上开，用带扣；其二晚用，色黑，上空露袜，前端缎黑色，服大礼服及甲种常礼服时用之。乙种色黑，长及胫，服乙种常礼服时用之。其余概为履，或谓之鞋。用皮革制者曰革履，亦曰皮鞋，用布帛制者曰布履、丝履，亦曰布鞋、缎鞋，用草制曰草鞋，古谓之屩是也。惟有木制曰屐。而屐与履之别，或谓履不可践泥，而屐可践泥者也。《搜神记》："履，妇人圆头，男子方头。"袜为足衣，自昔重之。夏殷时始有袜，《韩非子》"文王伐崇，至凤凰之墟，而袜带解，因自结之"是也。盖袜亦以蔽下体，与穿下裳略同，外省人视不穿袜者与不穿裤同。故赤足不袜视为无礼，若穿长衣而不袜者尤为大雅所讥鄙，为村野引为笑具。乃今俗妇女装束，长衣不袜者，比比然矣。其始出自一二挑挞放浪者之所为，其后相习成风，以为趋时。又至抗战以还物价腾贵，一袜之费动至数百千圆，于是无论男女，而穿袜者益稀矣。今之女服既短袖不及肘，或甚至露胸，或内裳不掩膝，时或见股，重以袒足不袜，虽有长衣蔽体，而行动飘摇隐现，若其衣质疏薄，内外洞然与裸裎奚异，不惟无礼，亦恬不知耻矣。近年来政府取缔奇装异服，颇为严厉，吾县女俗尚鲜越轨，惟此风则宜禁革云。

至衣之附属饰品，帽有帽章，领有领章，肩有肩章，此为有官阶人所用者。而党政军学及民众团体皆有证章悬之襟际，以为徽识，曰襟章。其法定之式，党政军所属机关圆形，民众团体横长方形，教育团体等边三角形，商店及其他团体盾形，各项证章之质料、颜色由各机关自由绘制，凡至各娱乐场所戏院、书楼、游艺场等，不得佩带任何证章。而西服既有领又有领结，亦名领带，凡三种，或悬胸前，或附颈下，均以绸制。平时用彩色，庆祝用白，吊丧用黑。又有手袜一种，白色，穿礼服时用之。妇女饰品古有钗环之属，以金玉或其他珍品为之，钗为首饰，曹植诗云"头上金爵钗"是也。本为插髻之用，今妇女已多剪发，钗已无所用之。环有臂环、耳环、指环三种，臂环谓之钏，或谓之镯，或又谓之条脱或作跳脱，然亦稍有别焉。繁钦诗："何以致契阔，绕臂双跳脱，何以致拳拳，绾臂双金环。"金环即钏镯，范金为之，跳脱者或以为用珍物连缀而成者。惟昔之臂环必用双，今有用单者亦谓之臂钏。而昔时妇女缠足者，绾其一于足以为饰，亦谓之足钏也。耳环为耳饰，妇女穿耳者用之。古谓之珥，唐书《南蛮传》："左右珥珰，条贯花纹。"则穿耳本蛮俗也。夫妇女缠足穿耳，均属有伤身体，民国以来禁之，今缠足之风已尽绝，而穿耳垂两环者尚时有之，乡间尤众。指环谓之戒指，今时最尚。考汉旧仪，"宫人御幸，赐银指环"，古宫荼中本用以为嫔妃进御，或有所忌避之表示，故曰戒指，寓禁戒之意，而后世乃用为普通之指饰。男子亦有带于指上者，则不求甚解矣。又有手表一种，以知时刻，男女佩带均适用之。

住

住者何？以居也。人之住居，必有房屋。古谓之宫室，自黄帝始。《周书》"黄帝始作宫室"是也。《尔雅》："宫谓之室，室谓之宫。古者贵贱所同，均得称宫室，至秦始以宫为至尊所居之称。"屋必有门户，故屋又称户，其有窗者谓之牖，《尔雅》："牖户之间谓之扆，其内谓之家。"《郑注》："扆，屏风也。"屏风以内为家居也，人所居也。家之名本于此。家与家相比为邻，积邻成里。《周礼》："五家为邻，五邻为里。"唐制百户为里，是也，邻里同居必有通路，以便出入。大曰街，小曰巷。又在街市者为街，在里中者为巷。街多直可四通，巷多曲或只通一面而已。人聚居处必有市易场所，是故谓之市。其居于都市者，有城以防卫之，故曰城。城必有市，故往往并称城市。其居于郊外者为乡为村，乡大而村小，皆聚落之名。其市易场所谓之墟，墟有定期。宋钱易撰《南部新书》，谓："端州以南，三日一市，谓之趁墟。"则其名由来久矣。屋之专营商业者曰店铺，其营工业制造者曰工厂，古均谓之肆。(《论语》："百工居肆。"《周礼》陈肆注："陈货鬻物之所，曰肆。")其为行政机关官吏所居者曰衙署。人民团体办事处所曰公所，或曰公局、总局，其专理国务者曰国局，及其他某社某会等皆是。

县人贫瘠，所居多不完。其在乡僻者无论矣，即如县城旧为道治府治所在，居西江之首邑，为各属所具瞻，规模宜稍宏伟矣。乃城垣既不广，街道复狭窄，民店商肆，建筑亦多简陋。非尘嚣湫隘，则破旧萧条。至于机关衙署，地非不广，而廨舍卑旧，庭宇荒芜，比比然也。城外东门正街，为一县商业最繁荣之处，店肆较整齐，而街道稍低下。每岁西潦盛涨，辄淹浸焉。其地本属景福围基之一部，景福围围董每欲将此地增高改筑，而商民安于所习，亦不可行也。十二年沈桂之役，地方惨遭兵燹，民居多被毁，而东门街亦夷为瓦砾场，商店被焚者十之八九，而新街、水街亦被殃及焉。事定后，政府重新整理，首辟东门正街为马路，路广五十英尺，增高数尺。既有规定，而两旁商肆，悉遵市政局之图式计划，一律改建，于是崇楼栉比，气象一新。而城内外各街道，亦以次辟为马路，路旁民居亦多改善，于是生活渐进步而大异于前矣。同时各墟镇如禄步、新桥、白土、广利、金利等，亦均开筑马路，路旁店户建筑亦均有可观，惟各乡村则敝陋如故。又城市之屋，用砖瓦木材建造者多，而各乡村之屋有土墙者，有用葵蓬搭盖者，亦有半砖半土墙者。缘各乡时有水患，围决时水浸之高度达至若干尺，谓之水则。所建之砖墙稍高出于水则之上，而其上则为土墙，惟围决时，水之高度本无一定，若超过一定之水则浸及土墙，则融解倒塌波及上盖矣。如此之建筑法，虽省费于一时，而实贻累于他日，宜知变计矣。

新生活之准则曰确实，曰整齐清洁，曰简单朴素，此数者施之于住尤要焉。确者何？坚也。实者何？不虚薄之谓也。盖建筑工程，必须坚固稳实，有一定之标准，乃免于危险，而居之安。中华民国十年，广州市工务〈局〉公布《临时取缔建筑章程》，无论民居、商店、书院、局所、祠庙、寺观以及各项房屋，凡建筑无论新建与改造，檐墙高若干尺，墙之厚度或单隅、双隅、三隅、四五隅不等，皆以其墙之高度与楼之层数，比率以为差，例如檐墙高不逾十五尺者，全墙厚度得用单隅砖为限；高不逾三十尺者，墙之厚度，不论楼上楼下，以双隅砖为限；高十五尺以上不逾四十尺者，楼下一层三隅，余层双隅为限；高四十尺以上，不逾五十尺，楼下一层四隅，二楼三隅，余层双隅为限；高五十尺以上不逾六十尺，楼下一层五隅，二楼四隅，三楼三隅，余层双隅为限。而墙长若干尺，高若干尺者，又须附砌砖柱或横墙，或于楼底瓦面之下安放热铁码铁板以为助力，而地脚又须用坚石或实砖或士敏士结砌，其深度及阔度须过于下墙阔度两倍有奇。凡此皆欲使其坚固稳实，以免于危险者也。十二年本县市政局成立，名曰肇庆市市政局。人民有建筑物，须先绘具图式，附说注明尺寸及工料赴局报告，俟派员查勘核准后方得施工。自是人民建筑，乃有法度可循，而渐归一致矣。故自民十二年以后计至二十六年抗战以前止，民居之新建及改造者已不少，而各机关官署、民众办事处所或修饰门面，或整理内容，亦靡不焕然改观，而布置之整齐清洁、简单朴素以合于现代化者，亦比比然矣。抑有进焉，夫所谓住者，有形式之建设，尤须有精神之建设。形式之建设者何？上栋下宇，前堂后室设备完善，居处安适是也。此属于物质者也。精神之建设者何？父父子子，兄兄弟弟，夫夫妇妇而家道正，以别内外，以和党族，以睦邻里，相亲相爱，相友相助，此古孝友睦姻任恤之风，而纲要解释新生活中之住，所谓"乐聚天伦，和治邻里，互救灾难"者是也。此人为者也。夫物质之建设，不必人人能之，力不足者则不能也。若夫精神之建设，凡有家者皆可为之，皆可能之，是在为之者如何耳，此住之大经也。

至如形家吉凶宜忌之说，人多辟之，而时俗则迷信之。此孔子所谓"虽小道必有可观焉"者，其说亦往往有验而不尽可废也。天生万物，有气必有形，气有阴有阳，而形者有善有恶，善者多吉而恶者多凶，此自然之符也。形家之说，不外理气与形象二者。理气者征而难知者也，形象者显而易见者也。而形象之善否，理气亦随之。大抵宅形之善者，其气象必光明，空气必流通，其感于人也，清冷而和畅，所谓合理化者，如此则居之安矣。宅形之不善者，其气象必萧索，空气必恶浊，其感于人也，阴湿或枯燥，所谓非合理化者，如此则居之不安矣。居之安则吉，居之不安则凶，此不必迷信虚无，而可以人事察验而得者。又如门不谨密则召盗贼，灶不曲突则致火灾，房床阴暗或潮湿，则生疾病。此又事有必至，理有固然者。故相宅之要，尤在六事。六事者何？门路、灶、井、厕腧、碓磨是也。此六者居家所必需，为人生事所不能一日缺者。六事位置得其宜，则居之要而吉，不得其宜则居之不安而凶，此又可以人事察验之而改造之者也。故形家之说索之于虚无则渺不足信，而征之于事实，亦往往有验也。《诗·公刘》篇"相其阴阳，观其流泉"，而"豳居允荒"，遂开周家八百年之基业。唐白居易《凶宅》诗："于长安贵人居斯宅者，所得凶咎，言之历历不爽。"则宅之有凶，有吉，由来久矣。虽然亦有同一宅而某人居之而吉，某人居之而反凶者，又何也？《书》曰："惠迪吉，从逆凶，惟影响。"惠迪者善也，从逆者恶也。善为吉人，恶为凶人。吉人虽凶宅居之亦吉，凶人虽吉宅居之亦凶。白居易诗云："人凶非宅凶。"是吉凶之理，又在人而不在宅，人当返求于其本矣。

行

行有广狭二义，广义之行，训为行动，凡食衣住行之一切行动，靡不包之。狭义之行，训为行走，以物质言，如道路舟车，以人事言如跬步走趋是也。先就其狭义者言之。

吾县行之设备，自中华民国元二年间陈炯明督粤，在县城外东北郊建筑军路始，当时只为行军计，而路政之兴以此为嚆矢焉。十二年沈桂之役，附城各衔道多被毁。事定后，既建议拆城并增广各街道，于是首辟东门正街为马路，曰正东路，为吾县有马路之始。其后城东、城西、城南、城北、城中与环城江滨南溪各路次第建筑，详见地理篇。同时各乡镇如禄步、新桥、白土、广利、金利等亦纷纷建筑马路，详交通篇。而公路之建筑，自十七年始与他县交通，尤资便利焉。吾县公路有四：一、要明公路，由高要县城对河金渡乡附近起，沿西头榄塘经思礼堡，由白土墟、回龙墟，以接于高明县境新墟止，长八万八千八百英尺；二、高新公路，起县城，对河上南岸，经孟诸坳、青湾、鱼夜、赤坎、新桥墟、竹墟、白珠墟新村、播章、云九石迳、河洞至云浮县腰古墟分界止，以达于新兴，长九万零一百英尺；三、高四三公路，起县城肇庆公园之北，东经芹田景山岗、蓝塘、苏村火蕉园、迪村、水坑布基、蔗村、古围，下莲塘，以入于四会而达于三水，高要段所筑尚未至四会，长一十二万九千八百英尺；四、高惠公路，亦起肇庆公园之北，西经桂林乡以达于禄步而至德庆，惟此路附城一段，仅筑至桂林乡而止，尚（未）至禄步也。近年又新筑罗鼎公路，起罗隐涌，至鼎湖之半山亭，长一万五千三百英尺。暨筑星岩公路，由芹田桥东高三分路分支处第一号起，至岩前三社前鸦州场东基边禾地止，长七千五百英尺。此均属于高三公路之支路也。其他各乡村墟市小桥道路，捐资或募修，以利便行人者随处多有，于是全县交通益便利而人民鲜行路难之叹矣。惟自抗战以还，各公路多自行毁坏，以防阻敌人前进，乃一时权宜之计，而旧址固在，事定后随宜修复，亦甚易易也。吾县之有轮渡，自中华民国纪元前十五年始（前清光绪二十三年），名曰肇庆省城拖渡。盖前此由肇庆往广州悉用帆船，其行甚慢，二日或三日方可至。至是以轮船代之，朝发而夕至矣，其后各轮渡纷纷设立。由肇庆至三水西南者曰肇西渡，至三水河口以接驳广三火车者曰肇河渡，至郁南都城者曰肇都渡，至广西梧州者曰肇梧渡，又有由肇庆至江门者曰肇江渡，又有省梧渡，由广州至梧州，港梧渡，由梧州至香港，均中经肇庆，可以附搭，上下而往来，而两粤交通益便利矣。其他电船、帆船、驳艇、小艇、乡渡等往来西江各墟市，络绎不绝。而陆路有舆轿、山箯、汽车、马车、人力车、单车等。舆肩，舆也，以代步，自古有之，亦谓之轿。以二人或三人四人昇之以行，其制始于夏。《后汉书·井丹传》"桀驾人车"是也。一说轿竹舆也，隘路用之。《汉书·严助传》："舆轿而逾岭。"盖今之山轿也。兜或箯，亦山轿之一种。用两竹为担，以绳系木板，人坐其中，两人昇之以行，名曰山兜，或称兜子，亦作箯子。《宋史》长篇李昉言"工商庶人听乘兜子，担者不得过二人"是也。兜与轿之别，轿有遮盖，兜则无遮盖也。汽车者，用挥发油涨力或蒸气力、电力等，以行动之。一曰火车，行于铁轨上。本县无之。二长途汽车，三摩托车，均不用铁轨。行于公路或马路上者又名自动车。摩托者译言发动机也，速度每小时能行一百余里。马车者以马驾车，亦自古所有。惟吾县有之则自七星岩公园委员会始，其始以备各委员视察工程，往来七星岩之用，其后招商承投，各地均得用之矣。人力车有两轮、两车柄、一坐箱，有幕可舒张，一人两手前拽之以行，故曰手车。因仿于日本，又名东洋车。单车者，前后两轮相属，以足踏之运转以行，其行甚速。凡此皆所以代步，为物质之设备，而有利于行者也。

　　至以人事言之，所谓行者，其道有三焉：一、容止。《礼》："凡行容惕（惕）。"又曰："足容重，手容恭，目容端，头容直。"《新生活须知》所谓举止稳重，步武整齐，两目平看，端其听视是也。二、动作。《礼》：道路男子由右，妇人由左。遭先生于道趋而进，正立拱手，出入则或先或后，而敬扶持之。送丧不由径，送葬不避涂潦，临丧必有哀色。《传》曰："行者让路。"又曰："路不拾遗。"《新生活须知》所谓走路靠左，相识见礼，遇丧知哀，乘车搭船，上落莫相挤，先让妇孺老弱扶持，拾物还主是也。三、戒律。孔子行不履阈，又曰："非礼勿视，非礼勿听，非礼勿言，非礼勿动。"升降出入揖游，不敢哕噫嚏咳、欠伸、跛倚、睇视、不敢唾洟。《新生活须知》所谓遵守纪律，做事踏实，应酬戒繁，嫖赌绝迹。喷嚏对人，吐痰在地，任意便溺，皆所禁忌等是也。此三者，行之大经也。合上物质人事言之，所谓狭义之行，训为行走者是也。

　　更就其广义者言之，则行训为行动。《新生活运动纲要》云："凡食衣住行之一切动作，无一不纳诸行之范畴。"观于《建国大纲》所云："政府当与人民协力共谋农业之发展，以定民食；共谋织造之发展，以裕民衣；建筑大计划之各式房舍以乐民居；修治道路运河，以利民行。"何一非行之表现乎？盖新生活之事项食衣住行，非行无由著，而欲以礼义廉耻为规律，实现于食衣住行四者之中，亦非行无由成，行之时用大矣哉！兹更就吾县人之实能行此四德者，一一分析言之，各举其事实为证，而不以时代为限，以见吾县先民之流风未艾，典型宛在，可为今人取法，而今人之有此四德者，亦附著之，以为后人取法焉。惟生存者不录，以免标榜之嫌也。

……

《(高要) 各区人民风土习性考略》

汉志云："民函五常之性，而其刚柔缓急，音声不同，系水土之风气，故谓之风，好恶取舍，静动无常，随上之情欲，故谓之俗。"是□风因乎地，随地而不同，故曰风土。俗因乎人，随人之习性而异，故曰习俗。又曰："少成若天性，习惯成自然。"而近山近水，风气固殊焉。至贤士大夫斯长斯或居游其地者，移风易俗，亦固有之。孟子"王豹处淇，河西善讴；绵驹处高唐，齐右善歌；华周祀梁之妻，哭其夫而变国俗"是也。吾县四周多山，西江横贯其中，近山近水之民，固多有之，而原野疏旷，物产丰饶，倘尚简朴，土风淳厚，号称易治。而辖境颇广，以政治之关系大别为五区，其间土风习性，往往有不同者，故为考论其略，以著于篇。

一区

一区旧名头班，又尝分为一二三区，一区县城，二区禄步，三区大湾是也。二十六年始改联乡办事处，合三区为一，旋又改称一区。县城所属旧有镇四乡九，禄步署乡十，大湾属乡五。三十二年张县长虞韶废镇缩乡，合并为十一乡，今古端、北桂林、东社、东文、桂湘、禄镇、禄洞、平南、中端、西康、大湾等乡是也，别详地理篇，全区土地面积一百一十三万三千三百九十方公里，人口八万四千六百一十四，女八万三千零九十二人，合共一十六万七千七百零六人。

县城位于西江之中枢，交通便利，五方辐辏，衣冠文物，颇近会城，士食旧德，农服先畴，有先民之遗风焉。而地瘠民贫，生事多困。前清时士溺于科举之学，多以设塾授徒为生，或肄业端溪、星岩两书院，得其膏奖，以资弦诵焉。而敦品力学，安贫守约，贵礼让重廉耻，其有奔竞官署及为奸利者，则群焉非之，不齿于士林矣。惟颇乏进去之志，学术荒陋，攻读四子书五经及科举文外，其他鲜所闻知。清光绪中番禺梁鼎芬节庵、义务乌朱一新鼎父，两先生相继主讲端溪，番禺陶邵学颐巢先生主讲星岩，以风节文章古学相摩砺，士风一变。其后书院废，学校兴，端溪改郡中学，颐巢先生为监督，教条之美，学风之良，一时称最。先生居肇十四年卒，群弟子哀念无已，既为先生立墓碑于郡城西仙人鞋冈，复就先生故所居宅为祠，祠以每岁三月三日，墓以每岁重九日致祭，期与世世子孙奉祀无绝，而醵资置产，以充祭费焉。同时朱梁二先生弟子马呈图、梁廷赓等亦建朱、梁二先生祠于间风岩下，岁时奉祀，弟子建祠墓祀师之风自此始也。女俗尤重贞节，向多畏谨，少者罕出门户，教育惟恃家庭，而家长或囿于"女子无才便是德"之谬见，且恐其阅读盲词小说有坏心术，而惩咽废食，识字者亦稀。自清光宣间，女校肇兴，风气稍变，少妇少女渐可自由出入，服式间习时髦。民元以来，女学益兴（小学有圣德、坤德，中学有女师后改女中），女子就学者亦日多，地方无女校者入男校肄业，启男女同学之风，由是女子智识开通，行动活泼，一洗从前荏弱瑟缩之状态矣。往时妇女只以缝纫织席为生，今出身学校者，既可抗颜为师，且有在政府机关任职者。又昔时女子视论婚为极可羞耻之事，今则社交公开自由恋爱，或雎鸣求偶，女先于男，于是女权日长而女德日衰矣。婚丧祭祀仪式多仍旧贯，而繁文缛节，已渐革除。地频西江，富鱼苗之利，人民业农工商外，亦有专务渔业者。又疍家船户，聚族而居，别饶风气，其男未聘，置盘草于梢；女未受聘，置盘花于梢，以致媒妁。又恒养童养媳，长而结婚，谓之转髻云。

禄步距城西四十里许，城市濒江，交通尚便，其余概为多山地带，山居之民，其性多强悍，其俗多件俭啬，以种植樵牧为业，终岁勤勤劳苦，收获颇丰，故禄步出产以山货为大宗，尤以大迳乡为最。大迳乡民利用山地栽植松杉、薯莨、桂皮、巴戟等，又利用水碓制造香粉、火纸；抗战时又发明利用松香制松节水以供燃料，松香枝以代灯烛，各地销行颇盛，详见生业篇。故大迳之人，颇多富饶，而山深林密，为奸盗者亦时有之。禄步乡俗与他区亦无大异，而迷信之风则特甚。其俗有所谓调神者，□俗有跳神调或跳转音。不知何义。年有定规，于农历正月或二月初旬行之，各家亲戚群集，主人招待如礼。是日正午，村中值事至庙径迓神，舁之出，环行村中一周，谓之出菩萨。菩萨所过，各家皆设酒肉，燃香烛以待，又谓之迎菩萨。□行毕，各家又具牲醴香烛以奉，祀神于调神处所。新婚之家，每用钱穿爆谷花一串，串挂菩萨颈上。入夜开始调神，两道士坐神前互相辩驳，大抵是争论时岁之好否，至相当时在神前旋转四十分钟，既而又作神话，如是多次，至天明乃止。此时如第二天，各家又携备酒肉香烛至神前拜祭，或早或晚不定。第三天下午一时许，道士与鼓乐手，奉神至放炮处所，炮有福寿炮、添丁炮、三元炮等，以次燃放之（接得炮者明年仍送竹炮燃放，谓之还炮）。既毕，又舁神环行村中，送之回庙。探亲者，亦各返其家。又有所谓禾楼醮者，每年或三年一次，于中秋夜行之，用长梯二搭成搭式，梯前设一布帐为屋，薄暮法师五人作法，预制纸马二焚之（时间约一小时）。入夜，月初起，诣庙接神，沿途鼓乐鸣爆，村人亦各拜月礼神。既奉神帐屋中，法师诵经，至夜半上禾楼梯，由此方上，从对方下一，逐步作法，其后法师二人至村边拜禾花神，名曰唱禾花歌（约三小时）。此种风习，大迳湾多有之，大抵为祈祷禾造丰收意云。又客籍一种，大径、九坑、大小湘、大湾均有之，而以大迳为尤著。其俗有可纪者：（一）团结互助。（二）刻苦耐劳。（三）不析产，由家长督促工作。（四）腊月祀灶后，多宰杀牲畜，连食数天，元旦早餐素食，午后则杀鹅祀祖。（五）老人年达五六十岁而稍有家资者即上长生寿木。（六）婚姻。男女家皆客籍者，同日送礼物迎娶，嫁家妆奁随之（如女家非客籍者，同日分日从女家之便）。新人登舆，男家遣人手持一竹竿为导（此竹竿后即为新人穿蚊帐之用），既至停舆门外，道士为之作法，喷符水等，大抵亦为祛邪之意云）。（七）丧事。出嫁女闻报，即散发而归，开丧之日，附近村人咸至，主家款以肉食，翌朝亦然。近十年来，此风稍改。（八）言语。别有客家话一种，同籍者虽不相识，一经接谈，彼此即如旧好云。

大湾，在西江南岸，距县城西南约十二里许，有墟市曰卖头，濒江而南，有大湾水，北有霞洞水，均蜿蜒横贯区内而注入于江，故水道交通，颇资便利。而大湾水与霞洞水之间，一间，一望田畴平旷，村落毗连，俨然一大农业区也。其他山地山田，亦不少。人民聚族而居，故近水近山之民，大湾亦均有之。其土风淳厚，民俗质朴，惟生活甚苦，所食至粗粝，妇女鹑衣百结，比比然也。出产以薯芋茶叶为多，白溪麦塘之鲤鱼，亦甚著名。历年组织民团维持治安，甚资得力，成绩卓著，其团费出自田亩，收获时每亩沿边取禾二株以充之。又先清除内匪，肇城有兵事时人多往避，故有小香港之称。此次敌陷西江，大湾亦无恙，人民安居乐业，不罹兵革之祸，致可幸也。其俗多迷信，迎神赛会建醮之风，自昔有之，尝有人撰大湾造醮赋以刺讥其事，今此赋尚存，颇可考见一时之民情土风。惟游戏文章，不免有词涉恶薄处，不足录也。每岁冬期迎神出游，谓之阿公出村，村民扶老携幼，迎迓祭拜，又有上刀梯之戏，每级刀向上，以纸钱掩之。术者上梯，足踏纸钱，著刀锋上切断，纷飞而下，而足无伤焉。

二区

二区旧名二班，即旧四区新桥是也。新桥本墟市名，后以为全区之通称，位西江南岸，距县城西南二十里许，旧有镇一，乡一十六。三十二年，废镇缩乡，合并为六乡，今跟银江、三堡、莲坊、三民、广华、江南等乡是也。全区面积五十三万二千八百一十方公里，人口男四万五千二百五十四人，女四万零四百零一人，合共八万五千六百五十五人。

新桥墟，尝称镇，为银江乡之中，亦为全区之中心，前临新兴江，后连高新公路，交通便利，商业畅旺，各乡之人，多集中往来于此。习尚敦朴耐劳，安居乐业。市内旧有十都书院，清宣统年间银江乡于此创设崇德小学，为二区文化先导，今此校已迁新溪义学，只存一保国民学校而已。又光绪二十五年，建设广爱善堂，民十五年并建方便医院，以推行慈善事业焉。近年莲塘乡，亦有新建设，广东省第三区行政督察专员李磊夫兼县长时，提倡筑公信围以防潦患，乡民赖之，同时创设公信小学，校舍宏整，设备亦周，为全区小学之冠。区民多务农业，故二区为全县产谷最饶富地方，手工业以编织草席雨帽、竹器等为多，又有草制洋篮一种，仿自欧美，民国十年间最盛行，在新桥墟发售，运销国外，获利颇丰。而当时田抽捐事，区民纠众反抗，焚毁倡议抽捐人商店，并毁及警署，后卒罢抽。民气之强，于兹可见。而其他赴义急难勇敢合群之风，亦有足多者。当清末，区内有护全堡，即今之广华乡，与云浮、新兴、高明接壤，时有外匪数十人窜入堡内大冲坑（村名，今广华乡第十四保）之山寮。知县谢质侦悉，亲督兵星夜赴剿，山高林密，匪多兵少，知县陷重围中，兵多死伤，知县纱帽亦被击中，几不免。乡民闻耗，星夜驰往救护，与匪对垒，乡勇愈战愈多，匪不支，黎明遁去。经泽上村后山暨大姚村背山，又为村民截击，毙匪甚众。时云浮、新兴、高明壮丁千余，亦齐出协剿，追匪至老香山之麓，生擒匪一，余悉聚歼，是役护全堡人民荷枪持械、驰救知县者逾三千人。知县既脱险，还至广华书院，讯据匪供，谓匪党五十余，均非堡内人云。知县以绅民勇敢剿匪，驰救迅速，详报上官，以军功论，奖励赏给有差，复亲题匾额曰"众志成城"，奖给护全堡团练局，至今仍悬广华乡公所礼堂中。

三区

三区旧名三班，即旧五区宋隆是也。在西江南岸距城东南二十八里，汉唐宋元名称小异，至清乃定名宋隆。旧有镇一乡十五，三十二年废镇缩乡，并为回龙、均宁、福和、西南、东安、金北、白安七乡，全区面积四十八万六千八百四十方公里，人口男五万四千六百五十二，女四万八千一百七十一，合计一十万二千八百二十三人。

三区地方辽阔，以白土（旧为镇）为中心，民性勤俭醇朴，多务农业，平田种稻外，兼种□或薯芋瓜蔬，山地多种松，男营商以□席为大宗，妇女手工亦以织席为专业。近百年来，海禁大开，中外通商，风气一转，习尚迥殊夙昔固守家园，新旧金山均有区民足迹，父训其子，兄勉其弟，咸以出洋为务。澳洲、雪梨、南洋群岛、美洲、亚湾，侨居经营工商，尤以回龙人为众，其他各乡民众远涉重洋，散居各埠。而兴家致富者，亦不乏人。县人侨外之风，自三区始也。乡人既多以此致富者，富者好行其德，而区内慈善建设之事以踵兴。回龙、白土均设惠济局赠医，以疗民病，行之已五十余年。每遇岁荒，辄办平籴，以济民饥，振兴教育以开民智。冬防团练，以卫民居，保良攻匪，以正民德。种种善举，靡弗互相劝勉，而民性尤喜建设。自清乾嘉时有李资涵者，首捐地创建社学一所，以兴文化，其后复设平康书院，既又迁平康书院于他所，以其地改建宋隆书院暨区局以兴学办公。而宋隆书院既改设高初等小学，后有迁小学于社学旧址，改设宋隆中学，于是文教益斌斌矣。又兴筑宋隆基闸于水口，以防西潦，要明公路，以利交通；白土市马路，以便运输。而禄□、龙剑两村均筑山塘，澄湖三江，合筑陂塘，松塘、松山、大井、清湖、丹塘五村亦联筑陂塘蓄水救旱，胥收伟效也。惟男女多属迷信，往者迎神赛会之风颇盛，白土醮会，十年一举，动逾万金，而回龙以华侨洪福堂名义，当逊清光绪帝戊子，建醮演剧，张灯结彩，轰动要明，为全区醮会之冠。甲午复行组织，踵事增华，乃将届醮期，迭遇飓风，大潦为灾，醮棚舞台悉被冲塌。而同年白土醮会，亦遭回禄之变，岂天欲破迷信而以此示警耶？入民国以来，民智日渐开通，此风少杀矣。

四区

　　四区旧称四班，尝分六七两区，六区广利，七区永安是也。旧有镇一乡一十六，三十二年废镇缩乡，合并为六乡广利、桂院、头溪、三乡即旧六区广利属也、槎冈、槎贝人合乡即七区永安属也。全区面积四十九万九千八百一十方公里，人口男四万零六百五十八，女四万四千六百六十二，合计八万五千三百二十人。地分南北两岸，中隔西江，近水近山，习性颇异。其近山者，南岸如头溪，所属之旧十段乡各村，旧八庙乡之腴田；北岸如人和村各乡，槎冈属之布基、富廊及桂院乡等，民性多崛强，民风近淳朴，力于农业者为多。近水者南岸如桃溪沙浦（头溪乡属）、北岸如三都（广利乡属）、宝槎（槎贝乡属），民性近温雅，习尚近奢华，多以工商两业营生，务农者较少；宝槎冈峦林立，田土较别乡略少，以前耕作者，多属所谓下户小民，佃租力役，国难以还，工商业落难，生产之价日增，人亦颇知趋重农业，风气视前略变矣。又广利乡所属塘口罗围等处，以出产瓜蔬著名。砚洲、龙头则以工业显著，前有爆竹，今有火柴，销流颇广。而龙头村又为彭春洲先生之故居也，风流遗教，犹有存者。贝水（槎贝乡属）产豆亦著，其地水田颇多，如温子涌、上獭、下獭等塱均为水田之最大者，故其村民农业者特多，自耕自食，妇女尤尽力于畎亩。典水（属头溪乡）与冈陵（属槎冈乡）人亦多务农，冈陵田土，颇属低洼，丹竹、河真犬曲各塱均在焉。南岸沙浦多畜鱼犬之大塘，鱼之出产为区内冠。婚丧仪式仍沿故习，而无谓之消费颇多，贫者苦之。今渐知改革矣。贝水、九坑多娶童媳，未成年而遽为结婚，法律所禁。今民智渐开，略知改革，至迎神赛会诸迷信事虽知其非，仍未能根绝也。又桃溪何族与宝槎，石溪山堂两村何族，本属同宗，每三年必联合宗族在祠合祀始祖，而以两房之二世祖配享，轮房举行，以农历正月十三日致祭，长房值年，则二房子孙到长房裹祭，二房值年，长房亦如之。祭器、祭物均有定程，礼仪隆重，相传有明至今不废。有沉香一木，两房轮流保管，极珍视之，祭时陈列，以为宗器，并宴会演剧数天，以敦尊祖敬宗睦族之礼，此亦特殊之风习也。

五区

五区旧称五班，原为第八第九两区，八区金利，九区富湾是也。旧有镇一乡九，三十二年废镇缩乡，合并为四乡，今泰和、金清、堡约、西堡是也。全区面积三十七万一千三百六十方公里，人口男三万二千五百二十二，女三万二千八百九十二，合计六万五千四百一十四人。五区民气素强，以西堡蚬冈尤强，其土音比各乡倍亮。清咸丰间，有蚬冈李道容者，发动乡民组织六团团练，以御贼寇，地方赖之，转危为安。自抗战军兴，二十七年日寇在马口设浮桥，企图渡河进犯，乡民奋起袭击，并计焚其浮桥，使不得渡，乡土暂获数载之安。三十三年敌军西窜过境，后有奸枭某率领敌伪军进占金利墟，控制全区，迭向各乡进扰，而以扰西堡、蚬冈为尤烈。乡民奋勇，时加袭击，敌伪为之胆寒。在此抗战八年中，乡民能不畏敌，始终与敌相持且能挫敌者，当以五区为首也。其余民风概属淳朴，业农者多。近南者如泰和乡与高明接壤，土音与高明无异，其人勤于耕作，惟高田少，水田多，而收成则有早造无晚造，若西潦早涨，则早晚两造亦多绝望。各村山坑田多植□苗，男耕女织，风气淳然。近东南者如金清乡与高明、南海、三水等县邻接，业工商者多，次为农业、渔业。民性颇多温雅，习尚不少奢华。乡之南围尾有石笋、石洲两村为要明交界地，石洲属高明，石笋属高要。近东北者如堡约乡，近四区又近三水，半业农半渔，多水田。各□专插早造禾，十年不得三收，惟逊清宣统一年，早晚两造□底全收。是年乡民举行万人缘胜会，迄今四十年未再见。近西北者为西堡乡与三四区接壤，业农者半，业樵者半。乡有富佛村，面积为全乡冠，而田土最低，受浸者多，高田甚少，又缺水源，遇水旱两患，并无补救。俗有"富佛洞够耕不够用"之说，非无故也。妇女多迷信，有三圣宫、天后宫、苏真人祠。康公庙香火颇盛。迎神赛会演剧之风，亦时有之，耗费难以数计。康公庙三十五年重修，所费千万有奇。俗传康公于前清某年适潦涨堤决，曾一度显灵救护，故乡民崇拜。每当西潦暴涨，围基危殆时，辄奉神像出围堤坐镇，藉弭水患。凡主围务者遇潦涨得食鸭肉，迄今数百年，此风靡改也。金清、堡约两乡每有五月龙舟竞赛之举，士女如云。论婚姻，男女十一二岁父母即与聘定，盲婚制度，颇难改变云。

【民国三十七年《高要县志》卷十三"礼俗"】

喜庆事亲戚，非请不贺，朋友非贺不请，此其大较，亦有不尽然者。请酒或一日，或两日，因各乡习惯而行。屋舍浅狎，多开流水席，客随到随饮，饮完少顷辞行，不以尊卑分先后，尚简便也。以上采访册。

秩寿不重十而重一，魏叔子谓此大易贞元之义，如八十岁满，则曰九秩开一。七十岁满则曰八秩开一。是日，介寿称觞，名曰桃酌。寿屏锦帐，光映庭阶，以彩钱贯钱赠客，曰寿钱，外兼用镀金银质寿桃。采访册三。东莞志。

连滩每遇酬神醮会，男女杂沓唱歌，遂成习惯。文人中有好事者，平时每出歌题招人作歌，略似竹枝词。而土语多有音无字者，以意杜撰歌词，亦以俗而有趣味者为佳。汇评甲乙，薄有奖赏，亦一种陋习也。采访册。

妇女皆天足天乳，富贵家间有缠足束胸者，今皆解放。近日城中颇有剪发者，而乡间尚少。采访册。

……

邑人迷信神权，所在皆有，而西江都城市费耗为甚。神庙五六处，逢丙辛年九月卜日，建醮酬神，居正安宁两街最热闹。江旁余地盖搭大坛二座，张灯结彩，僧道礼忏，两旁盖搭戏棚二座，竞演佛镇第一二名班。沿街灯彩，十色五光，鼓乐喧天，游人如鲫。此外各街亦铺张扬丽，不肯简率，一连三昼宵方完，花耗金钱逾万。

迎神巡游，亦五年一届，逢戊癸年正月举行，由市及近乡六七里间，分三天巡游。所到之处，各设迓圣棚，宰猪杀牛，陈设灯彩、字画、玩器，踵事增华扮神，将数十员由值事选市乡人充之，分给各种古衣冠，自备绶带装饰，或骑马随行，有一人耗至百金以外者。绅耆衣冠扈驾随从，或舞龙舞狮，扮演故事，沿途鼓乐，连续数百里。红男绿女，乘兴游观，花耗金钱亦逾万。罗旁县城亦有此风,自创设学堂,多拔庙产,神权迷信因之渐衰矣。

农家男女合作砍伐柴薪,则妇人为多,男除经商佣工及别任职业外,无不竭力耕作者,俗谓柴米夫妻是也。富饶之家不在此论。

前四五十年,乡间多种棉,妇女尚有车棉纱织布者,谓之家机布。虽粗且暖,且不易破烂。迨后市舶洋纱布日盛,人贪其便,不知车纱为何事,或改业养蚕茧,多则沽,亦可获利,少则留为家用,自缫自织,晒茛裁衣。暑天最宜用靛染乌,寒天亦可用。从前绩麻织布,此风又一变。

乡间家常菜。上者有鱼鲊、肉鲊、咸蛋等,次则有薯苗、芋箕、豇豆、即豆角。黄瓜、芥菜等为菹,亦名菜鲊。

婴孩命名多信星士推算八字为之,如云五行欠木,则取木类字命名,欠金则取金类命名。推之水火土亦然。

小儿出天花痘,最危苦。自洋痘推行,善堂医生时有赠种,邑俗近多改良,亦少种天花痘者。若防天花传染再出,则多种洋痘一二次,万分稳当。

小儿多受惊病,俗用鸡糯酒饭、香烛等,祀请床头婆出惊,并使妪持儿衣招于门,谓之捞魂。又以酒食置竹箕上,昏夜当门而祭,曰抠筛箕,亦曰设鬼。若皆无效,则向觋婆俗称鬼婆查问,谓之问米。听信其言,即延道士逐鬼,咒水画符,作诸无益。夜间角声呜呜达旦,或还花债,或斩关煞,或破胎等,悉遵鬼婆之言行之。此种迷信,牢不可破,盖不独吾邑有之。以上俱采访册。

【民国《西宁县志》卷四"舆地志四"】